Transferwissenschaften: Mode oder Mehrwert?

TRANSFERWISSENSCHAFTEN

Herausgegeben von
Matthias Ballod, Thorsten Roelcke und Tilo Weber

Begründet von
Gerd Antos und Sigurd Wichter

Band 16

PETER LANG
Lausanne - Berlin - Bruxelles - Chennai - New York - Oxford

Konstantin S. Kiprijanov / Thorsten Philipp /
Thorsten Roelcke
(Hrsg., unter gleicher Beteiligung)

Transferwissenschaften: Mode oder Mehrwert?

**Unter Mitarbeit von Koray Parlar
und Anna Malena Pichler**

PETER LANG
Lausanne · Berlin · Bruxelles · Chennai · New York · Oxford

Bibliografische Information der Deutschen Nationalbibliothek
Die Deutsche Nationalbibliothek verzeichnet diese Publikation in der Deutschen Nationalbibliografie; detaillierte bibliografische Daten sind im Internet über http://dnb.d-nb.de abrufbar.

Diese Publikation wurde aus dem Open-Access-Publikationsfonds der Technischen Universität Berlin unterstützt.

Die Internet-Links sämtlicher bibliografischen Einträge dieser Publikation wurden zuletzt am 16.03.2023 geprüft.

Double-blind Peer-Review:
Zur Sicherung der wissenschaftlichen Qualität wurden sämtliche Beiträge neben editorisch-redaktionellen Feedback-Runden einem Review-Prozess mit je zwei Doppelblindgutachten unterzogen. Die Namen der Gutachterinnen und Gutachter sind auf S. 279 aufgeführt.

Umschlaggestaltung: Atelier Platen (Olaf Glöckler)

ISSN 1615-0031
ISBN 978-3-631-88386-0 (Print) · E-ISBN 978-3-631-88387-7 (E-PDF)
E-ISBN 978-3-631-88388-4 (EPUB) · DOI 10.3726/b21016

2023 Peter Lang Group AG, Lausanne

Verlegt durch Peter Lang GmbH, Berlin, Deutschland
info@peterlang.com http://www.peterlang.com/

Inhaltsverzeichnis

---

* Unter gleicher Beteiligung

Konstantin S. Kiprijanov / Thorsten Philipp / Thorsten Roelcke *

Transferwissenschaften: Mode oder Mehrwert? Zur Einführung

Der Ruf nach Transfer, Transdisziplinarität und Wissenschaftskommunikation hat in den letzten zwei Jahrzehnten alle wissenschaftlichen Institutionen erreicht. Ähnlich wie Interdisziplinarität im wissenschaftstheoretischen wie politischen Kontext längst als „Synonym von Innovation" (Zemanek 2012: 53) erscheint, sind auch Begriffe wie Transfer, Transdisziplinarität und Transformation zu hoher Attraktivität in Förderausschreibungen, Antragstexten und Reflexionen zur Wissenschaftstheorie gelangt. Trennscharfe Definitionen erscheinen weiterhin rar. Alles nur Mode?

Tatsächlich gewinnen Wissenstransfer und kooperative Forschung an den Schnittstellen von Universität, Wirtschaft, Politik, Zivilgesellschaft und Kultur für alle Akteur*innen und Institutionen, die an Wissensproduktion, Forschung und Lehre beteiligt sind, an Relevanz. Konzeptionelle und terminologische Grundlagen des Transfergeschehens bleiben indes vielfach unklar und umstritten: Welchen Konzeptionen, Verständnissen, Prämissen und Grenzen unterliegen Transfer und Wissenschaftskommunikation? Welche Versprechen und Aporien verbinden sich mit der Idee der Transferwissenschaften? Wie sollte eine Methodologie der Transferwissenschaften beschaffen sein? An welcher der besagten Schnittstellen sollen Transferwissenschaften angesiedelt sein und welche Institutionen einbinden? Inwieweit gehen sie mit einer Innovation hochschuldidaktischer Methoden einher? Welche Foren stehen Hochschulen und anderen Einrichtungen der Wissensproduktion heute zur Verfügung, um über die Innovationskraft transdisziplinärer Projekte nachzudenken und diese zu gestalten?

Unser Band setzt an diesen Fragestellungen an und beleuchtet Theorien, Praktiken und aktuelle didaktische Erprobungsversuche des Transfergeschehens. Mit dem Begriff der Transferwissenschaften beziehen wir uns auf eine seit den 1990er Jahren bestellte, vielfach rekultivierte und weiterhin produktive diskursive Anbaufläche: Transferwissenschaften untersuchen „die kulturellen, sozialen, kognitiven, sprachlich-medialen und emotionalen Bedingungen, die medialen Wege sowie Prinzipien und Probleme der Wissensproduktion und -rezeption unter dem Gesichtspunkt ihrer strukturellen und sozialen

---

* Unter gleicher Beteiligung

Vernetzung, ihrer Relevanz für Nicht-Expert*innen und den Chancen ihres globalen sowie gruppen- und zielspezifischen Transfers. Kurz: Die Transferwissenschaft erforscht Bedingungen, Prinzipien, Formen, Strategien sowie Probleme und Erfolgschancen des Metawissens über Wissen zum Zwecke einer nicht eingeschränkten Verfügbarkeit von (Sonder-)Wissen für alle potentiell an Wissen Interessierten" (Antos 2001: 5).

Transferwissenschaften verstehen wir in den Spuren dieses Debattenstrangs, den Gerd Antos und Sigurd Wichter, Susanne Göpferich, Rainer Bromme, Joachim Grzega und viele andere begründet und belebt haben, als Syntagma methodischer Ansätze, die um einen zentralen Gegenstand kreisen: den Wissenstransfer (Ballod et al.: 2020: 8). Dabei geht es nicht einfach um ein lineares Weitergeben von Information. Die gesellschaftliche Wirkung von Wissen ist vielmehr daran gebunden, dass Wissen nicht nur erworben und reproduziert, sondern rekursiv geteilt, verworfen, kritisch befragt und permanent mit neuen Wissensressourcen verknüpft wird. Wissen wird durch diese disruptiven Prozesse nicht nur vervielfältigt, sondern unentwegt transformiert – und gerade diese Wandlungs-, Gestaltungs- und Transformationsprozesse stehen im Mittelpunkt der Transferwissenschaften (ebd.).

Dieses Verständnis wird durch die Arbeiten des Forschungsprojekts *Transferwissenschaft* um die empirische Beforschung der praktischen und strategischen Gestaltungsbedingungen des Wissensaustausches zwischen unterschiedlichen Akteuren, Organisationen und Gesellschaftsbereichen erweitert (Muschner 2023). Das Projekt wurde 2019–22 in Kooperation zwischen dem Center for Responsible Research and Innovation (CeRRI) des Fraunhofer-Instituts für Arbeitswirtschaft und Organisation (Fraunhofer IAO) und der Technischen Universität Berlin durchgeführt und legte den Fokus auf multidirektionalen, interorganisationalen Wissenstransfer in seiner Bedeutung für Innovationsökosysteme. Mit vorrangig sozialwissenschaftlichen Methoden und mithilfe transdisziplinärer Ansätze folgte das Projekt dem Ziel, die Grundlage für eine evidenzbasierte Gestaltung des Wissenstransfer durch Akteur*innen in Wissenschaftsmanagement und Wissenschaftspolitik zu schaffen. Damit schloss das Projekt an eine Transferperspektive an, die über den klassischen, linearen Technologietransfer hinausgeht und eine klare Ausrichtung auf einen „starken als auch breiten Impact wissenschaftlicher Forschung auf Wirtschaft, Gesellschaft, Politik und Umwelt" aufweist (Muschner et al. 2021: 3).

Die Reflexion von Transfergeschehen betrifft aber nicht nur die kommunikativen Aufgaben, die sich mit Wissenstransfer und Wissenschaftskommunikation verbinden (vgl. Ruser 2021). Gerade transdisziplinären Praktiken der Zusammenarbeit kommt im Konzept der Transferwissenschaften eine zentrale Rolle zu (Pelikan/Roelcke/Weber 2020: 20). Damit berührt der Diskurs zwangsläufig die Frage nach den kulturellen Voraussetzungen, die mit Transdisziplinarität als methodischem Kern verbunden sind: die *Pluralität*. Neben der Vielfalt der (1) Wissensressourcen, auf die der wissenschaftliche Suchprozess zugreift, indem er neben disziplinär erschlossenem, akademischem Fachwissen auch Alltags-, Erfahrungs-, Berufs-, Körper- und Situationswissen einbindet, hebt Transdisziplinarität auf die Pluralität der (2) Akteur*innen der Wissensproduktion ab: neben Hochschulmitgliedern sind dies Praxisexpert*innen aus Zivilgesellschaft, Industrie, Kultur und Politik, Anwender*innen, Träger*innen autochthonen Wissens usw. Damit einher geht auch die Heterogenität von (3) Erkenntniswegen: Alle Karrieren, Lebens- und Bildungswege erbringen Wissensbestände und bergen Potenziale, die zu einer Problemlösung beitragen können, und darüber hinaus muss auch die Offenheit der (4) Partizipationschancen ermöglicht und verteidigt werden. Schließlich geht es im Hochschulkontext auch um die Anerkennung der Vielfalt von (5) Verantwortungsrollen und Aufgaben: gerade in der Moderation von Umweltkonflikten zeigt sich, dass die Teilnehmer*innen in ihren Funktionen und Verantwortungen unterschiedliche Rollen besetzen und Fragen der Haftung, Rechenschaft und Verantwortung im Vorfeld definiert werden müssen (Philipp 2023).

Transferwissenschaften verstehen wir daher weniger als eigene Disziplin, sondern als diskursiven Rahmen, in dem wir neue Forschungs- und Lernallianzen andenken, vorbereiten, verwerfen, erproben (Pelikan/Roelcke/Weber 2020: 34) und damit disziplinäres wie transdisziplinäres Arbeiten neuen Ufern zuführen. Transferwissenschaften sind damit auch der konkreten Gestaltung von Transferprozessen verpflichtet. Die „Refiguration von Wissensstrukturen jenseits der Disziplin" (Philipp/Schmohl 2021: 18), die die Arena der Transferwissenschaften konditioniert, hat indes vielfältige Auswirkungen auf Hierarchien, Pfadabhängigkeiten, Machtkonstellation und Steuerungsmechanismen. Mit ihr verschieben sich Rollendefinitionen und -verständnisse, Anerkennungskulturen und Praktiken der Incentivierung (vgl. Pelikan/Jeffery/Roelcke 2021).

Mit der Diskussion über aktuelle Fragestellungen und Entwicklungen im Transfergeschehen befasste sich die Tagung *Transferwissenschaften – Transdisziplinarität – Wissenstransfer: Mode oder Mehrwert?*, die am 21. und 22. April 2022 an der Technischen Universität Berlin stattfand. Sie verfolgte das Ziel, die Bedeutung und den Nutzen von Transdisziplinarität für Wissenstransfer aus unterschiedlichen Perspektiven zu beleuchten, indem sie Vertreter*innen der Bereiche Theorie, Praxis, Methodik und Didaktik zu einem fächerübergreifenden Dialog einlud. Unser Band folgt der Struktur dieser Tagung, indem er zunächst aktuelle Ansätze der Wissenschaftstheorie, Überlegungen zu einer zeitgenössischen Methodik der Transferwissenschaften und schließlich aktuelle Experimentierräume und Praktiken der Transferdidaktik in den Blick nimmt.

Der erste, an Theorie orientierte Teil unseres Bandes knüpft an Überlegungen wie diesen an und entwickelt sie mit Blick auf die Differenzierung verschiedener Arten von Wissen, die Differenz als transdisziplinäre Ressource, die Bedeutung von Viel- und Mehrsprachigkeit und die Modellierung transdisziplinärer Kommunikation weiter. So beschäftigt sich *Armin Grunwald* im Rahmen einer Epistemologie transdisziplinärer Forschung zunächst mit verschiedenen Typen von Wissen. Er setzt sich auf Grundlage der Unterscheidung zwischen System-, Zukunfts- und Kontextwissen sowie normativer Orientierung und Handlungswissen mit verschiedenartigen erkenntnistheoretischen Herausforderungen von Reallaboren auseinander und zeigt dabei Lösungsansätze durch eine Differenzierung des sog. Orientierungswissens. Letztlich geht es hier (erst einmal) um die brisante Frage nach der Möglichkeit transdisziplinärer Forschung überhaupt und (noch) nicht um diejenige nach deren Mehrwert. Beides lässt sich aus der Theorie heraus begründen, bedarf jedoch des Nachweises aus der Praxis transdisziplinärer Forschung öffentlicher und wissenschaftlicher Akteure.

Differenzen können als ein wesentliches Charakteristikum transdisziplinären Arbeitens gelten. *Ulli Vilsmaier* setzt in ihrem Beitrag an solchen Differenzen an und stellt diese als wesentliche Ressource dar, indem im Rahmen solcher Arbeit Gemeinsamkeiten und Unterschiede verschiedener Positionen und Perspektiven eigens bestimmt, wenn nicht herausgearbeitet oder ausgehandelt werden müssen. Hierbei stehen nicht ganze wissenschaftliche oder öffentliche Institutionen im Fokus, sondern einzelne Personen, die gemeinsam in einen solchen Prozess des Aushandelns treten. Als Konsequenz fordert und entwirft die Autorin eine responsive Forschungsmethodik, welche individuelle Erkenntnis- und Handlungsspielräume wissenschaftlich tätiger Personen nicht nur ernst nimmt, sondern zu einem konstitutiven Element von Forschung überhaupt macht.

Sprache und Kommunikation stellen zentrale Gesichtspunkte transferwissenschaftlicher Forschung dar. So verweist *Tilo Weber* in seinem Beitrag auf die Bedeutung von Sprache und Sprachen im Rahmen von Transferwissenschaften, Transdisziplinarität und Wissenskommunikation. Weber arbeitet heraus, warum und wie die Implementierung von Viel- und Mehrsprachigkeit insbesondere im Rahmen von internationalen Kooperationen eine wesentliche Voraussetzung für eine erfolgreiche transdisziplinäre Zusammenarbeit darstellt und somit letztlich selbst zu einem wesentlichen Gegenstand transferwissenschaftlicher Forschung wird. Auch aus dieser Argumentation ergeben sich zahlreiche Herausforderungen für die transferwissenschaftliche Praxis, die es künftig zu bewältigen gilt.

Um im Rahmen theoretischer Forschung die Elemente und Relationen transdisziplinärer Kommunikation erfassen, beurteilen und gestalten zu können, bedarf es im Weiteren eines eigenen Modells, das sich auf ein allgemeines Modell von Kommunikation gründet. *Thorsten Roelcke* greift in dieser Absicht ein bestehendes Modell fachlicher Kommunikation auf und denkt dieses in seinem Beitrag im Hinblick auf Inter- und Transdisziplinarität weiter. Dabei finden neben den Spezifika des Ausgangsmodells (Berücksichtigung der aktiven Rezeption von Texten, einer dialogischen Grundstruktur von Kommunikation sowie deren sprachlichen Kotexts und nichtsprachlichen Kontexts) weitere Gesichtspunkte Beachtung: Spezialisierung des Forschungskontexts, Medialität (Schriftlichkeit, Mündlichkeit und ggf. andere) sowie innere und äußere Vielsprachigkeit. Besondere Beachtung wird in diesem Zusammenhang der Dichotomie zwischen Experten und Laien bzw. der Differenzierung von Personen mit größerer und solchen mit geringerer Expertise geschenkt.

Der zweite Teil des Bandes verhandelt Fragen nach den methodischen Grundlagen: Welche Methoden verbinden sich mit der Idee der Transferwissenschaft(en)? Wie gelingt Forschung zu Wissenstransfer, und wie lässt sich eine Brücke zwischen Theorie und Praxis schlagen? Wie sollten Transferprozesse gestaltet sein, um gesellschaftlich relevante Probleme zu adressieren? Welches Wissenschaftsverständnis ist damit verbunden? Die hier vertretenen Beiträge gehen diese Fragen unterschiedlich an. So wirft *Lars Hochmann* einen umfassenden Blick nicht nur auf die methodologischen, sondern auch die epistemologischen Grundlagen von Transferwissenschaften – und eröffnet damit eine fruchtbare Debatte, die über die Fragen nach Eignung und Nutzen bestehender wissenschaftlicher Methoden weit hinausreicht. Der Autor verhandelt die Frage, ob Transferwissenschaften als Mode oder Mehrwert gelten, anhand einer wissenschaftstheoretischen Überlegung, die den Diskurs über diesen vielschichtigen Begriff zwischen Zweckorientierung und einem neuen disziplinären Selbstverständnis verortet. Im Zentrum dieser Überlegungen steht transdisziplinäres Denken und Handeln, das in manchen Zweigen der Transferwissenschaften bereits praktiziert wird und einen Forschungsansatz beschreibt, „in dessen Vollzug etablierte Methoden zum Einsatz kommen", wodurch eine neue Form der Wissensproduktion ermöglicht wird. Hochmann argumentiert, dass die Ansätze einen vielversprechenden „Weg zur Selbstkontrolle von Wissenschaft" eröffneten und damit eine „Demokratisierung der Wissensproduktion" vorantrieben. In diesem Sinne mache Transdisziplinarität eine Wissenschaft nicht nur relevanter, sondern auch klüger, indem sie hilft, dass Wissenschaft sich selbst theoretisch ernst(er) nimmt.

Henriette Caninos und *Lale Altinalanas* empirische Untersuchungen von Transferkanälen und Transferstrategien erkunden den möglichen Nutzen und zeigen die erkenntnistheoretische Reichweite sozialwissenschaftlicher Methoden sowie deren Grenzen in der Transferforschung auf. Caninos Studie unternimmt mithilfe eines Mixed-Methods-Ansatzes eine systematische Bestandsaufnahme von Austauschprozessen zwischen Wissenschaftler*innen und politischen Akteur*innen in Deutschland. Allerdings seien die empirischen Ergebnisse nicht universell gültig: die Autorin merkt kritisch an, dass die in der Studie freigelegten Unterschiede zwischen Wissenschaftsverständnissen und -systemen sich in verschiedenen Wissenschaftsberatungssystemen niederschlagen und so einem direkten Vergleich von Transferkanälen unter identischen Kriterien entgegenstehen. Auch Altinalanas Beitrag fokussiert die Schnittstelle zwischen institutionalisierter Wissenschaft und Politik, wechselt aber von der Ebene der Akteur*innen auf die organisationale Ebene. Dafür nimmt die Autorin die derzeitigen Transferstrategien führender deutscher Forschungseinrichtungen in den Blick, leitet daraus sechs Strategietypen ab und analysiert diese kritisch hinsichtlich der zugrundliegenden Treiber für den Wissenstransfer mit der Gesellschaft. Die Autorin stellt fest, dass der Großteil der identifizierten Strategietypen die „gesellschaftliche Dimension unzureichend oder gar nicht einbeziehen". Forschungseinrichtungen sollten, so Altinalana, ihre „institutionelle Verantwortung in der Gesellschaft reflektieren", um einen multidirektionalen Wissensaustausch zu ermöglichen.

Durch die immer stärkere und engere Verschränkung von Wissenschaft und Gesellschaft ergeben sich für die Forschung zunehmend neue Perspektiven und Herausforderungen. Diesem Wandel der Rolle von Wissenschaft in der Gesellschaft spürt *Gabriele Wendorf* in ihrem Beitrag mit dem Titel „Transformationsprozesse gestalten – die Rolle der Wissenschaft in der Praxis" nach und exemplifiziert diesen anhand von diversen Projekten zur Gestaltung von Mobilität, die seit einigen Jahren in Berlin durchgeführt wurden. Es zeigt sich vor allem, dass Wissenschaft in solchen Zusammenhängen ihre in traditioneller Weise unvoreingenommene Beobachtungsrolle aufgeben muss und sich zunehmend mit verschiedenen Stakeholder*innen auseinanderzusetzen und mit diesen zu vereinbaren habe. Es wird deutlich, dass wissenschaftliche Projekte, die Transdisziplinarität und Transformation wirklich ernst nehmen, ein verändertes Verständnis wissenschaftlichen Arbeitens innerhalb und vor allem gemeinsam mit der Gesellschaft einzunehmen haben.

Der dritte Teil des Bandes schließlich beleuchtet die Umsetzungschancen der Transferpostulate in der Frage ihrer didaktischen Vermittlung. Obwohl Transfer- und Transdisziplinaritätsdiskurse die Debatte um Anspruch und Wirksamkeit von Forschung seit den 1970er Jahren prägen (Vilsmaier 2021: 333), sind ihre Schlussfolgerungen und Umsetzungschancen für Didaktik, Studium und Campuskultur bis heute ein Nebenthema der wissenschaftstheoretischen Debatte geblieben, wie überhaupt transdisziplinäre Techniken eher ein Phänomen der Anwendung als der Reflexion erscheinen. Vergleichbare, teils konkurrierende Konzepte wie Transformative Learning (Mezirow 2008; Taylor/Cranton 2012), Co-Learning (Knickel et al. 2019; St. John 2022) und Social Learning (Wals/Rodela 2014; Wals 2009) haben den Diskurs gleichermaßen bereichert wie unübersichtlicher werden lassen. Die hier vorgestellten Beiträge verstehen sich allerdings nicht primär als Theoriereflexionen zur didaktischen Umsetzung, sondern als Display innovativer und spielerischer Bewältigungsversuche des Transfergeschehens. Hier entsteht ganz praktisch eine Zukunftswerkstatt, deren Fallbeispiele Impulse und Anregungen versprechen, aber zugleich die Grenzen und besonderen Herausforderungen des Didaktikgeschehens erkennen lassen.

Auf einer zunächst lehrtheoretischen Ebene diskutiert *Johannes Wildt* die Bedingungen und Möglichkeiten einer zeitgemäßen Hochschuldidaktik, die dem Transferpostulat folgt und kreative Spielräume transdisziplinären Arbeitens aktiv ermöglicht. Welche Haltung und welche institutionellen Reformen setzt sie voraus? Auf welchen Entwicklungsprozess blicken wir zurück – und welchen haben wir vor uns? Eine kompetenzorientierte Transferdidaktik kann an dieser Stelle einen substanziellen Beitrag leisten, indem sie die persönliche Entwicklung der Studierenden mit dem Ausbau eines einschlägigen Kompetenzprofils verbindet: *Thies Johannsen* schlägt in seinem Beitrag ein Verständnis von Transferdidaktik vor, das auf kompetenzorientierte Lehr- und Lernmethoden setzt und diese auf der Grundlage eines erfahrungsbasierten Lernverständnisses entwickelt. Exemplarisch zeigt sein Beitrag am Beispiel von Problemorientierung und Case Teaching, wie eine Umsetzung im Hochschulqualifikationsrahmen gelingen kann. Die Autoren *Matthias Ballod* und *Sercan Sever* werten Didaktik sogar als Zugangspfad zu bislang unentdeckten Räumen des Wissenstransfers. Aus ihrer Perspektive erschließt sich Didaktik als prospektiv ausgerichtete Handlungswissenschaft, die durch ihre Einbindung in intentionalen Wissenstransfer ihr Potenzial zur Überwindung von Krisen aufzeigt: Im Aufschließen von Wissenstransferproblematiken und als Grundlage gestaltbarer Zukünfte.

Transdisziplinäre Techniken werden häufig mit Arbeitsbereichen wie Stadtentwicklung oder Umweltkonflikten assoziiert, seltener mit geisteswissenschaftlichen Disziplinen. In der Vielfalt der kreativen Praxisbewältigungen zeigt *Hugo Caviola* hingegen, wie auch die Linguistik, näherhin die Sprachreflexion zu inter- und transdisziplinärem Denken und Handeln anleiten kann. In den praktischen Anwendungsfeldern der Sprachreflexion entsteht Transferwissenschaft als ein spezifisches Lehr- und Lernfeld, in dem Wissen zwischen unterschiedlichen Akteur*innen, Gesellschaftsbereichen und Organisationen permanent ausgetauscht und spielerisch neuentwickelt wird.

Obwohl auch die Mathematik gemeinhin weniger als Anwendungsbereich transdisziplinärer Arbeit gilt, beleuchten *Sina Gürtler*, *Anina Mischau*, *Christoph Werner*, *Joshua Wiebe* und *Sarah Wolf* am Berliner Beispiel Decision Theatre Lab: Darin beschreiben sie ein Kommunikationsformat, das Studierende und Vertreter*innen aus Politik, Wirtschaft und Zivilgesellschaft zusammenführt, um gesellschaftliche Herausforderungen durch kooperative Technik einer Lösung zuzuführen. Empirische Informationen, interaktive mathematische Modelle und Visualisierungen von Simulationsergebnissen werden genutzt, um gemeinsam mögliche Zukünfte und Szenarien zu erkunden. Wie Studierende in ihrer Rolle als Forscher*innen gestärkt und zugleich aktiv in Transferaktivitäten eingebunden werden, verdeutlicht auch das Berliner Projektlabor Wissenschaftskommunikation, über das *Andrea Heilrath* und *Clara Rodríguez Roca-Sastre* berichten. Projektorientiertes Lernen verbindet sich hier mit Service Learning und Maker-Kultur, um neue, reflexive Gestaltungs- und Freiheitsräume an Universitäten zu etablieren. Dass die transdisziplinäre Arbeit an Schnittstellen auch das Aufbrechen gewohnter Räume und Raumstrukturen voraussetzt, lässt der abschließende Beitrag von *Thorsten Philipp*, *Katarina Marej* und *Leo Fenster* erkennen: Was wäre, wenn Universität ihre Campusgrenzen verließe, um an Alltagsorten die Begegnung mit neuem Publikum zu suchen? Und warum nicht im Einkaufszentrum? Die Autor*innen berichten anhand des Berliner Praxisversuchs „Mall Anders“ über ihre Erfahrungen in der räumlichen Neudefinition von Campuskultur und Wissenschaftskommunikation.

Die Beiträge zeigen im Ergebnis, dass Transferforschung innerhalb des von uns skizzierten Diskursraums mannigfaltige Forschungsziele verfolgt, obwohl alle hier vorgestellten Projekte und Vorhaben die enge Verbindung von Theorie und Praxis als gemeinsames Merkmal aufweisen. Die Ziele lassen sich in drei Gruppen einteilen: (1) Wissen generieren; (2) Wissen bereitstellen und mobilisieren; (3) Wissen in konkrete Anwendung bringen. Diese schlüsseln sich folgendermaßen auf: (1) Wissenschaftliche Tätigkeit innerhalb des Diskursraums

Transferwissenschaften zielt darauf ab, vorranging neuartiges theoretisches Wissen über fundamentale Fragen und Zusammenhänge zu produzieren. (2) Wissenschaftliche Tätigkeit fokussiert eine realweltliche Fragestellung und verfolgt das Ziel, bestehendes relevantes Wissen zu identifizieren, in neue wissenschaftliche Zusammenhänge zu übertragen, und kritisch zu reflektieren. (3) Wissenschaftliche Tätigkeit ermöglicht es, konkrete Lösungen in Form von Handlungsempfehlungen, Beratungsangeboten oder Kommunikationsformaten aus bestehendem Wissen abzuleiten. Dabei gilt: Diese drei Ziele – oder Modi? – schließen sich nicht gegenseitig aus. Daran schließt sich eine übergeordnete Frage an: Wem sollen die Transferwissenschaften dienen – an welchen Bedarfen, Fragen und Forschungsinteressen sollen sie sich orientieren?

Die Beiträge unseres Bandes sind auch in ihrem Ziel vereint, Plädoyers für die aktive Einbindung pluraler Stakeholder*innen und für begriffliche Offenheit zu liefern. Zugleich sind sie Plädoyers für das Einlösen der eigenen Forderung: hier geht es um Forschung, die Transfer von Anfang an mitdenkt. Vor allem die empirischen und anwendungsorientierten Beispiele der Transferforschung zeigen zentrale Herausforderungen einer einseitig gedachten Transferwissenschaft auf: Fehlerhafte, veraltete oder reduktionistische Ideen, etwa im Modell der *Quadruple Helix* und ambivalente, unscharfe Grundbegriffe bergen die Gefahr der Redundanz, die sich selbst mit Transdisziplinarität und Einbezug von Stakeholder*innen in Innovationsprozesse nicht beheben lässt. Auch das Risiko politischer Einflussnahme begleitet das Transfergeschehen, etwa wenn sich Transferforschung unkritisch an politischen Agenden und Vorgaben der Fördermittelgeber orientiert. Unser Buch verstehen wir als eine Diskursarena, in der wir Transferwissenschaften aus der Inspiration aktueller Theorien und aus der Erfahrung konkreter Praxisprojekte mit neuen Argumenten beleben.

Zahlreiche Personen haben an der Realisierung dieser Publikation und der vorausgehenden Tagung mitgewirkt. Unser Dank richtet sich zunächst an die zwanzig Autor*innen, mit denen wir zusammenarbeiten durften. Zu Dank verpflichtet sind wir auch gegenüber den elf Gutachter*innen, die im Rahmen des Double-Blind-Review-Verfahrens zur Qualitätssicherung des Bandes entscheidend beigetragen haben. Für die intensive Unterstützung der Tagungsorganisation und des Redaktionsprozesses danken wir Anna Malena Pichler und Koray Parlar. Der Technischen Universität Berlin gilt schließlich unser Dank für die Finanzierung der Open-Access-Lizenz – gerade in der größtmöglichen Zugänglichkeit von Forschung realisiert sich eines der zentralen Versprechen transdisziplinärer Arbeit: Teilhabe. Unabhängig vom Forschungsziel sollte der Transferdiskurs nicht nur allen Wissenschaftler*innen, sondern auch Praktiker*innen, Strateg*innen, politischen Entscheidungsträger*innen und interessiertem Publikum offenstehen. Unser Buch ist der Versuch, diesen Herausforderungen zu begegnen.

Literatur

Antos, Gerd (2001): Transferwissenschaft. Chancen und Barrieren des Zugangs zu Wissen in Zeiten der Informationsflut und der Wissensexplosion. In: Wichter, Sigurd/Antos, Gerd (Hg.): Wissenstransfer zwischen Experten und Laien. Umriss einer Transferwissenschaft. Frankfurt am Main: Peter Lang, 3–33.

Ballod, Matthias/Pelikan, Kristina/Roelcke, Thorsten/Weber, Tilo (2020): Transferwissenschaften – gestern und heute. Zur Weiterführung und -entwicklung der Reihe. In: Kristina Pelikan/Thorsten Roelcke (Hg.): Information und Wissen – Beiträge zum transdisziplinären Diskurs. Berlin u.a.: Peter Lang, S. 7–16.

Knickel, Marina/Knickel, Karlheinz/Galli, Francesca/Maye, Damian/Wiskerke, Johannes S. C. (2019): Towards a Reflexive Framework for Fostering Co-Learning and Improvement of Transdisciplinary Collaboration. In: Sustainability 11(23), 6602, 1–22.

Mezirow, Jack (2008): An overview on transformative learning. In: Jim Crowther/Peter Sutherland (Hg.): Lifelong Learning. Concepts and Contexts. Hoboken: Taylor and Francis, 24–38.

Muschner, Antonia (2023): Tools und Ansätze für die Stärkung von Transfer. In: TU Berlin/Fraunhofer Center for Responsible Research and Innovation (Hg.): DUZ Special Transferwissenschaft. Berlin: DUZ Medienhaus, 3.

Muschner, Antonia/Schütz, Florian/Ruhrmann, Henriette/Karahan, Marc/Kiprijanov, Konstantin S./Johannsen, Thies (2021): Missionsorientierung im Transfer: Strategische Verankerung und praktische Umsetzung auf Grundlage des Research to Mission Frameworks. Berlin: TU Berlin und Fraunhofer Center for Responsible Research and Innovation.

Pelikan, Kristina/Jeffery, Roger/Roelcke, Thorsten (2021): 'The time where the British took the lead is over': ethical aspects of writing in complex research partnerships. In: Research Ethics 17.1, 3–22.

Pelikan, Kristina/Roelcke, Thorsten/Weber, Tilo (2020): Wissen – Information – Transformation. Umrisse der Transferwissenschaften. In: Kristina Pelikan/Thorsten Roelcke (Hg.): Information und Wissen – Beiträge zum transdisziplinären Diskurs. Beiträge des Symposions in Berlin am 21. und 22. April 2016. Berlin u.a.: Peter Lang, 17–46.

Philipp, Thorsten (2023): Nachhaltigkeit durch Pluralität der Wissensressourcen. Prämissen und Praktiken Transdisziplinären Lernens. In: Walter Leal (Hg.): Lernziele und Kompetenzen im Bereich Nachhaltigkeit. Berlin: Springer (im Erscheinen).

Philipp, Thorsten/Schmohl, Tobias (2021): Transdisziplinäre Didaktik: Eine Einführung. In: Tobias Schmohl/Thorsten Philipp (Hg.): Handbuch Transdisziplinäre Didaktik. Bielefeld: transcript, 13–23.

Ruser, Alexander (2021): Wissenstransfer. In: Tobias Schmohl/Thorsten Philipp (Hg.): Handbuch Transdisziplinäre Didaktik. Bielefeld: transcript, 407–415.

St. John, Edward P. (Hg.) (2022): Co-Learning in Higher Education. Community wellbeing, engaged. New York: Routledge.

Taylor, Edward Woodbury/Cranton, Patricia (Hg.) (2012): The handbook of transformative learning. Theory, research, and practice. San Francisco: Jossey-Bass.

Vilsmaier, Ulli (2021): Transdisziplinarität. In: Tobias Schmohl/Thorsten Philipp (Hg.): Handbuch Transdisziplinäre Didaktik. Bielefeld: transcript, 333–346.

Wals, Arjen E. (Hg.) (2009). Social learning towards a sustainable world: Principles, perspectives, and praxis. Wageningen: Wageningen Academic Publishers.

Wals, Arjen E./Rodela, Romina (2014): Social learning towards sustainability: Problematic, perspectives and promise. In: NJAS Wageningen Journal of Life Sciences 69(1), 1–3.

Zemanek, Evi (2012): Interdisziplinarität: Interaktion mit Nachbardisziplinen. In: Evi Zemanek/Alexander Nebrig (Hg.): Komparatistik. Berlin: Akademie-Verlag, 51–66.

I. Ansätze der Wissenschaftstheorie

Armin Grunwald

Zur Epistemologie transdisziplinärer Forschung: Wissenstypen

1. Fragestellung und Überblick

Transdisziplinäre Forschung (Bergmann/Schramm 2008; Krohn/Grunwald/Ukowitz 2017) ist mit dem Transfergedanken in doppelter Weise verbunden: gesellschaftliche Problemwahrnehmungen, Prioritäten, Werte und das Wissen lokaler Akteure und Stakeholder sollen einerseits in der Festlegung der wissenschaftlichen Forschungsagenda sowie auch im Forschungsprozess selbst berücksichtigt werden. Andererseits soll das auf diese Weise erzeugte Wissen der Problemlösung dienen: „Transdisziplinäre Forschung wird betrieben, um Gesellschaft im Sinne einer nachhaltigen Entwicklung zu gestalten" (Krohn/Grunwald/Ukowitz 2017: 342). Als Medium des Gestaltens muss das Wissen in die betreffenden gesellschaftlichen Bereiche und zu den relevanten Akteuren gebracht werden. Wissenschaft begibt sich in engen Kontakt mit der Praxis, um in einem ‚Ko-Design' die Agenda für die Forschung gemeinsam zu gestalten, in einer ‚Ko-Produktion' Wissen und Einschätzungen außerwissenschaftlicher Akteure einzubeziehen und in Form einer ‚Ko-Implementation' die Umsetzung der Ergebnisse zu begleiten.

Anders als in klassischer Wissenskommunikation oder traditioneller Politikberatung, in denen Wissenschaft mit epistemischer Autorität zu außerwissenschaftlichen Akteuren spricht, ist bei der transdisziplinären Forschung Kommunikation in beide Richtungen essentiell. Transfer erfolgt sowohl von außerwissenschaftlichen Akteuren zu den Forschungsteams als auch umgekehrt. Die Organisation dieser Transferprozesse, die transferierten Objekte und ihre zugeschriebenen Bedeutungen sowie deren Wahrnehmung und Folgen auf der jeweiligen Adressat*innenseite dürften das Hauptthemenfeld der Transferwissenschaften zu sein, insofern sie sich auf transdisziplinäre Forschung bezieht.

In epistemischer Hinsicht ist diese Forschung anspruchsvoll und bedarf erkenntnistheoretischer Aufklärung. Denn neben die üblichen Qualitätskriterien wissenschaftlichen Wissens wie Nachvollziehbarkeit und Konsistenz treten praktische Ansprüche wie Problemlösefähigkeit, Verständlichkeit und Anschlussfähigkeit an lokale Kontexte und Akteure. Jenseits des reinen

Erkenntniswerts geht es um Nützlichkeit des Wissens. Ist dies zwar aufgrund des Gestaltungselements transdisziplinärer Forschung nicht nur verständlich und nachvollziehbar, sondern auch notwendig, kommt es doch immer wieder zu Vorbehalten gegen diese Art der Forschung. Das Zielen auf Problemlösung statt auf Erkenntnis bzw. die Instrumentalisierung von Erkenntnis zum Zwecke der Problemlösung korrumpiere die Wissenschaft, entwerte epistemische Werte zugunsten eines Nützlichkeitsdenkens und führe zum Ersatz des wissenschaftskonstitutiven Prinzips des Zweifels durch das Streben nach erfolgreicher Anwendung (Strohschneider 2014; als Erwiderung z.B. Grunwald 2015). Die hier spürbare Sorge, die Wissenschaft verliere auf dem Weg in die Problem- und Problemlöseorientierung ihr genuin Eigenes, die epistemische Klarheit, und als Folge dann auch Reputation, Vertrauen und Ansehen betrifft den Kern des Wissenschaftsverständnisses. Es bedarf daher sorgfältiger Analyse, um diese Sorge entweder zu entkräften oder, falls dies nicht gelingt, des Nachdenkens über Wege der Kompensation möglicher Folgeprobleme.

In diesem Kapitel wird die geäußerte Sorge mit den Mitteln der Wissenschaft selbst betrachtet. Der epistemologische Blick, der letztlich über die Qualität wissenschaftlichen Wissens zu urteilen hat, wird auf transdisziplinäre Forschung bezogen. Wenn sich das aus transdisziplinärer Forschung resultierende Wissen mit erkenntnistheoretischen Mitteln und unter Anwendung wissenschaftlicher Qualitätskriterien als *wissenschaftliches* Wissen erwiesen ließe, wäre das Spektrum wissenschaftlichen Wissens erweitert und die genannte Sorge entkräftet. In diesem Unterfangen muss eine gewisse Bereitschaft zur Erweiterung bestehender Verständnisse wissenschaftlichen Wissens bestehen, welche z.B. in eine epistemologische Differenzierung nach unterschiedlichen Wissensformen münden könnte. Wenn dies gelingt, ohne anerkannte wissenschaftliche Qualitätskriterien zu korrumpieren oder abzuschwächen, wäre der Abqualifizierung transdisziplinärer Forschung als nichtwissenschaftlich, nur weil sie nicht in allem den klassischen Vorstellungen entspricht, ein Riegel vorgeschoben. Die Soziale Epistemologie hat gezeigt, auf welchem Weg dies möglich ist (z.B. Longino 1990; Grunwald 2019: 143 ff. mit Bezug auf Technikfolgenabschätzung).

Diese Aufgabe ist freilich für einen bescheidenen Buchbeitrag zu groß und kann hier nur in ersten Schritten angegangen werden, basierend auf den durchaus vielfältigen methodologisch und epistemologisch relevanten Forschungen und Reflexionen aus der transdisziplinären Forschung selbst (z.B. Jahn/Becker 2006; Bergmann et al. 2010; Jahn/Bergmann/Keil 2012). Der Ausgangspunkt in diesem Kapitel ist die Frage nach den in der transdisziplinären Forschung erzeugten bzw. benötigten Wissenstypen. Die hier vorgeschlagene epistemologische Differenzierung erstreckt sich auf die Unterteilung des epistemologisch diffusen Begriffs des Orientierungswissens in erkenntnistheoretisch besser zugängliche Bestandteile (Abschnitt 2). Anhand der noch recht jungen Reallaborforschung (Abschnitt 3.1) werden erkenntnistheoretische Herausforderungen dieses Wissenstyps in Bezug zur Ausgangsfrage nach der Sicherung wissenschaftlicher Qualitätsanforderungen gesetzt (Abschnitt 3.2). Anhand der Frage nach der Verallgemeinerbarkeit des kontextbezogen gewonnen Wissens erweist sich die hier vorgeschlagene epistemologische Differenzierung des Orientierungswissens als hilfreich, um dieser Herausforderung zu begegnen.

2. Transdisziplinäres Wissen

Zur nachhaltigen Gestaltung der digitalen Transformation, zur Integration autonomer Technologien in industrielle Produktion und Lebenswelten, zur Bewältigung von Klima- und Umweltkrise oder zur Steigerung gesellschaftlicher Resilienz angesichts globaler Krisen wird wissenschaftliches Wissen aus unterschiedlichen Disziplinen benötigt. Entsprechend ist die Forderung nach Interdisziplinarität als Form problemorientierter Forschung seit Jahrzehnten vertraut und wird zunehmend umgesetzt. Die entsprechenden Wissensbestände kommen aus unterschiedlichen Disziplinen mit ihren je eigenen Begrifflichkeiten, Basisunterscheidungen, Methoden und Weltwahrnehmungen. Während deren epistemologische Charakterisierung üblicherweise unproblematisch ist, da auf Methoden und Standards aus den jeweiligen Disziplinen zurückgegriffen werden kann, sieht dies bei ihrer problem- und kontextbezogenen Integration anders aus. Da disziplinenübergreifend keine entsprechend abgesicherten Möglichkeiten epistemischer Charakterisierung verfügbar sind und sogar die Gewährleistung wissenschaftlicher Mindeststandards wie Konsistenz nicht ohne weiteres möglich ist (Grunwald 2016: 167 ff.), kommt es in der Wissensintegration zu einer epistemologischen Gemengelage unterschiedlichster Bestandteile.

Dieses Problem (Schmidt 2022) verschärft sich nochmals in der transdisziplinären Forschung, da hier auch außerwissenschaftliche Bestände wie Einschätzungen, lokales Wissen und Positionen einbezogen werden müssen, für die zunächst keinerlei epistemische Charakterisierung verfügbar ist. Zur Bewältigung dieser Herausforderung wurde vorgeschlagen, Wissensintegration als prozedurale und dialogische Tätigkeit zu verstehen (Grunwald 2016: 179 ff.), in der Wissens- und andere Bestände argumentativ kontrolliert, hermeneutisch reflektiert und Schritt für Schritt zusammengefügt werden. Während in jenem Vorschlag die prozedurale Dimension im Vordergrund steht, geht es in diesem

Kapitel um Wissenstypen als die epistemischen Elemente, die in den jeweiligen Verfahrensschritten beraten und transferiert werden.

2.1 Wissenstypen transdisziplinärer Forschung

Üblicherweise werden in der problemorientierten Forschung drei Wissenstypen unterschieden (Weber/Whitelegg 2003; Grunwald 2016: 172 ff.): *Systemwissen* zur Erfassung und Erklärung der Funktionszusammenhänge im betrachteten System, teils auch als Erklärungs- oder Verständniswissen bezeichnet; *Orientierungswissen* als Anleitung für Diagnosen, Bewertungen und Zielsetzungen zur angestrebten Problemlösung, teils auch als Zielwissen klassifiziert sowie *Handlungswissen* als Wissen über Maßnahmen, Instrumente und Strategien, um die Problemlösung praktisch angehen zu können, teils auch als instrumentelles Wissen geführt (Schneidewind/Singer-Brodowski 2016).

Dieses Schema erscheint auf Anhieb plausibel: Um Probleme lösen zu können, muss das betreffende System hinreichend gut in seinen Funktionsweisen, Kausalitäten, Instabilitäten etc. bekannt sein, muss es Hinweise für die Diagnose des Systemzustandes und die Ausrichtung erforderlicher Veränderungen sowie Maßnahmen, Technologien oder andere Handlungsoptionen für eine zielführende Intervention geben. In der transdisziplinären Nachhaltigkeitsforschung muss beispielsweise, wenn es um die Transformation eines Stadtviertels geht, empirisches Wissen über das Viertel vorhanden sein, z.B. über Infrastrukturen, Bevölkerungszusammensetzung und Wirtschaftsstruktur, müssen Indikatoren zur Nachhaltigkeitsbewertung bestimmter Parameter und zur Orientierung transformierender Maßnahmen verfügbar sein und muss Handlungswissen entwickelt werden, um die Transformation in Richtung auf Nachhaltigkeit praktisch anzustoßen.

System- und Handlungswissen sind wissenschaftstheoretisch eingeführte Begriffe (Schneidewind/Singer-Brodowski 2013). System- bzw. Verständniswissen stellt die klassische Form wissenschaftlichen Wissens *über* einen Gegenstandsbereich dar, sowohl in den Natur- als auch Kulturwissenschaften. Dieses Wissen wird an empirischen Beobachtungen, z.B. in Experimenten (Lange 1996) validiert und häufig in Modellform dargestellt (Janich 2002). Handlungswissen ist als *know-how* ebenfalls eine etablierte Wissensform, vor allem in den technischen Wissenschaften und in Politik- und Wirtschaftswissenschaft. Wenn auch beide Wissensformen wissenschaftstheoretisch in den unterschiedlichsten Disziplinen vielfach untersucht und rekonstruiert wurden, so verbleiben Herausforderungen der Wissensintegration in Bezug auf inter- und dann auch transdisziplinäre Forschung (Gethmann et al. 2015).

Der Begriff des Orientierungswissens ist erkenntnistheoretisch unbestimmt. Orientierungswissen soll, dadurch erklärt sich der Begriff, Orientierung schaffen, was für Problemlösungen offenkundig relevant ist. Jedoch besagt die *Funktion*, die ein Wissensbestand haben soll, nichts über die erkenntnistheoretische Struktur oder Qualität dieses Wissens. Orientierung kann auf epistemisch sehr unterschiedliche Weise erbracht werden. In der Literatur finden sich unter Orientierungswissen entsprechend epistemologisch heterogene Charakterisierungen (Grunwald 2022: 136 ff.): Zielsetzungen, ethische Bewertungskriterien, Wissen über zukünftige Entwicklungen wie z.B. Szenarien, und Kontextwissen zur adäquaten Deutung der betreffenden Situation. Unzweifelhaft sind alle diese Elemente Beiträge zur Orientierung, etwa von Transformationsprozessen zur Nachhaltigkeit. Erkenntnistheoretisch zerfallen sie jedoch in kategorial verschiedene, also unterschiedlichen Begründungs- und Rechtfertigungsschemata unterliegende Elemente.

Diese Beobachtung war Anlass, statt der üblichen Dreiteilung eine differenziertere Fünferteilung vorzuschlagen (Grunwald 2019: 110 ff.). Das Orientierungswissen zerfällt danach in drei epistemologisch differente Wissensbestände: *Zukunftswissen* zur Antizipation von zukünftigen Entwicklungen, *Kontextwissen* zum problemorientierten Verständnis der jeweils konkreten Konstellation und ihrer Hintergründe sowie die *normative Orientierung* in Form von Zielen, Bewertungskriterien oder ethischen Prinzipien. Während Zukunfts- und Kontextwissen Wissen *über etwas* darstellen, z.B. zeitliche Verläufe oder kulturelle Hintergründe, ist die normative Orientierung mit dem *Sollen* befasst und folgt in ihrer epistemischen Charakterisierung Prinzipien normativer Rechtfertigung (Habermas 1973). Damit ist transdisziplinäre Forschung mit insgesamt fünf unterschiedlichen Wissenstypen konfrontiert (Tab. 1).

Tab. 1: Wissenstypen transdisziplinärer Forschung (frei nach Grunwald 2019, Tab. 4-1).

Wissenstypus	**Funktion**	**Eigenschaften**	**Objekte**	**Disziplinen**
Systemwissen	Systemverständnis erlauben, Kausalitäten und Wechselwirkungen erkennen	deskriptiv, kausal, empiriebasiert, häufig kompakt in Modellform	Systeme mit Elementen, Wechselbeziehungen und Außenwirkungen	alle positiven und empirischen Wissenschaften, Wahl je nach Systemzuschnitt
Zukunftswissen	Möglichkeitsräume zukünftiger Optionen und Entwicklungen explorieren	explorativ oder extrapolierend	Trends, Szenarien, Simulationen, kritische Pfade	*Future Studies*, *Foresight*, Systemanalyse
Kontextwissen	Kontextverständnis (Akteure, Interessen, Kultur Konflikte, Geschichte ...) ermöglichen	deutend, interpretativ, rekonstruktiv, hermeneutisch	Dokumente, Stellungnahmen, Daten, Narrative, Kunstwerke, Filme, historische Objekte ...	Hermeneutische Wissenschaften, Linguistik, Kulturwissenschaft, Soziologie
Normative Orientierung	Kriterien für Diagnosen und Bewertungen bereitstellen	normativ, ethisch, rechtlich, ggf. auch politisch	Normen und Prinzipien, Wert- und Zielkonflikte	Ethik, Recht, Nachhaltigkeitsforschung
Handlungswissen	kontextangemessen Instrumente und Maßnahmen zum Handeln liefern	instrumentell, effektiv, effizient, riskant	Interventionen in das betrachtete System	Praktische Wissenschaften: Recht, Medizin, Technik, Politik ...

2.2 Statt Orientierungswissen: Wissen zur Orientierung

Die genannte Differenzierung des Orientierungswissens sei in diesem Abschnitt kurz im Hinblick auf ihre erkenntnistheoretische Struktur erläutert, vor allem da zwei der drei Typen erkenntnistheoretisch unorthodox sind.

Offenkundig ist *Zukunftswissen* erforderlich, um z.B. problematische Entwicklungen in Bezug auf Nachhaltigkeit frühzeitig zu erkennen, um die Entwicklung zukünftiger Randbedingungen einbeziehen oder die Auswirkungen von Maßnahmen einschätzen zu können. Im konsequentialistischen Entscheidungsmodus wird Zukunftswissen benötigt, um die begründete Auswahl unter Handlungsoptionen zu orientieren. Allerdings ist Zukunftswissen epistemologisch prekär (Grunwald 2013a). Bereits Augustinus (397) konstatierte, dass weder Vergangenheit noch Zukunft existieren, sondern beide Projektionen aus der Gegenwart heraus darstellen. Die Vergangenheit besteht nur als gegenwärtige *Erinnerung*, Zukunftsaussagen sind gegenwärtige *Erwartungen*. Zukunftswissen basiert nicht auf Daten aus der Zukunft, denn diese sind nicht verfügbar, sondern besteht in Einschätzungen aus *der Gegenwart* heraus in der es erzeugt wird. Zukunftsaussagen werden aus unterschiedlichen Ingredienzien wie kausalem Wissen, Zeit- und Problemdiagnosen, Trendextrapolationen, Werten, Weltanschauungen, Wunschbildern, gegenwärtigen Interessen und Präferenzen sowie Annahmen über unbeeinflussbare Randbedingungen in einem methodisch kontrollierten Prozess erzeugt. Modellierung, Simulation und Szenariotechnik sind gängige wissenschaftliche Ansätze dafür, während partizipative Workshops der transdisziplinären Öffnung der Konstruktion von Zukünften dienen. In der jeweiligen Gegenwart wird die *Erwartbarkeit* von Zukunftsvorstellungen charakterisiert, einschließlich des Grades der Erwartbarkeit und notwendig involvierter Unsicherheiten. Um der eingangs genannten Sorge der Korrumpierung wissenschaftlicher Qualität in transdisziplinärer Forschung zu begegnen, müssen Kriterien wissenschaftlicher Qualität wie Nachvollziehbarkeit und Kritisierbarkeit (Longino 1990) erfüllt sein. Dies ist ohne Zweifel durch transparente Rekonstruktion der in das jeweilige Zukunftswissen integrierten Zutaten und des schrittweisen Verfahrens ihrer Zusammenfügung möglich (Grunwald 2013b), wobei insbesondere Annahmen, Prämissen, Unsicherheiten und blinden Flecken Aufmerksamkeit zu schenken ist, um irreführende Sicherheitserwartungen zu vermeiden.

Transdisziplinäre Forschung findet in einem jeweils spezifischen Kontext mit spezifischen Akteuren und unter ebenso spezifischen Zielen und Randbedingungen statt, da sie auf Wissen zum Handeln und Gestaltung zielt (Krohn/Grunwald/Ukowitz 2017; vgl. das Reallabor-Beispiel in Abschnitt 3).

Zur adäquaten Konzipierung des Vorgehens und der Methodik ist umfangreiches *Kontextwissen* erforderlich. Die jeweils vorfindliche empirische Situation muss nicht nur in Form von Systemwissen (s.o.) bekannt sein, sondern auch hinreichend gut *verstanden* werden. Hier geht es nicht nur um Kausalbeziehungen oder datenbasierte Korrelationen, sondern um konkrete Akteure, Texte, Zukunftserzählungen, Gegenstände etc. einschließlich ihrer kulturellen und historischen Hintergründe. Das Verstehen dieser Kontexte erfordert Antworten auf Fragen des Typs: Wer verfolgt welche Ziele und warum? Wer präferiert welche Mittel der Umsetzung mit welchen Argumenten? Wie sind Konflikte bzw. Meinungsbildungs- oder Entscheidungsprozesse strukturiert? Wie sind Interessen, Erwartungen und Befürchtungen verteilt und wie werden diese wahrgenommen und kommuniziert? Welche zeithistorischen Erfahrungen und kulturellen Hintergründe prägen Problemwahrnehmung und Voreinstellungen? Was bedeuten kursierende Zukunftserzählungen in Bezug auf unterschwellige Sorgen, implizite Hoffnungen und Befürchtungen? Antworten bedürfen der *verstehenden Deutung*. Diese letztlich hermeneutische Aufgabe erfordert die Einbeziehung sozial-, kultur- und medienwissenschaftlicher sowie linguistischer Verfahren.

Transdisziplinäre Forschung operiert wie die *post normal science* (Funtowicz/Ravetz 1993) in normativ strukturierten, aber auch weiteren normativen Strukturierungsnotwendigkeiten unterliegenden Feldern. Von daher kann das traditionelle Postulat der Werturteilsfreiheit nicht zur Anwendung kommen. Stattdessen müssen Wege identifiziert werden, in wertstrukturierten Feldern zu forschen, ohne dabei dem genannten Verdacht der Korrumpierung zu verfallen. Auch transdisziplinäre Forschung ist auf das wissenschaftliche Mandat von Erkenntnisgewinn und Orientierungsangebot verpflichtet. Sie ist weder beauftragt noch legitimiert, Nachhaltigkeitskriterien für gesellschaftlich verbindlich zu erklären und von dort aus abzuleiten, auf welchem Weg Nachhaltigkeit zu realisieren sei. Der adäquate Umgang mit Bewertungsherausforderungen besteht darin, sich *konditional* auf Bewertungskriterien z.B. nachhaltiger Entwicklung zu beziehen und normativ transparente wenn/dann-Aussagen zu machen. Die Wenn/Dann-Struktur von Bewertungen ermöglicht auch den transparenten Umgang mit dem Subjektivitätsproblem bewertender Aussagen (Grunwald 2003). Denn konditionale Sätze sind argumentationszugänglich, stehen der Kritik offen und können in Rechtfertigungsdiskursen hinterfragt und diskutiert werden (Habermas 1973). Damit sind sie zumindest prinzipiell verallgemeinerbar und können intersubjektiv nachvollziehbar werden. Mittels strukturierter Bewertungsmethoden, Qualitätssicherung sowie Transparenz in den Bewertungsschritten kann also der Sorge um mögliche Korrumpierung der Wissenschaft, wenn sie sich auf normative Aussagen einlässt, begegnet werden. Dies gilt auch für transformative Forschung (Schneidewind/Singer-Brodowski 2013), jedenfalls in einem bestimmten, nicht-missionarischen Verständnis (Grunwald 2018).

Auf diese Weise zeigt sich, dass die epistemische Gemengelage, die zugegebenermaßen mit dem Begriff des Orientierungswissens verbunden ist, durch die Differenzierung in drei epistemologisch gut charakterisierbare Felder auf nachvollziehbare und transparente Weise strukturiert werden kann. Die Sicherstellung von wissenschaftlicher Validität und entsprechende Qualitätsbeurteilung sind auch in transdisziplinärer Forschung möglich, folgend den Standards der Sozialen Epistemologie. Freilich erfordert die Umsetzung ein erhebliches Maß nicht nur an methodischer und epistemischer Sorgfalt, sondern auch an Ressourceneinsatz und Arbeit.

3. Transdisziplinäre Forschung im Reallabor

Die transdisziplinäre Forschung für Nachhaltigkeit hat seit ihrem Entstehen in den 1990er Jahren immer wieder neue Formate und Ansätze hervorgebracht, um dem eigenen Anspruch möglichst gut gerecht zu werden. Reallabore sind eine konsequente Weiterentwicklung und Radikalisierung auf diesem Weg (Grunwald/Schäfer/Bergmann 2020). Nach einer kurzen Charakterisierung (3.1) wird das Augenmerk auf epistemologische Fragen gerichtet (3.2), die sich hier in besonders pointierter Form stellen.

3.1 Reallabore

Reallabore übertragen den Gedanken des wissenschaftlichen Experiments (Hacking 1992; Lange 1996) aus den Laborwissenschaften etwa der Chemie in die menschliche Lebenswelt. Statt Teile der Realwelt durch Modellierung und Simulation am Computer zu erfassen oder Forschung in einem nach Erkenntniszwecken hergestellten Labor zu betreiben, dienen Ausschnitte der Realwelt als Labor. Reallabore verbinden den Laboraspekt von Wissenschaft und dessen experimentellen Charakter mit der realen Lebenswelt unter dem ursprünglichen Ziel, aktiv Nachhaltigkeitstransformationen zu betreiben (Grunwald/Schäfer/Bergmann 2020). Über klassische Ansätze der transdisziplinären Forschung hinaus wird häufig explizit ein transformativer Anspruch auf Mitgestaltung der entsprechenden Bereiche der Lebenswelt erhoben (Schneidewind/Singer-Brodowski 2013). Transformationsprozesse sollen dabei nicht nur erforscht, sondern aktiv durch gezielte Intervention angestoßen werden. Deren

Folgen sollen in einem Monitoring beobachtet und ausgewertet werden, um adäquate Reaktionen zu ermöglichen. Analog zum *Action Research* und zur Interventionsforschung (Krainer/Lerchster 2012) soll einerseits Wissen durch gezielte Intervention in reale Systeme generiert werden, soll andererseits auch Transformation für nachhaltige Entwicklung betrieben werden. Zentrale Charakteristika von Reallaboren sind (nach Parodi et al. 2017) Forschungsorientierung, Transformativität, Nachhaltigkeit, zivilgesellschaftliche Orientierung, Übertragbarkeit, Langfristigkeit und Bildung. Sie sind

> gesellschaftliche Arrangements, bestehend aus den Wechselwirkungen von den darin agierenden Menschen, ihren spezifischen Umwelten sowie sozialen und institutionellen Verflechtungen. Dazu können gehören: Gebäude, Infrastrukturen, Landschaften und Natur, Technologien, Wertschöpfungsketten, Arbeits- und Freizeitwelten genauso wie Regelsysteme und Handlungsanreize, Normen und Werte, Einstellungsmuster und Emotionen (Wagner/Grunwald 2015: 26f.).

Der Schaffung und Untersuchung von Reallaboren liegt damit eine doppelte Zielstellung zugrunde: sowohl ein gesellschaftliches Transformations- als auch ein wissenschaftliches Erkenntnisinteresse. Reallabore sind *Hybride*: (1) durch das wissenschaftliche Erkenntnisinteresse und die Nutzung der Labormetapher gehören sie zur Wissenschaft und stehen unter wissenschaftlichem Anspruch. Simultan verstehen sie sich (2) durch den Transformationsanspruch als Teil der gesellschaftlich-außerwissenschaftlichen Praxis (nach Wagner/Grunwald 2015). Sie wollen Räume und Möglichkeiten für gesellschaftliche Transformation bereitstellen, einen anschaulichen Modellcharakter für Aspekte einer Transformation zu einer Kultur der Nachhaltigkeit entwickeln und Anreize zur Partizipation in und Inspiration für diese Transformationsprozesse geben (Grunwald/Schäfer/Bergmann 2020).

Der dafür erforderliche zweikanalige Transfer ist, anders als bei klassischen wissenschaftlichen Projekten, nicht als Sondermaßnahme zum Projektabschluss, sondern als kontinuierlicher Prozess und genuiner Teil der transdisziplinären Kooperation von der Auslotung eines möglichen Projekts über dessen Design, die Wahl der Methodik und die Durchführung bis zum Ende gedacht (Grunwald 2016). In Reallaboren findet Transfer als Ko-Design zu Beginn, Ko-Produktion in der Durchführung und Ko-Implementation statt, begleitet von simultaner Erforschung und Reflexion. Diese Konstellation ist sowohl unter Fragestellungen der Transferwissenschaften als auch in Bezug auf erkenntnistheoretische Herausforderungen interessant.

Mit dieser Ausrichtung stehen Reallabore im besonderen Fokus des eingangs genannten Korrumpierungsverdachts. Hier könnten, so die Befürchtung, partikuläre politische Gedanken unter dem Mantel der Wissenschaftlichkeit in die Praxis getragen werden und könnten Wissenschaftler*innen als Missionar*innen nachhaltiger Entwicklung weit jenseits des wissenschaftlichen Mandats der Erkenntnis operieren (Strohschneider 2014). Es ist also kritisch zu prüfen, ob und auf welche Weise Wissenschaftlichkeit auch in diesem Feld möglich ist und welche Implikationen ihre Ermöglichung hat.

3.2 Erkenntnistheoretische Herausforderungen

Bekannte erkenntnistheoretische Herausforderungen der transdisziplinären Forschung zeigen sich in der Reallaborforschung in besonders prononcierter Form (Wagner/Grunwald 2015). Sie seien kurz erwähnt, bevor der Fokus auf die Übertragbarkeit als spezielle Herausforderung gerichtet wird.

Eine erste Herausforderung besteht darin, angesichts der vielen und miteinander wechselwirkenden Entwicklungen und Ereignisse überhaupt Ursache/Wirkungsverhältnisse bestimmen zu können. Deren hinreichend gute Kenntnis ist freilich entscheidend für die Einschätzung von Transformationsexperimenten und -maßnahmen. Das Vorgehen in klassischen Laboren, durch möglichst vollständige Kontrolle der relevanten Parameter eindeutige Kausalrelationen herausarbeiten zu können, ist in Reallaboren nicht möglich, da sie vielfältigen und komplexen Einflüssen ausgesetzt sind. Die Rede von einer epistemischen Gemengelage, deren Aufklärung höchste Ansprüche an Epistemologie und Methodologie richtet, dürfte hier nicht ganz unpassend sein.

Zweitens ist an die permanente Problematik gleichzeitiger und vermischter Teilnehmer*innen- und Beobachter*innenrollen zu erinnern. Insbesondere in der transformativen Forschung wird das zu untersuchende Feld gezielt verändert, um Änderungen sowohl zu beobachten als auch zu erreichen. Die epistemologische Anfälligkeit dieser Konstellation, aber auch Strategien zum wissenschaftlichen Umgang damit sind aus Interventions- und Aktionsforschung vertraut (Krainer/Lerchster 2012), zeigen sich in der Reallaborforschung aber in verschärfter Form.

Ein dritter Unterschied in epistemologisch relevanter Hinsicht zu normalen Laborexperimenten ist die mangelnde Replizier- und Reproduzierbarkeit der Experimente. Denn das Reallabor entwickelt sich weiter, so dass die Möglichkeit der Wiederherstellung eines früheren Zustandes mit Wiederholung des Experiments nicht besteht.

Diese Herausforderungen werden vorwiegend in Bezug auf Systemverständnis und Systemwissen diskutiert, also hinsichtlich Ursache/Wirkungsverhältnissen wie in den klassischen Wissenschaften mit selbstverständlich unmittelbarem Einfluss auf das Handlungswissen. Diese Konstellation ist erkenntnistheoretisch aus den Technik- und Sozialwissenschaften vertraut, jedenfalls wenn auf der Basis von Systemkenntnis Handlungsoptionen erarbeitet und ggf. auch umgesetzt werden, ob nun im technischen oder sozialen Bereich. Die Kategorie des Orientierungswissens mit der in Abschnitt 2 vorgenommenen Differenzierung wird selten in diesem Kontext erwähnt. Von daher sei dies im Folgenden unter dem Aspekt der Übertragbarkeit von in einem Reallabor gewonnener Erkenntnis auf andere Settings zumindest angedeutet.

Reallabore sind jeweils Unikate. Wenn sich Forschung und Transformation im Reallabor nur auf das jeweilige Unikat beziehen würde, käme es nur zu einer Kasuistik von Reallaboren mit korrelierten Erkenntnissen, nicht aber zu übertragbarem Wissen. Dann würden Reallabore zu Ingenieurbüros der Nachhaltigkeit ohne Anspruch auf verallgemeinerbare Wissensbestände. Die Reallabor-Forschung verfolgt jenseits der notwendigen Unikat-Ausrichtung selbstverständlich das Ziel, Erkenntnisse auf ähnliche Problemlagen zu übertragen, also die Bedingungen des Erfolgs genauer zu erfassen, aus dem Vergleich ähnlicher wie auch unterschiedlicher Fälle zu lernen und Wissensbestände anzustreben, die über den Einzelfall hinaus hilfreich sind. Erst dann kann sich wissenschaftliche Kompetenz und Expertise bilden (Krohn/Grundwald/Ukowitz 2017). Im Folgenden sei daher die scheinbare Unvereinbarkeit zwischen Unikatcharakter und dem Wunsch nach Übertragbarkeit von Erkenntnissen kurz angesprochen.

Die Annahme, dass Orientierungswissen in Form von Zukunfts- und Kontextwissen sowie normativer Orientierung unabdingbar für Reallaborexperimente und Transformationsmaßnahmen ist, deren Durchführung und Beobachtung ihrer Folgen die zentrale Erkenntnisquelle der Reallaborforschung darstellen, dürfte schwer bestreitbar sein. Nun werden diese Wissensbestände jedoch jeweils hochgradig kontextbezogen erstellt: *Zukunftswissen*, um damit zu beginnen, kann nur relevante Orientierung geben, wenn es auf das jeweilige Reallabor fokussiert, also auf die entsprechenden Bedingungen kontextualisiert. Auch bei Heranziehung übergreifender Megatrends ist schließlich nur relevant, wie sich dieser im jeweiligen Unikat zeigt und welche Folgen zu erwarten sind – das kann an anderen Orten völlig anders sein. Noch deutlicher wird die Kontextgebundenheit, wenn in einem Reallabor eigens Zukunftsbilder erzeugt werden, z.B. in Form von partizipativ erstellten Szenarien.

In *normativer Orientierung* ist dies nicht anders. Mit einem universellen Anspruch versehene Orientierungen wie der Kategorische Imperativ oder die Nachhaltigkeitsdefinition der Brundtland-Kommission können eventuell, wenn überhaupt, den Ausgangspunkt für die Festlegung von normativen

Randbedingungen für eine Transformation bilden. Beispielsweise bedarf die Festlegung der Bedeutung nachhaltiger Entwicklung eigens seiner Bedeutungsarbeit für den jeweiligen Fall, da die Kontextualisierung nicht aus allgemeinen Prinzipien logisch abgeleitet werden kann (Grunwald 2016). Analog gilt dies für die Festlegung von Nachhaltigkeitsindikatoren oder ethischen Standards.

Die hier aufscheinenden und eher düsteren Aussichten auf die Verallgemeinerung oder Übertragung von Erkenntnissen aus Reallaboren lassen sich etwas aufhellen. Zwar lassen sich etablierte wissenschaftstheoretische Begriffe wie die Abstraktion vom Einzelfall und Verallgemeinerung, aber auch Dekontextualisierung und anschließende Kontextualisierung in einem anderen Kontext nicht gut nutzen (Krohn 2008a, Krohn/Grunwald/Ukowitz 2017). Für das Ziel, unter verwandten, aber vielfach auch veränderten Bedingungen einen Gestaltungsprozess einzurichten, der von Erkenntnissen in einem anderen profitiert, erscheint der Begriff der Imitation aus der Soziologie des sozialen Wandels (Tarde 2009) jedoch vielversprechend (Krohn 2008a). Ähnlichkeit, die Imitation erlaubt, setzt die Erfassung und Einschätzung von Gemeinsamkeiten wie Unterschieden voraus.

> Die Übertragung von Wissen geschieht daher nicht primär durch Anwendung eines Wissenskerns, der durch dekontextualisierte Abstraktion von Gemeinsamkeiten gewonnen wurde, sondern durch Imitation des Gestaltungsprozesses unter ähnlichen Bedingungen (Krohn/Grunwald/Ukowitz 2017: 344).

Den Schlüssel, um Gemeinsamkeiten und Unterschiede herauszufinden, und dies zeigt die Fruchtbarkeit der oben vorgenommenen Differenzierung des Orientierungswissens, bildet das *Kontextwissen*. Es ist deswegen so wertvoll, weil es eine spezifische *Deutung* der kontextspezifischen Anteile und Prämissen der anderen Wissensbestände ermöglicht. Mit der guten Kenntnis des Kontexts lässt sich verstehen, *warum* Zukunftswissen und normative Orientierung ihren bestimmten Charakter erhalten haben. Damit wiederum kann auch mit Unterschieden umgegangen werden. Die Kenntnis ihrer Ursachen und Hintergründe wird häufig Hinweise darauf geben, in welcher Richtung Zukunftswissen und normative Orientierung in einem anderen Kontext abweichen werden. Dann bestünde die Möglichkeit der Übertragung modifizierten Zukunftswissen und adaptierter normativer Orientierung, ohne in dem neuen Kontext wieder von vorne anfangen zu müssen.

4. Epilog

Die eingangs referierte Sorge einer Korrumpierung der Wissenschaft, wenn sie sich transdisziplinär auf außerwissenschaftliche Akteure einlässt, erscheint *prima facie* nicht unverständlich. Denn unweigerlich kommt es in komplexen Integrationen zu epistemischen Gemengelagen. Sie erscheinen schwer aufklärbar, was jedoch eine Voraussetzung wäre, sie unter epistemologischen Kriterien mit wissenschaftlichen Qualitätsansprüchen zu konfrontieren. Dennoch ist dies möglich, wie hier am Beispiel der epistemologisch motivierten Differenzierung des Orientierungswissens gezeigt wurde. Freilich entstehen dabei erhebliche Sorgfalts- und Reflexionsverpflichtungen transdisziplinärer Forschung.

Literatur

Augustinus (397): Bekenntnisse. Buch 11, Kapitel 20.

Becker, Egon/Jahn, Thomas (Hg.) (2006): Soziale Ökologie. Grundzüge einer Wissenschaft von den gesellschaftlichen Naturverhältnissen. Frankfurt/New York.

Bergmann, Matthias/Schramm, Engelbert (Hg.) (2008): Transdisziplinäre Forschung. Integrative Forschungsprozesse verstehen und bewerten. Frankfurt am Main: Campus.

Bergmann, Matthias/Jahn, Thomas/Knobloch, Tobias/Krohn, Wolfgang/Pohl, Christian/Schramm, Engelbert (2010): Methoden transdisziplinärer Forschung. Frankfurt/New York: C.H: Beck.

Funtowicz, Silvio/Ravetz, Jerome (1993): *Science for the Post-Normal Age*. Futures 25 (7), 739–755.

Gethmann, Carl F./Carrier, Martin/Hanekamp, Gerd/Kaiser, Matthias/Kamp, Georg/Lingner, Stephan/Quante, Michael/Thiele, Felix (2015): *Interdisciplinary Research and Transdisciplinary Validity Claims*. Berlin: Springer.

Grunwald, Armin (2003): Methodical reconstruction of ethical advices. In: Gotthard Bechmann/Imre Hronszky (eds): Expertise and its interfaces. The tense relationship of science and politics. Berlin: edition sigma, 103–124.

Grunwald, Armin (2013a): Modes of orientation provided by futures studies: Making sense of diversity and divergence. European Journal of Futures Research 2 (30), 1–9.

Grunwald, Armin (2013b): Wissenschaftliche Validität als Qualitätsmerkmal der Zukunftsforschung. Zeitschrift für Zukunftsforschung 2 (1), 22–33.

Grunwald, Armin (2015): Transformative Wissenschaft – eine neue Ordnung im Wissenschaftsbetrieb? GAIA 24 (1), 17–20.

Grunwald, Armin (2016): Nachhaltigkeit verstehen: Arbeiten an der Bedeutung nachhaltiger Entwicklung. München: oekom.

Grunwald, Armin (2018): Transformative Wissenschaft als honest broker? Das passt! Gaia 27(2018)1: 113–116.

Grunwald, Armin (2019): Technology Assessment in Practice and Theory. Abingdon: Routledge.

Grunwald, Armin (2022): Technikfolgenabschätzung. Einführung. 3. erweiterte und aktualisierte Aufl., Baden-Baden: NOMOS.

Grunwald, Armin/Kopfmüller, Jürgen (2021): Nachhaltigkeit: Eine Einführung. 3. aktualisierte Aufl., Frankfurt a.M.: Campus.

Grunwald, Armin/Schäfer, Martina/Bergmann, Matthias (2020): Neue Formate transdisziplinärer Forschung. Ausdifferenzierte Brücken zwischen Wissenschaft und Praxis. Gaia 29 (2), 106–114.

Habermas, Jürgen (1973): Wahrheitstheorien. In: Hans Fahrenbach (Hg.): Wirklichkeit und Reflexion. Walther Schulz zum sechzigsten Geburtstag, Pfullingen, 211–265.

Hacking, Ian (1992): The self-vindication of the laboratory sciences. In: Allan Pickering (ed.): Science as practice and culture, Chicago: University of Chicago Press: 29–64.

Jahn, Thomas/Bergmann, Matthias/Keil, Florian (2012): Transdisciplinarity: Between mainstreaming and marginalization. Ecological Economics 79, 1–10.

Janich, Peter (2002): Modelle und Modelliertes. In: Carl F. Gethmann/Stephan Lingner (Hg.): Integrative Modellierung zum Globalen Wandel. Berlin: Springer, 48–70.

Krainer, Larissa/Lerchster, Ruth (Hg.) (2012): Interventionsforschung. Paradigmen, Methoden, Reflexionen. Heidelberg: Springer.

Krohn, Wolfgang (2008a): Learning from case studies. In: Gertrude Hirsch Hadorn (ed.): Handbook of transdisciplinary research. London: Springer, 369–384.

Krohn, Wolfgang (2008b): Epistemische Qualitäten transdisziplinärer Forschung. In: Matthias Bergmann/Engelberg Schramm (Hg.): Transdisziplinäre Forschung. Integrative Forschungsprozesse verstehen und bewerten. Frankfurt am Main: Campus, 39–68.

Krohn, Wolfgang/Grunwald, Armin/Ukowitz, Martina (2017): Transdisziplinäre Forschung: Erkenntnisinteresse, Forschungsgegenstände, Wissensform und Methodologie. Gaia 26 (4), 341–347.

Lange, Rainer (1996): Vom Können zum Erkennen – Die Rolle des Experimentierens in den Wissenschaften. In: Dirk Hartmann/Peter Janich (Hg.): Methodischer Kulturalismus. Zwischen Naturalismus und Postmoderne. Frankfurt am Main: Suhrkamp: 157–196.

Longino, Helen (1990): Science as social knowledge: Values and objectivity in scientific inquiry. Princeton, N.J.: Princeton university press.

Parodi, Oliver/Beecroft, Richard/Albiez, Marius/Quint, Alexandra/Seebacher, Andreas/Tamm, Kaidi/Waitz, Colette (2017): The ABC of real-world lab methodology – From "action research" to "participation" and beyond. TRIALOG 126/127 (3–4), 74–82.

Schmidt, Jan Cornelius (2022): Philosophy of Interdisciplinarity. Wiesbaden: Springer.

Schneidewind, Uwe/Singer-Brodowski, Mandy (2013): Transformative Wissenschaft. Klimawandel im deutschen Wissenschafts- und Hochschulsystem. Marburg: Metropolis.

Schneidewind, U., Singer-Brodowski, M., Augenstein, K., Stelzer, F. (2016): Plegde for Transformative Science. A conceptual framework. Wuppertal_ Papers 191, DOI: 10.13140/RG.2.1.4084.1208

Strohschneider, Peter (2014): Zur Politik der Transformativen Wissenschaft. In: Arnd Brodocz/Dieter Herrmann/Rene Schmidt/Daniel Schulz/Julia Schulze-Wessel (Hg.): Die Verfassung des Politischen. Wiesbaden: Springer VS, 172–195.

Tarde, G. 2009. *Die Gesetze der Nachahmung*. Frankfurt am Main: Suhrkamp.

Wagner, Felix/Grunwald, Armin (2015): Reallabore als Forschungs- und Transformationsinstrument: Die Quadratur des Hermeneutischen Zirkels. GAIA 24 (1), 26–31.

Weber, Matthias/Whitelegg, Katy (2003): Grundorientierungen einer Wissenschafts- und Forschungspolitik für nachhaltige Entwicklung. In: Jürgen Kopfmüller (Hg.): Den globalen Wandel gestalten. Forschung und Politik für einen nachhaltigen globalen Wandel. Berlin: Edition Sigma, 113–135.

Ulli Vilsmaier

Differenz als Ressource: Methoden der Grenzarbeit

1. Einleitung

Transdisziplinarität ist als Forschungsform in das Paradoxon eingelassen, dass sie ihre Bedeutung und damit Legitimität gerade aus dem bezieht, was Wissenschaft alleine *nicht* leisten kann. Dies äußert sich allen voran in Bemühungen methodologisch fundierter Integration von unterschiedlichem Wissen, Vorstellungen, Wahrnehmungen und Werten dessen, was forschenden Menschen aus unterschiedlichen Gesellschaftsbereichen als realisierbar, erstrebenswert, zukunftsfähig und nachhaltig gilt. Die Sprengkraft dieser Forschungsform liegt nicht in erster Linie in ihrer besonderen Ausgestaltung, sondern in dem zu Grunde liegenden Wissenschaftsverständnis, das mit den eigenen Grenzen aktiv umzugehen sucht. Transdisziplinarität will mit einem wissenschaftlichen Selbstverständnis brechen, das sich gegenüber anderen Formen der Erkenntnisgenese als abgesondert und höher gestellt begreift (Nowotny/Scott/Gibbons 2004). Daher geht es aktuell auch darum, und einen neuen Vertrag zwischen Wissenschaft und Gesellschaft auszuhandeln (Gibbons 1999), um die Praxis des Forschens zu Demokratisieren und mit Engagement in der *Agora* mitzuwirken (Nowotny/Scott/Gibbons 2004) – als jenem öffentlichen Raum, der heute mehr denn je Ordnungsverschiebungen unterliegt, die sich vor allem durch eine Dynamisierung und darin gegenläufige Bewegungen der Auflösung und Verhärtung von Grenzen zwischen gesellschaftlichen Domänen charakterisieren. Im aktuellen Aktionsplan ‚Science and Society in Transition' räumt der International Science Council transdisziplinärer Forschung als Umgang mit dieser Dynamisierung eine vorranginge Stellung in der Bewältigung aktueller Probleme ein: „Many of the complex issues that science and policy confront need transdisciplinary approaches" (International Science Council 2021: 16). Im Ringen um Transformationsprozesse in der Wissensproduktion, insbesondere im Adressieren von komplexen Problemen in transdisziplinärer Forschung, spiegeln sich jene allgemeinen gesellschaftlichen Ordnungsverschiebungen, die aufgrund zivilisationsgeschichtlicher und allen voran sozio-technischer Entwicklungen von dominanten vertikalen Strukturen im Sinne hierarchischer Ordnungen hin zu horizontalen Strukturen verlaufen (Waldenfels 2002). Die Zirkularität des Wirkungsgefüges ist offenkundig: Was durch wissenschaftliche Leistungen gesellschaftlich ermöglicht wird, fordert Wissenschaft in ihrem Selbstverständnis, in ihrer Organisation und Arbeitsweise und im Besonderen in ihrem Verhältnis zu nicht-wissenschaftlichen Gesellschaftsbereichen (Mittelstraß 1996). Das damit verbundene Reflexiv-Werden von Wissenschaft wird zum inneren Beweggrund für die Suche nach einem neuen Selbstverständnis. Diese Ordnungsverschiebungen sind allerdings nicht nur Gegenstand gesellschaftspolitischer und wissenschaftstheoretischer Diskurse. Sie fordern in selbigem Maße Individuen, deren Zugehörigkeit und Identität damit unter Anfrage steht. Insofern ist die Frage nach dem Etablieren transdisziplinärer Forschungsformen auch eine Frage nach Selbstverständnissen und Menschenbildern. In praktischen Erfahrungen transdisziplinärer Forschung wird zunehmend offenkundig, dass Integration nicht nur das Beherrschen methodischer Instrumente und Techniken, sondern auch eine spezifische Haltung seitens der Beteiligten voraussetzt, um differente Formen von Wissensproduktion und Gesellschaftsgestaltung fruchtbar zu machen. Es geht dabei um die Transformation von Haltungen (Hirsch Hadorn et al. 2008), um das Anerkennen, Respektieren und Erkunden von Perspektivenvielfalt (Pohl/van Kerkhoff/Hirsch Hadorn/Bammer 2008), um wechselseitiges Lernen (Vilsmaier et al. 2015) – in Summe, um die Herstellung eines Gemeinsamen, das sich in Differentem konstituiert (Merçon/Ayala-Orozco/Rosell 2018), worin sich neue Formen der Vergemeinschaftung, Zugehörigkeit, Identität und Identifikation zu formen vermögen. Noch einmal anders gewendet: Die Sprengkraft transdisziplinärer Forschung liegt nicht vorrangig in ihrer besonderen Ausgestaltung, sondern in der zu Grunde liegenden konstitutiven *Wirsinnigkeit* (Vilsmaier 2011a) als einer grundlegenden Gemeinschaftsorientierung. Insofern kann an dieser Stelle schon festgestellt werden, dass es sich in den Bemühungen um eine transdisziplinäre Forschungsform nicht um eine bloße Mode handelt. Sie bietet einen forschungsmethodologischen Ansatz, der Räume zwischen epistemischen Sphären und gesellschaftlichen Handlungsfeldern schafft, in denen Verbindungen und wechselseitiges Lernen ermöglicht werden, um drängenden Problemlagen zu begegnen. Wie Differenz durch Grenzarbeit zu einer Ressource für transdisziplinäre Forschung wird und dadurch ‚Mehrwert' generiert werden kann, ist Gegenstand dieses Beitrages. Differenz, die es zu erarbeiten gilt, wird dabei als Phänomen adressiert. In der Konkretion transdisziplinärer Forschung bezieht sich der Begriff auf unterschiedliche Formen des Wissens, des Handelns, und des Seins, die sich aus unterschiedlichen Denkstilen und Erkenntniswegen, sowie aus alltäglichen und beruflichen Praktiken und Lebensstilen formen. In diesem Kapitel wird die Schaffung eines Gemeinsamen durch das Aufspannen von Differentem aus einer responsiven Rationalität heraus betrachtet (Waldenfels 1997, 2002,

2009). Die Zusammenarbeit zwischen Forschenden, die verschiedene epistemische, soziale und kulturelle Sphären bewohnen, wird als konstitutive Ressource für die Entstehung von transdisziplinären Forschungsräumen erarbeitet. Dabei wird Differenz als ein Ergebnis des Differenzierens beleuchtet, die folglich nur in Relationalität und nicht a priori existiert. Differenzieren und Integrieren erweisen sich dabei als zwei Seiten einer Medaille, weshalb das Erkunden und Erarbeiten von Differenzen mittels Praktiken der Grenzarbeit eine zentrale Methodologie transdisziplinärer Forschungspraxis darstellt. Methoden der Grenzarbeit sind als Verfahren darauf ausgerichtet, Differenzen sichtbar, sagbar und handhabbar zu machen, um mit der Erarbeitung von Differenzen Integration zu ermöglichen (Vilsmaier 2018).

Der Beitrag ist wie folgt aufgebaut: Er beginnt (i) mit einer kurzen Reflexion auf das Verhältnis von Gemeinsamen und Differenten, bietet (ii) eine kursorische Einführung in eine responsive Logik und Responsivität als transdisziplinäres Forschungsprinzip, erläutert (iii) die Rolle der Grenzarbeit bei der Schaffung eines geteilten gemeinsamen Forschungsraums und stellt (iii) einige grundlegende Methoden der Grenzarbeit vor, die es ermöglichen, Differenz als Ressource für transdisziplinäre Forschung zu mobilisieren.

2. Das Gemeinsame des Differenten

Das Universelle, das Uniforme und das Gemeinsame sind die Schlüsselbegriffe, die François Jullien in seiner Publikation mit dem Titel „Es gibt keine kulturelle Identität" (Jullien 2017) voneinander abgrenzt. Während das Universelle auf einer Vernunft beruht, die in der abendländischen Wissenschaft bis zum Äußersten getrieben wird, liegt dem Uniformen eine ökonomische Rationalität zugrunde, die sich am deutlichsten in der Maschinerie entfaltet, die Bedürfnisse nach ähnlichen Gütern rund um den Globus erzeugt. Im Gegensatz dazu beruht das Gemeinsame weder auf Ähnlichkeit noch auf Assimilation, sondern konstituiert sich aus dem Nicht-Identischen, das geteilt wird. Julliens Anliegen ist politischer Natur. Vor dem Hintergrund eines boomenden Anspruchs auf kulturelle Identität, eines wiederkehrenden Nationalismus und Ethnizismus, der den Schutz des Partikularen vor Uniformisierung auf der einen Seite und die ökonomisch getriebene Globalisierung auf der anderen Seite in Anspruch nimmt, arbeitet Jullien ein Verständnis des Gemeinsamen heraus, das die Distanz betont und das Nicht-Ähnliche fördert (ebd.). Dabei lehnt er die Kategorien der kulturellen Identität und der (vordefinierten) Differenz ab, da diese tendenziell zu einer Klassifizierung führen, während die Distanz die Aufmerksamkeit auf das Dazwischen lenkt und sich der Klassifizierung widersetzt.

Für das Verstehen transdisziplinärer Forschung ist die Unterscheidung, die Jullien einführt, aufschlussreich. Sie lädt dazu ein, die Begründung des ‚geteilten Gemeinsamen' (ebd.) in der Schaffung transdisziplinärer Forschungsräume zu beleuchten, das zwischen Personen aus unterschiedlichen epistemischen Sphären und gesellschaftlichen Handlungsfeldern entsteht. Die Frage, wie sich Gemeinsames auf Basis von Differenzen formt, die nicht vorgängig gegeben sind, sondern durch eine gemeinsame Forschungspraxis hervorgebracht werden, ist sowohl in epistemologischer als auch methodologischer und ethisch-politischer Hinsicht von Bedeutung. Dabei ist die Denkfigur, Distanz zu betonen, explorativ, nicht identifizierend, und deckt sich mit einem Denken, das vom Zwischen ausgeht und radikal in ihm verweilt, wie von Waldenfels (1997, 2002, 2009) erarbeitet und im Folgenden näher ausgeführt wird.

3. Responsivität und Transdisziplinarität

In allem, was wir tun und sagen, antworten wir auf eine Welt, die uns vorausgeht, während unsere Antwortlichkeit die Welt formt. Diese relationale Figur ist der Kern einer responsiven Rationalität, wie sie von Bernhard Waldenfels entfaltet wurde. Sie besteht aus einem Denken, das weder in Einheit noch in Differenz begründet ist. Es unterschreitet diese Dualität, indem es radikal von einem Zwischen aus denkt. Ausgehend von einer responsiven Rationalität sind Beziehungen weder symmetrisch oder gegeben, noch können sie vordefiniert werden. Die spezifische Qualität von Beziehungen besteht in einem dynamischen, zweistufigen Gefüge aus Ansprache und Antwort, Pathos und Response – aus dem, was uns widerfährt, und der Art und Weise, wie wir darauf antworten, wobei jede Form des Ausdrucks als Antwort betrachtet wird – allerdings nicht als lineare Zeitlichkeit eines Vorher und Nachher, sondern als ineinander verwoben und sich gegenseitig konstituierend. Differenz konstituiert das, was wir als Zwischenraum bezeichnen (Vilsmaier/Brandner/Engbers 2017). Aus der Perspektive einer responsiven Rationalität sind Zwischenräume also Geschehnisse, in denen Differenz durch Praktiken des Differenzierens entstehen.

Überträgt man die Figur einer responsiven Relationalität auf die Gestaltung transdisziplinärer Forschungsräume, so lässt sich die Herausbildung von Zwischenräumen in der Orientierung auf – oder genauer – im Antworten auf Andere(s) beschreiben. Sie bietet eine Möglichkeit, Transdisziplinarität als eine relationale Form der Forschung zu denken (Prior/Cusack/Capon 2018), die sich im Akt des Differenzierens konstituiert und gleichzeitig ein gemeinsames Ziel, Problemverständnis, eine Vision oder geteiltes Handeln formt. Sie erhebt keinen Anspruch auf Einheit oder Vereinheitlichung des Differenten, sondern betrachtet im Gegenteil die Differenz, die sich aus der Differenzierung formt, als konstitutiv. Sie erlaubt es, unterschiedliche Wissens- und Erkenntnisweisen, Kenntnisse und Praktiken in ihrer Komplementarität zu mobilisieren.

Eine responsive Rationalität bietet auch eine methodische Orientierung für die Erarbeitung von Differenzen in transdisziplinärer Forschung und kann als transdisziplinäres Forschungsprinzip erachtet werden (Vilsmaier 2011b). Dabei tritt das, was als Andere(s) bezeichnet wird, im Akt des Differenzierens als solches hervor. Als verschränkte Phänomene sind Selbst und Andere(s) nicht auf eine ursprüngliche Identität zurückzuführen, sondern nachträglich klassifiziert. So wie komplexe Phänomene, die in der transdisziplinären Forschung behandelt werden, keine statischen Gebilde sind, sondern in Prozessen der Rahmung (*problem framing*) entstehen, sind transdisziplinäre Forschungsräume dynamische Sphären. Sie werden von Personen konstituiert, die sich in vielen Fällen mit einer Disziplin oder einem spezialisierten Wissensgebiet, einem Beruf oder einer gesellschaftlichen Rolle als Ergebnis ihrer Sozialisation identifizieren und entsprechend zugehörig fühlen. Aber auch Institutionen sind keine statischen Gebilde, und sie sind auch nicht identisch mit dem, womit sich eine Person identifiziert oder wozu sich jemand zugehörig fühlt. Personen sind in ein breiteres soziales Gefüge eingebettet und verfügen über einzigartige Erfahrungen, die sich darauf auswirken, wie ein bestimmter Beruf oder eine bestimmte Rolle ausgeübt und Zugehörigkeit er- und gelebt wird. Worauf es an dieser Stelle mit Blick auf das Formen transdisziplinärer Forschungsräume ankommt, ist, dass nicht klassifizierte Entitäten, sondern Personen, die sich in verschiedenen akademischen, professionellen, persönlichen, soziokulturellen, politischen, historischen und wirtschaftlichen Bereichen bewegen, zu einem bestimmten Zeitpunkt zueinander in Beziehung treten. Anstatt davon auszugehen, dass Beziehungen zwischen verschiedenen Bereichen hergestellt werden, die bereits als solche existieren, erlaubt uns die Fokussierung auf das Erarbeiten von Differenz von diesem Geschehen auszugehen (Engbers 2020).

Ein besonderes Merkmal transdisziplinärer Forschungssituationen ist die Schaffung eines neuen Terrains, das als „Niemandsland" betrachtet werden kann. Personen, die im akademischen Bereich forschen, Gebiete verwalten, sich für Menschen oder die Umwelt einsetzen, in Gemeinschaften leben usw., verlassen ihre vertrauten Sphären und treten in einen Raum ein, den sie selber schaffen, indem sie „den Radius des Vertrauten und Normalen überschreite[n]" (Waldenfels 1997: 82). *Dort*, an einem solchen Ort, beginnt die Erfahrung bei dem, was auf uns einwirkt, „das unser Erstaunen, unser Erschrecken, unsere Verlegenheit oder unsere Neugierde weckt" (ebd.). Es ist dieser besondere Charakter transdisziplinärer Forschungssituationen, der es ermöglicht, Differenz als Ressource zu mobilisieren. Homi Bhabha, der eine anti-essentialistische Konzeptualisierung von Kultur ausarbeitet, betrachtet solche Zwischenräume als „terrain for elaborating strategies of selfhood – singular or communal – that initiate new signs of identity, and innovative sites of collaboration, and contestation [...]" (Bhabha 1994: 2).

In der transdisziplinären Forschung kann dies temporär der Fall sein, bezogen auf einen spezifischen Forschungsfall, und wird den Erfahrungshorizont des einzelnen Forschenden beeinflussen, aber nicht notwendigerweise zu (dauerhaften) Veränderungen in einem institutionalisierten Wissensfeld oder einer Forschungspraxis führen. Solche Zwischenräume können zu Orten wechselseitigen Lernens und Aushandelns werden, die Ambiguität und Widersprüche aushalten (Vilsmaier/Brandner/Engbers 2017). Diese responsive Perspektive auf die Entstehung eines Zwischenraums der transdisziplinären Forschung ist der Ausgangspunkt für methodologische Ansätze der Grenzarbeit, die Differentes hervorzubringen vermag.

4. Grenzarbeit

Grenzen sind nicht einfach gegeben, sondern werden hervorgebracht – im Bauen eines Zauns, der Interpretation dessen, was sich vor uns auftut, im Benennen der Welt um uns herum. „Die Kategorie der Grenze ist eine universelle, die ihre Anwendung und Reflexion im Alltag, in Wissenschaft, Kultur, Politik, Kunst und Religion gleichermaßen erfährt" (Kleinschmidt 2011: 9). Grenzen haben jedoch keinen eigenständigen ontologischen Status. Ihre Bedeutung beruht auf ihrer Funktion der Abgrenzung. Grenzen sind daher immer in einen Dreiklang aus einem Hier und Dort verwoben, wobei das „und" auf jenes verweist, das sich konstitutiv im Dazwischen formt (Vilsmaier/Klein *im Druck*). Grenzarbeit ist eine Praxis des Sichtbarmachens von Grenzen. Grenzarbeit, wie sie in der inter- und transdisziplinären Forschung praktiziert wird, zielt darauf ab, Differenz zu erkunden und herauszuarbeiten, um Grenzen nicht nur sichtbar und sagbar zu machen, sondern als greifbare Phänomene zu mobilisieren.

> Grenzen „können überschritten, verwirrt, gefestigt und niedergerissen werden; sie können auch revidiert, neu konzipiert, umgestaltet oder ersetzt werden" (Greenblatt/Gunn 1992: 4, zit. in Klein 2021, eigene Übersetzung).

Der Begriff der Grenzarbeit (*boundary-work*) wurde in den *Science and Technology Studies* von Thomas F. Gieryn (1983) für die Schaffung, den Angriff auf oder die Verstärkung von Grenzen und Abgrenzungen zwischen Wissensgebieten eingeführt. Die Art und Weise, wie der Begriff in diesem Text verwendet wird, baut auf der Unterscheidung auf, die Mollinga (2010) erarbeitet. Er schlägt drei Arten der Grenzarbeit für inter- und transdisziplinäre Forschung vor:

> (i) The development of suitable boundary concepts that allow thinking, that is, conceptual communication, about the multidimensionality of [complex] issues; (ii) The configuration of adequate boundary objects as devices and methods that allow acting in situations of incomplete knowledge, nonlinearity, and divergent interests; (iii) The shaping of conducive boundary settings in which these concepts, devices, and methods can be fruitfully developed and effectively put to work. (Mollinga 2010).

Die Unterscheidung ist für unsere Perspektive auf transdisziplinäre Forschung insofern nützlich, als dass die Erforschung und Ausarbeitung von Differenz Grenzkonzepte und Grenzobjekte als Mittel und Methoden einsetzt, während sie auf die Gestaltung des Gemeinsamen in einem geteilten Forschungsraum ausgerichtet sind, was Grenzsettings als Zwischenräume hervorbringt, ihnen jene Gestalt verleiht, die wir als das Terrain transdisziplinärer Forschung betrachten. In diesem sehr allgemeinen Sinne des Erkundens und Elaborierens von Differenz ist Grenzarbeit im Zentrum transdisziplinärer Forschung, gewissermaßen ihr methodisches Rückgrat. Grenzarbeit findet entsprechend während des gesamten Forschungsprozesses statt. Sie beginnt mit der Herausbildung eines transdisziplinären Teams oder einer Forschungsallianz, die sich über das Erarbeiten eines geteilten Problemverständnisses, der Entwicklung geteilter und ungeteilter Ziele und die Schaffung von Bedingungen für gemeinsames Denken und Handeln vollzieht (Muhar/Vilsmaier/Glanzer/Freyer 2006). Grenzarbeit ist die Voraussetzung für Wissensintegration in der transdisziplinären Forschung und ermöglicht die Mobilisierung unterschiedlicher Wissensbestände und Formen der Wissensproduktion sowie das gemeinsame Handeln an einem spezifischen Problemfeld.

5. Methoden der Grenzarbeit

Ein konzeptioneller Ansatz, der einen Rahmen für das Erkunden und Erarbeiten von Differenz bietet, wurde im Bereich der *Science and Technology Studies* von Felt und Kollegen eingeführt (Felt 2009; Felt/Fochler 2012). Das Konzept des *Epistemic Living Space* (ELS) basiert auf der Annahme, dass Prozesse der Wissensproduktion und die Wissenschaft selbst nicht nur mit den gesellschaftlichen Kontexten, in die sie eingebettet sind, zusammenhängen, sondern als kontingente Settings zu verstehen sind, die performativ gestaltet und reproduziert werden (Felt/Fochler 2012). Das Konzept fokussiert auf die Frage, wie Forscher*innen ihre Prozesse der Wissensproduktion und die besonderen Kontexte, in denen sie – als Personen – und ihre Arbeit eingewoben sind, definieren, wahrnehmen und darüber reflektieren. ELS werden definiert als

> researchers' individual or collective perceptions and narrative re-constructions of the structures, contexts, rationales, actors and values which mould, guide and delimit their potential actions, both in what they aim to know as well as in how they act in social contexts in science and beyond (ebd.: 136).

Für unsere Zwecke kann das Konzept des ELS das Erkunden und Erarbeiten von Differenzen unterstützen, indem es die Untersuchung von Positionalitäten jener, die ein transdisziplinäres Forschungsteam bilden, leitet. Dabei können Zugehörigkeit zu bestimmten Gemeinschaften, implizite Vorannahmen und Bewertungen dessen, was als Problem gilt oder einen wünschenswerten zukünftigen Zustand einer Situation und u.v.m. sichtbar gemacht werden. In einem Zweischritt aus Ansprache und Antwort haben solche Erkundungen das Potenzial, Raum zwischen denen zu schaffen, die sich unterscheiden, und dabei gleichzeitig wechselseitiges Verständnis zu erzeugen. *Epistemic living spaces* können gemäß einer responsiven Konzeptualisierung von Raum als sich aus der Hervorbringung und Mobilisierung von Differentem konstituierenden Räume begriffen werden. Da sich transdisziplinäre Forschungssituationen der Intensität der Zusammenarbeit erheblich unterscheiden, können solche Erkundungen auf eher oberflächliche oder tiefe, intuitive oder systematische Weise durchgeführt werden. Sie können Topographien von Forschungsteams und -feldern hervorbringen, die als Grundlage des Navigierens in oftmals hoch komplexen Forschungssituationen dienen (Vilsmaier 2018), Momentaufnahmen verschiedener Stadien der Kooperation abbilden oder schlichtweg individuelle und geteilte Erfahrung nähren.

Ein weiteres Beispiel für Grenzarbeit ist das Arbeiten an Begriffen. Begriffsarbeit ist zentraler Bestandteil transdisziplinärer Forschung, wenngleich dieser Arbeit in vielen Fällen kaum Raum gegeben wird (Bergmann et al. 2010). Die Notwendigkeit zur Begriffsarbeit ergibt sich allen voran aus der unterschiedlichen Bedeutung von Begriffen je nach theoretischem oder alltäglichem Kontext ihrer Verwendung. Ihr Potential begründet sich im sichtbar Machen von semantischen Differenzen und – daran anschließend – im Erschließen der Multidimensionalität bezeichneter Phänomene, dem Weiterentwickeln von Problemverständnissen und entsprechenden Begriffen, das in und durch transdisziplinäre Forschung ermöglicht werden kann (ebd.). Ein schrittweise angelegtes Identifizieren und Elaborieren von zentralen Begriffen eines transdisziplinären Forschungsfeldes ist für das Erfassen komplexer Probleme sowie das Formen und Begrenzen einer Forschungssituation wie auch für das Integrieren unterschiedlicher Wissensbestände elementar. Verfahren der Begriffsarbeit, die im Sinne von Grenzarbeit allen voran das Differente hervorzubringen suchen, haben in der transdisziplinären Forschung unterschiedliche Funktionen (Juarez-Bourke/Vilsmaier 2020). Sie haben eine technische Funktion, die im Klären von Bedeutung und im Definieren von Begriffen liegt; eine pädagogisch/relationale Funktion, indem sie das Herausbilden von wechselseitigem Verständnis und die ko-kreation von Wissen ermöglichen; und eine politische Dimension, die sich darin zur Geltung bringt, dass – unabhängig von der (technischen) Sprache – ein gleicher Zugang zu Phänomenen/Problemen, die bearbeitet werden, angestrebt wird (für einen detaillierten Überblick über Funktionen von Begriffsarbeit in der inter- und transdisziplinären Forschung siehe Juarez-Bourke/Vilsmaier 2020: 26 ff.). Konkret kann das Arbeiten an Begriffen über das Auffächern ihrer konstitutiven Elemente erfolgen. Geschieht dies in einer Iteration von individuellen und gemeinschaftlichen Arbeitsschritten, können Differenzen sichtbar und geteilte Bedeutungen erarbeitet werden (für weiterführende Details siehe Vilsmaier 2018). Begriffsarbeit kann aber auch dem Aufspannen und Begrenzen von Forschungsfeldern dienen und in der Phase des Rahmens eines Problems als Verfahren fungieren, um differente Perspektiven auf das anstehende Thema fruchtbar zu machen (Vilsmaier 2018). Dabei kann Begriffsarbeit in einem generativen Sinne fruchtbar gemacht werden (Freire 1981) und so die Erschließung einer Problematik resp. einer transdisziplinären Forschungssituation aus unterschiedlichen Erfahrungs- und Wissensbeständen ermöglichen.

Als drittes Beispiel für Grenzarbeit wird im Folgenden das Arbeiten mit Grenzobjekten als Instrumente und Methoden aufgeführt. Mollinga (2010) hat sie als besonders geeignet für das Arbeiten in Situationen unvollständigen Wissens, Nichtlinearität und divergierenden Interessen vorgeschlagen. Das Konzept wurde von Star/Grismer (1989) in der Soziologie eingeführt und darin charakterisiert, dass sie ausreichend plastisch sind, um von verschiedenen Positionen/Parteien verwendet werden zu können, zugleich aber robust genug sind, um eine gemeinsame Identität zu bewahren. Sie sind „both adaptable to different viewpoints and robust enough to maintain identity across them“ (ebd.: 387). Ihre Bedeutung begründet sich in der Möglichkeit, „Kohärenz zwischen sich überschneidenden sozialen Welten“ (ibid.) zu gewähren. Grenzobjekte können unterschiedlichen ontologischen Status haben und abstrakt oder konkret sein. Bei Star/Grismer (1989) werden z.B. Repositorien und standardisierte Formen als Beispiele beschrieben. In der inter- und transdisziplinären Forschung werden z.B. Modelle (Strasser et al. 2014), Systemdiagramme (Klein 2021), Fotographien (Brandner 2020) oder auch physische Artefakte wie z.B. design prototypes (Peukert/Lam/Horcea-Milcu/Lang 2021) als Grenzobjekte mobilisiert.

6. Schlussbemerkung

Transdisziplinäre Forschung gründet in Differenz und mobilisiert unterschiedliche Arten des Wissens, Handelns und Seins. Das Erarbeiten von Differenz ist daher konstitutiv für die transdisziplinäre Forschung. Mit dem sichtbar, sagbar und handhabbar Machen von Differenz, dem Herausarbeiten von verschiedenen Positionen, Perspektiven, Formen der Weltaneignung und –gestaltung wird zugleich auch das geschaffen, was als Ziel transdisziplinärer Forschung gilt: Das Integrieren unterschiedlicher Erfahrungen, Perspektiven, Wissensbeständen und Vorstellungen dessen, was als wünschenswert und zukunftsfähig gilt. Insofern ist die Arbeit am Differenten zugleich Herstellung des geteilten Gemeinsamen, das sich als vertieftes Problemverständnis, neues Wissen und Übereinkünfte über notwendiges Handeln an den zur Exposition stehenden Situationen und Problemen formt. Differenzieren und Integrieren wurden daher als zwei Seiten einer Medaille betrachtet.

Ausgehend von Julliens (2017) Unterscheidung zwischen dem Universellen, dem Uniformen und dem Gemeinsamen haben wir einen Horizont eröffnet, der Differenz als responsives Phänomen und nicht als vordefiniert, gegeben, sichtbar macht: Differenz, die sich zwischen Menschen, nicht institutionellen Gebilden, gebiert und dabei Singularität, nicht Standardisierung und Heterogenität, nicht Uniformität zur Geltung bringt. Um die Herausbildung von transdisziplinären Forschungsräumen zu verstehen und zu realisieren wurde Responsivität als ein transdisziplinäres Forschungsprinzip skizziert, das Differenz im Zweitakt von Widerfahrnis und Antwort hervorbringt und das geteilte Gemeinsame im Prozess der Erschließung von Differentem entstehen lässt. Neben dieser theoretischen Orientierung wurden Verfahren der Grenzarbeit als Praktiken vorgestellt, die das Konstituieren von transdisziplinären Forschungsräumen überhaupt erst ermöglichen und – entsprechend der Zielsetzung bzw. der Phase und Aufgabe im Forschungsprozess – dem Erkunden von Positionalitäten aller Beteiligten, zur Erschließung von Phänomenen durch Begriffsarbeit oder dem Mobilisieren von differenten Wissensbeständen, Wertvorstellungen und Handlungspraxen durch Grenzobjekte dienen. Methoden der Grenzarbeit können unterschiedlichster Gestalt sein. Gegenüber Methoden der Wissensintegration legen sie einen Fokus auf das Differenzieren, der eine Grundlage für Integration bildet, die sich Differenz zu Nutze macht und diese explizit als Ressource mobilisiert.

Dinge anders zu sehen, Probleme anders zu erleben und zu bewerten, von verschiedenen Standorten, Rollen und damit verbundenen Aufgaben aus auf sie zuzugehen und mit einer anderen Aneignungs- oder Transformationskraft ausgestattet zu sein, ist das, was transdisziplinäre Forschung ausmacht. Eine responsive Forschungsmethodik bringt sich dabei allen voran als Haltung zur Geltung. Sie basiert auf dem Zuhören und Antworten auf das, wovon ich getroffen bin, was mir widerfährt, und sich als das ganz andere meiner selbst und meines eigenen Erfahrungs- und Handlungsradius erweist. Die Erfahrung, die transdisziplinäre Forschung zu ermöglichen vermag, ist – in den Worten Jürgen Manemanns gesprochen – „paradoxal grundiert: Sie ist höchste, vielleicht einzige Evidenz, zugleich bleibt sie jedoch unsichtbar. […] Erfahrbar wird die Erfahrung des Anderen dadurch, dass ich den Anderen als Erfahrenden erfahre“ (Manemann 2010: 11).

Darin ist transdisziplinäre Forschung nicht Mode – doch Mehrwert, zumal sie Differenzerfahrung ermöglicht und mobilisiert und sich das, was als ‚Andere(s)‘ gilt, zwar nicht zu fassen, schon gar nicht zu bewerten, wohl aber fruchtbar zu machen ist.

Literatur

Bergmann, Matthias/Jahn, Thomas/Knobloch, Tobias/Krohn, Wolfgang/Pohl, Christian/Schramm, Engelbert (2010): Methoden transdisziplinärer Forschung. Ein Überblick mit Anwendungsbeispielen. Frankfurt am Main: Campus.

Bhabha, Homi K. (1994): The location of culture. London, New York: Routledge.

Brandner, Vera (2020): Generative Bildarbeit. Zum transformativen Potential fotografischer Praxis, Bielefeld: Transkript.

Engbers, Moritz (2020): Kultur und Differenz. Transdisziplinäre Nachhaltigkeitsforschung gestalten. Oldenburg: BIS-Verlag.

Felt, Ulrike (2009). Knowing and Living in Academic Research. In: Ulrike Felt (ed.): *Knowing and living in academic research: Convergence and heterogeneity in research cultures in the European context*. Prague: Inst. of Sociology of the Acad. of Sciences of the Czech Republic, 17–39.

Felt, Ulrike/Fochler, Maximilian (2012): Re-ordering epistemic living space: On the tacit governane of effects on the public communication of science. In: Simone Rödder/Martina Franzen/Peter Weingart (eds.): The sciences' media connection – communication to the public and its repercussions. Dortrecht: Springer, 133–154. https://doi.org/10.1007/978-94-007-2085-5_7.

Freire, Paulo (1981): Pädagogik der Unterdrückten. Reinbek b. H.: rororo.

Gibbons, Michael (1999): Science's new social contract with society. Nature 402 (Suppl 6761: C81–C84). https://doi.org/10.1038/35011576.

Gieryn, Thomas F. (1983): Boundary-work and the demarcation of science from non-science: strains and interests in professional ideologies of scientists, American Sociological Review 48 (6), 781–795. https://doi.org/10.2307/2095325.

Greenblatt, Steven/Gunn, Giles (1992): Introduction. In: Steven Greenblatt/ Giles Gunn (eds.). Redrawing the boundaries: The transformation of English and American literatry studies. New York: Modern Language Association, 1–11.

Hirsch Hadorn, Gertrude/Hoffmann-Riem, Holger/Biber-Klemm, Susette/ Grossenbacher-Mansuy, Walter/Joye, Dominique/ Pohl, Christian/ Wiesmann, Urs/Zemp, Elisabeth (eds.) (2008): Handbook of Transdisciplinary Research. Berlin: Springer.

International Science Council (ISC) (2021). Science and society in transion. ISC Action Plan: 2022–2024. Paris: International Science Council.

Juarez-Bourke, Sabhdh/Vilsmaier, Ulli (2020): The semantics of transformation: Conceptual work for inter- and transdisciplinary research based on Paulo Freire's approach to literacy. Journal für Entwicklungspolitik XXXVI(3): 19–43.

Jullien, François (2017): Es gibt keine kulturelle Identität. Berlin: Suhrkamp.

Klein, Julie Thompson (2021): Beyond interdisciplinarity. Boundary work, communication, and collaboration. New York: Oxford University Press.

Kleinschmidt, Christoph (2011): Einleitung: Formen und Funktionen von Grenzen. Anstöße zu einer interdisziplinären Grenzforschung. In: Christoph Kleinschmidt/Christine Hewel (eds.): Topographien der Grenze. Verortungen einer kulturellen, politischen und ästhetischen Kategorie, Würzburg: Königshausen & Neumann, 9–24.

Manemann, Jürgen (2011): Wie sollen wir zusammen leben? Diagnosen zur Zeit. Hildesheim: Caritasverband für die Diözese Hildesheim e.V.

Merçon, Juliana (Hg.) (2022): Investigacón transdisciplinaria e investigación-acción participative. Conocimiento y acción para la transformación (=Serie Construyendo lo Común 2), Ciudad de México: CopIt-arXives.

Merçon, Juliana/Ayala-Orozco, Barbara/Rosell, Julietta (eds.) (2018): Experiencias de colaboración transdsiciplinaria para la sustentabilidad, Mexico City: Copit Arxives.

Mittelstraß, Jürgen (1996): Leonardo-Welt. Über Wissenschaft, Forschung und Verantwortung. Frankfurt a. M.: Suhrkamp.

Mollinga, Peter P. (2010): Boundary work and the complexity of natural resources management. Crop Science 50(1), 1–9.

Muhar, Andreas/Vilsmaier, Ulli/Glanzer, Michaela/Freyer, Bernhard (2006): Initiating transdisciplinarity in academic case study teaching: experiences form a regional development project in Salzburg, Austria. International Journal of Sustainability in Higher Education 7/3: 293–308. http://dx.doi.org/10.1108/14676370610677856.

Nowotny, Helga/Scott, Peter/Gibbons, Michael (2004): Wissenschaft neu denken. Wissen und Öffentlichkeit in einem Zeitalter der Ungewissheit. Weilerswist: Velbrück Wissenschaft.

Peukert, Daniela/Lam, David M./Horcea-Milcu, Andra/Lang, Daniel J. (2021): Facilitating collaborative processes in transdisciplinary reserach using design prototyping. Journal of Design Research 18(5–6): 294–326.

Pohl, Christian/van Kerkhoff, Lorrae /Hirsch Hadorn, Gertrude/Bammer, Gabriele (2008): Integration. In: Gertrude Hirsch Hadorn /Holger Hoffmann-Riem/ Susette Biber-Klemm/ Walter Grossenbacher-Mansuy/ Dominique Joye/Christian Pohl/ Urs Wiesmann/Elisabeth Zemp (eds.): Handbook of Transdisciplinary Research. Berlin: Springer: 411–424.

Prior, Jason/Cusack, Carole M./Capon, Anthony (2018): The Role of pliability and transversality within trans/disciplinarity: opening university research and learning to planetary health. In: Dena Fam/Linda Neuhauser/Paul Gibbs (eds.): Transdisciplinary Theory, Practice and Education. Cham: Springer, 57–71.

Star, Susan Leigh/James R. Grisemer (1989): Institutional ecology, ‚translations' and boundary objects: amateurs and professionals in Berkley's Museum of Vertebrate Zoology, 1907–39. Social Studies of Science 19(3).

Strasser, Ulrich/Vilsmaier, Ulli/Prettentaler, Franz/Marke, Thomas/Steiger, Robert/Damm, Andrea/Hanzer, Florian/Wilck, Renate A.I./Stötter Johann (2014): Coupled component modelling for inter- and transdisciplinary integration in climate change impact research: dimensions of integration and examples of interface design. Environmental Modelling & Software 60: 180–187.

Vilsmaier, Ulli (2011a): Koordinate (0/0): Diastatisches Selbstverständnis als Grundlage wirsinniger Geographien. In: Martina Schmidhuber/Franz Gmainer-Pranzl (Hg.): Der Anspruch des Fremden als Ressource des Humanen (=Salzburger interdisziplinäre Diskurse, Bd.1). Frankfurt a. M. u.a.: Peter Lang, 111–127.

Vilsmaier, Ulli. (2011b): Responsivity as a transdisciplinary research principle. In: Proceedings, 10th Annual IAS-STS Conference: Critical Issues in Science and Technology Studies. 2.-3.5.2011, Graz.

Vilsmaier, Ulli (2018): Grenzarbeit in integrativer und grenzüberschreitender Forschung. In: Martin Heintel/Robert Musil/ Norbert Weixlbaumer (Hg.): Grenzen. Theoretische, konzeptionelle und praxisbezogene Fragestellungen zu Grenzen und deren Überschreitungen. Wiesbaden: Springer VS, 113–134.

Vilsmaier, Ulli/Brandner, Vera/Engbers, Moritz (2017): Research in-between: The constitutive role of cultural differences in transdisciplinarity. Transdisciplinary Journal of Engineering & Science 8(1): 169–179.

Vilsmaier, Ulli/Engbers, Moritz/Luthardt, Philipp/Maas-Deipenbrock, Rina-Marie/ Wunderlich, Sebastian/Scholz, Roland W. (2015): *Case-based* mutual learning sessions. Knowledge integration and transfer in transdisciplinary processes. Sustainability Science 10: 563–580.

Waldenfels, Bernhard (1997): Topographie des Fremden. Studien zur Phänomenologie des Fremden 1. Frankfurt a. M.: Suhrkamp.

Waldenfels, Bernhard (2002): Bruchlinien der Erfahrung. Phänomenologie Psychoanalyse Phänomenotechnik. Frankfurt a. M.: Suhrkamp.

Waldenfels, Bernhard (2009): Ortsverschiebungen, Zeitverschiebungen. Modi leibhaftiger Erfahrung. Frankfurt a. M.: Suhrkamp.

Tilo Weber

Transferwissenschaften, Transdisziplinarität und Wissenskommunikation: Warum es dabei auf die Sprache(n) ankommt

Als *Transferwissenschaften* lassen sich Forschungs- und Ausbildungsdisziplinen zusammenfassen, denen es um die Beschreibung und Analyse von Wissenskommunikation geht und die dabei den Fokus auf *sprachliche* Interaktion richten. Gemeinsam ist diesen Ansätzen ein methodologisches Prinzip, das als *Transdisziplinarität* bezeichnet wird. Die damit einhergehende Perspektivierung stellt Wissen und dessen Transformationen durch Prozesse sprachlicher Kommunikation in einen weiteren Zusammenhang gesellschaftlicher Aufgaben oder Probleme, die wissenschaftsexterne Forschungsanlässe darstellen, in gleichem Maße aber auch neue Blickwinkel auf intrinsisch wissenschaftliche methodologische und theoretische Fragestellungen eröffnen.

So knapp diese Begriffsbestimmung ist, so präzisierungsbedürftig sind ihre wesentlichen Elemente. Aus diesem Grund kann die im Untertitel dieses Beitrags gestellte Frage auch erst im zweiten Hauptabschnitt beantwortet werden, nachdem im ersten ausgeführt wurde, was es bedeutet, Wissen zu kommunizieren, in welchem Sinn Wissen transferiert werden kann, dass Transdisziplinarität mehr ist als eine quantitative Steigerung von Interdisziplinarität und dass Wissenschaft eine gesellschaftliche Praxis ist und wissenschaftliche Probleme somit auch gesellschaftliche.

2 Transferwissenschaft(en)

Die offenen Fragen, die sich in Bezug auf die Transferwissenschaften stellen, werden erkennbar, wenn man einige Begriffe nebeneinanderstellt, die verwendet werden, um das Feld, um das es hier geht, näher zu bestimmen. Das beginnt bereits bei der Bezeichnung selbst. Die Herausgeber des vorliegenden Bands, wie auch die der Publikationsreihe, sprechen von *Transferwissenschaften*; in einer frühen Fassung der Einladung zu der Tagung, aus der der vorliegende Band hervorging, stand die Pluralendung in runden Klammern und ermöglichte dadurch zwei Lesarten, ohne sich (zunächst) auf eine festzulegen. Hingeben haben sich die Mitglieder des Verbunds aus dem *Frauenhofer-Institut für Arbeitswissenschaft und Organisation* (IOA) und der Technischen Universität

Berlin unter dem Label *Transferwissenschaft* zusammengeschlossen (Muschner et al. 2021: 3). Ob es sich bei dem hier Angesprochenen um einen einzigen Tätigkeitsbereich oder aber um mehrere unterschiedliche handelt, die aufgrund relevanter Gemeinsamkeiten aus noch näher zu bestimmenden Gründen unter einen Begriff zu fassen wären, ist nur die erste von mehreren Fragen, die bereits die Terminologiebildung aufwirft und die in diesem Abschnitt erörtert werden.

2.1 Transferwissenschaft oder Transferwissenschaften

Als Sigurd Wichter und Gerd Antos (2001) zur ersten Tagung *Transferwissenschaften* einluden, stand zum einen die Erforschung einer spezifischen Form von Wissenstransfer im Mittelpunkt; es sollten aus ganz heterogenen akademischen und gesellschaftlichen Domänen heraus Beiträge zur Analyse und Optimierung von Experten- und Laien-Kommunikation geleistet werden. Darüber hinaus aber ging es auch, im Modus der Selbstreflexion und Meta-Analyse, von Anfang an darum zu ergründen, was überhaupt die theoretischen, methodologischen und praktischen Voraussetzungen zur Erforschung dieses Gegenstandbereiches sind. Damit verband sich die Absicht, die Grenzen der eignen (sprach-)wissenschaftlichen Disziplin zu überschreiten und prinzipiell alle zur gemeinsamen Arbeit einzuladen, die sich aus forschungstheoretischer, angewandter oder ganz praktischer Perspektive mit Wissen beschäftigten. So wurde eine enge Verflechtung von Gegenstandsanalyse, praktischer Umsetzung und Meta-Analyse angestrebt, wie sie Pelikan und Roelcke (2019) später mit der Formulierung *Theoria cum praxi* umrissen haben. Die Frage nach einer institutionellen Konsolidierung dieser Ansätze, die anfangs durchaus erwogen wurde, ist mittlerweile eindeutig in den Hintergrund getreten:

> Transferwissenschaften bilden somit nicht notwendigerweise selbst eine Disziplin oder gar eine Institution, die ihrerseits in Kooperationen mit anderen Disziplinen und Institutionen eintreten müsste, um ihre Ziele zu erreichen. Sie sind vielmehr primär als Diskursrahmen zu verstehen, als Forum wissenschaftlich-praktischer Kooperation; diesem Zweck, der Ermöglichung und Förderung transferwissenschaftlichen Austauschs und der Entwicklung entsprechender Projekte, dienen sowohl die Publikations- als auch die Tagungsreihe (Pelikan/Roelcke/Weber 2020: 34).

Die Transferwissenschaften reklamieren also nicht, wie z.B. die Politikwissenschaften, einen eigenen gegenüber anderen (etwa der Geschichtswissenschaft, der Soziologie oder der Psychologie) abgegrenzten eigenen Gegenstandsbereich und einen spezifischen Methodenkanon für sich. Vielmehr lässt sich von den Transferwissenschaften – im Plural – in einem ähnlichen Sinne sprechen, wie es von den Sozialwissenschaften üblich ist. Hier sind unterschiedliche Fächer gemeint, die mit je eigenen Methoden unterschiedliche Fragestellungen verfolgen, dies aber – nicht ausschließlich, aber doch wesentlich – unter dem Gesichtspunkt gesellschaftlicher Strukturen und Prozesse tun. So können die Sprachwissenschaft oder vielmehr bestimmte Ansätze der Sprachwissenschaft, wie etwa die Erforschung sprachlicher Varietäten, als Beiträge zu sozialwissenschaftlichen Diskursen verstanden werden, während dies für andere, z.B. die Generative Linguistik, keinesfalls infrage kommt.

Was also die Transferwissenschaften strukturell mit den Sozialwissenschaften gemeinsam haben, ist, dass sie zum einen eine gemeinsame Perspektive auf ihre verschiedenen Forschungsgegenstände und zum anderen eine Reihe methodischer Grundsätze teilen, die sich im vorliegenden Fall mit dem Schlüsselwort *Transdisziplinarität* zusammenfassen lassen. Bevor diese beiden Aspekte weiter ausgeführt werden, ist jedoch zunächst eine Redeweise zu erörtern, die von *Transferwissenschaft* (im Singular) in einem engeren Sinne spricht und die sich aus einer ganz anderen als der geistes- und kulturwissenschaftlichen Tradition heraus entwickelt.

Während es den oben zitierten Sprach- und Kulturwissenschaftler*innen primär um den kommunikativen Umgang mit *Wissen* zu tun ist und dabei die sprachliche Modalität der Kommunikation im Fokus der Analyse steht, wird der Wissenstransfer in den Ingenieurwissenschaften aus einer anderen Perspektive ins Auge gefasst: derjenigen der Technologie. Den Zusammenhang von Wissen und Technologie stellt der Forschungsverbund *Transferwissenschaft*, zu dem sich das Frauenhofer-Institut für Arbeitswirtschaft und Organisation (IOA) sowie die TU Berlin zusammengeschlossen haben, programmatisch auf seiner Website bereits mit ihrem Eingangsstatement her:

> Als Transferwissenschaft erforschen und gestalten wir den Wissens- und Technologietransfer für Forschung mit hohem Impact und ein starkes Innovationssystem (https://www.transferwissenschaft.de).

2.2 Was ist Transfer, was kann transferiert werden, und was wird transferiert?

Transfer ist, im einfachsten Fall, die Übertragung eines Objekts von einem Ort zum anderen, etwa von Waren. Wir sprechen jedoch gelegentlich auch dann von Transfers, wenn ein physischer Transport des Transferierten nicht stattfindet, z.B. beim Finanz- oder Sozialtransfer. In all diesen Fällen gibt es jedoch allgemein anerkannte Verfahren, mittels derer die Beteiligten den Erfolg der Übertragung unabhängig von ihrer jeweiligen Einzelperspektive feststellen können.

Im Fall der Übertragung von Wissen oder von Technologie handelt es sich immer auch um einen Prozess, an dem Personen beteiligt sind. *Technologie* impliziert Geräte oder Apparate. Die physische Qualität dieser Apparate, ihre für alle am Transferprozess Beteiligten gegebene Wahrnehmbarkeit, ist ein wesentlicher Faktor des Technologietransfers. Allerdings ist ein solcher Transfer nur dann erfolgreich, erst dann wirklich abgeschlossen, wenn mit der Übergabe eines Geräts „von Hand zu Hand" auch die Vermittlung des Wissens und der Fertigkeiten einhergeht, die es den Empfänger*innen ermöglicht, die erworbene neue Technologie auch zu nutzen. Dass zwischen Wissen und Technologie ein enger Zusammenhang besteht, wird auch in der technologisch orientierten Transferwissenschaft gesehen und findet, z.B. in dem obigen Zitat, seinen Ausdruck in der Wendung *Wissens- und Technologietransfer.* Zumindest vorausgesetzt wird dies auch in der für die Transferwissenschaft programmatischen Schrift mit dem Titel *Missionsorientierung im Transfer. Strategische Verankerung und praktische Umsetzung auf Grundlage des Research to Mission Frameworks* (Muschner et al. 2021). Hier wird Wissens- und Technologietransfer als ein integrierter Prozess gesehen, der nicht etwa in die Übertragung von Wissen einerseits und von Technologie andererseits zu analysieren wäre. Diese Sichtweise findet sich auch in einem neueren Strategiepapier der TU Berlin (Ahrend 2021: 3), an das Muschner et al. anknüpfen und das diese Einheit auch terminologisch noch einmal durch die Prägung des Akronyms *WTT* hervorhebt und versprachlicht.

Technologietransfer impliziert die Vermittlung von Wissen. Wenn Letzteres sich bestenfalls metaphorisch, aber letztlich nur ungenau als *Wissenstransfer* bezeichnen lässt, dann ist das darauf zurückzuführen, dass Technologie und Wissen Objekte grundsätzlich unterschiedlicher Art sind. Während Technologie immer eine materielle Komponente umfasst (auch wenn sie sich nicht darin erschöpft), verhält es sich mit Wissen anders. An dieser Stelle muss der Wissensbegriff nicht detailliert ausgeführt werden (s. dazu Weber/Antos 2009; insb. Weber 2009). Klar ist aber, dass, auch wenn man einräumt, dass Wissen in materieller Form, z.B. in Büchern und anderen Artefakten realisiert werden kann, beim Technologietransfer auch eine Form von Wissen eine Rolle spielt, die an Individuen gebunden ist und die einer Beobachtung und Analyse nur auf indirektem Wege zugänglich ist. Hier führt die Metapher vom Transfer in die Irre.

Es ist dieser Hintergrund, vor dem der komplexe Begriff des Wissens- und Technologietransfers (WTT) besonders einleuchtend erscheint. Technologie kommt dabei nicht nur die Rolle von Apparaten zu, der z.B. von einer ingenieurwissenschaftlichen Produzentin z.B. an eine unternehmerische Nutzerin übergeben wird. Diese Gerätschaften haben darüber hinaus eine entscheidende kommunikative Funktion, indem sie den Transferpartnerinnen auch als gemeinsame physische und sinnlich wahrnehmbare Bezugsobjekte dienen, auf die sie im Zuge des Transferprozesses zeigen, die sie manipulieren, im Raum bewegen, deren Gestalt sie modifizieren können und im Hinblick auf die sich sprachliche Handlungen wie Erklärungen, Anweisungen, Rückfragen, Präzisierungen etc. als verständlich, richtig verstanden und kommunikativ effizient erweisen können und dadurch kontextualisiert werden. Diese kommunikative Funktion können Gerätschaften oder andere physische Dinge auch in Situationen haben, in denen eine physische Übergabe nicht stattfindet, sondern sie beispielsweise nur als Anschauungsobjekte dienen. Von einigen Soziologen und Soziologinnen wird in diesen Fällen von *Grenzobjekten* ('boundary objects'; vgl. Star/Griesemer 1989; Star 2019; Bergmann et al. 2010: 143) gesprochen. Als Grenzen stehen sie einerseits zwischen den Beteiligten; andererseits aber bilden sie gemeinsame Bezugspunkte, an denen sich Kommunikation praktisch bewähren kann.

In solchen Prozessen werden möglicherweise Gegenstände, nicht aber Wissen im räumlichen Sinne transferiert. Führt eine Demonstration, eine Erklärung, ein Argument dazu, dass Rezipient*innen einen Prozess in seiner Dynamik verstehen, eine Schlussfolgerung nachvollziehen, eine Vorstellung von einem Sachverhalt entwickeln etc., dann ändert hier nichts seine Position in Zeit und Raum. Beim Technologietransfer kann man hoffen, dass Vorführungen, Erläuterungen, gemeinsames Arbeiten etc. bei dem*der Rezipient*in ein Wissen induziert, ein Wissen jedoch, dass sich der direkten Beobachtung absolut entzieht. Ob und in welchem Umfang es sich im Laufe der Transferinteraktion tatsächlich eingestellt hat, muss und kann sich alleine in der jeweiligen Praxis erweisen.

Nun treten kommunikative Aktivitäten wie Erklärungen, Anleitungen, Rückfragen etc. nicht allein im Kontext von Wissens- und Technologietransfer (WTT) auf, auch wenn Letztere einen wichtigen Sonderfall von Wissenskommunikation darstellt, die wiederum der zentrale Gegenstand der Transferwissenschaften ist. So erscheint auch die Transferwissenschaft in der Form einer Wissens- und Technologietransferwissenschaft als eine spezifische Form der Transferwissenschaften, die sich darüber hinaus und jedoch auch mit solchen Arten der Wissenskommunikation befasst, deren Instanziierungen oft, z.B. in Alltagssituationen, im Unterrichtsgespräch oder in der politischen Debatte, ohne eindeutig gemeinsame physische *boundary objects* auskommen (müssen).

Vor diesem Hintergrund erscheint es treffender, statt von Wissens*transfer* von Wissens*kommunikation* zu sprechen, als einer Form sozialer Interaktion, die wesentlich der Vermittlung, der Induktion und und der Transformation von Wissen aufseiten der Beteiligten dient.

Die Metapher der Induktion ist aus dem Gebiet der Elektrotechnik entliehen und zielt dort auf eine Verursachung ohne direkte Berührung ab. Dass Wissen im individual-kognitivistischen Sinn nicht physisch übertragen werden kann, dass Kommunikation nicht eine Art Versand ist, durch den Pakete von einem zum anderen transferiert werden, ist vielfacht dargelegt worden (vgl. schon Reddy 1979). Wissenskommunikation kann man in Abgrenzung von dieser Vorstellung als einen Vorgang beschreiben, in dessen Verlauf die Partner*innen die gemeinsame, für alle Beteiligten wahrnehmbare Kommunikationssituation (vgl. Sperber/Wilsons (1987: 699), Konzept *mutual cognitive environments*) durch die Produktion von sprachlichen und sonstigen Äußerungen, aber auch durch die physische Veränderung des Interaktionsrahmens gezielt so zu verändern suchen, dass ihre kommunikativen Absichten für die jeweiligen Partner*innen erkennbar werden. Im Fall der Wissenskommunikation entsteht auf diese Weise aufseiten der Beteiligten (auch auf der Seite der Äußerungs*produzenten*) jeweils neues Wissen und es wird vorhandenes Wissen transformiert. Dafür, dass dies in beabsichtigter Weise gelingt, gibt es keine Garantie. Herman Parret, der hier stellvertretend für viele andere zitiert werden kann, hat recht mit seiner lakonischen Feststellung: „Communication is always a risky task" (Parret 1993: VII).

2.3 Transdisziplinarität als methodologisches Prinzip

Schon in dem oben zitierten Gründungsband konstituieren sich die Transferwissenschaften explizit als transdisziplinärer Ansatz (vgl. Antos/Pfänder 2001: 11–16). Auf dieser Basis hat sich in transferwissenschaftlichen Zusammenhängen ein Verständnis von Transdisziplinarität durchgesetzt, das im Wesentlichen der Auffassung entspricht, wie sie unter den Mitgliedern des *td-net* geteilt werden. Dieses *Network for Transdisciplinary Research*, das im Rahmen der Schweizer Akademien der Wissenschaften operiert, hat sich um Transdisziplinarität als Leitgedanken herum konstituiert und führt weltweit Wissenschaftler*innen von Veterinärmediziner*innen bis Linguist*innen mit Stadtplaner*innen, Menschrechtsorganisationen, Gesundheitsbehörden usw. für die Durchführung von Forschungs- und Implementierungsprojekten zusammen (vgl. Paulsen/Studer 2022).

Transdisziplinäres Arbeiten ist in diesem Verständnis durch drei wesentliche Faktoren bestimmt:

(a) Mehr-als-Interdisziplinarität
(b) Orientierung an der Lösung gesellschaftlicher Probleme
(c) Gleichberechtigte Kooperation aller Partner*innen „auf Augenhöhe".

zu (a) Mehr-als-Interdisziplinarität:

Transdisziplinäre Kooperation beschränkt sich nicht auf die Zusammenarbeit zwischen akademischen Wissenschaftsdisziplinen, sondern integriert Akteure, die aus unterschiedlichen Sektoren der Gesellschaft (Wirtschaft, Nichtregierungsorganisationen, Verbände, Verwaltung etc.) ihre praktischen Fragestellungen und Lösungsexpertisen einbringen. Dabei liegt die Rolle „der Wissenschaften" nicht in deren Funktion als Expertinnen für ein bestimmtes Spezialgebiet und Dienstleisterinnen im Zusammenhang von Aufgaben, die für sie intrinsisch nur von untergeordnetem Interesse sind. Vielmehr werden disziplinexterne Anfragen als Anlässe zur Selbstreflexion aufgefasst, die von einem unabhängigen Standpunkt aus die Explizierung nur scheinbarer Selbstverständlichkeiten sowie die Schärfung eigener Begrifflichkeiten und Methoden erforderlich machen und dadurch auch ermöglichen. Wissenskommunikation vollzieht sich hier also in wechselseitiger Weise aus den Disziplinen hinaus, aber eben auch zurück in die Disziplinen hinein.

zu (b) Orientierung an der Lösung gesellschaftlicher Probleme:

Transdisziplinäres Arbeiten wird angestoßen durch Anlässe, Anfragen, Probleme, die außerhalb einzelner wissenschaftlicher Disziplinen liegen. Dabei wird gelegentlich von einer Beschäftigung mit Problemen „der wirklichen Welt" (‚real world problems', z.B. Wada 2020; vgl. Weber 2018) gesprochen. Diese Redeweise – abgesehen davon, dass es keineswegs trivial ist zu bestimmen, in welchem Sinn die so charakterisierten Phänomene „wirklich" sind – suggeriert einen Gegensatz zwischen den „nur theoretischen" Wissenschaften und gesellschaftlichen Wirklichkeiten, in denen Menschen sich „echten", d.h. praktischen, Problemen gegenübersehen. Es wird jedoch unten noch deutlich werden, dass auch wissenschaftliche Diskurse gesellschaftliche Diskurse darstellen und dass unter bestimmten Umständen eine analytische und problemlösungsorientierte Beschäftigung damit Konsequenzen auch für andere gesellschaftliche Bereiche hervorbringen kann.

Den „gesamtgesellschaftlichen Nutzen" stellen die Protagonistinnen der auf TWW ausgerichteten Transferwissenschaft bereits terminologisch ganz klar in den Vordergrund ihres Interesses. Das von Ihnen umrissene *Research to Mission Framework* (Muschner et al. 2021) expliziert die Richtung des Transfers: aus der wissenschaftlichen Forschung heraus soll ein „Impact" in die Gesellschaft hinein erzielt werden:

> Unter Missionsorientierung im Transfer verstehen wir die strategische Kombination aus kollaborativem und multidirektionalem Austausch zwischen Vertreter*innen verschiedener akademischer, wirtschaftlicher, politischer und zivilgesellschaftlicher Interessen *mit dem Ziel, Innovationen mit hohem Impact in Gesellschaft, Wirtschaft, Politik und Umwelt hervorzubringen* (ebd.: 3; Hervorhebung meine, T.W.).

Die Reziprozität der Beziehung zwischen den Partner*innen inklusive Rückkopplungsprozesse aus der Gesellschaft in die Wissenschaft hinein scheinen hier, wenn sie auch sicher nicht ausgeschlossen werden, doch kein Hauptanliegen der Bemühungen zu sein. Dementsprechend erscheint der Begriff *Transdisziplinarität*, für den der Aspekt der Wechselseitigkeit konstitutiv ist, dann auch nur einmal und ganz am Rande der Ausführungen. Zur Implementierung von „Ko-Kreation-Prozesse[n] unserer Organisation mit relevanten Akteuren" sollen „Formate transdisziplinärer Interaktion" gefunden werden (ebd.: 5). Mit dem Stichwort *Ko-Kreation* ist der dritte der oben aufgelisteten Faktoren angesprochen, der für transdisziplinäre Arbeit grundlegend ist.

zu (c) Die gleichberechtigte Kooperation aller Partner*innen „auf Augenhöhe":

Während die skizzierten Faktoren (a) und (b) ohne weiteres zu den Standardannahmen vieler Disziplinen und Forschungsverfahren gezählt werden kann, zumal wenn sich diese als angewandte Wissenschaften verstehen, zeichnet sich transdisziplinäres Arbeiten im hier explizierten Sinn durch die zentrale Bedeutung aus, die der Gleichberechtigung der Kooperationspartner*innen dabei zugeschrieben wird. Hierbei handelt es sich nicht allein um eine normative Festlegung, eine Art programmatische Aussage bezüglich des Wünschenswerten, das in der Wirklichkeit der Arbeit unter Zeitdruck und Ressourcenmangel nie auch nur annähernd zu erreichen wäre. Vielmehr wird die aktive Herstellung von Reziprozität innerhalb von heterogenen Projektgruppen, die Entwicklung von gruppenspezifischen Verfahren ihrer Realisierung und Aufrechterhaltung als unverzichtbare Komponente transdisziplinärer Arbeit aufgefasst und entsprechend im Arbeitsprozess implementiert. Das bedeutet, dass, bevor sich eine neu konstituierte Gruppe der Lösung eines Problems zuwendet, sie sich *als* Gruppe zusammenfinden und dabei Verfahren etablieren muss, die allen Beteiligten grundsätzlich die Möglichkeit verschafft, sich gemäß ihren jeweiligen Interessen und Fähigkeit einzubringen. Dies ist einer der Arbeitsschritte, die im Verlauf eines jeden Projekts neu vollzogen werden müssen. Andererseits werden durch unterschiedliche Formen transdisziplinärer Metareflexion und Methodenforschung, die z.B. im Rahmen des schon erwähnten *td-net* oder im *Transdisciplinarity Lab* (https://usys.ethz.ch/en/research/TdLab.html) der ETH Zürich teilweise auch institutionalisiert wurden, Interaktionsformate, kommunikative Grundregeln, praktische Übungen zur Gruppenkonstitution entwickelt, die Arbeitsgruppen z.B. als Standardverfahren oder „Werkzeugkasten“ nutzen können (vgl. Pohl/Hirsch Hadorn 2008; Pohl et al. 2021). An diese Aktivitäten sind im Übrigen auch die Interaktionsverfahren anschließbar, die Muschner et al. (2021: 5, 19–23) als Komponente der Transferwissenschaft unter dem Schlagwort *Ko-Kreation* vorstellen.

3 Warum es dabei auf die Sprache(n) ankommt: Transdisziplinarität und Sprachregime

Zuletzt wurde dargelegt, dass Transdisziplinarität, wenn man sie als methodologisches Prinzip der Transferwissenschaften ernst nimmt, impliziert, dass die Partner*innen in heterogenen Projektgruppen, gemessen an ihren jeweiligen Interessen und Potenzialen, faire Beteiligungschancen erhalten. Die transdisziplinäre Meta-Forschung (z.B. Pohl et al. 2021) hat gezeigt, dass sich „Augenhöhe“ unter Projektteilnehmer*innen weder gleichsam natürlich von selbst einstellt, auch wenn auf allen Seiten der gute Wille dazu vorhanden ist, noch sich durch kodifizierte Verfahrensregeln ein für alle Male gewährleisten lässt.

Es gibt eine Reihe struktureller Faktoren, die die (ungleiche) Verteilung von Macht und Beteiligungschancen innerhalb von Diskursgemeinschaften beeinflussen. Hierzu gehören Sitz- und Kleiderordnungen, institutionalisierte Hierarchien, Asymmetrien aufgrund hybrider Kommunikationsformen (Präsenz vs. Online) und die unterschiedliche Vertrautheit der Partner miteinander. In kulturell heterogenen Gruppen, wie sie im Zusammenhang internationaler Forschungsprojekte die Regel sind, haben der Umgang mit Mehrsprachigkeit, das *Sprachregime* (Coulmas 2005) und damit Entscheidungen über die in der Gruppenkommunikation zulässigen und tatsächlich verwendeten Verkehrssprache(n), entscheidenden Einfluss auf die Möglichkeiten Einzelner, sich mit Vorschlägen, Rückfragen, Initiativen etc. einzubringen.

Dies gilt, wie bestätigen wird, wer an großen Tagungen teilgenommen oder sich an internationalen Projekten beteiligt hat, für Diskurse in den Wissenschaften wie in vielen anderen transnationalen Domänen. Oben wurde festgestellt, dass Transferwissenschaften nicht nur selbst transdisziplinär vorgehen, sondern sich auch – teilweise reflexiv – mit den Bedingungen zur Herstellung von Transdisziplinarität beschäftigen. Sprachregime können ein wesentlicher Faktor in diesem Prozess sein, vor allem wenn es im Sinne von Punkt (c) (s.o.) um die Herstellung gleicher Beteiligungschancen von Teilnehmern an internationalen Diskursen geht. Somit sind Sprachregime relevante Gegenstände transferwissenschaftlicher Arbeit.

Zunächst soll hier der Blick auf einen Bereich gerichtet werden, für die Sprachregimes nicht nur in offensichtlicher Weise relevant sind, sondern – in weit höherem Maße, als dies anderswo gilt – unter Einsatz großer finanzieller, organisatorischer und personeller Ressourcen[1] in Form vielfach diskutierter, evaluierter und immer wieder weiterentwickelter Strukturen und Maßnahmen auch auf der Tagungsordnung aktiver Sprachpolitiken steht: die internationale Politik. Betrachtet man große politische Organisationen, wie die Vereinten Nation oder die Europäische Union, unter dem Gesichtspunkt ihres Umgangs mit Mehrsprachigkeit innerhalb ihrer Mitgliedschaft und unter deren Vertreterinnen und Vertreter, lassen sich auf drei Ebenen Beobachtungen zusammenfassen (vgl. zum Folgenden Weber 2022: 488–491), die Konsequenzen auch jenseits der internationalen Politik und ihrer Organisationen nahelegen:

(1) programmatisch:

Es scheint allen, die für Kommunikation innerhalb von Institutionen wie UNO und EU verantwortlich sind, klar zu sein, dass die Realisierung von Mehrsprachigkeit notwendig ist, um sprachliche Grundrechte zu gewährleisten. Dazu gehört die Möglichkeit, sich an relevanten Interaktionen in einer eigenen Sprache zu beteiligen. Sprachenrechte sind Menschenrechte – das findet seinen Niederschlag schon in den Gründungsdokumenten der genannten Organisationen.

(2) strukturell-institutionell:

UNO und EU belassen es in ihren Umgang mit Mehrsprachigkeit nicht bei programmatischen Formulierungen. Um ihrem Status als Foren gerecht zu werden, auf denen prinzipiell Gleiche kooperieren können, implementieren sie Strukturen und Prozesse, etwa in der Form von Gremien, Übersetzungspools, Sonderbeauftragten etc., die im Arbeitsalltag der Organisationen gewährleisten sollen, dass sich alle Berechtigten am Zustandekommen von Entscheidungen gleichberechtigt beteiligen können. Ziel dieser Bemühungen ist die faire Organisation von Beteiligungschancen, wozu auch ganz explizit institutionelle Mehrsprachigkeit gerechnet wird.

---

1 Tatsächlich stehen den Gliederungen von EU und UNO anders als den meisten wissenschaftlichen Akteuren und Institutionen umfangreiche Ressourcen zur Verfügung, um Sprachregimes zu implementieren (zum EU-Parlament vgl. Weber 2022: 484). Vor diesem Hintergrund scheinen diese Organisationen besonders vielversprechende Anschauungsobjekte zu sein, wenn es darum geht zu untersuchen, wie und welche Sprachregimes und Mehrsprachigkeitspolitiken nicht nur für richtig erachtet, sondern auch in der Praxis umgesetzt werden können.

(3) praktisch:

Wenn man die Selbstevaluationen der Organisationen bezüglich ihrer Sprachenregime als Maßstab zugrunde legt (vgl. Weber 2022: 479–481; 487 f.), ist festzustellen, dass die Implementierung von Mehrsprachigkeit nur geringe Fortschritte macht und vielfach im Gegenteil eine Tendenz zu einer (von der englischen Sprache dominierten) Einsprachigkeit vorherrscht (United Nations Secretary-General 2021: 13). Dies gilt trotz prinzipieller Einsichten der Verantwortlichen in die Dringlichkeit dieser Anliegen und trotz großer strukturell-institutioneller Bemühungen. Als Ursachen hierfür können die immer wieder hervorgehobenen Ressourcenknappheit (Mehrsprachigkeit ist – in kurzer Frist – teuer) und der Zusammenhang von Sprache und Macht hervorgehoben werden. Letzterer führt dazu, dass viele einflussreiche Mitglieder internationaler Organisationen kaum ein Interesse daran haben, etablierte Sprachregimes zu verändern, die der Durchsetzung ihrer Partikularinteressen zugutekommen (vgl. Weber 2022: 490 für weitere Literaturhinweise zu diesem Thema).

Einiges von dem, was hier für die großen politischen Organisationen beschrieben wurde, lässt sich auf Wissenschaftsdiskurse übertragen. So liegt es im Wesen der westlich geprägten Wissenschaften, dass jeder zu Wort kommen können soll, nach Maßgabe der Stärke seiner Befunde und Argumente. Eine Voraussetzung dafür ist, dass sich Forschende in und für ihre Forschung, vor allem aber für die Präsentation und Diskussion ihrer Ergebnisse einer Sprache bedienen können, die sie beherrschen.

Winfried Thielmann (u.a. 2006, 2015, 2019, 2022) hat mit Diskursanalysen und mit Blick auf die Wissenschaftsgeschichte der europäischen Moderne vielfach gezeigt, dass hier noch etwas anderes auf dem Spiel steht als die Fairness gegenüber allen Interessierten bezüglich ihrer Beteiligungschancen. Vielmehr weist er anhand konkreter Beispiele nach, dass Wissenschaft hinsichtlich der Sprache, „in" der sie betrieben wird, nicht neutral ist. Mehrsprachige Forschung bedeutet dann aber unter Umständen einen Gewinn an Differenziertheit des Blicks auf ihren Gegenstand und damit einen wissenschaftlichen Erkenntnisgewinn.

Zieht man an dieser Stelle ein Zwischenfazit, lässt sich feststellen: Mehrsprachigkeit in internationalen wissenschaftlichen und politischen Diskursen zu implementieren und zu fördern, ist eine Frage der Fairness sowie der Aktivierung aller vorhandenen intellektuellen Ressourcen, indem man allen denjenigen, die Beiträge leisten können, auch die kommunikativen Möglichkeiten bietet, dies zu tun. Die sprachwissenschaftlichen, erkenntnistheoretischen, politischen bis hin zu juristischen Argumente, die diese Position stützen, sind hinreichend dargelegt. Dass Mehrsprachigkeit in der kommunikativen Praxis (zunächst) ein zusätzlicher Komplexitätsfaktor ist, legt nicht nur der „gesunde Menschenverstand" nahe, sondern erweist sich auch für jeden, der für eine internationale Tagung oder Publikation Alternativen zu englischer Einsprachigkeit umzusetzen sucht. Es besteht hier also eine Spannung zwischen dem von der Sache her Sinnvollen und dem praktisch machbar Erscheindenden.

Aus transferwissenschaftlicher Sicht ist vor diesem Hintergrund zu fragen, welche Schlussfolgerungen aus dieser Konstellation für die Erforschung, aber auch die Gestaltung und Optimierung von Wissenskommunikation zu ziehen sind. Die oben zitierten Arbeiten zur Transdisziplinarität verdeutlichen, dass ein gewisser Mut zu methodischen Experimenten im Zusammenspiel mit selbstreflexiven Analysen der eigenen Arbeitsweisen zur erfolgreichen Weiterentwicklung von Forschungsstrategien führen kann. Dass ein solcher Aufwand im Hinblick auf den Umgang mit Mehrsprachigkeit und die Realisierung möglicher Potenziale für Forschung und Praxis notwendig ist, darauf deuten die Erfahrungen aus dem Bereich großer politischer Organisation hin.

Ansätze zu einer Implementierung von Mehrsprachigkeit im transferwissenschaftlichen Diskurs wurden mittlerweile in der Praxis vollzogen (vgl. Weber/Böhm 2022a). Ein Leitgedanke bei diesen Bemühungen besteht darin, theoretische Einsichten zum Umgang mit Mehrsprachigkeit nun auch reflexiv für die eigene Praxis des Forschungsdiskurses nutzbar zu machen und in spezifischen Arbeitsverfahren und Interaktionsformen umzusetzen. Konkret bedeutete dies u.a., dass man im Rahmen einer internationalen Tagung kaum angemessen über Mehrsprachigkeit sprechen kann, ohne allen Beteiligten die Möglichkeit zu geben, dies in der von ihnen jeweils bevorzugten Sprache zu tun (Weber/Böhm 2022b).

4 Zusammenfassung und Ausblick

In diesem Beitrag ging es um den Zusammenhang zwischen Transferwissenschaften und den Sprachen „in" denen Transferwissenschaften von Wissenschaftler*innen und Praktiker*innen vollzogen wird. Nach einer – immer noch notwendigen – Festlegung auf die Verwendung einiger zentraler Begriff (*Wissen, Transfer, Wissen- und Technologietransfer* etc.) wurde Transdisziplinarität als konstitutives methodologisches Prinzip der Transferwissenschaften charakterisiert. Ein besonderes Augenmerk wurde dabei auf die Reziprozität der Arbeitsbeziehungen gerichtet, die als Voraussetzung für die sinnvolle Arbeit innerhalb von transdisziplinären Arbeitsgruppen bestimmt wurde. Es wurde mit Hinweis auf Publikationen aus dem Umkreis des *Transdisciplinarity network* (*td-net*; Pohl 2021; Paulsen/Studer 2022) herausgearbeitet, dass eine solche „Kommunikation auf Augenhöhe“ zwischen allen Beteiligten einerseits als Grundvoraussetzung für erfolgreiches Kooperieren gelten kann, dass sie sich jedoch nur erreichen lässt, wenn entsprechende Strukturen und Verfahren der Interaktion entwickelt, implementiert und permanent optimiert werden. Für *internationale* Kooperationen zwischen prinzipiell Gleichberechtigten, seien sie (transfer)wissenschaftlicher, politischer oder rein praktischer Art, muss dies auch die Implementierung von Mehrsprachigkeit berücksichtigen. Wie dies in der Praxis gelingen kann, wird Gegenstand weiterer transferwissenschaftlicher Untersuchungen sein.

Literatur

Ahrend, Christine (2021): Strategische Perspektiven für den Wissens- und Technologietransfer an der TU Berlin. Strategiepapier des Präsidiums der TU Berlin vom 27.4.2021. Berlin: TU Berlin. https://www.static.tu.berlin/fileadmin/lokal/10000000/Transfer/Transferstrategie_TU_Berlin.pdf.

Antos, Gerd/Stefan Pfänder (2001): Transferwissenschaft. Chancen und Barrieren des Zugangs zu Wissen in Zeiten der Informationsflut und der Wissensexplosion. In: Sigurd Wichter/Gerd Antos (Hg.): Wissenstransfer zwischen Experten und Laien. Umriss einer Transferwissenschaft (= Transferwissenschaften 1). Frankfurt am Main: Lang, 1–32.

Bergmann, Matthias/Jahn, Thomas/Knobloch, Tobias/Krohn, Wolfgang/Pohl, Christian/Schramm, Engelbert (2010): Methoden transdisziplinärer Forschung: Ein Überblick mit Anwendungsbeispielen. Frankfurt a.M.: Campus Verlag.

Coulmas, Florian (2005): Changing language regimes in globalizing environments. In: International Journal for the Sociology of Language 175/176, 3–15.

Muschner, Antonia/Schütz, Florian/Ruhrmann, Henriette/Karahan, Marc/Kiprijanov, Konstantin/Johannsen, Thies (2021): Missionsorientierung im Transfer. Berlin: Center for Responsible Research and Innovation des Fraunhofer IAO und Technische Universität Berlin. https://www.cerri.iao.fraunhofer.de/content/dam/iao/cerri/de/publikationen/transferwissenschaft_missionsorientierung-im-transfer/Transferwissenschaft%20-%20Missionsorientierung%20im%20Transfer.pdf.

Parret, Herman (ed.) (1993): Pretending to communicate (= Grundlagen der Kommunikation und Kognition/Foundations of communication and cognition). Berlin, New York: de Gruyter.

Paulsen, Theres/Sibylle Studer (2022): Transdisziplinäre Ko-Produktion von Wissen – das Potential einer Perspektive *Pluri*. In: Tilo Weber/Hynek Böhm

(Hg.): Wissenskommunikation unter Bedingungen von Mehrsprachigkeit (= Transferwissenschaften 15). Frankfurt a.M.: Peter Lang, 259–279

Pelikan, Kristina/Thorsten Roelcke (2019): Theoria cum praxi – modeling specialised communication. In: Glottotheory. International Journal of Theoretical Linguistics 9(2), 147–172.

Pelikan, Kristina/Roelcke, Thorsten/Weber, Tilo (2020): Wissen – Information – Transformation. Umrisse der Transferwissenschaften. In: Kristina Pelikan/Thorsten Roelcke (Hg.): Information und Wissen. Beiträge zur transdisziplinären Diskussion (= Transferwissenschaften 12). Frankfurt a.M.: Peter Lang, 17–46.

Pohl, Christian/Hirsch Hadorn, Gertrude (2008): Methodological challenges of transdisciplinary research. In: Natures Science Sociétés 16(2), 111–121.

Pohl, Christian/Klein, Julie Thompson/Hoffman, Sabine/Mitchell, Cynthia/Fam, Dena (2021): Conceptualising transdisciplinary integration as a multidimensional interactive process. In: Environmental Science and Policy 11, 18–26. https://www.sciencedirect.com/science/article/pii/S146290112 0314076.

Reddy, Michael (1979): The conduit metaphor. A case of frame conflict in our language about language. In: Andrew Ortony (ed.): Metaphor and thought. Cambridge: Cambridge University Press, 284–324.

Sperber, Dan/Deirdre Wilson (1987): Précis of relevance. Communication and cognition. In: Behavioral and Brain Sciences 10(4), 697–754.

Star, Susan Leigh (2019): This is not a boundary object: reflections on the origin of a concept. In: Science, Technology & Human Values 35(5), 601–617. doi:10.1177/0162243910377624.

Star, Susan Leigh/Griesemer, James R. (1989): Institutional ecology, 'translations' and boundary objects: amateurs and professionals in Berkeley's Museum of Vertebrate Zoology, 1907–39. In: Social Studies of Science 19(2), 387–420. doi:10.1177/030631289019003001.

Thielmann, Winfried (2006): "… it seems that light is propagated in time …" – zur Befreiung des wissenschaftlichen Erkenntnisprozesses durch die Vernakulärsprache Englisch. In: Konrad Ehlich/Dorothee Heller (Hg.): Die Wissenschaft und ihre Sprachen. Frankfurt a.M.: Peter Lang, 297–320.

Thielmann, Winfried (2015): Wissenschaftssprache(n). In: Zielsprache Deutsch 2/2014, 3– 20.

Thielmann, Winfried (2019): Zur deutschen Übersetzung der Globalskala des Gemeinsamen europäischen Referenzrahmens. In: Zielsprache Deutsch 1/2019, 3– 22.

Thielmann, Winfried (2022): Warum Wissenschaft ohne Mehrsprachigkeit keine Wissenschaft ist – ein wissenschaftlicher informierter Standpunkt bezüglich eines oft unwissenschaftlich diskutierten Themas. In: Tilo Weber/Hynek Böhm (Hg.): Wissenskommunikation unter Bedingungen von Mehrsprachigkeit (= Transferwissenschaften 15). Berlin et al.: Peter Lang, 207–216.

United Nations Secretary-General (2021): Multilingualism. Report of the Secretary-General. https://digitallibrary.un.org/record/3906713?ln=en.

Wada, Mineko/Grigorovich, Alisa/Kontos, Pia/Fang, Mei Lan/Sixsmith, Judith (2020): Addressing real-world problems through transdisciplinary working. In: A. Sixsmith/J. Sixsmith/A. Mihailidis/M.L. Fang (eds.): Knowledge, innovation, and impact. International perspectives on social policy, administration, and practice. Cham: Springer, 121–129.

Weber, Tilo (2009): Explizit vs. implizit, propositional vs. prozedural, isoliert vs. kontextualisiert, individuell vs. kollektiv – Arten von Wissen aus der Perspektive der Transferwissenschaften. In: Tilo Weber/Gerd Antos (Hg.): Arten von Wissen (= Transferwissenschaften 7). Frankfurt am Main: Peter Lang, 13–22.

Weber, Tilo (2018): Language matters in transdiscipinarity (= Integration and implementation insights. Research resources for understanding and acting on complex real-world problems). Canberra, Australia. https://i2insights.org/2018/10/02/language-matters.

Weber, Tilo (2022): Mehrsprachigkeit in der internationalen Politik: UNO und EU. In: Csaba Földes/Thorsten Roelcke (Hg.): Handbuch Mehrsprachigkeit (= Handbücher Sprachwissen 22). Berlin: de Gruyter, 471–494.

Weber Tilo/Antos, Gerd (Hg.) (2009): Arten von Wissen (= Transferwissenschaften 7). Frankfurt am Main: Peter Lang.

Weber, Tilo/Böhm, Hynek (2022a): Wissenskommunikation unter Bedingungen von Mehrsprachigkeit (= Transferwissenschaften 15). Berlin et al.: Peter Lang.

Weber, Tilo/Böhm, Hynek (2022b): Zur Einleitung: Internationale Wissenskommunikation – warum ein Gespräch über Mehrsprachigkeit mehrsprachig geführt werden muss. In: dies. (Hg.): Wissenskommunikation unter Bedingungen von Mehrsprachigkeit (= Transferwissenschaften 15). Berlin et al.: Peter Lang, 11–26.

Wichter, Sigurd/Gerd Antos (Hg.) (2001): Wissenstransfer zwischen Experten und Laien. Umriss einer Transferwissenschaft (= Transferwissenschaft 1). Frankfurt am Main: Lang.

Thorsten Roelcke

Ein Modell fachlicher Kommunikation weitergedacht: Inter- und Transdisziplinarität

1. Einleitende Bemerkungen

Transdisziplinäre Forschung ist in der Regel mit einer komplexen Kommunikation verbunden. Die genaue Kenntnis kommunikativer Faktoren kann dabei einen Beitrag dazu leisten, transdisziplinäre Forschung zu evaluieren und zu optimieren. Daher ist es umso erstaunlicher, dass Transdisziplinarität bislang nicht in ein Modell wissenschaftlicher Kommunikation integriert wurde. Daher soll in dem folgenden Beitrag der Frage nachgegangen werden, wie eine solche Integration sinnvoll möglich ist. Den Ausgangpunkt bildet dabei das (fachliche) Kommunikationsmodell von Roelcke, das seit seiner Veröffentlichung im Jahr 1994 in mehreren Schritten überarbeitet und weiterentwickelt wurde.

2. Kommunikationsmodelle: Vorgeschichte

Das Kommunikationsmodell von Roelcke (1994) basiert auf dem informationstechnischen Modell (vgl. Abb. 1), das in den 1920er Jahren von Shannon und Weaver begründet und seitdem vielfach weiterentwickelt wurde (vgl. hierzu etwa Nöth 2000). Dieses Modell umfasst sechs Elemente: Eine *Quelle*, von der Information ausgeht und die sich zu deren Enkodierung eines bestimmten *Senders* bedient, ein *Ziel*, dem Information gilt und das sich zu deren Dekodierung eines entsprechenden *Empfängers* bedient, sowie ein *Kanal*, über den Information vermittelt und unter Umständen durch ein sogenanntes *Rauschen* gestört wird. Ein prototypisches Beispiel hierfür ist ein Funker, der sich eines Morsesenders bedient, um mit Morsesignalen, die durch einen Draht oder durch Wasser geleitet und dabei fehlerhaft übertragen werden, einem anderen Funker, der einen Morseempfänger nutzt, eine Nachricht zu übermitteln.

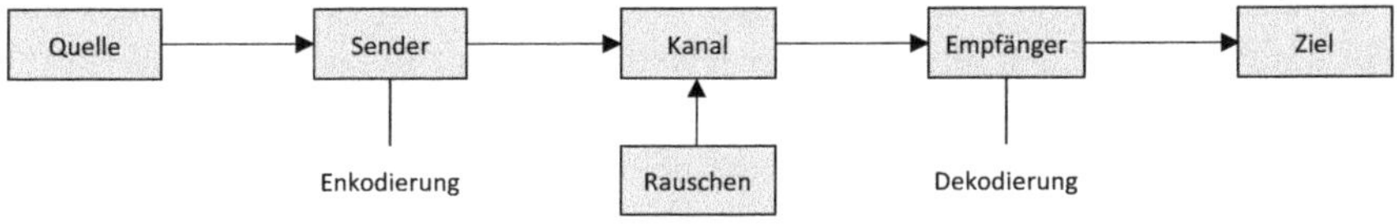

Abb. 1: Informationstechnisches Kommunikationsmodell 1920er Jahre nach Shannon und Weaver (eigene Darstellung nach verbreiteten Vorlagen).

Dieses Modell wurde in den vergangenen rund einhundert Jahren in verschiedenen wissenschaftlichen Kontexten aufgegriffen und dabei immer wieder verändert. Ein verhältnismäßig junges Beispiel hierfür stellt das Kommunikationsmodell von Roelcke dar (vgl. Abb. 2), das zunächst zur Erfassung von Kommunikation im Drama und im Theater entwickelt (Roelcke 1994) und im Anschluss hieran zur Erörterung fachlicher Kommunikation in Wissenschaft, Technik und Institutionen herangezogen (Roelcke 1999) wurde. Dieses Modell unterscheidet sich von dem ursprünglichen Modell durch einige Änderungen und Ergänzungen.

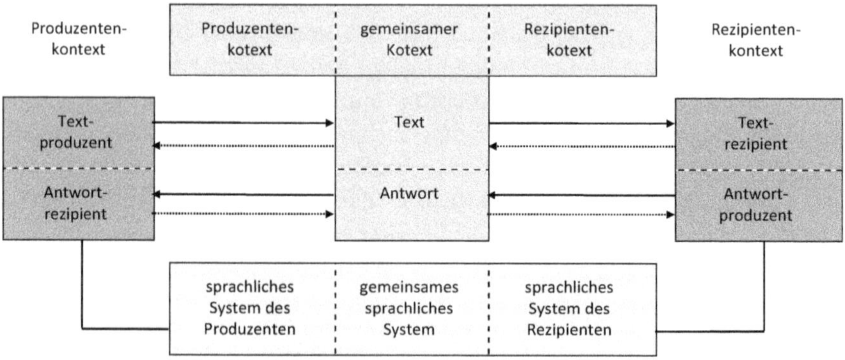

Abb. 2: Modell (fachlicher) Kommunikation nach Roelcke (1994/99; vgl. [4]2020: 12).

Die Änderungen bestehen insbesondere in den folgenden Punkten: Zunächst wird nicht zwischen einer Quelle und einem Sender sowie einem Ziel und einem Empfänger unterschieden, sondern jeweils zusammenfassend eine produzierende und eine rezipierende Person (in der Abbildung: Produzent und Rezipient) angesetzt. Im Weiteren wird anstelle des Kanals ein Text im Sinne eines komplexen Zeichens angenommen, der von der produzierenden an die rezipierende Person übermittelt wird; das Rauschen wird dabei nicht mehr eigens berücksichtigt, sondern lediglich mitgedacht. Wie in anderen Adaptionen aus einem linguistischen Kontext werden darüber hinaus Systeme von (sprachlichen) Zeichen angesetzt, die jeweils für die produzierende und für die rezipierende Person spezifisch sind und sich in einem für die betreffende Kommunikation relevanten Bereich überschneiden.

Über diese in der sprachwissenschaftlichen Adaption weitgehend üblichen Änderungen und Erweiterungen hinaus weist das Modell von Roelcke im Wesentlichen die folgenden Ergänzungen auf: Erstens wird von der Vorstellung

Abstand genommen, dass der Text und dessen Inhalt einfach von der produzierenden an die rezipierende Person übermittelt wird; es wird vielmehr davon ausgegangen, dass die Rezeption des Textes eine aktive Verstehensleistung der rezipierenden Person und deren Antizipation durch die produzierende Person erfordert. Zweitens wird hier nicht von einer unidirektionalen oder monologischen, sondern von einer bi- bzw. polydirektionalen oder dialogischen Kommunikation ausgegangen, in der auf bestimmte Texte entsprechende Antworten folgen. Und drittens schließlich werden ein sprachlicher Kotext und ein nichtsprachlicher Kontext der produzierenden und der rezipierenden Person angesetzt, die sich wiederum im Rahmen der Kommunikation überschneiden und somit einen gemeinsamen Ko- und Kontext bilden.

Die diversen Grauschattierungen weisen verschiedene Gegenstandsbereiche der linguistischen bzw. fachsprachenlinguistischen Forschung aus: Hellgrau bezieht sich dabei auf system-, mittelgrau auf pragma- und dunkelgrau auf kognitionslinguistische Ansätze.

Eine kontroverse Erörterung der Frage, ob es neben Fachsprachen auch Berufssprachen gibt (vgl. Efing 2014; Roelcke 2017), kommt letztlich zu dem Ergebnis, dass im Rahmen beruflicher Kommunikation neben der Allgemein- und gegebenenfalls einer Bildungssprache meist jeweils mehrere Fachsprachen verwendet werden (so etwa in einer Arztpraxis neben der Fachsprache der Medizin auch diejenige der Verwaltung oder der Elektronischen Datenverarbeitung). Dies kann durch eine entsprechende Adaption des Modells fachlicher Kommunikation Berücksichtigung finden (vgl. Abb. 3). Dabei werden anstelle der sprachlichen Systeme der produzierenden und der rezipierenden Person deren gemeinsame Allgemein- und Bildungssprache sowie einschlägige Fachsprachen angegeben.

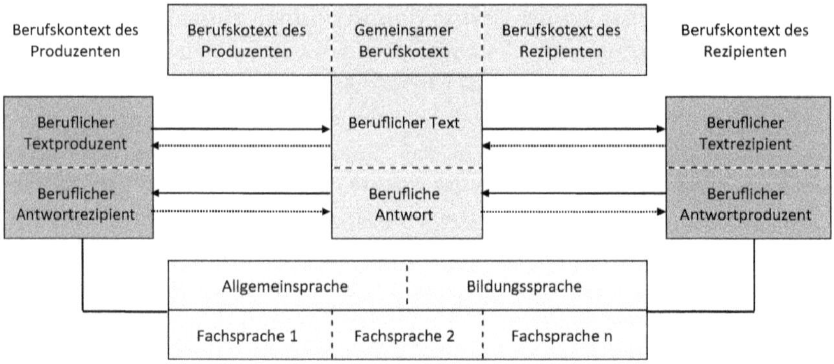

Abb. 3: Modell beruflicher Kommunikation nach Roelcke (2017: 159).

3. Modell transdisziplinärer Kommunikation

Die Modelle fachlicher und beruflicher Kommunikation werden derzeit im Rahmen einer integrativen Modellierung fachlicher Kommunikation und deren Effizienz weiterentwickelt (Roelcke [in Bearb.]). Dabei wird anstelle der verschiedenen Graustufen ein Farbcode eingeführt: Die fachlich spezialisierten bzw. beruflich tätigen Personen selbst werden blau hervorgehoben, die fachlichen bzw. beruflichen Texte gelb, die fachsprachlichen Systeme bzw. berufskommunikativen Varietäten grün und der fachlich bzw. beruflich spezifische Bereich der Wirklichkeit und somit der spezialisierte Kontext rot.

Im Zuge der Weiterentwicklung erfahren beide Modelle jeweils dieselben Änderungen bzw. Erweiterungen (vgl. Abb. 4 und Abb. 5): Zum einen werden neben dem allgemeinen auch ein spezialisierter Kontext der produzierenden und ein solcher der rezipierenden Person sowie deren gemeinsamer Kontext angesetzt (rot unterlegt); hiermit wird der fachliche Gegenstandsbereich miteinbezogen, der durch die Spezialisierung menschlichen Handelns konstituiert wird. Im Weiteren werden die Zeichensysteme der produzierenden und der rezipierenden Person sowie deren gemeinsamer, überlappender Bereich bzw. die verschiedenen Varietäten, die diese verwenden (grün unterlegt), um das Kommunikationsmedium (schriftlich und mündlich sowie ggf. elektronisch) ergänzt (hellgrün). Auf diese Weise hält der Kanal aus dem ursprünglichen, informationstheoretischen Modell, der im Rahmen der linguistischen Adaption zugunsten des Textes aufgegeben wurde, an anderer Stelle wieder Einzug in das Modell. Schließlich werden die produzierende und die rezipierende Person des Textes bzw. der Antwort (blau unterlegt) jeweils um weitere produzierende und rezipierende Personen (hellblau) ergänzt; damit wird neben der Dialogizität bzw. Polydirektionalität fachlicher und beruflicher Kommunikation auch deren Mehrfachadressierung (etwa monodirektional im Falle von Ansprachen oder polydirektional im Falle von Diskussionsrunden) in das Modell aufgenommen.

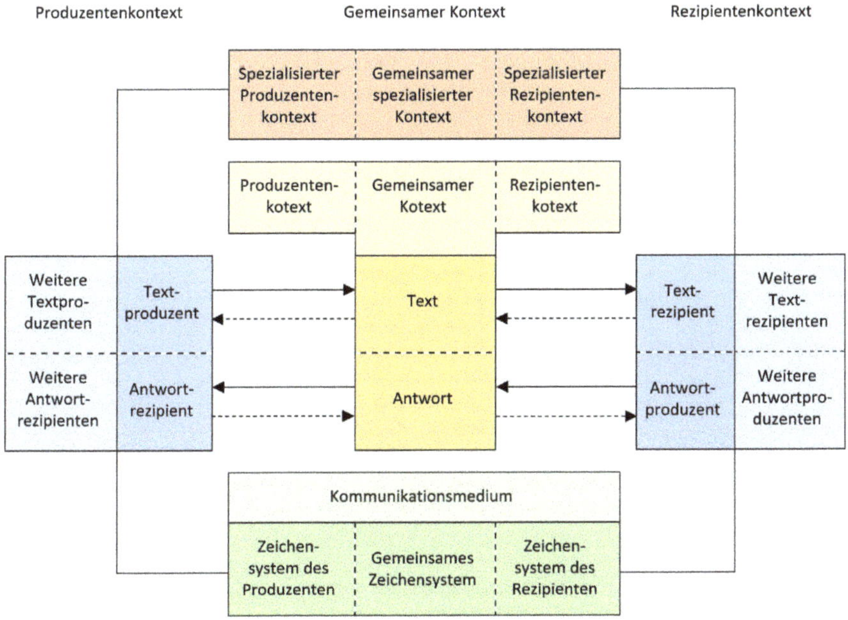

Abb. 4: Modell fachlicher Kommunikation nach Roelcke (in Bearb.).

Aus dem (jüngeren) Modell beruflicher (also nicht aus dem fachlicher) Kommunikation lässt sich schließlich ein umfassendes Modell inter- und transdisziplinärer Kommunikation ableiten. Dabei wird Interdisziplinarität als gemeinsame Arbeit verschiedener (insbesondere eher theorie- und eher praxisorientierten) wissenschaftlicher Bereiche verstanden, während im Falle von Transdisziplinarität die Teilhabe einer (in der Regel nichtwissenschaftlichen) Öffentlichkeit bei der Erarbeitung einer fachlich übergreifenden Fragestellung und deren gesellschaftlich relevanter Lösung hinzukommt (vgl. Pelikan/Roelcke/Weber 2020: 29–34).

Die Ableitung des Modells transdisziplinärer Kommunikation erfolgt wiederum durch einige weitere Änderungen (vgl. Abb. 6): Angesichts der

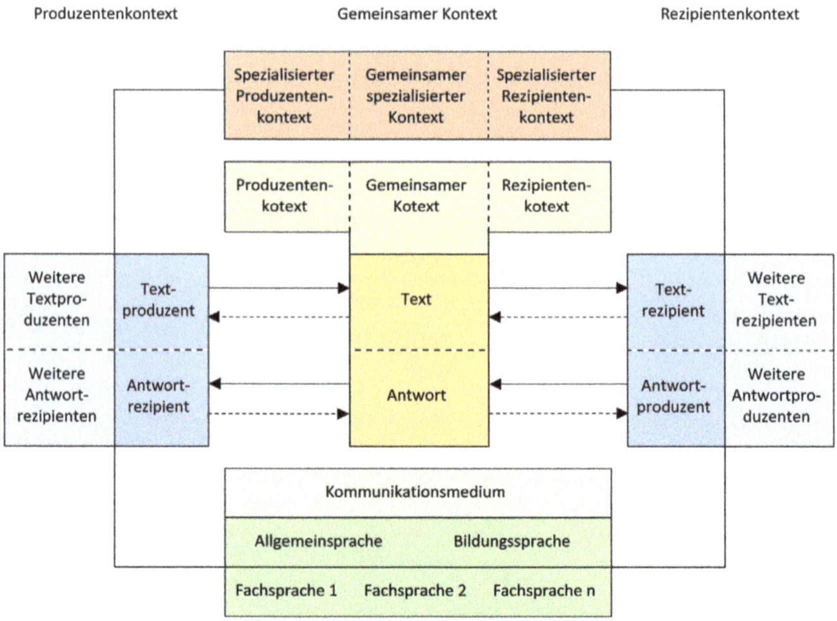

Abb. 5: Modell beruflicher Kommunikation nach Roelcke (in Bearb.).

komplexen Polydirektionalität und Mehrfachadressierung inter- bzw. transdisziplinärer Kommunikation wird die Unterscheidung zwischen dem einzelnen Text und dessen Antwort zugunsten einer ganzen Menge oder Folge fachlicher bzw. beruflicher Texte und Antworten aufgegeben (vgl. gelbes Feld). Einzelne und weitere produzierende wie rezipierende Personen solcher fachlichen bzw. beruflichen Texte und Antworten werden in diesem Modell ebenfalls vereinfachend als Kommunikationsgruppen zusammengefasst (blaue Felder): An interdisziplinärer Kommunikation sind hiernach lediglich Wissenschaftliche Kommunikationsgruppen (jeweils blau) beteiligt, während im Falle transdisziplinärer Kommunikation eine Öffentliche Kommunikationsgruppe (hellblau) hinzutritt. Als Konsequenz aus dieser Vereinfachung des Modells wäre es denkbar, auch auf den Ansatz von Kon- und Kotexten der produzierenden und rezipierenden Personen zu verzichten und ausschließlich den gemeinsamen (spezialisierten) Kontext und Kotext beizubehalten; hierauf wird jedoch angesichts der Relevanz entsprechender Unterschiede im Falle inter- oder gar transdisziplinärer Kommunikation verzichtet.

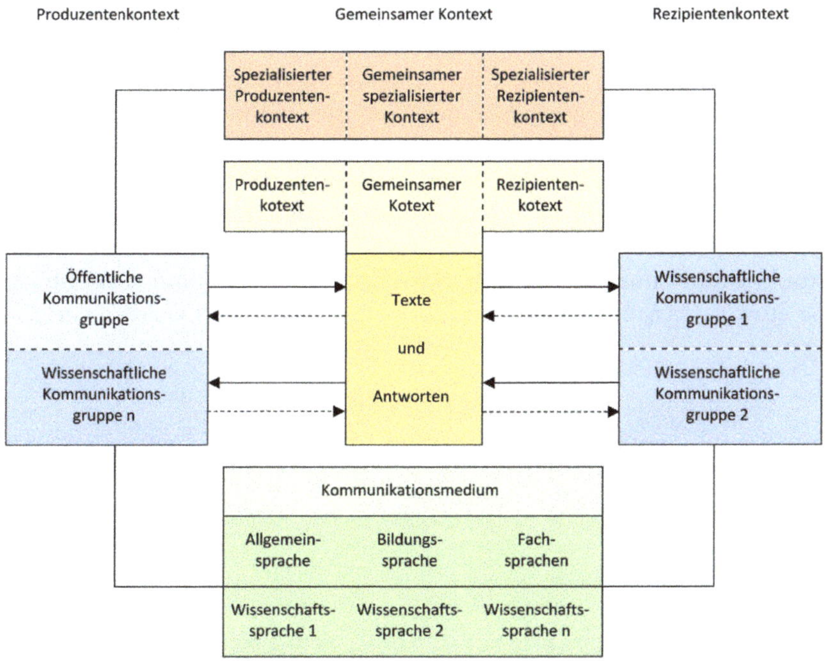

Abb. 6: Modell transdisziplinärer Kommunikation nach Roelcke (in Bearb.).

4. Experten und Laien

Die Modellierung transdisziplinärer Kommunikation macht es erforderlich, die Unterscheidung zwischen Personen mit (fachlicher oder beruflicher) Expertise (Experten) einerseits und entsprechenden Personen ohne eine solche Expertise (Laien) andererseits genauer zu betrachten. Dabei soll im Folgenden nicht auf die umfangreiche Diskussion in der Forschungsliteratur eingegangen werden (vgl. zum konzeptionellen Überblick Bauernschmidt 2018), sondern auf die Beobachtung, dass die Kommunikation zwischen Personen mit und solchen ohne Expertise oftmals nicht unmittelbar (wie bei ärztlichen Anamnese- und Therapiegesprächen oder bei Verhandlung vor Gericht), sondern mittelbar über vermittelnde Personen (wie beispielsweise in der sog. Wissenschafts- oder auch in der Wirtschaftskommunikation) erfolgt (vgl. etwa Scheufele 2014).

In dem bestehenden Modell der Dichotomie zwischen Personen mit und ohne fachliche Expertise (vgl. Abb. 7) wird der Bereich des fachlichen Spezial- und des beruflichen Professionswissens (dunkelgrau unterlegt) in den Bereich des Alltags- und Individualwissens (hellgrau unterlegt) integriert, da er durch spezialisierte Tätigkeit ausgebildet wird. Personen mit Alltags- und Individualwissen (mittelgrau unterlegt) werden dabei auf die Grenze zwischen den beiden Bereichen verortet, da völlige Expertisefreiheit mit Blick auf eine einfache fachliche oder berufliche Expertise nunmehr kaum anzunehmen ist. Die Gründe hierfür liegen zum einen darin, dass jede Beschäftigung mit einem bestimmten Gegenstandsbereich rasch zu einer (unter Umständen auch nur sehr geringen) Expertise führt, und zum anderen Individualwissen in bestimmten Kontexten wie etwa der Anamnesekommunikation als persönliche Expertise einschlägig ist.

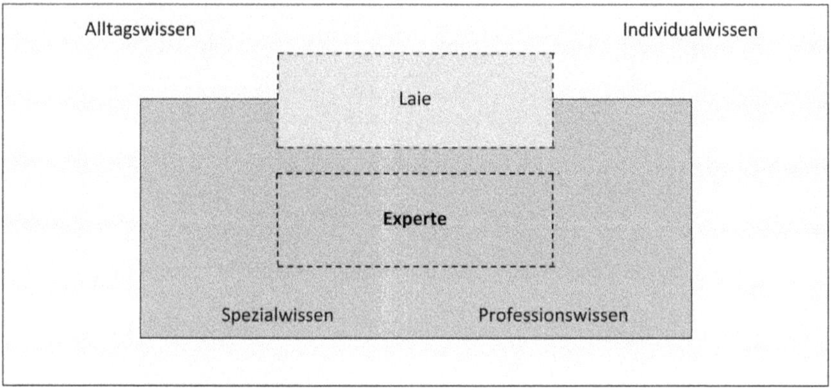

Abb. 7: Dichotomie zwischen Laien und Experten nach Roelcke ([4]2020: 54).

In der Überarbeitung des Modells, das dem oben genannten Farbcode folgend blau gestaltet ist (vgl. Abb. 8), wird die Position der Person ohne oder mit geringer Expertise aufgebrochen, indem neben dieser optional diejenige mediierende, vermittelnde Person (Mediator) angesetzt wird. Auf diese Weise kann nun sowohl die Kommunikation zwischen Personen mit und ohne fachlicher Expertise erfasst werden, die mit einer Wissensvermittlung erfolgt, als auch diejenige, die ohne eine solche auskommt.

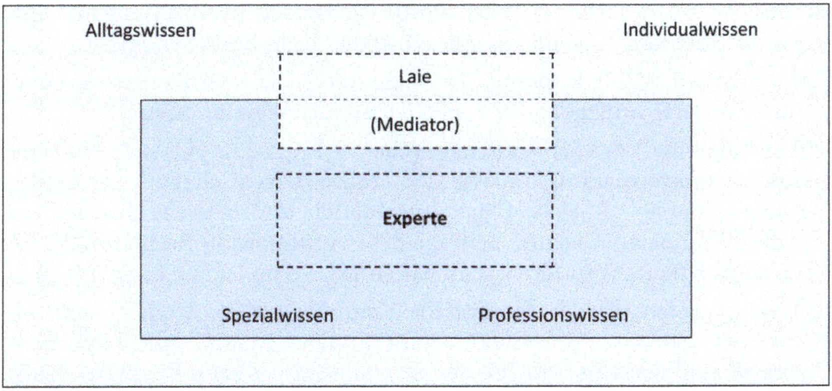

Abb. 8: Dichotomie zwischen Laien und Experten nach Roelcke (in Bearb.).

5. Abschließende Bemerkung

Die skizzierten Modelle fachlicher und beruflicher sowie inter- wie transdisziplinärer Kommunikation sind wie diejenigen des Verhältnisses zwischen Personen mit und ohne fachlicher bzw. beruflicher Expertise kein wissenschaftlicher Selbstzweck. Die Erfassung der wesentlichen Elemente sowie der Relationen und Prozesse, die zwischen ihnen bestehen und erfolgen, ermöglicht nicht nur eine differenzierte abstrakte Einsicht in die einschlägigen Zusammenhänge. Sie erlaubt es auch und vor allem, konkrete kommunikative Prozesse exhaustiv zu erfassen und damit zu analysieren und zu evaluieren; Ziel solcher Analysen und Evaluationen ist letztlich deren Didaktisierung (vgl. Kniffka/Roelcke 2016; Schmohl/Philipp 2021) und Optimierung.

Literatur

Bauernschmidt, Stefan (2018): Öffentliche Wissenschaft, Wissenschaftskommunikation & Co. Zur Kartierung zentraler Begriffe in der Wissenschaftskommunikationswissenschaft. In: Stefan Selke/Annette Treibel (Hg.): Öffentliche Gesellschaftswissenschaften. Grundlagen, Anwendungsfelder und neue Perspektiven. Wiesbaden: Springer, 21–42.

Efing, Christian (2014): Berufssprache & Co. Berufsrelevante Register in der Fremdsprache. Ein varietätenlinguistischer Zugang zum berufsbezogenen DaF-Unterricht. In: Informationen Deutsch als Fremdsprache 41 (Themenheft: Vermittlung von Fachsprachen, hg. von Thorsten Roelcke), 415–441.

Kniffka, Gabriele/Roelcke, Thorsten (2016): Fachsprachenvermittlung im Unterricht (= StandardWissen Lehramt; utb 4094). Paderborn: Schöningh.

Nöth, Winfried (2000): Handbuch der Semiotik. 2., vollständig neu bearbeitete und erweiterte Auflage [1. Aufl. 1985]. Stuttgart/Weimar: Metzler.

Pelikan, Kristina/Roelcke, Thorsten/Weber, Tilo (2020): Wissen – Information – Transformation. Umrisse der Transferwissenschaften. In: Kristina Pelikan/Thorsten Roelcke (Hg.): Information und Wissen. Beiträge zum transdisziplinären Diskurs. Beiträge des Symposions in Berlin am 21. und 22. April 2016 (= Transferwissenschaften 12). Berlin [et al.]: Lang, 17–46.

Roelcke, Thorsten (1994): Dramatische Kommunikation. Modell und Reflexion bei Dürrenmatt, Handke, Weiss (= Quellen und Forschungen zur Sprach- und Kulturgeschichte der germanischen Völker 107 [231]). Berlin, New York: de Gruyter.

Roelcke, Thorsten (1999): Fachsprachen (= Grundlagen der Germanistik 37). Berlin: Schmidt.

Roelcke, Thorsten (2017): Dynamisierung – Differenzierung – Dezentralisierung. Tendenzen beruflicher Kommunikation im Deutschen am Beispiel der Verordnung über die Berufsausbildung zum Kraftfahrzeugmechatroniker und zur Kraftfahrzeugmechatronikerin. In: Glottotheory 8(2), 155–170.

Roelcke, Thorsten (2020): Fachsprachen (= Grundlagen der Germanistik 37). 4., neu bearbeitete und wesentlich erweiterte Auflage. Berlin: Schmidt.

Roelcke, Thorsten (in Bearb.): Fachkommunikation.

Scheufele, Dietram A. (2014): Science communication as political communication. In: Proceedings of the National Academy of Sciences of the United States of America 111, 13585–13592.

Schmohl, Tobias/Philipp, Thorsten (Hg.) (2021): Handbuch Transdisziplinäre Didaktik. Unter Mitarbeit von Johanna Schabert. Bielefeld: transcript.

II. Methodik der Transferwissenschaften

Lars Hochmann[1]

Reflexivität durch Transdisziplinarität

Der Titel des vorliegenden Bandes wirft die Frage auf, ob Transferwissenschaften Mode oder Mehrwert seien. Bereits auf der dem Band zugrundeliegenden Tagung an der Technischen Universität Berlin im April 2022 waren sich mehrere Teilnehmende, darunter auch der Autor, einig, dass die Antwort lautet: Beides. In der schriftlichen Ausführung wird nachfolgend die Emphase der damaligen Aussage entlang einer wissenschaftstheoretischen Reflexion zu einem ‚es kommt darauf an' relativiert. Wie so häufig steckt der Teufel nämlich im Detail.

Die Bezeichnung als *Mode* akzentuiert ein vorläufiges Phänomen und insinuiert darüber einen essentialistischen Wesenskern, der als universelle Bewegung durch Raum und Zeit von Trends und Modewellen sich nur unbeeindruckt zeigen sollte. Transferwissenschaften als Mode zu reflektieren, führt also bereits die Annahme mit sich, es gäbe einerseits Wissenschaft, andererseits wissenschaftliche Moden. Die Annahme einer Wesentlichkeit von Wissenschaft verkennt deren soziale Realität und darüber ihre Historizität, das heißt die historischen Bedingungen der Möglichkeit von Wissenschaft. Dies schließt auch den historischen Standpunkt ein, es gäbe keine historischen Standpunkte. Ein derartiges Denken im Überall und Nirgends, so Cornelius Castoriadis, sei „ein Denken ohne Horizont, was nur eine andere Bezeichnung für Gedankenlosigkeit ist" (1990: 172). Wenn Wissenschaft hingegen als eine historische Bewegung begriffen wird, die vorläufig sein muss, um überhaupt sein zu können, kann auf die Frage, ob eine spezifische wissenschaftliche Praxis eine Mode sei, die Antwort nur lauten: Ja, was denn sonst?

Dieser Befund ist folgenreich für ein Verständnis von Transferwissenschaften, insofern das Verhältnis von Wissenschaft und Gesellschaft in den Blick gerät und mit ihm die historischen Weisen und Formen der Responsibilisierung als nicht moralische, sondern epistemische Quellen:

> Die Vernunft kann die Wahrheit, die für sie konstitutiv ist, nur erkennen, indem sie Zukunft antizipiert. Ermöglicht und erzwungen wird die Antizipation von Zukunft

1 Diese Fußnote trägt die Dankesschuld ab, welcher sich der Autor gegenüber den Gutachtenden sowie den Herausgebenden, insbesondere Konstantin S. Kiprijanov, verpflichtet fühlt.

> im menschlichen Denken durch die geschichtlichen Aufgaben, die diesem Denken gestellt sind. Deswegen lässt sich im Bereich einer nicht mehr metaphysisch, sondern vom Wesen der Zeit her begriffenen Wahrheit die innere Möglichkeit von Vernunft *nur aus der Verantwortung des Menschen für seine zukünftige Geschichte begründen* (Picht 1969: 7, Herv. LH).

Wer die Annahme akzeptiert, dass Wissenschaft eine soziale Praxis ist, kann Wissenschaft nur verstehen, wenn die Frage nach den tieferliegenden gesellschaftlichen Verhältnissen gestellt wird, von denen aus eine spezifische soziale Praxis als eine wissenschaftliche Praxis thematisiert wird. Um sich nicht an vorgefundene und überlieferte Deutungen zu verlieren, muss jede Gesellschaft in jeder Epoche Auskunft darüber geben, was sie als Wissenschaft fungieren lässt. Diese Selbstthematisierung wird hier als Reflexivität bezeichnet.

Ob und inwiefern dies zu einem titelgebenden *Mehrwert* führt, wirft die Frage auf, welcher Wert für wen entsteht und mit welcher Begründung das eine zu begrüßende Entwicklung bedeutet. Da die Frage nach der Mode also hinfällig ist, weil sie entweder in erkenntnistheoretischen Problemen oder Binsenweisheiten kulminiert, kommt es eben darauf an: cui bono? Diese Frage stellt sich nicht nur für etwaige neue Fächer, wie es der vorliegende Band mit Blick auf die Transferwissenschaften zu erkunden sucht. Vor dem Hintergrund einer an Eingriffsbreite und -tiefe gewinnenden Wissenschaft adressiert sie eben diese in all ihren Erscheinungen, Fachverständnissen und Daseinsweisen. Denn:

> Begriffsbestimmungen und -operationalisierungen, Hypothesenvermutungen usw. sind also – Wertfreiheit hin, Wertfreiheit her – Hebel, mit denen Grundsatzentscheidungen über gesellschaftliche Zukunft ausgetragen werden. Das heißt: Entscheidend dafür, ob die Wissenschaften zur Selbstkontrolle und Zähmung ihrer praktischen Risiken beitragen, ist nicht, ob sie über ihren eigenen Einflußradius hinausgreifen und sich um (politische) Mitsprachen und Mitwirkungen bei der Umsetzung ihrer Ergebnisse bemühen. Wesentlich ist vielmehr: *welche Art von Wissenschaft bereits im Hinblick auf die Absehbarkeit ihrer angeblich unabsehbare Nebenfolgen betrieben wird* (Beck 1986: 289–290, Herv. i. Orig.).

Es kommt also darauf an: Sind Transferwissenschaften dem bloßen Versuch geschuldet, den wissenschaftlichen Einflussradius über die Verbreitung bis in die Umsetzung zu erweitern oder aber werden sie als ein Projekt der akademischen Selbstvergewisserung zu Wege gebracht, das letztlich in einem neuen Modus der Produktion von Wissen kulminiert?

Der vorliegende Beitrag setzt dort an. Er entfaltet und diskutiert die These, dass mit der Verbreitung transdisziplinärer Ansätze ein möglicher Weg zur Selbstkontrolle von Wissenschaft gefunden wurde. Das zentrale Argument lautet: Inmitten überhandnehmender Schattenseiten der „Dialektik der

Aufklärung“ (Horkheimer und Adorno 1969) bedeutet diese Selbstbescheidung zugleich eine Demokratisierung der Wissensproduktion. Ob diese ‚besser‘ (funktionaler, schöner, nachhaltiger, … je nach Urteilsform) ist, stellt eine empirische Frage dar, die dieser Beitrag weder beantworten kann noch will. Im Zentrum der Überlegungen steht die Verantwortbarkeit von Wissenschaft inmitten multipler Gegenwartskrisen.

Das Argument wird in vier Schritten entfaltet: *Zuerst* markiert der Beitrag, dass mit Aufkommen des (auch politischen) Anspruchs an Wissenschaft nach *Transfer* die Verhältnisbestimmung von Wissenschaft und Gesellschaft virulent geworden ist. *Zweitens* problematisiert er das daraus abgeleitete hegemoniale Projekt einer linearen Konzeptualisierung von ›Transfer‹. *Drittens* leitet er ein Verständnis reflexiver Wissenschaft ab, welche er *viertens* über transdisziplinäre Ansätze operationalisiert.

1. Auf dem Weg zur Dritten Mission

Der Ruf nach Transfer ist neu und alt zugleich. Waren die ersten Universitäten Europas, die vor etwa eintausend Jahren in Parma, Salerno oder Bologna gegründet wurden, ausschließlich dafür da, das bestehende, vermeintlich göttlich offenbarte Wissen zu verlesen, so ist spätestens mit dem Einsetzen der Aufklärung die Produktion von neuem Wissen als weitere Aufgabe hinzugetreten (vgl. Rüegg 1993).

Heute ist die Hochschullandschaft deutlich vielfältiger geworden. Es gibt öffentlich-rechtliche und staatlich anerkannte Hochschulen in öffentlicher, privater oder kirchlicher Trägerschaft: Universitäten, Fachhochschulen, Hochschulen für Angewandte Wissenschaften sowie Kunst- und Musikhochschulen. All diese Hochschulen fungieren mit unterschiedlichen Schwerpunktsetzungen als Orte der Lehre, der Forschung – und, in immer mehr Landeshochschulgesetzen seit den Bologna-Reformen instituiert, einer Dritten Mission (vgl. Pasternack 2022: 15–18). Mit dieser inhaltlich unbestimmten Chiffre ist ein die ersten zwei Missionen Lehre und Forschung übersteigendes Sammelbecken aus Praktiken des Technologie- und Wissenstransfers, der Ausgründungen, der Patentierung, der Wissenschaftskommunikation, des gesellschaftlichen Dialogs oder der gesellschaftlichen Verantwortung bezeichnet (vgl. Schneidewind/Singer-Brodowski 2014). Wissenschaftstheoretisch reflektiert, ist die sogenannte *Third Mission* Ausdruck von sowohl einer Selbstresponsibilisierung wie auch Anrufung von Wissenschaft als Institution der Gesellschaft, die für mehr da sein soll oder will als Lehre und Forschung (vgl. Elkana und Klöpper 2012: 116–122).

Mit diesem Mehrwert rückt das historisch-konkrete Verhältnis von Wissenschaft und Gesellschaft ins Blickfeld. Diese Relation wird heute zunächst und zumeist als eine lineare verstanden.

2. Das lineare Verständnis der Wissenschaft-Gesellschaft-Beziehung

Das lineare Verständnis konstelliert die akademische Produktion von Wissen auf der einen, die gesellschaftliche Adaption von Ideen und Konzepten auf der anderen Seite. Die Fließrichtung ist gemäß der Idee eines nachrichtentechnischen Modells (vgl. Shannon/Weaver 1964) einseitig gerichtet: Wissenschaft sendet, Gesellschaft empfängt. Dass die kommunikationstheoretischen Diskurse in den zurückliegenden Dekaden seit Shannon und Weaver deutlich detailreicher, komplexer und präziser geworden sind (vgl. Burkart 2021), ändert nichts an der Tatsache, dass das implizite und teils institutionalisierte Transfer-Verständnis an Hochschulen in der Praxis mehrheitlich von der Idee einer vermittelbaren Information getragen ist: Ob in Talkshows, Interviews, Podcasts, Kolumnen, Expertenräten oder Science Slams – die Praxis der Dritten Mission operiert in den selbstgewählten Formaten insbesondere im Modus des Sendens, nicht des Empfangens, insofern Wissenschaftskommunikation verstanden wird als eine Kommunikation *über* die Wissenschaft und ihre Ergebnisse, Arbeitsweisen und so weiter (vgl. Pasternack 2022: 51–59). Das für den Kommunikationsakt wesentliche Wissen wird demgemäß auf der Seite der Wissenschaft behauptet; es muss bestenfalls verständlich gemacht, übersetzt oder situativ kontextualisiert werden – in jedem Fall muss es ‚raus' aus den Hochschulen. In der Regel wird an dieser Stelle ein dafür mehr oder weniger kompetenter Wissenschaftsjournalismus aktiv, der neben Übersetzungsdiensten bestenfalls auch Einordnungen vornimmt (vgl. Kosak/Paganini/Prinzing/Serong 2023: 12). Dies ändert jedoch nichts daran, dass Wissenschaft sich mehrheitlich selbst nur die Rolle der sendenden Partei zuschreibt.

Dieses (Selbst-)Verständnis ist einerseits nachvollziehbar, weil Wissenschaft als systematischer Ort der Erkenntnis in vielerlei Hinsicht verlässlicher, breiter und tiefer informiert als viele andere Bereiche der Gesellschaft ist. Aber inwiefern ist dies ein zulässiges Argument? Schließlich fußt es auf einer akademischen Binnenlogik und gerät somit unter Rechtfertigungsdruck, sobald es um das Verhältnis zur Gesellschaft geht, also die Relation in den Blick genommen wird, nicht die beiden Relata für sich. Dieses Desiderat wird nachfolgend entlang von vier Dimensionen reflektiert: (1) Begriffe, (2) Gegenstände, (3) Performanzen, (4) Machtverhältnisse.

2.1. Begriffe

Im Rahmen eines als linear gedachten Transfers von Wissen findet keine Irritation und auch keine Reflexion des begrifflichen Instrumentariums statt. Da Wissenschaft in der Selbst- wie Fremdwahrnehmung als die kompetente Institution angerufen und behandelt wird, verbleibt die Produktion von Wissen im Binnenspiel der Disziplinen. Die Gültigkeit der angebotenen Begriffe kann nicht verständigt, nur beteuert werden. Als Transfergeschehen resultiert dies in einer Ontologisierung der Begriffe, das heißt in einem Vorgang, in welchem ein systematischer Kurzschluss von Begriff und Gegenstand stattfindet: Natur beispielsweise nicht mehr unter der Perspektive eines Ökosystems betrachtet, sondern behandelt wird, als wäre sie eines. Konzepte wie Geoengineering (vgl. Lenton/Vaughan 2013) oder Terraforming (vgl. Beech 2009) sind zeitgenössische Varietäten dieses Vorgangs. Gesellschaftlich besonders wirkmächtig sind diese Kurzschlüsse im Feld der Wirtschaft (vgl. Graupe 2016), die nicht mehr länger als kontingente Versorgungspraxis, sondern nur noch als mechanisches Spiel aus Angebot und Nachfrage verstanden wird (vgl. Ötsch 2018). Die Linearität der Beziehung führt zu einer ungeprüften Übernahme, zu Missverständnissen, Interessenkonflikten und Befähigungsbedarfen. So hat sich eine Bedeutung von Wirtschaft kulturell verfestigt, die fachpraktisch wie wissenschaftlich fälschlicherweise für die einzig mögliche gehalten wird (vgl. Hochmann 2022: 51–54). Das dialektische Moment der Aufklärung dokumentiert sich nun darin, dass die Anwendung dieses Imaginären der Wirtschaft als kommunikativer Akt der Wirtschaftswissenschaften im Namen von Vernunft und Fortschritt kommt – zeitgleich jedoch beispielsweise zu einer die globalen Gefüge an Kipppunkte führenden Vernichtung von Tierarten und Pflanzensorten durch Standardisierung von Agrarrohstoffen und den Einsatz von Pestiziden, Herbiziden und Insektiziden führt (vgl. Hirte 2018), was neben dem Erreichen planetarer Belastungsgrenzen (vgl. Rockström et al. 2009) auch die Ursache für die neue und zukünftig an Geschwindigkeit und Umfang zunehmende Pandemieanfälligkeit ist (vgl. Johnson et al. 2020).

2.2. Gegenstände

Die lineare Beziehung zwischen Wissenschaft und Gesellschaft führt zwangsläufig zu einer Forschungspraxis des Beforschens: Es wird über die Gegenstände und nicht mit ihnen geforscht. Diese Praxis der klaren Trennung von Subjekt und Objekt der Erkenntnis ist historisch schwierig geworden, da die Objekte zunehmend dekontextualisiert und isoliert worden sind. In der Vermutung, präzisere Aussagen über die eigenen Forschungsgegenstände machen zu können, fanden in der linearen Beziehung von Wissenschaft und Gesellschaft innerwissenschaftliche Spezialisierungen statt, die zunächst neue Fächer haben entstehen lassen, zum Beispiel durch weitestgehende Auflösung der Staatswissenschaften in Betriebs- und Volkswirtschaftslehre, Politikwissenschaften oder Soziologie. Weitere Bindestrich-Fächer wie Wirtschafts-Soziologie folgten alsbald (vgl. Fleck/Duller/Karàdy 2019). Konsequenz der Spezialisierungen waren einerseits Erkenntnisgewinne, andererseits jedoch auch Wissenskulturen mit einer spezifischen Fachsprache und immer engeren Erkenntnisinteressen, wodurch die praktischen Zusammenhänge der Gegenstände ihrer Ambivalenz und auch ihrer sozialen Verflechtungen beraubt wurden, sodass in der Folge soziale gegen ökologische, gegen ökonomische und so weiter Interessen ausgespielt werden (vgl. Schneidewind/Singer-Brodowski 2014: 40–52). Im Beispiel der industriellen Land- und Ernährungswirtschaft formuliert: Intensive Flächennutzung geht in der Tat mit hohen Skalenerträgen einher, zerstört jedoch nicht nur wissentlich, sondern absichtsvoll die Biodiversität auf diesem Planeten und führt im globalen Maßstab die Landwirt*innen über standardisiertes, häufig kastriertes Saatgut in die Abhängigkeit weniger Konzerninteressen und gefährdet damit neben der Versorgungssicherheit auch die Versorgungssouveränität der betroffenen Länder (vgl. Kliem/Sievers-Glotzbach 2021).

2.3. Performanzen

Die Ontologisierung von Begriffsidealen und die Dekontextualisierung der Forschungsgegenstände führt zu einer akademischen Praxis, die für sich zwar den Anspruch erheben kann, Beiträge zur Lösung drängender Fragen zu leisten, dabei gleichwohl gefangen bleibt im Rahmen von Verhältnissen, die selbst nicht infrage gestellt werden können. Statt an die Ursachen zu dringen, bleibt so nur die Behandlung von Symptomen und damit die Verschleppung einer Lösung im emphatischen Sinne. Eine wichtige Figur für diesen Zusammenhang ist die der Performativität von Wissenschaft (vgl. Boldyrev und Svetlova 2016). Sie thematisiert das kulturelle Wirksamwerden von Wissenschaft – unabhängig davon, ob das aktiv über Transferbemühungen forciert wird oder nicht. Der Begriff markiert, dass Wissenschaft praktische Wirkung entfaltet, indem sie Begriffe, Konzepte und Denkfiguren bereitstellt, die sich mehr oder weniger unkontrolliert kulturell sedimentieren und verfestigen. Wissenschaft gestaltet damit, bewusst und unbewusst, den Horizont dessen mit, was eine Gesellschaft sich vorstellen kann bzw. was ihr als abwegig oder gar schierer Wahnsinn erscheint. Prozesse der Kommerzialisierung und Kommodifizierung (vgl. Schimank/Volkmann 2017) beschreiben solche Performativität, sobald es den Mitgliedern eines sozialen Systems gar nicht mehr anders vorstellbar ist, als soziale Interaktion in Angebot und Nachfrage oder als gewinnbringende Tauschbeziehungen zu denken. Selbstlosigkeit, Solidarität und Gemeinwohl erscheinen immer abwegiger. Einstweilen richtet sich die Performanz der ökonomischen Theorie gar gegen die wissenschaftlichen Institutionen, denen sie dereinst entsprangen. An der neoliberalen Universität sind die Begriffsideale der Wirtschaftswissenschaften entlang von kompetitiven Drittmitteln, Publish-or-Perish-Mentalität und der impactfaktorisierten „Ware Wissenschaft" (Schimank/Volkmann 2012) vom Inhalt auf die Struktur des Denkens gewandert (vgl. Waldhoff 2017: 31–40).

2.4. Machtverhältnisse

Neben der eingeschlichenen, gewissermaßen gekaperten Logik stellt sich jedoch auch die Frage nach der intendierten Adaption akademischen Wissens. Wer greift wie auf die Erkenntnisse der Wissenschaft zu? Wenn wissenschaftlicher Transfer lediglich einseitig-linear als Senden von Informationen praktiziert wird, hängt die Wirkung von den Machtverhältnissen ab, in welche diese Informationen gesendet werden. In der Folge geschieht, was seit Jahrzehnten beobachtbar ist: Wer über Macht und Stimme verfügt, nimmt sich, was zu pass kommt, und lässt den Rest liegen. Fragen der Gerechtigkeit, der Nachhaltigkeit, der Wachstumskritik, der sozial-ökologischen Transformation, der Diversität – alles Diskurse, die Privilegien infrage stellen – werden seit Jahrzehnten wissenschaftlich bearbeitet. Die sozial-ökologischen Zerstörungen und Ungerechtigkeiten werden unterdessen größer, nicht kleiner (vgl. Steffen/Grinevald/Crutzen/McNeill 2011; Lenton et al. 2019). Erkenntnisse, die sich hingegen verwerten und kapitalisieren lassen, werden rasch adaptiert (vgl. Mazzucato 2019).

Linearer Transfer macht Wissenschaft zu einem Instrument der Herrschenden. Sie dient (oder wird dienstbar gemacht zu) der Legitimation von Herrschaft (vgl. Illich 1979) wie der Ausübung von Macht in Form von „epistemischer Gewalt" (Brunner 2020), die sich sowohl in wie außerhalb der Wissenschaft vollzieht. Inwiefern das mit dem Selbstbild einer freien, unabhängigen und unbestechlichen Wissenschaft in den Diensten der Aufklärung zum Gemeinwohl einer demokratisch verfassten Gesellschaft vereinbar ist, sei an dieser Stelle der eigenen Urteilskraft überlassen.

Wissenschaft, die neues Wissen produziert, sich gleichwohl nicht darum kümmert, was mit dem Wissen geschieht, gerät nicht nur moraltheoretisch in Rechtfertigungsnot (vgl. Henkel et al. 2018), sie manövriert sich auch in erkenntnistheoretische Probleme. Da Wissenschaft eine soziale Praxis der gesellschaftlichen Selbstthematisierung ist, entstehen selbstverstärkende Effekte durch epistemologische Echos, solange die Gültigkeit der performativ gewordenen Begriffe fraglos akzeptiert wird. Dieser Modus der akademischen Wissensproduktion soll als präreflexiv bezeichnet werden (vgl. Hochmann 2022).

3. Das reflexive Verständnis der Wissenschaft-Gesellschaft-Beziehung

Das reflexive Verhältnis von Wissenschaft und Gesellschaft löst die einseitige Bezugnahme auf. Wissenschaft wird gleichermaßen zu einer senden wie empfangenden Praxis. Das klingt zunächst trivial, rührt gleichwohl an den Grundfesten der etablierten Wissenschaftstheorien (vgl. Beck 1986). Die präreflexiven Wissenschaften haben ihre eigenen Begriffe nicht strittig gestellt und konnten somit zu keiner Zeit an die Ursachen problematischer Performanzen vordringen. Extraktivismus wurde so mit mehr Konsumismus begegnen, Verteilungsprobleme mit mehr Wachstum, industrielle Zerstörung mit mehr Technikeinsatz und so weiter. Erst in reflexiver Wendung wird ermöglicht, nicht nur mit Begriffen zu denken, sondern auch über sie. Durch diesen Selbstbezug geraten die Grenzen der Begriffe und darüber ihre Vorläufigkeit sowie die Gestaltbarkeit der benannten Sachverhalte in den Blick. Ob dies zu nachhaltigeren Verhältnissen führt, steht, wie eingangs markiert, auf einem anderen Blatt. In den Blick gerät jedoch wider die behauptete Alternativlosigkeit vom „Ende der Geschichte" (Fukuyama 1992) die prinzipielle Gestaltbarkeit der Gesellschaft.

> So wird in reflexiver Verwissenschaftlichung systematisch der ‚Sachzwang'-Schleier weggeforscht, der in der Phase primärer [=präreflexiver; LH] Verwissenschaftlichung über alle Bedingungen und Akteure der Modernisierung und Industrialisierung gezogen wurde (Beck 1986: 291).

Aus Fehlern und nicht-intendierten Nebenfolgen zu lernen, wäre nach – um nur ein Schlüsselwerk zu nennen – den „Limits of Growth" (Meadows/Meadows/Randers/Behrens III 1972) eine vernünftige Schlussfolgerung gewesen. Stattdessen bleibt der Glaube an das ökonomische Wachstumsdogma ungebrochen, und mit ihm die Zuversicht, sich grün, nachhaltig oder qualitativ gesundwachsen zu können (vgl. Paech 2011). Im Angesicht des Zusammenbruchs die den Zusammenbruch herbeiführende Rationalität zu intensivieren, ist zwar ein anthropologisches Muster (vgl. Diamond 2011: 114), das insofern beruhigen mag, als es belegt, nicht allein mit dem Problem zu sein. Doch hieße es fehlzuschließen, würde aus diesem Sein ein Sollen abgeleitet werden. Gerade deswegen ist eine Überspezialisierung der Wissenschaften problematisch, bei der nur noch über empirische Phänomene gesprochen wird, nicht aber mit ihnen. In reflexiver Verwissenschaftlichung folgt daraus, den Forschungsgegenstand als Subjekt statt Objekt und insofern mit eigener Agency zu begreifen. Die Involvierung in die Forschungsgegenstände bedeutet, die methodische Distanznahme reflexiv zu stellen (vgl. Waldhoff 2017) und die eigene Wahrnehmung zu verfeinern. „Fühlen heißt, in etwas involviert zu sein" (Heller 1981: 19), und die Involvierung in den eigenen Forschungsgegenstand bricht mit der Ideologie einer reinen Vernunft. Eine Gegenüberstellung der Kernmerkmale reflexiver und präreflexiver Wissenschaft ist in Tabelle 1 zu finden.

Die konkreten Bedingungen der Möglichkeit für Neues zu eruieren, macht einen Transfer als wechselseitige Verständigung von Wissenschaft und Gesellschaft erforderlich, die ihrerseits erforderlich macht, sich als Erkenntnissubjekt transparent zu erkennen zu geben. Eine solche Verständigung miteinander wiederum setzt Verständnis füreinander voraus – und spätestens hier könnten Transferwissenschaften ihre *differentia specifica* herausbilden, indem sie unterschiedliche Feldlogiken und Fachlogiken verständigen helfen, was nicht ohne Bereitschaft auf beiden Seiten gelingen wird. Eine Möglichkeit, diese herbeizuführen, liegt in transdisziplinären Ansätzen.

Tab. 1: Gegenüberstellung reflexiver und präreflexiver Wissenschaft

Modus / Dimension	reflexive Wissenschaft	präreflexive Wissenschaft
Begriffe	Lernfähigkeit	Wissensbeteuerung
Gegenstände	Involvierung	Spezialisierung
Performanzen	Ursachenbeseitigung	Symptombehandlung

Quelle: Eigene, nach Hochmann (2022).

4. Die transdisziplinäre Verständigung der Wissenschaft-Gesellschaft-Beziehung

Reflexivität kann im Erkenntnisprozess auf unterschiedlichen Wegen instituiert werden. In vielen Sozialwissenschaften wurde sie in der zweiten Hälfte des 20. Jahrhunderts durch empirische Konfrontationen und theoretische Pluralität erreicht. Eine weitere Eingriffsmöglichkeit bieten transdisziplinäre Ansätze. Ihre besondere Stärke liegt darin, die Wissensautokratie, samt ihrer problematischen Konsequenzen, zu demokratisieren und darüber beizutragen zur Lösung des politischen Problems wissenschaftlichen Denkens.

> Das wesentliche politische Problem für den Intellektuellen ist nicht, die ideologischen Inhalte zu kritisieren, die mit der Wissenschaft verbunden wären, oder dafür zu sorgen, dass seine wissenschaftliche Praxis mit einer richtigen Ideologie einhergeht, sondern zu wissen, ob es möglich ist, eine neue Politik der Wahrheit zu konstituieren. Das Problem ist nicht, das ‚Bewusstsein' der Leute oder das, was sie im Kopf haben, zu verändern, sondern die politische, ökonomische und institutionelle Produktionsordnung der Wahrheit. (Foucault 2009: 212)

Während Interdisziplinarität die Kooperation von Fachwissenschaften beschreibt (vgl. Mittelstraß 1987), zielt Transdisziplinarität auf die Verknüpfung von wissenschaftlichen und außer-wissenschaftlichen Akteur*innen. Es handelt sich nicht um eine ausgearbeitete Methode, sondern um einen Forschungsansatz, in dessen Vollzug etablierte Methoden zum Einsatz kommen (vgl. Schmohl/Philipp 2021). Die Besonderheit transdisziplinärer Forschung liegt darin, dass fachpraktische und fachwissenschaftliche Perspektiven in einem ersten Schritt im Geiste der Integration der erforderlichen Stakeholder (vgl. Freeman 1984), das heißt Anspruchsgruppen verknüpft werden, um ein gemeinsames Problemverständnis zu entwickeln.

> Transdisciplinarity is a reflexive, integrative, methoddriven scientific principle aiming at the solution or transition of societal problems and concurrently of related scientific problems by differentiating and integrating knowledge from various scientific and societal bodies of knowledge (Lang et al. 2012: 26 f.).

Diese Form von Wissenschaft geht also nicht mit vorgefertigten Fragen an die Praxis und beforscht diese, sondern beide formulieren gemeinsam und im Wissen um ihre jeweiligen Wissensbestände das Problem sowie die Frage. Mit diesem Ansatz wird sichergestellt, die entscheidenden Fragen mit der Forschung zu adressieren. In einem zweiten Schritt findet die gemeinsame Klärung der Frage statt. Dafür kommen, je nach fachlicher Provenienz, unterschiedliche wissenschaftliche Methoden zum Einsatz, um zum Beispiel Real-Labore zu begleiten oder durch flankierende Befunde zu informieren. In einem dritten Schritt findet die Re-Integration des neugeschaffenen Wissens in die fachwissenschaftlichen und fachpraktischen Felder statt (vgl. Schäpke et al. 2017). Ein allgemeines Schema transdisziplinärer Forschungsansätze ist in der Abbildung 1 dargestellt.

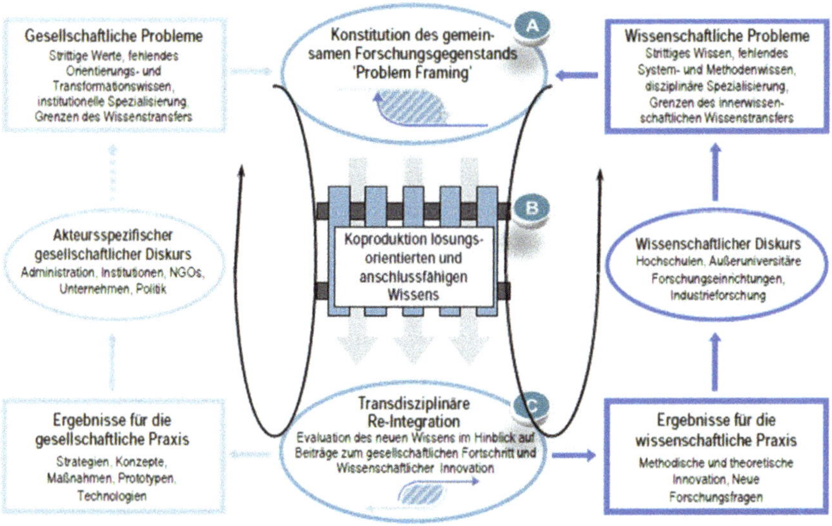

Abb. 1: Allgemeines Schema transdisziplinärer Forschungsansätze

Quelle: Schäpke et al. (2017: 20), modifiziert nach Bergmann et al. (2010)

Transdisziplinäre Ansätze verabschieden mithin die Hierarchisierung von Wissenstypen und erachten fachwissenschaftliches und fachpraktisches Wissen als prinzipiell gleichwertig. Dadurch werden erneut die Binnenlogiken der Relata zugunsten einer gemeinsamen Denkbewegung überstiegen und die Verantwortbarkeit der wissenschaftlichen Produktion von Wissen durch ein reflexives Wechselspiel erhöht. Während die Fachwissenschaft vormals das fachpraktische Wissen herabgesetzt hat, hat die Fachpraxis ihrerseits das fachwissenschaftliche Wissen herabgesetzt. Im Ergebnis fand keine Verständigung statt – Transferbemühung hin, Dritte Mission her. Durch Anerkennung unterschiedlicher Wissenstypen und durch gemeinsame Klärung des in der Forschung infrage stehenden Problems entsteht Raum für den Aufbruch kulturell verfestigter Bedeutungen einerseits, der Praxis der Wissenschaft andererseits. Es entstehen also Mehrwerte sowohl für gesellschaftliche wie wissenschaftliche Anliegen und Interessen.

Die dunkelgrauen Pfeile in der Abbildung 1 links und rechts der Mitte von A über B nach C, zurück zu A visualisieren die reflexive Schleife im Rahmen eines Projektzusammenhangs. Als Prozess gedacht, ergibt sich eine spiralförmige Bewegung aus dem Fach, auf das Fach und zurück in das Fach, was

Wissenschaft nicht nur praktischer macht, sondern auch klüger. Diese neue Politik der Wahrheit bedeutet eine Demokratisierung der Wissensproduktion, bei der Betroffene zu Beteiligten werden. Statt mit der Autorität der Wissenschaft das Wissen zu verkünden, knüpfen transdisziplinäre Ansätze an die Erfahrungen, Wünsche, Sehnsüchte, Hoffnungen, Leidenschaften, Ängste, Sorgen, Hemmungen und Hemmnisse der betroffenen Menschen an. In Zeiten, in denen die Werke von Wissenschaft und Technik lange die emotionalen und kognitiven Kapazitäten von Menschen überstiegen haben (vgl. Anders 1961), entsteht als neuer gesellschaftlicher Auftrag an die Wissenschaft das Erfordernis, die Resultate des eigenen Tuns zu verantworten. Gesteigerte Komplexität und Ambivalenz durch Wissenschaft braucht Wissenschaft zur Verarbeitung dieser Konstellation. Transferwissenschaften können hier wertvolle Mehrwerte zur Selbstkontrolle schaffen, wenn sie helfen, Reflexivität in der Wissensproduktion von Beginn an anzulegen.

Literatur

Anders, Günther (1961): Die Antiquiertheit des Menschen. Über die Seele im Zeitalter der zweiten industriellen Revolution. München: C. H. Beck.

Beech, Martin (2009): Terraforming. The Creating of Habitable Worlds. New York: Springer.

Beck, Ulrich (1986): Risikogesellschaft. Auf dem Weg in die Moderne. Frankfurt am Main: Suhrkamp.

Bergmann, Matthias/Jahn, Thomas/Knobloch, Tobias/Krohn, Wolfgang/Pohl, Christian/ Schramm, Engelbert (2010): Methoden transdisziplinärer Forschung. Ein Überblick mit Anwendungsbeispielen. Frankfurt am Main: Campus.

Boldyrev, Ivan/Svetlova, Ekaterina (eds.) (2016): Enacting Dismal Science. New Perspectives on the Performativity of Economics. New York: Palgrave Macmillan.

Brunner, Claudia (2020): Epistemische Gewalt. Wissen und Herrschaft in der kolonialen Moderne. Bielefeld: transcript.

Burkart, Roland (2021): Kommunikationswissenschaft. Grundlagen und Problemfelder einer interdisziplinären Sozialwissenschaft. 6., überarbeitete und erweiterte Auflage. Stuttgart: UTB.

Castoriadis, Cornelius (1990): Gesellschaft als imaginäre Institution. Entwurf einer politischen Philosophie. Frankfurt am Main: Suhrkamp.

Diamond, Jared (2011): Collapse. New York: How Societies Choose to Fail or Survive. Penguin.

Elkana, Yehuda/Klöpper, Hannes (2012): Die Universität im 21. Jahrhundert. Für eine neue Einheit von Lehre, Forschung und Gesellschaft. Hamburg: Ed. Körber-Stiftung.

Fleck, Christian/Duller, Matthias/Karády, Victor (Hg.) (2019): Shaping Human Science Disciplines. Institutional Developments in Europe and Beyond. Cham: Palgrave Macmillan.

Foucault, Michel (2009): Die politische Funktion des Intellektuellen. In: Michel Foucault: Geometrie des Verfahrens. Schriften zur Methode. Hg. v. Daniel Defert, Petra Gehring und Michael Bischoff. Frankfurt am Main: Suhrkamp, 206–212.

Freeman, R. Edward (1984): Strategic Management. A Stakeholder Approach. Boston: Pitman.

Fukuyama, Francis (1992): Das Ende der Geschichte. Wo stehen wir? München: Kindler.

Graupe, Silja (2016): 'Gefangene der Bilder in unseren Köpfen'. Die Macht abstrakten ökonomischen Denkens. In: Allgemeine Zeitschrift für Philosophie 41(3), 341–364.

Heller, Ágnes (1981): Theorie der Gefühle. Hamburg: VSA.

Henkel, Anna/Lüdtke, Nico/Buschmann, Nikolaus/Hochmann, Lars (Hg.) (2018): Reflexive Responsibilisierung. Verantwortung für nachhaltige Entwicklung. Bielefeld: transcript.

Hirte, Katrin (2018): Die deutsche Agrarpolitik und Agrarökonomik. Entstehung und Wandel zweier ambivalenter Disziplinen. Wiesbaden: Springer.

Hochmann, Lars (2022): Das Imaginäre der Unternehmung. Eine reflexive Theorie der Transformation. Frankfurt am Main und New York: Campus.

Horkheimer, Max/Adorno, Theodor W. (1969): Dialektik der Aufklärung. Frankfurt am Main: S. Fischer.

Illich, Ivan (Hg.) (1979): Entmündigung durch Experten. Zur Kritik der Dienstleistungsberufe. Reinbek bei Hamburg: Rowohlt.

Johnson, Christine K./Hitchens, Peta L./Pandit, Pranav S./Rushmore, Julie/Evans, Tierra Smiley/Young, Cristin C. W./Doyle, Megan M. (2020): Global Shifts in Mammalian Population Trends Reveal Key Predictors of Virus Spillover Risk. In: Proceedings of the Royal Society B: Biological Sciences 287(1924), 20192736.

Kliem, Lea/Sievers-Glotzbach, Stefanie (2021): Seeds of resilience: the contribution of commons-based plant breeding and seed production to the social-ecological resilience of the agricultural sector. In: International Journal of Agricultural Sustainability 20(4), 595–614.

Kosak, Stefan/Paganini, Claudia/Prinzing, Marlis/Serong, Julia (2023): Einleitung: Wissen kommunizieren. Ethische Anforderungen an die Kommunikation zwischen Wissenschaft und Gesellschaft. In: Wissen kommunizieren. Ethische Anforderungen an die Kommunikation zwischen Wissenschaft und Gesellschaft. Hg. v. Claudia Paganini, Marlis Prinzing und Julia Serong. Baden-Baden: Nomos, 11–24.

Lang, Daniel J./Wiek, Arnim/Bergmann, Matthias/Stauffacher, Michael/Martens, Pim/Moll, Peter/Swilling, Mark/Thomas, Christopher J. (2012): Transdisciplinary Research in Sustainability Science. Practice, Principles, and Challenges. In: Sustainability Science 7(1): 25–43.

Lenton, Timothy M./Rockström, Johan/Gaffney, Owen/Rahmstorf, Stefan/Richardson, Katherine/Steffen, Will/Schellnhuber, Hans Joachim (2019): Climate Tipping Points. Too Risky to Bet Against. In: Nature 575(7784), 592–595.

Lenton, Tim/Vaughan, Naomi (eds.) (2013): Geoengineering Responses to Climate Change. Selected Entries from the Encyclopedia of Sustainability Science and Technology. New York: Springer.

Mazzucato, Mariana (2019): Wie kommt der Wert in die Welt? Von Schöpfern und Abschöpfern. Frankfurt am Main: Campus.

Meadows, Donella H./Meadows, Dennis L./Randers, Jørgen/Behrens III, William W. (1972): The Limits to Growth. A Report for the Club of Rome's Project on the Predicament of Mankind. New York: Universe Books.

Mittelstraß, Jürgen (1987): Die Stunde der Interdisziplinarität? In: Jürgen Kocka (Hg.): Interdisziplinarität. Praxis – Herausforderung – Ideologie. Frankfurt am Main: Suhrkamp, 152–158.

Ötsch, Walter (2018): Mythos Markt. Mythos Neoklassik. Das Elend des Marktfundamentalismus. Marburg: metropolis.

Paech, Niko (2011): Nachhaltiges Wirtschaften jenseits von Innovationsorientierung und Wachstum. Eine unternehmensbezogene Transformationstheorie. 2. Aufl. Marburg: metropolis.

Pasternack, Peer (2022): Wissenschaftskommunikation, neu sortiert. Eine Systematisierung der externen Kommunikationen der Wissenschaft. Wiesbaden: Springer.

Picht, Georg (1969): Wahrheit Vernunft Verantwortung. Philosophische Studien. Stuttgart: Ernst Klett.

Rockström, Johan/Steffen, Will/Noone, Kevin/Persson, Åsa /Chapin III, F. Stuart/Lambin, Eric F./Lenton, Timothy M./Scheffer, Marten/Folke, Carl/Schellnhuber, Hans Joachim/Nykvist, Björn/de Wit, Cynthia A./ Hughes, Terry/van der Leeuw, Sander/Rodhe, Henning/Sörlin, Sverker/Snyder, Peter K./Costanza, Robert/Svedin, Uno/Falkenmark, Malin/Karlberg,

Louise/Corell, Robert W./Fabry, Victoria J./Hansen, James/Walker, Brian/Liverman, Diana/Richardson, Katherine/Crutzen, Paul/Foley, Jonathan A. (2009): A Safe Operating Space for Humanity. In: Nature 461, 472–475.

Rüegg, Walter (Hg.) (1993): Geschichte der Universität in Europa. Mittelalter. München: Beck.

Schäpke, Niko/Stelzer, Franziska/Bergmann, Matthias/Singer-Brodowski, Mandy/Wanner, Matthias/Caniglia, Guido/Lang, Daniel J. (2017): Reallabore im Kontext transformativer Forschung. Ansatzpunkte zur Konzeption und Einbettung in den internationalen Forschungsstand. Lüneburg: Leuphana Universität.

Schmohl, Tobias/Philipp, Thorsten (Hg.) (2021): Handbuch Transdisziplinäre Didaktik. Bielefeld: transcript.

Schimank, Uwe/Volkmann, Ute (2012): Die Ware Wissenschaft. Die fremdreferentiell finalisierte wirtschaftliche Rationalität von Wissenschaftsverlagen. In: Anitag Engels/Lisa Knoll (Hg.): Wirtschaftliche Rationalität. Soziologische Perspektiven. Wiesbaden: Springer, 165–183.

Schimank, Uwe/Volkmann, Ute (2017): Ökonomisierung der Gesellschaft. In: Andrea Maurer (Hg.): Handbuch der Wirtschaftssoziologie. 2. Aufl. Wiesbaden: VS, 593–609.

Schneidewind, Uwe/Singer-Brodowski, Mandy (2014): Transformative Wissenschaft. Klimawandel im deutschen Wissenschafts- und Hochschulsystem. 2. Aufl. Marburg: metropolis.

Shannon, Claude Elwood/Weaver, Warren (1964): The Mathematical Theory of Communication. Urbana: University of Illinois Press.

Steffen, Will/Grinevald, Jacques/Crutzen, Paul/McNeill, John (2011): The Anthropocene. Conceptual and Historical Perspectives. In: Philosophical Transactions of the Royal Society A 369(1938), 842–867.

Waldhoff, Hans-Peter (2017): Eros und Thanatos als Triebkräfte des Denkens. Psychoanalytische und erkenntniskritische Perspektiven. Weilerswist: Velbrück.w

Henriette Canino

Transferkanäle zwischen Wissenschaft und Politik: Eine kontextualisierte Übersicht

1 Einführung

Nur 6 % der deutschen Bevölkerung sind der Meinung, dass Politiker*innen bestqualifiziert sind, um die gesellschaftlichen Auswirkungen von wissenschaftlichen Entwicklungen zu erklären (Europäische Kommission 2021: 228). Eine Fokusgruppenstudie der Friedrich-Ebert-Stiftung zeigt, dass Bürger*innen die Wissenschaft in der Pflicht sehen, die Politik hierbei zu beraten (Faus/Alin/Sperl 2021: 24). Auf welchem Weg diese Zusammenarbeit erfolgt, beschäftigt Bürger*innen seit der COVID-19-Pandemie immer stärker – die Beratungsprozesse werden jedoch als intransparent wahrgenommen, und die Auswahl der beratenden Wissenschaftler*innen als einseitig und ausgesucht (ibid.: 23–24).

Dieser Beitrag hat das Ziel, in einer systematischen Bestandsaufnahme die Austauschprozesse von Wissenschaftler*innen mit der Politik zu skizzieren. Forschungsleitend waren hierbei die folgenden Fragen: (A) Welche Transferkanäle prägen den Austausch zwischen Wissenschaft und Politik in Deutschland? (B) Wie wird die Effektivität verschiedener Transferkanäle von Praktiker*innen und Expert*innen bewertet? (C) Wie häufig werden verschiedene Transferkanäle genutzt? Und (D) besteht eine Hierarchie unter den Transferkanälen zwischen Wissenschaft und Politik?

Zur Beantwortung der Forschungsfragen kommt eine Kombination von Forschungsmethoden aus der qualitativen und quantitativen Sozialforschung sowie der Psychologie zum Einsatz. Den jeweiligen Einschränkungen einzelner Forschungsmethoden kann so durch ihre Kombination begegnet werden. Die Kombination von Forschungsmethoden nach diesem Ansatz ist verwurzelt im Forschungsparadigma des Pragmatismus nach Charles Peirce, William James und John Dewey (Patton 2015), der eine problemorientierte Struktur des Forschungsdesign vorsieht. Der Pragmatismus ist somit ein zentrales theoretisches Fundament dieses „Mixed-Method"-Forschungsdesigns (Creswell 2014; Datta 1997; Morgan 2007; Patton 2015). Die Studie zeigt so exemplarisch, welche Rolle sozialwissenschaftliche Methoden im Rahmen einer Transferwissenschaft bzw. Transferwissenschaften als ein im Entstehen begriffener Diskursraum spielen können.

2 Forschungsstand

Eine abschließende, methodisch-systematische Zusammenstellung der Transferkanäle zwischen Wissenschaft und Politik ist in dieser Form in der Fachliteratur neu. In der qualitativen und theoretischen Forschung zum Austausch zwischen Wissenschaft und Politik spielen Transferkanäle in der Regel als Teil von Prozessbeschreibungen eine Rolle (z.B. Cairney/Oliver 2020; Contandriopoulos/Lemire/Denis/Tremblay 2010; Gold 2009; Roux/Rogers/Biggs/Ashton/Sergeant 2006; Sarkki et al. 2014; Sokolovska/Fecher/Wagner 2019; van der Arend 2014; Weiss 1979).

Quantitativ forschende Autor*innen stehen vor der Herausforderung, den Austausch zwischen Wissenschaft und Politik messbar zu machen. Vor diesem Hintergrund benennen diese Beiträge Transferkanäle oft als Teil der abhängigen Variable, die es zu erklären gilt (Amara/Ouimet/Landry 2004; Belkhodja/Amara/Landry/Ouimet 2007; Birdsell et al. 2005; Brennan et al. 2017; Cameron et al. 2010; Campbell et al. 2009; de Goede et al. 2012; Jbilou/Amara/Landry 2007; Landry/Lamari/Amara 2003; Lavis et al. 2010; Loncarevic/Andersen/Leppin/Bertram 2021; Makkar et al. 2016; Ouimet/Landry/Amara/Belkhodja 2006; Ouimet/Landry/Ziam/Bédard 2009). Aus forschungspraktischen Gründen beinhalten quantitative Befragungen in der Regel bis zu zehn verschiedene Transferkanäle, anhand derer die Transferaktivität zwischen Wissenschaft und Politik gemessen wird. Die Genese dieser Aufzählung erfolgt meist nicht systematisch und theoretisch statt empirisch begründet.

Insgesamt zeigt die Zusammenschau der Fachliteratur auf, dass eine empirisch fundierte, systematische Auseinandersetzung mit Transferkanälen zwischen Wissenschaft und Politik fehlt. Dies gilt insbesondere im Hinblick auf den Wissenschaftsraum Deutschland, der bis jetzt noch sehr selten Fokus empirischer Forschung in diesem Bereich wurde.

3 Methode und Daten

Vier empirische Erhebungen bilden die Datengrundlage, auf der dieser Beitrag in seiner Analyse von Transferkanälen zwischen Wissenschaft und Politik aufbaut. In einer systematischen, stichwortbasierten Literaturanalyse wird die aktuelle Fachliteratur zu Austauschaktivitäten von Wissenschaftler*innen und Politiker*innen einbezogen. Explorative Interviews mit Wissenschaftler*innen und Politiker*innen in Deutschland ergänzen kontextspezifisch, welche Transferkanäle im jeweiligen Arbeitsalltag eine Rolle spielen. Im Interesse einer ganzheitlichen Betrachtung wurden diese beiden Datenquellen ergänzt durch zwei Expert*innenfokusgruppen mit dem Ziel, eine vollständige Auflistung und Einschätzung der Transferkanäle zwischen Wissenschaft und Politik zusammenzustellen. Auf Basis einer quantitativen Befragung von über eintausend Wissenschaftler*innen in Deutschland wird die Relevanz unterschiedlicher Transferkanäle in Bezug auf eine große und proportional geschichtete Stichprobe analysiert.

3.1 Systematische stichwortbasierte Literaturanalyse

Die systematische, stichwortbasierte Literaturanalyse folgte der Methode von Tranfield et al. (2003) in drei Phasen: Planung, Durchführung und Bericht. Nach der Formulierung des Erkenntnisinteresses und des geplanten Analyseprotokolls wurden stichwortbasiert in einer Datenbanksuche relevante Forschungsbeiträge identifiziert. Als einschlägige Datenbank für das disziplinenübergreifende Themenfeld wurde die Web of Science Core Collection ausgewählt, eine multidisziplinäre Datenbank, die über 21.419 Zeitschriften sowie Bücher und Konferenzberichte umfasst (Matthews 2022). Das Web of Science gehört zu den Standarddatenbanken für systematische, stichwortbasierte Literaturanalysen (Bergstrom 2022) und ist hierbei die einschlägigste Standarddatenbank für den sozialwissenschaftlichen Bereich. Zur Eingrenzung der Literatur wurden Blöcke relevanter Stichwörter zu Suchstrings kombiniert, mit denen im Januar 2021 die Web of Science Core Collection durchsucht wurde.

Insgesamt wurden in der stichwortbasierten Suche 705 Beiträge identifiziert. Nach dem Entfernen von Duplikaten verblieben 345 Beiträge, von denen 256 auf Basis ihrer Titel als potenziell relevant bewertet wurden. Auf Basis von Expert*innenempfehlungen wurden weitere 132 potenziell relevante Beiträge aufgenommen. Diese Sammlung potenziell relevanter Literatur enthielt 81 Beiträge mit als relevant festgestellter Forschung zum Austausch zwischen Wissenschaft und Politik, auf Basis derer eine Liste von Transferkanälen erstellt wurde.

3.2 Qualitative Interviews

Komplementär zur Literaturanalyse wurden 30- bis 60-minütige qualitative, semistrukturierte Interviews nach Bryman (2012) und Kvale (1996) geführt. Zu den Interviewpartner*innen zählten insgesamt zehn im Austausch mit der Politik besonders engagierten Wissenschaftler*innen sowie acht Abgeordnete und drei leitende Mitarbeitende aus Bundes- und Landtagen. Die Auswahl der Interviewpartner*innen erfolgte auf Basis ihrer beruflichen Expertise rund um eine technologiepolitische Fallstudie nach Yin (2003), dem Einsatz von Gesichtserkennungstechnologie im öffentlichen Raum. Im Sample der Interviewpartner*innen aus der Politik waren alle im Bundestag vertretenen Parteien eingeschlossen, die Interviewpartner*innen aus der Wissenschaft repräsentierten ein breites Spektrum akademischer Disziplinen: Rechtswissenschaften, Medienwissenschaften, Ingenieurswissenschaften, Informatik sowie Soziologie.

Die Analyse der Interviews erfolgte als qualitative Inhaltsanalyse nach Mayring (2019) und Hsieh und Shannon (2005). Die Auswertung der Transferkanäle war hierbei eine Teilerhebung; die qualitative Inhaltsanalyse wertete im ersten Schritt verschiedene Aspekte von Transferverhalten deduktiv und theoriegeleitet basierend auf den Kategorien des verhaltenswissenschaftlichen COM-B Modells (Michie/Van Stralen/West 2011) aus. In einem zweiten induktiven Schritt wurden die Inhalte der einzelnen Kategorien datengeleitet in kleinere Kategorien subkodiert. Aus der Kategorie *Transfer- bzw. Austauschverhalten* konnte eine Liste an Transferaktivitäten extrahiert werden, die die aus der Fachliteratur gewonnene Liste für den deutschen Kontext ergänzte.

3.3 Expert*innenfokusgruppen und Card Sorting

Um einem Anspruch auf Vollständigkeit gerecht zu werden, wurden darüber hinaus im Juli 2021 und Februar 2022 zwei Expert*innenfokusgruppen durchgeführt. Insgesamt 17 Expert*innen, die im Bereich Transfer arbeiten oder forschen, waren eingeladen, die aus der Fachliteratur und der Interviewstudie abgeleiteten Transferkanäle auf Basis ihrer Erfahrungen zu ergänzen und zu diskutieren.

Die Expert*innen hatten zunächst die Aufgabe, offen Transferkanäle zu sammeln (erste Expert*innenfokusgruppe) bzw. die finale Liste der Transferkanäle aus der Fachliteratur, den qualitativen Interviews und der ersten Expert*innenfokusgruppe auf Vollständigkeit zu prüfen und zu ergänzen (erster Schritt der zweiten Expert*innenfokusgruppe). Im Ergebnis einigten die Expert*innen sich in diesem Schritt auf eine Gesamtheit von 36 Transferkanälen. Als zweiten Schritt wurde die zweite Expert*innenfokusgruppe gebeten, die 36 Transferkanäle in einer offenen Sortieraufgabe (*Card Sorting*) zu clustern und die Cluster nach ihrem Inhalt zu benennen (siehe Agarwal 2011: 3; Cane/O'Connor/Michie 2012: 5; Rugg/McGeorge 1997: 82). Hierbei entwickelten mehrere Expert*innen eigeninitiativ Kategoriensysteme in die sich ihre Cluster einfügten, zum Beispiel ein Spektrum von kurzfristigen bis zu langfristigen Austauschaktivitäten.

Die Ergebnisse der Sortieraufgabe, fünf bis zwölf Cluster pro Expert: in, wurden in einer Fuzzy-Cluster-Analyse nach Cane, O'Connor und Michie (2012) analysiert. Ziel der Analyse war es, eine Clusterung der 36 Transferkanäle zu bestimmen, die bestmöglich den Konsens der Expert*innenmeinungen abbildet. Ergebnis dieses Schritts waren zwölf Cluster, denen die insgesamt 36 Transferkanäle zugeordnet wurden. Die Inhalte der zwölf Cluster wurden möglichst ökonomisch zusammengefasst, um eine quantitative Abfrage zu ermöglichen. In quantitativen Befragungen im Bereich Transfer ist bei der Messung von Transferaktivität eine Abfrage von acht bis zwölf Items üblich (Bozeman/Gaughan 2007; Greven/Strese/Brettel 2020; Iorio/Labory/Rentocchini 2017; Tartari/Perkmann/Salter 2014; Tartari/Salter 2015; Zhao/Broström/Cai 2020).

3.4 Quantitative Erhebung

Für die zwölf Cluster an Transferkanälen bzw. -aktivitäten wurde in einer quantitativen Befragung von 1.115 Wissenschaftler*innen in Deutschland gemessen, wie häufig die jeweiligen Aktivitäten im beruflichen Alltag ausgeübt wurden. Die quantitative Befragung wurde von Mai bis Juni 2022 durchgeführt. Das Sample von 1.115 Wissenschaftler*innen war hierbei proportional geschichtet nach Zugehörigkeit zur universitären oder außeruniversitären Forschung, Seniorität und Disziplingruppe. Insgesamt wurden 9.809 Einladungen zugestellt, 1.649 Wissenschaftler*innen starteten die Befragung und 1.115 Wissenschaftler*innen beantworteten sie vollständig. Die Abbruchquote lag hier bei 32 %. In die Auswertung gingen 1.046 Surveyantworten ein, nachdem Antworten ausgeschlossen wurden, deren Anzahl nicht beantworteter Fragen die durchschnittliche Anzahl nicht beantworteter Fragen um zwei Standardabweichungen überstieg.

Für jedes Cluster gaben die Befragten an, wie oft sie sich über diesen Transferkanal in den letzten drei Jahren mit der Politik ausgetauscht hatten. Wie in der bestehenden Literatur kamen hierbei fünf Kategorien zum Einsatz: *0 mal*; *1–2 mal*; *3–5 mal*; *6–9 mal*; und *über 10 mal* nach D'Este und Patel (2007). Von Interesse war hierbei zum einen die Häufigkeit einzelner Transferaktivitäten im Vergleich zueinander, zum anderen aber auch das Engagement im Austausch mit der Politik in seiner Gesamtheit. Um dieses abzubilden wurde der „Academic Engagement Index" (AEI) nach Tartari et al. (2014) berechnet. Der Academic Engagement Index wurde im verwandten Feld des Transfers mit der Wirtschaft zur Quantifizierung des Austauschs von Wissenschaftler*innen mit Partner*innen aus der Industrie entwickelt. Idee des Academic Engagement Index ist es, sowohl die Häufigkeit einzelner Austauschaktivitäten als auch deren „Schwierigkeitsgrad" durch ihre inverse Häufigkeit im Sample abzubilden. Der Academic Engagement Index bezeichnet somit für alle Befragten die

Summe ihrer Transferaktivitäten gewichtet nach ihrer inversen Häufigkeit im Sample.

4 Ergebnis

4.1 Der Möglichkeitenraum des Austauschs ist breit

Zunächst widmet sich der Beitrag der Frage A, welche Grundgesamtheit an Transferkanälen den Austausch zwischen Wissenschaft und Politik prägt. In der kombinierten Auswertung der Fachliteratur, Interviews und Expert*innenfokusgruppen ergab sich grundsätzlich eine breite Übereinstimmung zwischen den verschiedenen Datenquellen. Die resultierenden 36 Transferkanäle, dem Expert*innenkonsens entsprechend 12 Clustern zugeordnet, werden in den Abbildungen 1 und 2 dargestellt. Cluster mit drei oder mehr Transferkanälen wurden hier mit einem Titel versehen.

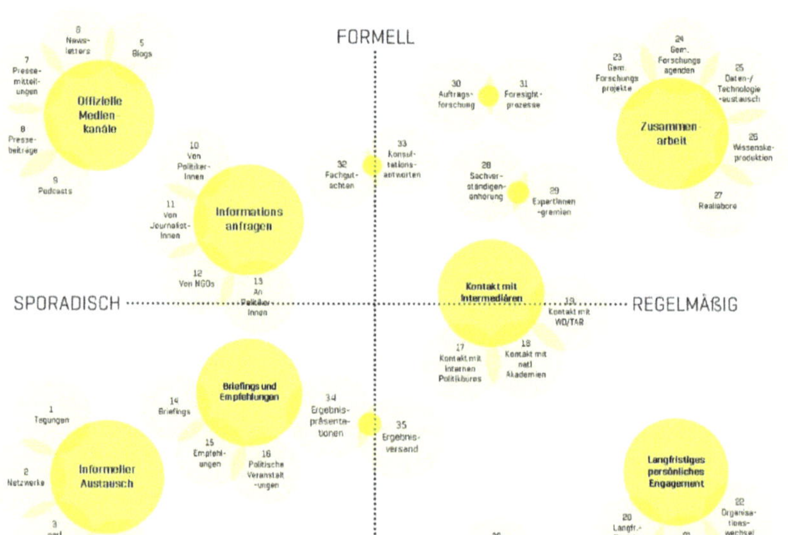

Abb. 1: Transferkanäle nach Regelmäßigkeit und Formalität (eigene Darstellung)

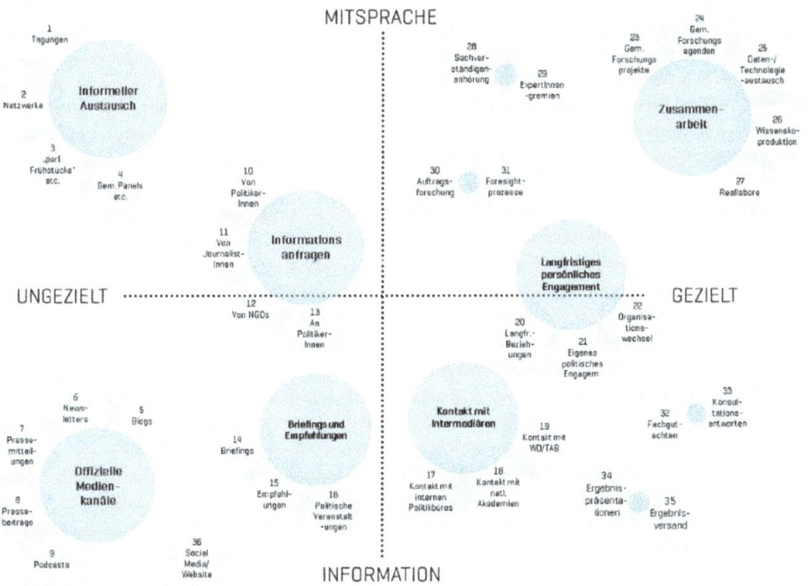

Abb. 2: Transferkanäle nach Ziel und Austauschqualität (eigene Darstellung)

4.2 Effektiver Austausch ist gezielt, regelmäßig, formalisiert und beidseitig

In den Expert*innenfokusgruppen wurden die Transferkanäle, ihre Clusterung und ihr Verhältnis zueinander tiefgründig diskutiert. Hierbei wurden im Hinblick auf Frage B, wie die Effektivität unterschiedlicher Transferkanäle eingeschätzt wird, vier relevante Ausprägungen der Qualität des Austauschs diskutiert:

- sporadische / regelmäßige Interaktion
- informelle / formelle Interaktion
- ungezielter / gezielter Kontakt
- unidirektionale Bereitstellung von Informationen / bidirektionaler Austausch und Mitsprache

Die Einschätzungen der Expert*innen zu den geclusterten Transferkanäle hinsichtlich dieser Kriterien wurden in den Visualisierungen (Abb. 1 und Abb. 2) dargestellt. Die genannte Fachliteratur, Interviews und Expert*innendiskussionen zeigen, dass insbesondere gezielter, regelmäßiger, formalisierter und beidseitiger Austausch nachhaltigen Wissenstransfer bewirkt (Cairney/Oliver/Wellstead 2016; Cairney/Oliver 2020; Carayannis/Campbell 2009; Oliver/Cairney 2019; Roux/Rogers/Biggs/Ashton/Sergeant 2006). In beiden Darstellungen (Abb. 1 und Abb. 2) sind die effektivsten Transferkanäle somit jeweils im rechten oberen Quadranten verortet.

Hierbei fällt auf, dass die als am effektivsten eingeschätzten Transferkanäle Formen der direkten Zusammenarbeit sind, zum Beispiel die gemeinsame Gestaltung von Forschungsagenden und -projekten. Eng verwandt wurden auch die formalisierte Auftragsforschung und gemeinsame Foresightprozesse in diesem Quadranten verortet. Auch die formalisierten Begegnungen in Sachverständigenanhörungen und Expert*innengremien werden nach den oben genannten Kriterien als besonders effektiv eingeschätzt.

4.3 Die effektivsten Transferkanäle werden am seltensten genutzt

Wie häufig unterschiedliche Cluster an Transferkanälen von Wissenschaftler*innen genutzt werden (Frage C), zeigt die quantitative Befragung von 1.046 Wissenschaftler*innen in Deutschland. Abbildung 3 zeigt, welcher Anteil der befragten Wissenschaftler*innen in den letzten drei Jahren wie oft verschiedene Transferkanäle genutzt hat. Hierbei fällt auf, dass die als besonders effektiv eingeschätzten Transferkanäle, die eine enge Zusammenarbeit erfordern (siehe 4.2), gleichzeitig zu den am seltensten genutzten Transferkanälen gehören.

Die Interviews mit Wissenschaftler*innen verschiedener Disziplinen zeigen, dass diese Transferkanäle besonders voraussetzungsreich sind – sie erfordern einen wissenschaftlichen Bekanntheitsgrad, langjährige Investitionen in Beziehungen und Netzwerke oder eine kontinuierliche intensive Auseinandersetzung mit politischen Partner*innen und Entwicklungen. Neben Forschung, Lehre und Austausch mit wirtschaftlichen oder zivilgesellschaftlichen Akteuren überrascht es aus diesem Grund nicht, dass nur ungefähr 10 bis 20 % der befragten Wissenschaftler*innen sich in den letzten drei Jahren so intensiv mit der Politik ausgetauscht haben.

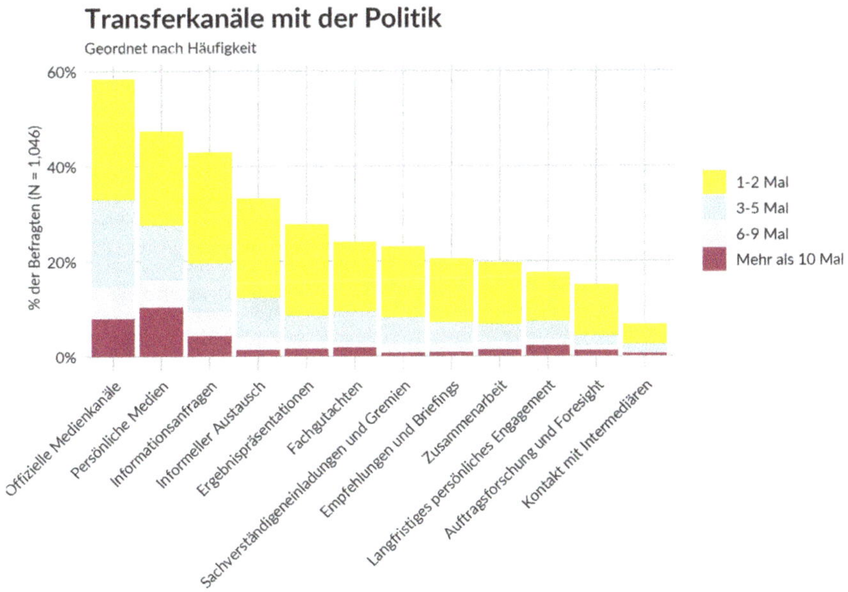

Abb. 3: Transferkanäle mit der Politik (eigene Darstellung)

4.4 Ein Austausch öffnet die Tür zum nächsten Austausch

Die quantitative Befragung erlaubt es nachzuzeichnen, welche Transferkanäle im Austausch mit der Politik im beruflichen Alltag von Wissenschaftler*innen in Deutschland eine Rolle spielen. Die individuellen Beweggründe für Wissenschaftler*innen, sich mit Politiker*innen auszutauschen oder dies nicht zu tun, gehen aus dem quantitativen Datenmaterial jedoch nicht hervor. Um die Entwicklungspfade von Wissenschaftler*innen, die als Gesprächspartner*innen der Politik agieren, nachzuvollziehen, wurden die qualitativen Daten aus den Interviews mit einer kleineren Stichprobe besonders engagierter Wissenschaftler*innen herangezogen (siehe 3.2). Die qualitativen Narrative aus der Interviewstudie geben Aufschluss über langjährige Entwicklungen und die Wahrnehmung von verschiedenen Rahmenbedingungen.

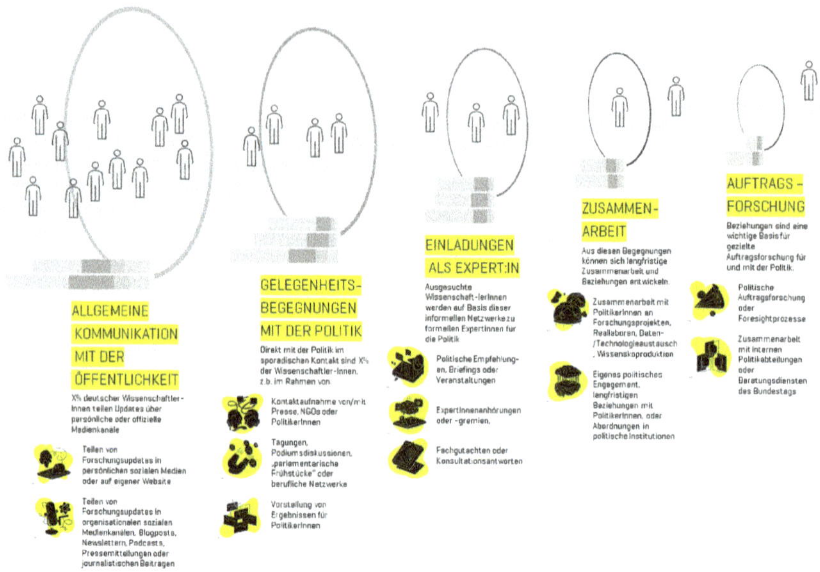

Abb. 4: Aufwärtsspirale wissenschaftlicher Politikberatung (eigene Darstellung)

Die im Rahmen dieser Studie interviewten, besonders engagierten Wissenschaftler*innen berichten von Multiplikatoreffekten, d.h. Begegnungen, aus denen sich weitere Begegnungen ergeben; eine Aufwärtsspirale des politischen Austauschs. (Abb. 4). Hierbei sei es im ersten Schritt einer Karriere als Austauschpartner*in der Politik wichtig, sich in öffentlichen Diskussionsbeiträgen über offizielle und persönliche Medienkanäle oder auf Tagungen und Messen einzubringen. Zwei Wissenschaftler*innen berichten davon, ihre eigenen Forschungsergebnisse initiativ an Politiker*innen verschickt oder Politiker*innen zu Präsentationen ihrer Forschungsergebnisse eingeladen zu haben. Aus dieser Sichtbarkeit ergeben sich oft formellere Austauschbeziehungen, zum Beispiel Informationsanfragen oder Einladungen als Fachgutachter*innen, Sachverständige oder Gremienmitglieder. Hierbei betonten die Interviewten, dass dieser Prozess sich oft über Jahre erstreckt und Kontinuität im Bespielen von Medienkanälen und der Pflege von Beziehungen notwendig sind.

4.5 Nur wenige Stimmen prägen die wissenschaftliche Politikberatung

Nach der eingehenden Betrachtung der Transferkanäle und ihrer Nutzung vervollständigt das Bild eine Analyse des gesamten politikorientierten Austauschverhalten von Wissenschaftler*innen über alle Transferkanäle hinweg. Um dieses Austauschverhalten zu quantifizieren, wurde hier für 1.046 befragte Wissenschaftler*innen die Gesamtheit ihrer Austauschaktivitäten mit der Politik anhand des Academic Engagement Index (siehe 3.4) abgebildet.

Abbildung 5 zeigt wie viele der 1.046 befragten Wissenschaftler*innen welche Werte des Academic Engagement Index erreichten. Hier wird deutlich, dass der Großteil der Wissenschaftler*innen sich aktuell nicht oder in relativ geringem Umfang mit der Politik austauscht, das heißt nur einen relativ niedrigen Wert des Academic Engagement Index erreicht. Auf der rechten Seite der Verteilung zeichnet sich jedoch auch ab, dass eine kleinen Gruppe Wissenschaftler*innen eine sehr aktive Rolle im politischen Geschehen spielen, also mit hohen Indexwerten hervorstechen. Insgesamt wurde eine stark abfallende Verteilung beobachtet, für die aufgrund der hohen Indexwerte einiger Wissenschaftler*innen der Durchschnitt höher ist als der Medianwert.

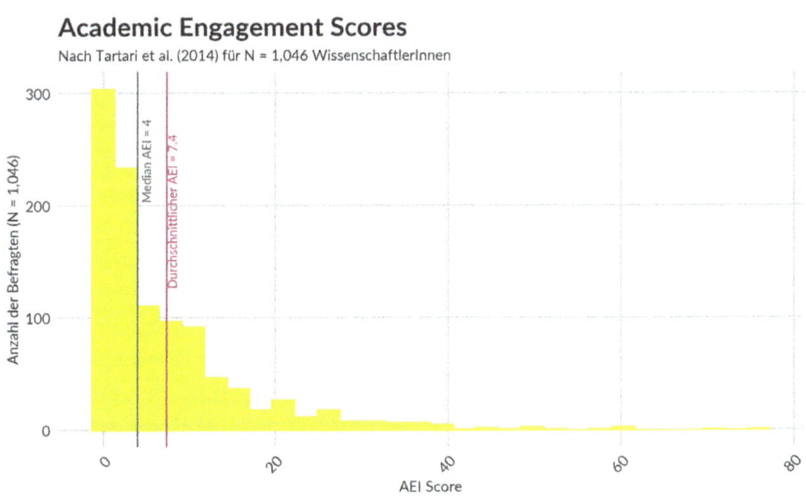

Abb. 5: Academic Engagement Index Scores (eigene Darstellung)

Dieser Eindruck, dass wissenschaftliche Politikberatung von wenigen Stimmen geprägt ist, hat sich auch in der Bevölkerung durchgesetzt: In Fokusgruppendiskussionen zur Wahrnehmung wissenschaftlicher Politikberatung beobachtet die Friedrich-Ebert-Stiftung, dass die Teilnehmenden Misstrauen äußern, ob die Auswahl der wenigen aktiven Wissenschaftler*innen, die den politischen Diskurs prägen, interessengeleitet erfolge (Faus/Alin/Sperl 2021: 24).

5 Diskussion

Die Kombination verschiedener Erhebungsmethoden und Datenquellen erlaubt es, eine Bestandsaufnahme der Transferkanäle zwischen Wissenschaft und Politik in Deutschland aufzuzeigen. Diese empirisch fundierte, systematische und multiperspektivische Betrachtung ist in der Fachliteratur in dieser Art neu. Trotz der systematischen Vorgehensweise gehen mit jeder einzelnen verwendeten Methode Limitierungen einher. Die Kombination der verschiedenen qualitativen und quantitativen Ansätze mitigiert die Einschränkungen der einzelnen Methoden; nichtsdestotrotz hat auch der hier angewandte Mixed-Method-Ansatz seine Schwächen – die wichtigsten Punkte werden im Folgenden diskutiert.

Insgesamt sind systematische Literaturanalysen angesichts der immer größer werdenden Menge an wissenschaftlicher Literatur ein zunehmend beliebtes Forschungsdesign. Durch den systematischen Ansatz, der in großen Teilen in R-Skripten kodifiziert ist, sind sie in hohem Maße reproduzierbar (für mehr Informationen zu statistischen Auswertungen in der Programmiersprache R siehe Zuckarelli (2017)). Aus forschungspraktischen Gründen müssen jedoch die Suchparameter beschränkt werden. Zum einen könnte die Suche in weiteren Datenbanken wiederholt werden, um weitere Quellen zu identifizieren. Zum anderen wäre es möglich, weitere Kombinationen von Schlüsselwörtern einzusetzen. Dem Risiko, relevante Datensätze zu übersehen, wurde durch die Aufnahme von Datensätzen über Schneeballsysteme und Expert*innenempfehlungen entgegengewirkt. Letztlich sind systematische Literaturübersichten von Natur aus trotzdem anfällig für Verzerrungen, zum Beispiel durch fehlende Veröffentlichungen von Null-Ergebnissen (Waddington et al. 2012).

Qualitative Forschung im Allgemeinen wird oft für ihre begrenzte Reproduzierbarkeit sowie für das Risiko kritisiert, dass Forschende bewusst oder unbewusst eigene Voreingenommenheit einbringen und die Ergebnisse beeinflussen (Blaikie/Priest 2018: 43). Um die Voraussetzungen für Reproduzierbarkeit zu schaffen, wurde hier ein systematischer, regelbasierter und detailliert dokumentierter Ansatz für die Datenerhebung und -analyse gewählt. Wo immer möglich, wurde dem Einfluss eigener Voreingenommenheit entgegengewirkt, unter anderem durch die Verwendung von offenen Interviewfragen.

Sowohl in der Interview- als auch in der Surveystudie besteht eine wesentliche Einschränkung des Studiendesigns darin, dass die eingeladenen Teilnehmer*innen sich freiwillig für die Studie zur Verfügung gestellt haben. Ein Interesse am Thema des Austauschs mit der Politik ist so zu vermuten. Die Auswahl der Interviewpartner*innen erfolgte zudem teilweise auf der Grundlage ihrer öffentlichkeitswirksamen Transferaktivitäten. Bei der Surveystudie bestand das Risiko, dass insbesondere höherrangige Wissenschaftler*innen sich unter Umständen keine Zeit nehmen, um Befragungen dieser Art zu beantworten. Diesem Risiko wurde entgegengewirkt, indem der Fragebogen so kurz wie möglich gestaltet und die Stichprobe proportional geschichtet zusammengestellt wurde, unter anderem nach Seniorität.

Letztlich wurden die empirischen Daten ausschließlich in Deutschland erhoben, was die Verallgemeinerbarkeit der Ergebnisse auf andere geographische Kontexte einschränkt. In dieser Studie geht es um die individuellen Wahrnehmungen und Interpretationen der Rolle der Wissenschaft in der Gesellschaft. Daher sind das zugrundeliegende kulturelle und philosophische Verständnis von Wissenschaft von entscheidender Bedeutung. Allein im westlichen wissenschaftsphilosophischen Kontext gibt es erhebliche Unterschiede zwischen der kontinentalen und der anglo-amerikanischen Denkschule sowie innerhalb der kontinentalen Schule zwischen Deutschland und Frankreich (Gutting 2005: 2; Sherratt: 2005: 2). Insbesondere haben die verschiedenen Regionen unterschiedliche Wissenschaftsberatungssysteme eingerichtet, die in angloamerikanischen Ländern eher zentralisiert und in kontinentalen Systemen eher dezentralisiert gestaltet sind (Sokolovska/Fecher/Wagner 2019: 3). Die Ergebnisse lassen sich aus diesem Grund nicht ohne Weiteres für andere geografische und kulturelle Kontexte verallgemeinern.

6 Ausblick

Die Ergebnisse zeigen, welche Transferkanäle den Austausch zwischen Wissenschaft und Politik in Deutschland prägen – insgesamt 36, die in einer Zusammenschau von Fachliteratur, Interviews und Expertinnen:fokusgruppen identifiziert wurden. Auf Grundlage der Expert*innenfokusgruppen und Interviews mit Wissenschaftler*innen und Politiker*innen konnte zudem eingeordnet werden, welche Transferkanäle einen besonders intensiven und effektiven Austausch ermöglichen. Hierbei handelt es sich um gezielte, regelmäßige, formalisierte und beidseitige Begegnungen, zum Beispiel im Rahmen von Zusammenarbeit an Forschungsprojekten oder in politischen Gremien.

Diese effektiven Transferkanäle werden gleichzeitig am seltensten von Wissenschaftler*innen genutzt, wie die quantitative Befragung von über eintausend Wissenschaftler*innen in Deutschland zeigt. Diese Transferkanäle sind besonders voraussetzungsreich, sie erfordern unter anderem zeitliche Ressourcen, ein Verständnis politischer Prozesse und oft ein Netzwerk, aus dem sich intensivere Zusammenarbeit ergibt. So überrascht es nicht, dass die wissenschaftliche Politikberatung in Deutschland von wenigen Stimmen aus der Wissenschaft geprägt ist, die sich ausgesprochen intensiv engagieren, wie die Berechnung des Academic Engagement Index für über eintausend Wissenschaftler*innen zeigt.

Das Engagement von Wissenschaftler*innen im Austausch mit der Politik ist oft noch eine wenig institutionell gewürdigte Rolle neben Forschung und Lehre. Um Handlungsstrategien zur Förderung des Wissenstransfers zwischen Wissenschaft und Politik zu entwerfen, ist es notwendig, Transfer als Austauschverhalten und dessen Determinanten zu verstehen. Hierbei sind verhaltenswissenschaftliche Methoden von Interesse, insbesondere eine theoriegeleitete und psychometrisch valide Modellierung des Austauschverhaltens von Wissenschaftler*innen und Politiker*innen. So können die relativen Effektstärken unterschiedlicher Einflussfaktoren bestimmt und strategische Fördermaßnahmen passgenau zugeschnitten werden.

Literatur

Agarwal, Naresh Kumar (2011): Verifying Survey Items for Construct Validity. A Two-Stage Sorting Procedure for Questionnaire Design in Information Behavior Research. In: Proceedings of the American Society for Information Science and Technology 48(1): 1–8. https://doi.org/10.1002/meet.2011.14504801166.

Amara, Nabil/Ouimet, Mathieu/Landry, Réjean (2004): New Evidence on Instrumental, Conceptual, and Symbolic Utilization of University Research in Government Agencies. In: Science Communication 26(1): 75–106. https://doi.org/10.1177/1075547004267491.

Van der Arend, Jenny (2014): Bridging the Research/Policy Gap. Policy Officials' Perspectives on the Barriers and Facilitators to Effective Links between Academic and Policy Worlds. In: Policy Studies 35(6): 611–630. https://doi.org/10.1080/01442872.2014.971731.

Belkhodja, Omar/Amara, Nabil/Landry, Réjean/Ouimet, Mathieu (2007): The Extent and Organizational Determinants of Research Utilization in Canadian Health Services Organizations. In: Science Communication 28(3): 377–417. https://doi.org/10.1177/1075547006298486.

Bergstrom, Mary Linn (2022): Systematic Reviews: Databases and Sources. https://ucsd.libguides.com/systematic-review/databases.

Birdsell, Judy/Thornley, Richard/Landry, Réjean/Estabrooks, Carole/Mayan, Maria (2005): The Utilization of Health Research Results in Alberta. Alberta, Canada: Alberta Heritage Foundation for Medical Research.

Blaikie, Norman/Priest, Jan (2018): Designing Social Research.: The Logic of Anticipation. Medford, MA: Polity Press.

Bozeman, Barry/Gaughan, Monica (2007): Impacts of Grants and Contracts on Academic Researchers' Interactions with Industry. In: Research Policy 36(5): 694–707. https://doi.org/10.1016/j.respol.2007.01.007.

Brennan, Sue E./McKenzie, Joanne E.//Turner, Tari/Redman, Sally/Makkar,, Steve/Williamson, Anna/Haynes,Abby/Grenn, Sally E. (2017): Development and Validation of SEER (Seeking, Engaging with and Evaluating Research). A Measure of Policymakers' Capacity to Engage with and Use Research. In: Health Research Policy and Systems 15(1): 1. https://doi.org/10.1186/s12961-016-0162-8.

Bryman, Alan (2012): Social Research Methods. 4. Auflage. Oxford, New York: Oxford University Press.

Cairney, Paul/Oliver, Kathryn (2020): How Should Academics Engage in Policymaking to Achieve Impact? In: Political Studies Review 18(2): 228–244. https://doi.org/10.1177/1478929918807714.

Cairney, Paul/Oliver, Kathryn/Wellstead, Adam (2016): To Bridge the Divide between Evidence and Policy: Reduce Ambiguity as Much as Uncertainty. In: Public Administration Review 76(3): 399–402. https://doi.org/10.1111/puar.12555.

Cameron, David/Lavis, John N./Guindon, Emmanuel/Akhtar, Tasleem/Posada Becerra, Francisco/Ndossi, Godwin D./Boupha, Boungnong (2010): Bridging the Gaps among Research, Policy and Practice in Ten Low- and Middle-Income Countries. Development and Testing of a Questionnaire for Researchers. In: Health Research Policy and Systems 4. https://doi.org/10.1186/1478-4505-8-4.

Campbell, Danielle M/Redman, Sally/Jorm, Louise/Cooke, Margaret/Zwi, Anthony B/ Rychetnik, Lucie. (2010): Increasing the use of evidence in health policy: practice and views of policy makers and researchers. In: Australia and New Zealand Health Policy 6(21). https://doi.org/10.1186/1743-8462-6-21.

Cane, James/O'Connor, Denise/Michie, Susan (2012): Validation of the Theoretical Domains Framework for Use in Behaviour Change and Implementation Research. In: Implementation Science 7 (1): 37. https://doi.org/10.1186/1748-5908-7-37.

Carayannis, Elias G/Campbell David F J (2009): ‚Mode 3' and ‚Quadruple Helix': toward a 21st century fractal innovation ecosystem. In: International Journal of Technology Management 46 (3/4): 201. https://doi.org/10.1504/IJTM.2009.023374.

Contandriopoulos, Damien/Lemire, Marc/Denis, Jean-Louis/Tremblay, Émile (2010): Knowledge Exchange Processes in Organizations and Policy Arenas: A Narrative Systematic Review of the Literature. In: The Milbank Quarterly 88 (4): 444–83. https://doi.org/10.1111/j.1468-0009.2010.00608.x.

Creswell, John W (2014): Research Design: Qualitative, Quantitative and Mixed Methods Approaches. 4th edition. Thousand Oaks: SAGE Publications, Inc.

Datta, Lois-ellin (1997): A Pragmatic Basis for Mixed-Method Designs. In: New Directions for Evaluation 1997 (74): 33–46. https://doi.org/10.1002/ev.1070.

D'Este, P/Patel, P (2007): University–Industry Linkages in the UK: What Are the Factors Underlying the Variety of Interactions with Industry? In: Research Policy 36 (9): 1295–1313. https://doi.org/10.1016/j.respol.2007.05.002.

Europäische Kommission (2021): Eurobarometer 2021 – Kenntnisse und Einstellungen der europäischen Bürgerinnen und Bürger zu Wissenschaft und Technologie. https://europa.eu/eurobarometer/surveys/detail/2237.

Faus, Jana/Alin, Selina/Sperl, Markus (2021): Wissenschaft für das Allgemeinwohl, die Wirtschaft oder die Politik? – Wahrnehmung von Wissenschaft und wissenschaftlicher Politikberatung. Berlin: Friedrich-Ebert-Stiftung. https://library.fes.de/pdf-files/a-p-b/18338.pdf.

de Goede, Joyce/van Bon-Martens, Marja JH/Mathijssen, Jolanda JP/Putters, Kim/van Oers, Hans AM (2012): Looking for interaction: quantitative measurement of research utilization by Dutch local health officials. In: Health Research Policy and Systems 10 (1): 9. https://doi.org/10.1186/1478-4505-10-9.

Gold, Marsha (2009): Pathways to the Use of Health Services Research in Policy. Health Services Research 44 (4): 1111–36. https://doi.org/10.1111/j.1475-6773.2009.00958.x.

Greven, Andrea/Strese, Steffen/Brettel, Malte (2020): Determining Scientists' Academic Engagement: Perceptions of Academic Chairs' Entrepreneurial Orientation and Network Capabilities. In: The Journal of Technology Transfer 45 (5): 1376–1404. https://doi.org/10.1007/s10961-019-09750-z.

Gutting, G. (Hrsg.). (2005). Introduction: What is Continental Philosophy of Science? In *Continental Philosophy of Science*. Blackwell Publishing Ltd. http://doi.wiley.com/10.1002/9780470755501

Hsieh, Hsiu-Fang/Shannon, Sarah E (2005): Three Approaches to Qualitative Content Analysis. In: Qualitative Health Research 15 (9): 1277–88. https://doi.org/10.1177/1049732305276687.

Iorio, Roberto/Labory, Sandrine/Rentocchini, Francesco (2017): The Importance of Pro-Social Behaviour for the Breadth and Depth of Knowledge Transfer Activities: An Analysis of Italian Academic Scientists. In: Research Policy 46 (2): 497–509. https://doi.org/10.1016/j.respol.2016.12.003.

Jbilou, Jalila/Amara, Nabil/Landry, Réjean (2007): Research-Based-Decision-Making in Canadian Health Organizations: A Behavioural Approach. In: Journal of Medical Systems 31 (3): 185–96. https://doi.org/10.1007/s10916-007-9054-3.

Kvale, Steinar (1996): Interviews: an introduction to qualitative research interviewing. Thousand Oaks, Calif: Sage Publications.

Landry, Réjean/Lamari, Moktar/Amara, Nabil (2003): The Extent and Determinants of the Utilization of University Research in Government Agencies. In: Public Administration Review 63 (2): 192–205. https://doi.org/10.1111/1540-6210.00279.

Lavis, John N/Guindon, G Emmanuel/Cameron, David/Boupha, Boungnong/Dejman, Masoumeh/Osei, Eric J A/Sadana, Ritu (2010): Bridging the gaps between research, policy and practice in low- and middle-income countries: a survey of researchers. In: CMAJ : Canadian Medical Association journal = journal de l'Association medicale canadienne, E350–61. https://doi.org/10.1503/CMAJ.081164.

Loncarevic, Natasa/Andersen, Pernille Tanggaard/Leppin, Anja/Bertram, Maja (2021): Policymakers' Research Capacities, Engagement, and Use of Research in Public Health Policymaking. In: International Journal of Environmental Research and Public Health 18 (21): 11014. https://doi.org/10.3390/ijerph182111014.

Makkar, Steve R/Brennan, Sue/Turner, Tari/Williamson, Anna/Sally Redman, und Sally Green. 2016. „The development of SAGE: A tool to evaluate how policymakers' engage with and use research in health policymaking. In: Research Evaluation 25 (3): 315–28. https://doi.org/10.1093/reseval/rvv044.

Matthews, Tracy (2022): Resources for Librarians: Web of Science Coverage Details. 22. Juli 2022. Clarivate. https://clarivate.libguides.com/librarianresources/coverage.

Mayring, Philipp (2019): Qualitative Inhaltsanalyse – Abgrenzungen, Spielarten, Weiterentwicklungen. In: Forum, qualitative social research 20 (3). https://doi.org/10.17169/fqs-20.3.3343.

Michie, Susan/van Stralen, Maartje M/West, Robert (2011): The behaviour change wheel: A new method for characterising and designing behaviour change interventions. In: Implementation Science 6 (1): 42. https://doi.org/10.1186/1748-5908-6-42.

Morgan, David L (2007): Paradigms Lost and Pragmatism Regained: Methodological Implications of Combining Qualitative and Quantitative Methods. In: Journal of Mixed Methods Research 1 (1): 48–76. https://doi.org/10.1177/2345678906292462.

Oliver, Kathryn/Cairney, Paul (2019): The Dos and Don'ts of Influencing Policy: A Systematic Review of Advice to Academics. In: Palgrave Communications 5 (1): 1–11. https://doi.org/10.1057/s41599-019-0232-y.

Ouimet, Mathieu/Landry, Réjean/Amara, Nabil/Belkhodja, Omar (2006): What Factors Induce Health Care Decision-Makers to Use Clinical Guidelines? Evidence from Provincial Health Ministries, Regional Health Authorities and Hospitals in Canada. In: Social Science & Medicine 62 (4): 964–76. https://doi.org/10.1016/j.socscimed.2005.06.040.

Ouimet, Mathieu/Landry, Réjean/Ziam, Saliha/Bédard, Pierre-Olivier (2009): The Absorption of Research Knowledge by Public Civil Servants. In: Evidence & Policy 5 (4): 331–50. https://doi.org/10.1332/174426409X478734.

Patton, Michael Quinn (2015): Qualitative Research & Evaluation Methods: Integrating Theory and Practice / Michael Quinn Patton. Fourth edition. Thousand Oaks, California: SAGE Publications, Inc.

Roux, Dirk/Rogers, Kevin/Biggs, Harry/Ashton, Peter/Sergeant, Anne (2006): Bridging the Science–Management Divide: Moving from Unidirectional Knowledge Transfer to Knowledge Interfacing and Sharing. In: Ecology and Society 11 (1). https://doi.org/10.5751/ES-01643-110104.

Rugg, Gordon/McGeorge, Peter (1997): The Sorting Techniques: A Tutorial Paper on Card Sorts, Picture Sorts and Item Sorts. In: Expert Systems 14 (2): 80–93. https://doi.org/10.1111/1468-0394.00045.

Sherratt, Y. (Hrsg.). (2005). Introduction. In *Continental Philosophy of Social Science* (S. 1–16). Cambridge University Press; Cambridge Core. https://doi.org/10.1017/CBO9780511610691.003

Sarkki, Simo/Niemelä, Jari/Tinch, Rob/van den Hove, Sybille/Watt, Allan/Young, Juliette (2014): Balancing Credibility, Relevance and Legitimacy: A Critical Assessment of Trade-Offs in Science–Policy Interfaces. In: Science and Public Policy 41 (2): 194–206. https://doi.org/10.1093/scipol/sct046.

Sokolovska, Nataliia/Fecher, Benedikt/Wagner, Gert G (2019): Communication on the Science-Policy Interface: An Overview of Conceptual Models. In: Publications 7 (4): 64. https://doi.org/10.3390/publications7040064.

Tartari, Valentina/Perkmann, Markus/Salter, Ammon (2014): In Good Company: The Influence of Peers on Industry Engagement by Academic Scientists. In: Research Policy 43 (7): 1189–1203. https://doi.org/10.1016/j.respol.2014.02.003.

Tartari, Valentina/Salter, Ammon (2015): The Engagement Gap:: Exploring Gender Differences in University – Industry Collaboration Activities. In: Research Policy 44 (6): 1176–91. https://doi.org/10.1016/j.respol.2015.01.014.

Tranfield, David/Denyer, David/Smart, Palminder (2003): Towards a Methodology for Developing Evidence-Informed Management Knowledge by Means of Systematic Review. In: British Journal of Management 14 (3): 207–22. https://doi.org/10.1111/1467-8551.00375.

Waddington, Hugh/ White, Howard/Snilstveit, Birte/Hombrados, Jorge Garcia/Vojtkova, Martina/Davies, Philip/Bhavsar, Ami/Eyers, John/Koehlmoos, Tracey Perez/Petticrew, Marc/Valentine, Jeffrey C/Tugwell, Peter (2012): How to Do a Good Systematic Review of Effects in International Development: A Tool Kit. In: Journal of Development Effectiveness 4 (3): 359–87. https://doi.org/10.1080/19439342.2012.711765.

Weiss, Carol H (1979): The Many Meanings of Research Utilization. In: Public Administration Review 39 (5): 426–31. https://doi.org/10.2307/3109916.

Yin, Robert K (2003): Case Study Research: Design and Methods. SAGE.

Zhao, Zhiyan/Broström, Anders/Cai, Jianfeng (2020): Promoting Academic Engagement: University Context and Individual Characteristics. In: The Journal of Technology Transfer 45 (1): 304–37. https://doi.org/10.1007/s10961-018-9680-6.

Zuckarelli, J. (2017). *Statistik mit R: Eine praxisorientierte Einführung in R* (1. Auflage). O'Reilly. http://bvbr.bib-bvb.de:8991/F?func=service&doc_library=BVB01&local_base=BVB01&doc_number=029602071&sequence=000001&line_number=0001&func_code=DB_RECORDS&service_type=MEDIA

Lale Altinalana

Strategien für den Transfer zwischen Gesellschaft und Wissenschaft – eine empirische Typologie

1 Transferstrategien im wissenschaftspolitischen Diskurs

Die Herausforderungen der heutigen Zeit lassen sich weder von der Wirtschaft noch von der Politik oder der Wissenschaft im Alleingang bewältigen. Klimakrise, Hunger, Globalisierung und Bildung stellen nur ein Bruchteil der sogenannten Ziele für nachhaltige Entwicklung dar (United Nations 2012: 72). Nicht zuletzt zeigte die Covid-19-Pandemie, wie wichtig das Zusammenspiel aller gesellschaftlicher Sektoren für eine erfolgreiche Bekämpfung des Virus ist. Die Expertise aus der Wissenschaft, gekoppelt mit den wirtschaftlichen Mitteln und des politischen Durchsetzungsvermögens gehört zu den Kernpfeilern der Problemlösung. Jedoch darf ein entscheidender Aspekt dabei nicht fehlen: die Bedarfe der Gesellschaft (Bozeman et al. 2015; Wissenschaftsrat 2016). Ohne diese Perspektive würden wirtschaftliche, politische oder wissenschaftliche Interessen im Vordergrund des Prozesses stehen und die angestrebte Wirkung würde verfehlt – ein nachhaltigeres und gesünderes Leben (Fini et al. 2018; Miller et al. 2016). Der Einbezug der gesellschaftlichen Perspektive und ihrer konkreten Bedarfe kann durch partizipativere Forschungsprozesse sichergestellt werden. Kollaboration und Ko-Kreation werden fester Bestandteil wissenschaftlicher Praxis, um gemeinsam einen Lösungsansatz erarbeiten zu können, der nachhaltig funktioniert (Wright/Nyberg 2015; Klein 2014; Gough 2017).

Doch wie sehen die praktischen Prozesse dahinter aus, die eine solche partizipative Forschung ermöglichen? Diese neuen Anforderungen an die Wissenschaft gehen unmittelbar mit den entsprechenden forschungspolitischen Förderprogrammen einher. Durch diverse Förderinitiativen Deutschlands und der Europäischen Union werden seit Beginn der 2000er Jahre Transferaktivitäten des Wissenschaftssystems vermehrt gefördert und somit zunehmend ins Leben gerufen. Darunter zählt neben der „Hightech-Strategie 2025" auf Bundesebene auch „Horizon Europe" auf EU-Ebene. Zentrales Anliegen der Hightech-Strategie 2025 ist es, „Wissen zur Wirkung [zu] bringen" und Innovationen zu stimulieren, die in der Gesellschaft ankommen (Bundesministerium für Bildung und Forschung 2018: 4). Das Rahmenprogramm von Horizon Europe hat u. a. die Förderung der Bürger*innenbeteiligung zum Gegenstand (Europäische Kommission 2018: 25). Forschungsorganisationen sind dadurch angehalten, sich an diese Anforderungen anzupassen, um ihre Förderungen zu gewährleisten und formulieren, nicht zuletzt durch den Appell des Wissenschaftsrates, organisationale Transferstrategien. Der Wissenschaftsrat beklagt, dass durch vorhandene Strategiedefizite vieler Organisationen dieser Wissens- und Technologietransfer nicht reibungslos umgesetzt werden kann (ebd.: 7 f.).

Eine umfassende Transferstrategie kann die Anerkennung von Transferaktivitäten fördern und folglich dazu beitragen, dass Transferperspektiven bei der Forschungsplanung systematisch verfolgt und auf institutioneller Ebene angemessen unterstützt werden (ebd.). In diesen Transferstrategien steht festgeschrieben, auf welche Art der Wissenstransfer mit Akteuren aus der Wirtschaft, Politik und der Gesellschaft strategisch ausgeführt wird. Transferstrategien sind folglich eine Art Governanceinstrument, um den Qualitätssicherungsprozess zu steuern und stellen darüber hinaus auch das Fundament jeder Organisationskultur dar: „Strategische Stimmigkeit durch Unternehmenskultur." (Scholz 1987: 99). Welche Inhalte idealerweise eine Transferstrategie abdecken sollte, hat Wilkesmann untersucht und stellte fest: Strukturelle Rahmenbedingungen, eine wissensfördernde Organisationskultur sowie personelle, motivationale Faktoren sind förderlich für den Wissenstransfer in Organisationen (Wilkesmann 2007: 3). Es wird dahingehend zunehmend wichtiger, geeignete Rahmenbedingungen innerhalb der Organisation zu schaffen. Letztlich tragen Transferstrategien in Organisationen auch zu einer höheren Resilienzfähigkeit dieser bei, da sie durch die festgeschriebene Strategie auch in Krisen nicht die Orientierung verlieren (Wissenschaftsrat 2021).

Vor dem Hintergrund des dargestellten wissenschaftspolitischen Diskurses basiert diese Arbeit auf folgenden Forschungsfragen:

- Welche organisationalen Strategien unterliegen dem Wissens- und Technologietransfer zwischen der Gesellschaft und Wissenschaft in Deutschland?
- Welche Elemente haben diese Strategien gemein?
- Können Rückschlüsse auf fehlende Bestandteile und Empfehlungen abgeleitet werden?

Im folgenden Kapitel wird die Methodik im Hinblick auf Samplezusammensetzung, Kategoriensystem, inhaltliche Dokumentenanalyse und empirischer Typenbildung dargestellt. Anschließend folgt eine genauere Erläuterung der sechs entwickelten empirischen Strategietypen und ein Kapitel zu abgeleiteten Handlungsempfehlungen für Forschungseinrichtungen. Der Beitrag schließt mit einem Ausblick für zukünftige Forschung, einer kritischen Diskussion der Arbeit und einem zusammenfassenden Fazit.

2 Methodik: Von Strategiepapieren zur Typologie

2.1 Samplezusammensetzung

Um diesen Fragen nachzugehen, wurde in der vorliegenden Studie ein Sample aus allen Universitäten der Exzellenzstrategie, des TU9-Verbundes sowie den vier großen außeruniversitären Forschungseinrichtungen zusammengestellt. Grund für diese Auswahl stellt zum einen die finanzielle Kraft dieser Einrichtungen dar und zum anderen der sich daraus ergebende Einfluss dieser Einrichtungen durch die betriebene Forschung, die aus diesen Mitteln entsteht (Horváth et al. 2013: 1). Darüber hinaus verpflichten sich die TU9-Universitäten den Zielen für nachhaltige Entwicklung und arbeiten laut eigenen Angaben ihrer offiziellen Website in interdisziplinären Konsortien an „Lösungsansätzen für die großen Herausforderungen" (TU9 o. J.). Zudem würden verstärkt Formate im Bereich partizipativer Wissenschaft entwickelt, um Erkenntnisse in die Gesellschaft zu transferieren (ebd.). Auch die vier außeruniversitären Forschungseinrichtungen bekennen sich durch den vierten Pakt für Forschung und Innovation 2021–2030 zu einer Forschung mit Bezug zu den großen gesellschaftlichen Herausforderungen (GWK 2019: 2). Die Exzellenzuniversitäten sind zwar nicht direkt über schriftliche Vereinbarungen an die großen gesellschaftlichen Herausforderungen gekoppelt, stellen jedoch die Spitzenforschung der deutschen universitären Forschung dar und tragen daher, wenn auch indirekt, eine gesellschaftliche Verantwortung mit. GWK-Vorsitzende Bettina Stark-Watzinger appelliert sogar direkt an die großen gesellschaftlichen Herausforderungen in einer Pressemitteilung zur rezenten Änderung an der Bund-Länder-Vereinbarung zur Exzellenzstrategie: „Angesichts dieser verbesserten Rahmenbedingungen freuen wir uns auf einen Wettbewerb mit vielen neuen Initiativen, die sich mit innovativen Ansätzen gerade auch aktuellen gesellschaftlichen Herausforderungen widmen." (idw 2022).

Insgesamt umfasst das Sample 22 Einrichtungen, wovon neun zum Zeitpunkt des Erhebungszeitraumes Anfang 2021 keine Transferstrategien aufweisen. Damit bilden 16 Strategiepapiere die Datengrundlage der qualitativen Dokumentenanalyse. Die Einrichtungen befinden sich namentlich in Tabelle 1.

Tab 1: Sample der Dokumentenanalyse

Untersuchte Organisationen mit Transferstrategie	Organisationen ohne Transferstrategie zum Zeitpunkt der Samplezusammenstellung
Charité Universitätsklinik	Technische Universität Dresden
Fraunhofer-Gesellschaft	Universität Hamburg
Freie Universität Berlin	Ruprecht-Karls-Universität Heidelberg
Helmholtz-Gemeinschaft	Karlsruher Institut für Technologie
Humboldt-Universität zu Berlin	Ludwig-Maximilians-Universität München
Leibniz Universität Hannover	Eberhard Karls Universität Tübingen
Leibniz-Gemeinschaft	Technische Universität Darmstadt
Max-Planck-Gesellschaft	Technische Universität Braunschweig
Rheinische Friedrich-Wilhelms-Universität Bonn	Rheinisch-Westfälische Technische Hochschule Aachen
Technische Universität Berlin	
Technische Universität München	
Universität Konstanz	
Universität Stuttgart	

2.2 Kategoriensystem

Die Basis des Kategoriensystems für die inhaltliche Dokumentenanalyse ist das Framework von Battistella et al. (2016). Die Autor*innen haben auf Grundlage einer kritischen Literaturanalyse ein Framework entwickelt, in welchem die involvierten Akteure, ihre Beziehungen zueinander, das Transferobjekt, die Kanäle und Mechanismen des Transfers und der Kontext im Zentrum stehen (ebd.). Das ausgearbeitete Framework stellt, Battistella et al. (ebd., o. S.) zufolge, alle relevanten Parameter dar, die bei der Gestaltung und Umsetzung einer interorganisationalen Transferaktivität zu berücksichtigen sind. Hier werden fünf Kategorien unterschieden: Akteure und Netzwerk, Kanal, Rahmenbedingungen, Beweggrund und Verständnis. Die dazugehörigen Fragestellungen lauten:

- Akteure: Welche institutionellen Akteure werden genannt? Wer ist noch in Transfer involviert? Welche Netzwerke werden geschaffen?
- Kanal: Welche Transferkanäle werden genannt? Auf welche Art und Weise geschieht Transfer?
- Rahmenbedingungen: Welche institutionsinternen Aspekte setzen den Rahmen für Transfer? Gibt es Anreize für Transfer?
- Beweggrund: Aus welchem Grund wird Transfer betrieben?

- Verständnis: Wie wird Transfer definiert? Enges oder weites Transferverständnis? Auch Definitionen von spezifischen Transferaktivitäten sind möglich. Wie ist der Transferprozess beschaffen?

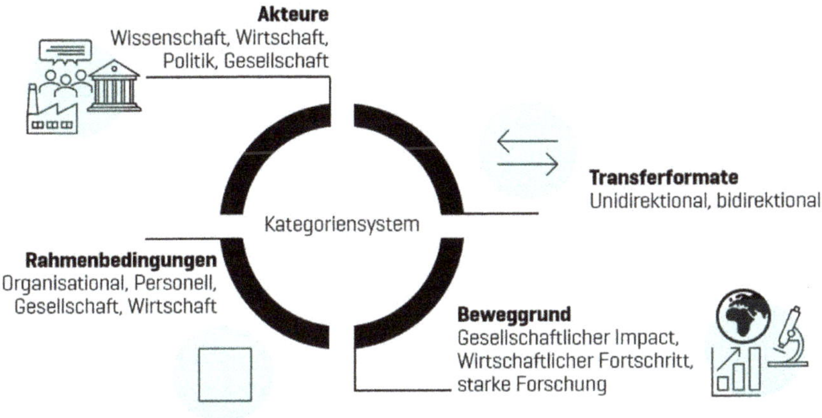

Abb. 1: Kategoriensystem der inhaltlichen Dokumentenanalyse, eigene Darstellung nach Battistella et al. (2016).

2.3 Inhaltliche Dokumentenanalyse

Die Klassifizierung wird nach Mayring (2015: 24) als Interpretationsgrundform der Strukturierung zugeordnet und wie folgt definiert: „Ordnung des Materials nach bestimmten, empirisch und theoretisch sinnvoll erscheinenden Ordnungsgesichtspunkten, um so eine strukturierte Beschreibung des erhobenen Materials zu ermöglichen.“ (ebd.). Das Hauptmerkmal der Klassifizierung ist die deduktive Kategorienanwendung. Die Transferstrategien wurden auf Grundlage des bereits eingeführten Kategoriensystems kodiert, anschließend reduziert und paraphrasiert. Es wurden folglich alle transferbezogenen Textpassagen kodiert, die den Kategorien zugeordnet werden konnten.

2.4 Empirische Typenbildung

Kluge definiert Typen als Gruppierungen, „die gemeinsame Eigenschaften aufweisen und anhand der spezifischen Konstellation dieser Eigenschaften beschrieben und charakterisiert werden können.“ (2000, o. S.). Die Elemente und Eigenschaften innerhalb eines Typs sind möglichst homogen, während sie sich zu anderen Typen heterogen verhalten (Kluge 1999: 27). Für die

Umsetzung wurde zunächst auf Grundlage der zusammengefassten Kodierungen und Markierungen nach Gemeinsamkeiten und Unterschieden zwischen den Strategiepapieren gesucht, bis sich möglichst ähnliche Fälle gruppieren ließen. Diese Abgrenzung von gruppierten, empirischen Fällen wurde nicht anhand theoretischer Faktoren vorgenommen, sondern ist ausschließlich auf die Merkmale des empirischen Materials zurückzuführen.

Dies ergab im Ergebnis sechs Cluster mit weitestgehend homogenen Fällen. Für den finalen Schritt der Typologisierung wurden anschließend weitere Reduktionen vorgenommen. Da alle Fälle innerhalb eines Clusters einheitlich sind und nur minimale Abweichungen zu anderen Organisationen des gleichen Clusters aufweisen, können diese Fälle jeweils zusammengeführt werden, ohne dass es dabei zu Datenverlust oder Verzerrungen kommt. Die Methodik der Typenbildung wurde verwendet, da sie die Originalität und die Praxisnähe der einzelnen Fälle erhält und empirische Aussagen erlaubt (Haas/Scheibelhofer 1998: 1). Mit der empirisch begründeten Typenbildung nach Kluge (1999, 2000) können außerdem generalisierbare Aussagen getroffen werden. Diese Generalisierung wird nicht „über [die] Repräsentativität der Ergebnisse, sondern über das Typische erreicht" (Kluge 1999: 34). Die Abstraktion des empirischen Materials erlaubt verallgemeinernde Annahmen. Dies ist in dieser Arbeit hilfreich, da es ihr Bestreben unterstützt, Handlungsempfehlungen aus den Strategietypen abzuleiten.

3 Sechs Strategietypen im Kurzportrait

Im Ergebnis konnten sechs Strategietypen ausgearbeitet werden. Die *Holistische Strategie* ist eine der zwei Strategietypen, die die Gesellschaft hinreichend über kollaborative Transferkanäle und Ko-Kreation in ihre Aktivitäten einbeziehen. Zudem ist sie der Gesellschaft über ihre Motivation, dem societal impact, verpflichtet und versteht Transfer als bidirektional und rekursiv. Als Beispiel kann hier ein Ausschnitt aus der Transferstrategie der Leibniz-Gesellschaft herangezogen werden, welche dem „Holistischen Strategietypen" zugeordnet werden kann: „In diesem vielschichtigen Dialog nehmen Wissenschaftlerinnen und Wissenschaftler zugleich Impulse aus der Gesellschaft auf und entwickeln neue Perspektiven für die Forschung. Besonders intensiv kann dieser Austausch in der Citizen Science sein, bei der Bürgerinnen und Bürger unmittelbar zu Forschungsprojekten beitragen und Wissen generieren." (Leitbild Leibniz-Transfer 2019: 18).

Die *Zweispurige Strategie* ist der zweite gesellschaftlich orientierte Strategietyp und ist durch den gleichgestellten Transfer mit der Gesellschaft und der

Wirtschaft gekennzeichnet. Im Vergleich zum ersten Strategietyp gibt es zwei Unterschiede: (1) der Fokus auf den wirtschaftlichen Fortschritt und den societal impact in den Beweggründen und (2) die auf gesellschaftlichen und wirtschaftlichen Transfer ausgelegten Rahmenbedingungen. Der gesellschaftliche Nutzen wird auch wirtschaftlich umgesetzt, jedoch ohne den Transfer mit der Gesellschaft in den Hintergrund zu stellen.

Die *Motivierte Strategie*, ist zwar zum Teil auf die Gesellschaft ausgerichtet, allerdings lediglich über die bidirektionale Wissenschaftskommunikation. Einzigartig an diesem Typ ist der societal impact als alleiniger Beweggrund. Die Rahmenbedingungen für Transfer beschränken sich jedoch auf allgemeine Maßnahmen und die Etablierung einer Transferkultur. Kollaboration und Ko-Kreation kommen nicht vor.

Die *Unidirektionale* und die *Ökonomiegetriebene Strategie* haben in Bezug auf die Gesellschaft ein unidirektional ausgelegtes Transferverständnis: die Gesellschaft ist passive Empfängerin. Entweder durch unidirektionale Wissenschaftskommunikation oder indirekt über wirtschaftliche Kanäle, respektive der Transferobjekte. Der Kern dieses Strategietyps sind die ökonomischen Transferkanäle: Ausgründungen, Patente, Vertragsforschung, Unternehmenskooperationen, Weiterbildungen der Mitarbeitenden für das notwendige Transfer Know-how und der Transfer über Köpfe.

Die *Kommerzielle Strategie* weist keinen Gesellschaftsbezug auf. Im Zentrum der Strategie steht die wirtschaftliche Verwertung und Nutzung von wissenschaftlich generiertem Wissen in Form von Ausgründungen, Patenten und Unternehmenskooperationen.

4 Handlungsempfehlungen für Forschungseinrichtungen

Grundsätzlich lässt sich anhand der Datenlage dieser Arbeit festhalten, dass der strategische Wissens- und Technologietransfer mit der Gesellschaft noch nicht zu allen Forschungseinrichtungen durchgedrungen ist. Lediglich die Hälfte der Organisationen weist einen expliziten Gesellschaftsbezug auf, der dem Verständnis einer aktiven Partizipation durch verschiedene Kanäle (insbesondere bidirektionale Wissenschaftskommunikation, Reallabore und Citizen Science) gerecht wird. In Anbetracht der geschilderten Entwicklungen der 2000er und 2010er Jahre ist dies nicht ausreichend. Die großen gesellschaftlichen Herausforderungen dieser Zeit benötigen eine holistische Herangehensweise, die es allen Akteuren erlaubt, zu kollaborieren und gemeinsam Lösungswege zu ermitteln.

Die drei relevanten Treiber für den Transfer mit der Gesellschaft sind:

- Ko-kreative und partizipative Transferformate
- Societal impact als Motivationsfaktor
- Transferkultur etablieren für nachhaltigen Transfer

Die Strategietypen sollen externen Organisationen als Anhaltspunkt bei der erstmaligen Entwicklung einer Strategie dienen. Zusätzlich können sie für eine Umstrukturierung, oder Novellierung der aktuellen Strategie herangezogen werden. Es handelt sich bei den hier dargestellten Typen um empirisch begründete. Dies setzt voraus, dass sie nicht ohne weitere Anpassungen für andere Organisationen übernommen werden können. In jedem Fall bedarf es einer konkreten Betrachtung der organisationsspezifischen Besonderheiten in Bezug der hier dargelegten Kategorien.

5 Grenzen der Typologie und künftiger Forschungsbedarf

Der Transfer mit der Gesellschaft in Forschungsorganisationen ist noch nicht weit verbreitet, bzw. z.T. lediglich über klassische nicht-kollaborative Formate. Forschungsorganisationen bedarf es der Reflexion der eigenen organisationalen Verantwortung innerhalb der Gesellschaft, z.B. (wann) bestimmte Bedarfe der Gesellschaft in entsprechenden Elementen des Forschungsprozesses berücksichtigt werden müssen. Transferstrategien sind nicht nur ein Instrument der inneren Steuerung von Transferaktivitäten, sondern zugleich eine Unterstützung in der Etablierung einer gesellschaftsoffenen Transferkultur über den wirtschaftsorientierten Transfer hinaus.

Des Weiteren konnten keine Aussagen zum tatsächlichen Ist-Zustand der Transferaktivitäten mit der Gesellschaft getätigt werden. Dies ist zum einen der Komplexität, Diversität und Intransparenz der Dokumentationsformen von Transferaktivitäten geschuldet und zum anderen dem Rahmen dieser zugrundeliegenden Forschung. Zukünftige Forschung könnte diesen Implementierungsprozess von Transferstrategien untersuchen und Hürden bzw. Erfolgsfaktoren bei der Umsetzung aufzeigen. Hrebiniak (2006) fasst es passend zusammen: „Formulating strategy is difficult. Making strategy work – executing or implementing it throughout the organization – is even more difficult" (ebd.: 12). Daran anknüpfend sind ebenfalls Fragestellungen zur Evaluation der organisationalen Transferstrategie ein gangbarer Forschungsweg. Transferstrategien könnten durch Entscheidungsträger*innen weiter angepasst werden und um Indikatoren zur Messung erweitert werden, damit eine Evaluation transparent zugänglich ist.

Mit einem höheren Ressourcenaufwand ist ebenfalls eine zusätzliche, nachgelagerte qualitative Befragung von einzelnen Mitarbeiter*innen der Einrichtungen denkbar, um Aufschluss über spezifische Hintergründe oder Unklarheiten einzelner Transferaktivitäten geben zu können. Auf diese Weise könnte auch der kulturelle Aspekt von Transfer intensiver fokussiert werden. Für zukünftige Forschung könnte auch das Strategiepapier als Untersuchungsobjekt noch weiter aufgeschlüsselt werden. Es handelt sich bei nach außen gerichteten Strategiepapieren meist um Selbstvermarktung im Sinne der Public Relations (Röttger/Gehrau/Preusse 2013). Damit ist von Beginn an ein Bias zur positiveren Selbstdarstellung inhärent, welcher durch tiefergehende qualitative Expert*inneninterviews in Teilen neutralisiert werden könnte. Auch Hürden und Herausforderungen könnten auf diese Weise klarer erfasst werden.

6 Fazit: Lessons Learned

Um die anfangs gestellten Forschungsfragen zu beantworten: Welche organisationalen Strategien unterliegen folglich dem Wissens- und Technologietransfer zwischen Gesellschaft und Wissenschaft in deutschen Forschungseinrichtungen? Die *Holistische* und die *Zweispurige*. Die Gesellschaft wird lediglich in diesen beiden Strategietypen hinreichend einbezogen und können als Best Practice-Fälle herangezogen werden. Welche Elemente kennzeichnen diese beiden Strategietypen? Kollaborative Transferkanäle, Ko-Kreation, der societal impact als Motor für den Transfer mit der Gesellschaft, der Einbezug aller Stakeholder aus Wissenschaft, Politik, Gesellschaft und Wirtschaft und die Bereitstellung geeigneter Rahmenbedingungen für die nachhaltige institutionelle Unterstützung dieses Transfers.

Daher sollten die Strategieverantwortlichen der Strategietypen Drei bis Sechs, die keine oder eine unzureichende gesellschaftliche Dimension einbeziehen diese Elemente berücksichtigen und gemeinsam mit allen relevanten Akteuren organisationsadäquate Ansätze zum Einbezug der Gesellschaft erarbeiten und in ihre Strategie integrieren. Forschungseinrichtungen in Deutschland mit mangelhafter oder ohne Transferstrategie sollten ihre institutionelle Verantwortung in der Gesellschaft reflektieren und die Relevanz der gesellschaftlichen Interaktion erkennen. Eine Transferstrategie, die die Gesellschaft (oder Teile von ihr) außen vorlässt oder nicht als gleichberechtigte Akteurin anerkennt, ist angesichts der zu bewältigenden großen gesellschaftlichen Herausforderungen des 21. Jahrhunderts nicht erstrebenswert.

Literatur

Bagdassarov, Annett (2012): Wissens- und Technologietransfer an Universitäten. Wiesbaden: Springer.

Battistella, Cinzia/De Toni, Alberto/ Pillon, Roberto (2016): Inter-organisational technology/knowledge transfer. A framework from critical literature review. In: Journal of Technology Transfer 41(5), 1195–1234.

Bundesministerium für Bildung und Forschung (Hg.) (2018): Forschung und Innovation für die Menschen. Die Hightech-Strategie 2025. Berlin: Bundesministerium für Bildung und Forschung. https://www.bmbf.de/SharedDocs/Publikationen/de/bmbf/1/31431_Forschung_und_Innovation_fuer_die_Menschen.pdf?__blob=publicationFile&v=6.

Bozeman, Barry/Rimes, Heather/Youtie (2015): The evolving state-of-the-art in technology transfer research. Revisiting the contingent effectiveness model. In: Research Policy 44(1), 34–49.

Statistisches Bundesamt (2022): Finanzen und Steuern. Ausgaben, Einnahmen und Personal der öffentlichen und öffentlich geförderten Einrichtungen für Wissenschaft, Forschung und Entwicklung. Wiesbaden: Statistisches Bundesamt.

Europäische Kommission (2018): Verordnung des europäischen Parlaments und des Rates über das Rahmenprogramm für Forschung und Innovation "Horizont Europa" sowie über die Regeln für die Beteiligung und die Verbreitung der Ergebnisse. Brüssel: Europäische Kommission.

Fini, Riccardo/Rasmussen, Einar/Siegel, Donald/Wiklund, Johan (2018): Rethinking the commercialization of public science. From entrepreneurial outcomes to societal impacts. In: Academy of Management Perspectives 32(1), 4–20.

Flick, Uwe (2010): Design and process in qualitative research. In: Uwe Flick/Ernst von Kardorff/Ines Steinke (eds.): A companion to qualitative research. London: Sage, 146–152.

Gough, Ian (2017): Heat, greed and human need. Climate change, capitalism and sustainable wellbeing. Cheltenham: Edward Elgar Publishing.

Gemeinsame Wissenschaftskonferenz (GWK) (2019): Pakt für Forschung und Innovation IV in den Jahren 2021–2030. https://www.gwk-bonn.de/fileadmin/Redaktion/Dokumente/Papers/PFI-IV-2021-2030.pdf.

Gemeinsame Wissenschaftskonferenz (GWK) (2020): Steigerung des Anteils der FuE-Ausgaben am nationalen Bruttoinlands-produkt (BIP) als Teilziel der Strategie Europa 2020. Sachstandsbericht zum 3 %-Ziel für FuE an die Regierungschefinnen und Regierungschefs von Bund und Ländern. Bonn

(Materialien der GWK, Heft 67). https://www.gwk-bonn.de/fileadmin/Redaktion/Dokumente/Papers/3__Bericht_Heft_67_Homepage_bzw_Archiv_final.pdf.

Haas, Barbara/ Scheibelhofer, Ella (1998): Typenbildung in der qualitativen Sozialforschung: eine methodologische Analyse anhand ausgewählter Beispiele. Reihe Soziologie / Institut für Höhere Studien, Abt. Soziologie, 34. Wien: Institut für Höhere Studien.

Hansjürgens, Bernd (2016): Wissenstransfer in der Helmholtz-Gemeinschaft. Konzept zur strategischen Weiterentwicklung und Stärkung. https://www.helmholtz.de/fileadmin/user_upload/01_forschung/Technologietransfer/Wissenstransfer/AG_Wissenstransfer_Ergebnispapier_Dez_2016_Layout.pdf.

Horváth, Peter/Küpper, Hans-Ulrich/Seiter, Mischa (2013): Strategie, Steuerung und Governance außeruniversitärer Forschungseinrichtungen. Wiesbaden: Springer.

Hrebiniak, Lawrence G. (2006): Obstacles to effective strategy implementation. In: Organizational Dynamics 35(1), 12–31.

Informationsdienst Wissenschaft (idw) (2022): Bessere Chancen für Exzellenzcluster: GWK ändert Bund-Länder-Vereinbarung zur Exzellenzstrategie, Rebekka Kötting Pressestelle. https://idw-online.de/de/news804152.

Klein, Naomi (2014): This changes everything. Capitalism vs. the climate. London: Allen Lane.

Kluge, Susann (1999): Empirisch begründete Typenbildung. Zur Konstruktion von Typen und Typologien in der qualitativen Sozialforschung. Wiesbaden: Springer.

Kluge, Susann (2000): Empirisch begründete Typenbildung in der qualitativen Sozialforschung. In: Forum Qualitative Sozialforschung 1(1), Artikel 14.

Leibniz Gemeinschaft (2019): Leitbild Leibniz-Transfer. https://www.leibniz-gemeinschaft.de/fileadmin/user_upload/Bilder_und_Downloads/Neues/Mediathek/Publikationen/Brosch%C3%BCren/Leitbild_Transfer_Einzelseiten.pdf.

Mayring, Philipp (2007): Generalisierung in qualitativer Forschung. In: Forum Qualitative Sozialforschung 8(3), Artikel 26.

Mayring, Philipp (2015): Qualitative Inhaltsanalyse. Grundlagen und Techniken. 12 Auflage. Weinheim, Basel: Beltz Verlag.

Miller, Kristel/McAdam, Rodney/Moffett, Sandra/Alexander, Allen/Puthusserry, Pushyarag (2016): Knowledge transfer in university quadruple helix ecosystems. An absorptive capacity perspective. In: R&D Management 46 (2), 383–399.

Przyborski, Aglaja/Wohlrab-Sahr, Monika (2014): Qualitative Sozialforschung. Ein Arbeitsbuch. 4. Auflage. München: Oldenbourg Verlag.

Röttger, Ulrike/ Gehrau, Volker/ Preusse, Joachim (2013): Strategische Kommunikation: Umrisse und Perspektiven eines Forschungsfeldes. Wiesbaden: Springer Fachmedien.

Scholz, Christian (1987): Strategisches Management. Ein integrativer Ansatz. Berlin, Boston: de Gruyter.

TU9 (o. J.): Zukunftsweisende, kreative Forschung in MINT. https://www.tu9.de/forschung-innovation.

United Nations (2012): Report of the United Nations Conference on Sustainable Development. Rio de Janeiro, Brazil, 20–22 June 2012. New York, NY: United Nations. https://digitallibrary.un.org/record/737074?ln=en.

Wilkesmann, Maximiliane (2007): Wissenstransfer(s) in der Organisationsform Universität. Discussion papers des Zentrums für Weiterbildung Universität Dortmund, Nr. 05–2007. https://core.ac.uk/download/pdf/46907764.pdf.

Wissenschaftsrat (2016): Wissens- und Technologietransfer als Gegenstand institutioneller Strategien. Positionspapier. Drs. 5665–16. Weimar: Wissenschaftsrat. https://www.wissenschaftsrat.de/download/archiv/5665-16.html.

Wissenschaftsrat (2018): Empfehlungen zur Hochschulgovernance. Drs. 7328-18. Hannover: Wissenschaftsrat. https://www.wissenschaftsrat.de/download/archiv/7328-18.html.

Wissenschaftsrat (2021): Impulse aus der COVID-19-Krise für die Weiterentwicklung des Wissenschaftssystems in Deutschland. Positionspapier. Drs. 8834–21. Köln: Wissenschaftsrat. https://www.wissenschaftsrat.de/download/2021/8834-21.pdf?__blob=publicationFile&v=23.

Wright, Christopher/Nyberg, Daniel (2015): Climate change, capitalism, and corporations. Cambridge: Cambridge University Press.

Gabriele Wendorf

Transformationsprozesse gestalten – die Rolle der Wissenschaft in der Praxis

Der Klimawandel und andere Herausforderungen, die beispielsweise durch die 17 Sustainable Development Goals der Vereinten Nationen beschrieben werden, stellen Politik und Verwaltung aber auch Wissenschaft vor neue Aufgaben. Denn es gilt Transformationsprozesse gemeinsam zu gestalten, um den Zielen einer nachhaltigen Transformation gerecht zu werden. Hierbei muss die Wissenschaft zunehmend eine neue Rolle einnehmen und mit verschiedensten Stakeholdern gemeinsam Prozesse der Veränderung anregen und diese Prozesse begleiten. Dabei verlässt sie die Rolle einer neutralen Beobachterin und wird Teil des zu transformierenden Systems.

Der folgende Artikel stellt einleitend verschiedene Perspektiven auf diesen Rollenwandel dar. Im Hauptteil wird die Rolle von Wissenschaft an einem konkreten Beispiel beschrieben, um die Vielfältigkeit der Herausforderungen zu verdeutlichen. Hierfür werden die Erfahrungen aus verschiedenen Mobilitätsprojekten herangezogen, die seit 2016 beginnend mit dem Projekt „Neue Mobilität Berlin" in einem Berliner Bezirk durchgeführt wurden. Abschließend werden die sich daraus ableitenden Anforderungen an die Wissenschaft thematisiert.

Perspektiven auf den Rollenwandel von Wissenschaft in Transformationsprozessen

Aufgrund verschiedener virulenter Herausforderungen, insbesondere aber wegen der drohenden Folgen des Klimawandels, ist zügiges Handeln gefragt. Bereits in seinem Gutachten „Welt im Wandel" hat der WBGU von einer „Großen Transformation" gesprochen und erläutert, „dass die erforderliche Transformation tiefgreifende Änderungen von Infrastrukturen […] sowie ein neues Zusammenspiel von Politik, Gesellschaft, Wissenschaft und Wirtschaft umfasst" (WBGU 2011: 1).

Dieses neue Zusammenspiel von Wissenschaft und verschiedenen außerwissenschaftlichen Akteuren wird mittlerweile mit dem Begriff der transdisziplinären Forschung gefasst und wird zunehmend zu einem anerkannten

Forschungstypus. Defilia/Di Guilio (1999: 6) definieren transdisziplinäre Forschung in Abgrenzung zu interdisziplinärer Forschung wie folgt:

> «Transdisziplinarität» wiederum wird verstanden als eine spezielle Form von Interdisziplinarität, in der auch die ausserwissenschaftliche Praxis an den Forschungsarbeiten beteiligt wird. Zugrundegelegt wird eine problemorientierte Forschung, eine Forschung also, die einen Beitrag leisten will zur Lösung (und Vermeidung) gesellschaftlich relevanter Probleme.

Diese Entwicklung war und ist nicht unumstritten. Als Reaktion auf das Gutachten des WBGU hat beispielsweise Peter Strohschneider, ehemaliger Vorsitzender des Wissenschaftsrats und Präsident der Deutschen Forschungsgemeinschaft, das Verhältnis von Wissenschaft und Politik zueinander beschrieben und konstatiert für die Wissenschaft: „Sie hat vielmehr [...] zur Voraussetzung, dass – anders als bei den vormodernen Formen von Weisheitswissen – Erkenntnis und Normativität, Wissen und Handlungsorientierung auseinandergetreten sind“ (Strohschneider 2014: 189).

Damit wird eine normative Ausrichtung – wie die am Prinzip der Nachhaltigkeit – und eine Handlungsorientierung – wie sie den Anspruch transformativer Forschung prägt – als nicht den Voraussetzungen von Wissenschaft entsprechend charakterisiert.

Zunehmend setzt sich jedoch die Erkenntnis durch, dass zur Bewältigung großer Herausforderungen unserer Zeit, wie bspw. des Klimawandels, wissenschaftliche Expertise und Innovationen in ausreichender Menge vorhanden sind, aber nicht in notwendigem Maß in die Umsetzung kommen und daher eine neue Form der Zusammenarbeit von Wissenschaft und außerwissenschaftlichen Akteuren erforderlich ist, um aus der Erfahrung mit Umsetzungsprojekten und deren wissenschaftlicher Begleitung diesen Herausforderungen gerecht werden zu können. Hierfür wird zunehmend das Format des Reallabors verwendet. Die sprachliche Analogie zu naturwissenschaftlichen Laboren soll dabei deutlich machen, dass es sich um einen wissenschaftlichen Erkenntnisprozess mit experimentellem Charakter handelt.

Die experimentellen, in der Regel partizipativ entwickelten Veränderungen an einem Ort, z.B. in einem Quartier bieten Denkanstöße und praktische Erfahrungen für Bewohner*innen. Sie bieten die Chance, positive und negative Effekte der Veränderungen zu eruieren, Verhaltensänderungen zu erfahren und Hindernisse, die Verhaltensänderungen entgegenstehen, zu beleuchten.

Dabei ist auf Seiten der Wissenschaftler*innen Wissen verschiedener, interdependenter Wissensarten erforderlich, die den Wissenserwerb in der transdisziplinären Forschung vom Wissenserwerb bei naturwissenschaftlicher Laborarbeit unterscheidet.

Als gängige Unterscheidung in der transdisziplinären Forschung haben sich die Begriffe Systemwissen (Wissen über den gegenwärtigen Ist-Zustand), Ziel- oder Orientierungswissen (Soll-Zustand) und Transformationswissen (Wissen, das den Weg hin zum Soll-Zustand ermöglicht) etabliert (Pohl/Hirsch Hadorn 2006: 32 ff.). Die experimentelle Umsetzung von Veränderungen im Rahmen der transdisziplinären Forschung erfordert dabei die Generierung von Kontextwissen, um das System besser zu verstehen. Im Fall eines Reallabores bedeutet dies, sowohl Kenntnis über physische Bedingungen vor Ort zu generieren als auch die Akteure und deren Handlungsspielräume zu eruieren. Als Zielorientierung dient häufig das Konzept der nachhaltigen Entwicklung – im Kontext von Reallaboren im Mobilitätsbereich wird hier beispielsweise eine Reduzierung der Klimafolgen von Mobilität bei gleichzeitiger Berücksichtigung sozialer Aspekte als Ziel formuliert. Das Konzept der Nachhaltigkeit dient damit als normative Orientierung für die Veränderungen im Reallabor. Schließlich übernimmt das Transformationswissen im Rahmen der Umsetzung von Veränderungen in Richtung der normativen Ziele die Rolle, die Möglichkeiten der Transformation durch Kenntnis von Reglementierungen, Handlungspraktiken und Machtverhältnissen auszuloten und letztere in Frage zu stellen (vgl. Pohl/Hirsch Hadorn 2006, insb.: 35 f.). Der wissenschaftliche Erkenntnisprozess ist daher aufgrund der Vielschichtigkeit und der Interdependenzen der Wissensarten voraussetzungsvoll. Pohl/Hirsch Hadorn empfehlen folglich bei Realexperimenten eine kritische Reflexion und Reduktion der Forschungsfragen mit Blick auf die erwünschten Ziele und sozialen, rechtlichen u.a. Handlungsmöglichkeiten (ebd.: 36) und warnen davor, dass „unrealistisch viele Ansprüche und Erwartungen an ein Projekt gestellt werden" (ebd.: 35).

Mit anderen Worten, Wissenschaftler*innen müssen sich selbst gegen eine systematische Überforderung wappnen und die begrenzenden Faktoren im Umsetzungsprozess (z.B. Handlungslogiken und Machtstrukturen im Feld) sowie die Möglichkeiten, diese zu verändern, realistisch einschätzen. Darüber hinaus müssen sie sich dessen bewusst werden, dass sie mit ihrem Wirken Teil der sozialen Dynamik im Feld werden und anders als im naturwissenschaftlichen Experiment die Rolle als Beobachter*in verlassen.

Die Entstehung eines Reallabors

Um die möglichen Facetten der Rolle von Wissenschaft bspw. in Reallaboren zu verdeutlichen, wird im Folgenden der Forschungsprozess in einem Reallabor zum Themenfeld Mobilität ausführlich dargestellt.

Das Projekt „Neue Mobilität Berlin" startete 2016 nachdem sich ein Vor-Ort-Akteur (insel-projekt.berlin), der sich der Nachhaltigen Entwicklung seines Kiezes verschrieben hat, ein Klimaschutzbeauftragter des Bezirks Charlottenburg-Wilmersdorf, Mitarbeitende des Zentrums Technik und Gesellschaft der TU Berlin und BMW als Car-Sharing-Anbieter sowie die Berliner Agentur für Elektromobilität darauf verständigt hatten, den Transformationsprozess in Richtung nachhaltigerer Mobilität und Lebensqualität im Kiez gemeinsam als Projektteam zu gestalten. Neben dem Mierendorff-Insel-Kiez (Handlungsfeld des Projektpartners „insel-projekt.berlin") wurde durch das Projektteam der Kiez rund um den Klausener Platz als weiteres Reallabor ausgewählt, da hoher Parkdruck dort bereits bei einigen Akteuren zum vielfältig artikulierten Wunsch nach Veränderung geführt hatte.

Zentrale Zielstellung war und ist, durch die Reduktion von Autos mehr Raum für andere Bedarfe freisetzen zu können, indem weniger Raum für Verkehr – vor allem für den ruhenden – benötigt wird. Gleichzeitig ist mit dem Ziel der Reduktion von Autos auch das Ziel einer Veränderung des Mobilitätsverhaltens hin zu mehr ÖPNV, sowie Rad- und Fußverkehr verbunden. Anhand der beiden ausgewählten innerstädtischen Kieze sollten daher die Möglichkeiten ausgelotet werden, Menschen zu finden, die bereit sind, ihr Auto abzuschaffen und damit sowohl den Flächenverbrauch für das Fahren und Parken von Autos zu reduzieren als auch vom autogestützten Individualverkehr auf einen umweltfreundlicheren Mobilitätsmix zu wechseln.

Nach der Verständigung über die gemeinsame Zielsetzung war die Sondierung des Akteursfeldes erforderlich. Um verschiedenartige Akteure in einen Reallabor-Prozess einzubinden ist es unerlässlich, jeweils einen akteursspezifischen Zugang zu wählen, der die Interessenlagen, die Handlungsspielräume, Handlungslogiken und bereits vorhandene Kommunikationsstrukturen berücksichtigt. Durch langjährige Erfahrung der Wissenschaftler*innen des Projektteams wurde dies frühzeitig in der Projektkonzeption berücksichtigt. Im konkreten Fall hieß dies, dass sowohl Kiezbüros, lokale Verkehrs-AGs, Gewerbetreibende, die Bezirksverordnetenversammlung, Stadträte, das Ordnungsamt, das bezirkliche Quartiersmanagement und die Anwohner*innen auf verschiedenen Wegen adressiert und in den Prozess eingebunden werden mussten.

Schaffung von Diskussionsgrundlagen

Die Reduktion von Parkplätzen ist ein sehr sensibles und emotional aufgeladenes Thema und erfordert eine überlegte und sensible Herangehensweise. Im ersten Schritt ging es uns daher darum, bei allen Beteiligten ein Bewusstsein für den Flächenverbrauch der Mobilität zu schaffen und gleichzeitig alternative Parkraumnutzungen für die Bedürfnisse der Nachbarschaft zu diskutieren. Folglich wurde u.a. eine Befragung zur Zufriedenheit mit der Auto- und Fahrrad-Parkraumsituation sowie dem öffentlichen Raum in der Nachbarschaft durchgeführt und die Ergebnisse der Befragung als ein Anknüpfungspunkt für Diskussionen genutzt (Wendorf/Schröder 2018: 455 ff.).

Zusätzlich wurde durch das Projektteam eine Studie zum Parksuchverkehr beim Fachgebiet „Verkehrssystemplanung und Verkehrstelematik" (Prof. Nagel, TU Berlin) in Auftrag gegeben. Die Mitarbeitenden des Fachgebietes ermittelten vor Ort in den Kiezen 2897 (Klausenerplatz-Kiez) und 1512 (Mierendorff-Insel-Kiez) Parkmöglichkeiten am Straßenrand. Diese Werte und die räumlichen Gegebenheiten bildeten die Voraussetzung zur Nutzung eines in diesem Fachgebiet entwickelten Simulationsmodells, auf Basis dessen für den Klausenerplatz-Kiez ermittelt wurde, dass 20 % der gesamten, im Kiez gefahrenen Kilometer durch den Parksuchverkehr verursacht sind (Bischoff/Nagel 2017a: 884 f.). Im Anschluss wurde unter der Annahme einer Reduktion der Parkplätze um etwa 2 % für den Klausenerplatz-Kiez (Reduktion der Parkmöglichkeiten um 64 Plätze, wovon die Hälfte für 32 Free-Floating-Carsharing-Plätze umgenutzt werden) eine weitere Simulationsrechnung durchgeführt (Bischoff/Nagel 2017b: 5 f.). Diese ergab eine geringe Reduktion der privaten PKW-Nutzung zugunsten anderen Verkehrsformen (auch Rad- und Fußverkehr) sowie eine Reduktion des parkplatzsuche-bedingten Verkehrs. Die für die Parkplatzsuche in diesem Kiez durchschnittlich benötigte Zeit würde demnach von 7:58 auf 7:37 Minuten sinken und die motorisiert zurückgelegten Kilometer im Kiez würden um etwa 10 % sinken (ebd.).

Auch diese potenziellen Entlastungseffekte für Nachbarschaften mit hohem Parkdruck wurden durch das Projektteam und die Durchführenden der Simulationsstudie in verschiedenen Formaten in die Diskussionen vor Ort eingebracht, um ein Bewusstsein für den Einfluss des Parkflächen-Angebots auf die Verkehrsmittelwahl und auf die Verkehrsbelastung im Kiez zu erzeugen. Insbesondere die durch die Parkplatzanalyse festgestellte Überauslastung der vorhandenen Parkmöglichkeiten (Vollauslastung der legalen und Nutzung illegaler Parkmöglichkeiten (Bischoff/Nagel 2017b: 4)) führt zu schlecht einsehbaren und schlecht querbaren Straßenkreuzungen. In Gesprächen mit der

Anwohnerschaft sind dies wertvolle Informationen, um fundierter über Veränderungen der Parkraumsituation und damit verbundene Vor- und Nachteile für die verschiedenen Verkehrsteilnehmer*innen und deren Verkehrsmittelwahl zu diskutieren.

Vorbereitung der Veränderungsmaßnahmen

Auf Basis dieser kiezspezifischen Voruntersuchungen konnte mit der Planung konkreter Veränderungen begonnen werden. In einem mehrstufigen, teils zirkulären Entscheidungsprozess diskutierte und konzipierte das gesamte Projektteam mit Anwohner*innen und Interessierten eine temporäre Umnutzung von Parkraum und Umsetzungsmaßnahmen. Ergebnis der Diskussion in den beiden Kiezen war der Wunsch nach Gestaltung eines Parklets bzw. einer Platz-Situation mit Sitzgelegenheiten, Pflanzflächen und Sharing-Angeboten. Das Projektteam erarbeite auf Basis dieser Diskussionsrunden einen ausführlichen Veranstaltungsplan für einen ersten Aktionszeitraum, der Zeiten und Verantwortlichkeiten für Fahrradreparatur-Aktion, Diskussionsveranstaltungen, Verkehrsschule etc. enthielt.

Die für zwei Wochen geplanten Umgestaltungen und geplanten Veranstaltungen erforderten im Anschluss einen längeren administrativen Abstimmungsprozess. Als Voraussetzung für die Zustimmung des Stadtrats für Stadtentwicklung war die Zustimmung der Bezirksverordnetenversammlung (BVV) erforderlich, die ihrerseits die Zustimmung des eigenen Mobilitätsausschusses wünschte. Darüber hinaus mussten die Maßnahmen mit dem Ordnungsamt abgestimmt und später inklusive der Erstellung eines Verkehrszeichenplans beantragt werden (Auch Letzteres war nicht trivial, da es noch kein amtliches Car-Sharing-Verkehrszeichen für diesen Zweck gab). Als Vorbereitung auf die verschiedenen Sitzungstermine mussten im Vorfeld einige Mitglieder der BVV ausführlicher über die geplanten Maßnahmen informiert werden, um in den Gremien entscheidungsfähig zu sein.

Dieser Ablauf illustriert exemplarisch den Entscheidungsweg einer von mehreren experimentellen Aktionen, die im Laufe des Projekts ausgeführt wurden. Sowohl die Kenntnis rechtlicher Rahmenbedingung und administrativer Vorgänge als auch Erfahrung und diplomatisches Geschick beim Vortragen der eigenen Ideen unter Berücksichtigung der Entscheidungslogiken der verschiedenen Akteure waren daher für das Projektteam essentiell. Trotz des nur temporären und räumlich auf wenige Parkflächen reduzierten Eingriffs in die Nutzung von Stadtraum war ein halbjähriger Vorbereitungszeitraum erforderlich. In der Diskussion mit den Anwohner*innen, darüber wie der Raum temporär umgenutzt werden könnte, mussten dabei bereits mögliche Ausschlusskriterien im späteren Entscheidungsprozess antizipiert und teils mit verschiedenen administrativen und politischen Akteuren vorbesprochen werden. Durch erste Abstimmungsgespräche mit dem Ordnungsamt war z.B. klar, dass verkehrspolitische Bedenken einer Bewilligung von Veränderungen entgegenstehen würden. So mussten wir als Projektteam in den Diskussionsrunden mit Anwohner*innen von vornherein einige Vorschläge wie Tischtennis oder andere Ballspiele zurückweisen, da sie den Straßenverkehr potenziell gefährden können. Auch Aktionen, die zu Lärmbelästigungen führen könnten, mussten ausgeschlossen werden. Nur wohl überlegte Veranstaltungen, wie Gitarrenspiel in festgelegten Zeitfenstern oder Lesungen waren in diesem Rahmen genehmigungsfähig.

Erfahrungen während der experimentellen Veränderungen vor Ort

Eine offizielle Genehmigung der Maßnahmen durch die notwendigen Instanzen bewahrt indes nicht davor, dass es bei Durchführung zu kontroversen Diskussionen und Konflikten vor Ort kommen kann. Um diese weitgehend zu vermeiden, suchten wir nach Menschen in der Nachbarschaft, die bereit waren, ihr Auto in einem von uns organisierten Parkhaus am Stadtrand zu parken und gleichzeitig die Erlaubnis gaben, sie als Testimonials für die Aktion öffentlich darstellen zu dürfen. Durch umfangreiche Information über diese „Auto-Umparker“ über verschiedene Kanäle und mit Plakaten vor Ort wurde versucht, potenziellen Protesten wütender Nachbarn entgegenzuwirken, die sich durch die Umnutzung von Parkraum „ihres Parkplatzes beraubt sehen“. Der so entstandene und zur temporären Umgestaltung genehmigte Platz wurde dann durch Paletten-Möbel und gemeinsame Pflanz-Aktionen gestaltet und zu den vereinbarten Aktionen genutzt. Die Nachbarschaft hatte darüber hinaus die Gelegenheit, verschiedene Sharing-Angebote zu nutzen und an speziellen „Mobilitätstagen“ Information über Alternativen zum Auto zu erhalten und diese Alternativen kostenfrei auszuprobieren.

Trotz präventiver Maßnahmen zur Konfliktvermeidung ist jedoch immer mit Protesten zu rechnen. Die Verringerung des Parkraums wird von manchen Nachbar*innen als Steigerung der Lebensqualität aber auch von einigen Autobesitzer*innen als Beeinträchtigung derselben empfunden. Folglich finden sich Forscher*innen in einer neuen Rolle wieder. Nicht nur die behutsame Vorbereitung, die viel Systemwissen über die Akteurslage und deren Handlungslogiken erfordert, stellt eine Herausforderung dar. Sobald in einem Reallabor Veränderungen vorgenommen werden, müssen Forscher*innen bereit sein, eine Vermittlerrolle zu übernehmen. Neben der Vermittlung von Faktenwissen und dem Aufzeigen von Zusammenhängen und Konsequenzen geht es in erster Linie darum, einen respektvollen Dialog zwischen allen Beteiligten und Betroffenen zu initiieren und diesen auch bei vehementem Widerspruch in angemessener Form zu führen. Hierzu werden Fähigkeiten der Mediation benötigt, die in der Regel weder im Studium noch in der wissenschaftlichen Tätigkeit per se erworben werden.

Abhängig von der Dynamik des Transformationsprozesses, den Reaktionen der Stakeholder und den damit verbundenen Lernprozessen innerhalb des Reallabors sind Anpassungen des Forschungsprozesses, der Methoden und der Maßnahmen erforderlich. Ideen, Interessen und Rahmenbedingungen müssen gut ausbalanciert werden. In unserem Projekt haben wir daher nicht nur partizipative Maßnahmen mit Anwohner*innen umgesetzt, sondern auch permanent mit Schlüsselakteuren aus der Nachbarschaft und auf der Verwaltungsebene zusammengearbeitet.

Adaption des Maßnahmendesigns

Nach den Erkenntnissen mit der temporären Umgestaltung, den vor-Ort-Gesprächen über Mobilitätsverhalten und den Erfahrungen, die die „Umparker" in ihrer autofreien Zeit gesammelt hatten, erfolgte eine Weiterentwicklung des Instrumentenkastens, mit dem Personen zum Abschaffen des eigenen Autos motiviert werden sollten. Immerhin hatte eine vom Projektteam in Auftrag gegebene und durch das KIT durchgeführte Befragung von 287 PKW-besitzenden Personen in den beiden Kiezen ergeben, dass etwa ein Drittel der Befragten nicht auf ihr Auto angewiesen sind (Behren/Chlond 2017; Behren et al. 2018). Diese Personen hatten sowohl subjektiv als auch objektiv eine geringe Abhängigkeit vom eigenen Auto und wurden daher als „Autounabhängiger Pragmatiker" bezeichnet (Die dieser identifizierten Gruppe in der Studie zugeordnete Charakterisierung lautet: Person kann den Alltag ohne Auto bewältigen und fährt auch nicht gerne Auto, sie wählt geeignetes Verkehrsmittel für Wegezweck). Insbesondere diese Personengruppe könnte Motor für die Transformation hin zu einer nachhaltigeren Mobilität werden.

Aus den bis dahin erzielten Erfahrungen in den beiden Reallaboren entwickelte das Projektteam daher die Idee, Autoeigentümer*innen für einen Zeitraum von einem Monat die Abkehr von gewohnten Mobilitätsmustern zu ermöglichen, indem wir Gutscheine für öffentliche Verkehrsmittel und Sharing-Angebote bereitstellten. Ziel war erneut, Personen zur Abschaffung ihres PKW zu bewegen. Vor und nach diesem Monat fanden Befragungen statt, die die Verhaltensänderungen und Veränderungsbarrieren fokussierten. Um die Erkenntnisse aus den Befragungen bzgl. der Barrieren gegenüber einer dauerhaften Abkehr vom eigenen Auto nutzbar zu machen, wurden im Vorfeld Gespräche mit den Mobilitätsanbietern geführt: Wir boten an, die Befragungsergebnisse anonymisiert zu Verfügung zu stellen, um den Mobilitätsanbietern bedarfsgerechte Angebotsanpassungen zu ermöglichen, welche wiederum die Hindernisse, die einer Autoabschaffung entgegenstehen, vermindern helfen – im Gegenzug wurden dem Projektteam vielfältige Gutscheine für diejenigen zur Verfügung gestellt, die zu dem Experiment bereit waren, ihre Mobilität vorübergehend ohne eigenes Auto zu organisieren. Aufgrund der vielfältigen Mobilitätsalternativen, die durch die Gutscheine ermöglicht wurden, wurde die Aktion „Deine Flotte" genannt.

Mehrere dieser „Deine Flotte"-Aktionen wurden dann innerhalb mehrmonatiger Zeiträume zu unterschiedlichen Jahreszeiten und mit Bewohner*innen unterschiedlicher Aktionsräume (Beschränkung auf die zwei ausgewählten Kieze, Gesamtbezirk, Gesamtstadt mit angrenzendem Umland) durchgeführt und resultierten darin, dass jeweils etwa ein Drittel der Teilnehmenden anschließend ihr Auto abschafften. Häufig wurde aber auch rückgemeldet, dass die mangelnde Sicherheit für Fahrradfahrende von der Abschaffung des Autos abhält. Auch zeigte sich, dass die Abschaffung des eigenen Autos in den Außenbezirken und im Umland noch mit großen Barrieren verbunden ist, da die Erschließung durch den ÖPNV schlechter ist und das Geschäftsgebiet von Sharing-Angeboten nicht die Außenbezirke und das Umland abdeckt, so dass die Fahrzeuge dort zwar genutzt aber nicht abgegeben werden können. Häufig gab es in der Nachbefragung daher auch die Aussage, dass das eigene Auto für Wochenendausflüge deutlich kostengünstiger sei.

Diese Aussagen der Teilnehmenden wurden allen Gutscheingebern rückgespiegelt. Insbesondere den Auto-Sharing-Anbietern wurde empfohlen, vergünstigte Wochenendangebote zur Verfügung zu stellen. Dies wurde insbesondere durch unseren Projektpartner BMW umgesetzt. Auch bei anderen Sharing-Anbietern gibt es mittlerweile Wochenendangebote.

Das Ergebnis, dass etwa ein Drittel der Teilnehmenden an den „Deine-Flotte"-Aktionen ihr Auto anschließend abschafften, ist zwar nicht repräsentativ für alle PKW-Eigentümer*innen, da sich nur diejenigen für eine derartige Aktion interessieren, für die der Umstieg auf alternative Mobilitätsformen generell in Frage kommt, jedoch zeigt es ein Potenzial für die Autoabschaffung und Hinweise dafür, wie etwaige Hindernisse gegenüber der Abkehr vom eigenen Auto weiter verringert werden können.

Eines der Hindernisse, das gegen die Abschaffung des eigenen Autos genannt wurde, war die schlechte Parkplatzsituation im Kiez. Würde für gelegentliche Anlässe mal ein Auto gebraucht, würde das anschießende Abstellen des Car-Sharing-Autos aufgrund der Parkplatzsuche hohe Kosten verursachen und folglich auch wenig Autos in unmittelbarer Nähe zu finden sein. Da dies durch Gespräche in den Kiezen frühzeitig deutlich wurde, wurden als Teil des Reallabors temporäre Parkplätze für Car-Sharing-Autos eingerichtet und an alle Car-Sharing-Unternehmen kommuniziert. Außerdem konnte mit dem zuständigen Stadtrat vereinbart werden, dass sukzessive mehr Car-Sharing-Parkplätze eingerichtet und diese vorzugsweise im direkten Wohnumfeld der Auto-Abschaffer*innen (200 Meter) platziert würden.

Die vom Forschungsteam ins Leben gerufenen temporären Veränderungen im Straßenraum konnten somit Erkenntnisse generieren, die zu unmittelbaren Verhaltensänderungen (Änderung des Mobilitäts-Mixes bei den Teilnehmenden) und neuen Angeboten (Parklets als Treffpunkte und Car-Sharing-Parkplätze) führten.

Der probeweise Verzicht auf die Nutzung des eigenen Autos im Rahmen der „Deine Flotte"-Aktionen konnte jedoch nicht jeder interessierten Person in den zwei Kiezen ermöglicht werden, da die Aktionen darauf basierten, dass Mobilitätsanbieter Gutscheine für die Aktionen stifteten. Dieser Engpass und die bereits gewonnenen Erkenntnisse aus den Interviews mit den Teilnehmenden der „Deine-Flotte"-Aktionen führten letztlich dazu, dass das Forschungsteam in Abstimmung mit dem Bezirk einen Vorschlag für einen temporären Mobility-Hub mit verschiedenen Sharing-Angeboten, Lieferzone, Lastenrad-Verleih u.ä. entwickelte. Mit diesen Gestaltungselementen sollte für einen Zeitraum von sechs Monaten eruiert werden, welche dieser Elemente sich für eine dauerhafte Umgestaltung eignen. Da der Begriff „Reallabor" in verschiedenen Diskussionen mit Anwohner*innen auf Ablehnung stieß, wurde die Aktion als Experimentierraum „mieri-mobil" kommuniziert.

In Vorbereitung hierzu erstellten die wissenschaftlichen Mitglieder des Forschungsteams, die bereits aus anderen Projekten Erfahrung mit der Erstellung langfristiger nachhaltiger Mobilitätskonzepte (SUMP) hatten, im Auftrag des Bezirks ein Mobilitäts-Transformationskonzept für die Mierendorff-Insel („Transformationskonzept nachhaltige Mobilität für die Mierendorff-Insel). Anders als die kleinteiligen, kurzfristig realisierbaren Eingriffe, sah das Konzept eine langfristige Vision mit neuen Elementen des ÖPNV, Fahrradinfrastruktur, Kiezblöcken, Mobility-Hubs etc. vor. Die in diesem Konzept beschriebenen Maßnahmen konnten durch die Anwohnerschaft im Rahmen einer von den Wissenschaftlerinnen durchgeführten Evaluation des temporären

Mobility-Hubs ebenfalls bewertet werden. Ein großes Eröffnungsevent und mehrere Diskussionsveranstaltungen während der halbjährigen Aktionszeit sorgten dafür, die Bedarfe der Anwohner*innen und Gewerbetreibenden vor-Ort besser zu verstehen und Elemente des Mobility-Hubs sowie Ideen aus den Diskussionen aufzuarbeiten. Die Rückmeldungen aus der Anwohnerschaft zu den experimentell eingeführten sowie den durch das Transformationskonzept vorgeschlagenen Maßnahmen wurden in einem Evaluationsbericht von den Wissenschaftler*innen des Projektteams zusammengefasst und dem Bezirk für anstehende Umgestaltungsprozesse zur Verfügung gestellt.

Die sechsmonatige Aktion der Bereitstellung des Mobility-Hubs wurde ergänzt durch kleinere Aktionen wie Befragungen an schwierigen Straßenkreuzungen und vor-Ort-Diskussionen mit Spielplan, Autos und Verkehrszeichen. Diese kleineren Aktionen wurden an das Projektteam von Anwohner*innen herangetragen, gemeinsam mit diesen konzipiert und im Zeitraum verschiedener Europäischer Mobilitätswochen durchgeführt. Hier fungierten die Wissenschaftler*innen des Teams als Berater*innen für die von den Anwohner*innen geplanten Umfragen. Bei der ordnungsgemäßen Anmeldung und Durchführung der Aktionen unterstützte erneut das gesamte Projektteam.

In den mittlerweile sechs Jahren gemeinsamer Aktivität in den beiden Reallaboren sind durch die vielfältigen experimentellen Umsetzungen, Evaluationen und unterschiedlichsten Diskussionen Erfahrungen entstanden, die jetzt in umfangreichere und dauerhafte Planungsprozesse des Bezirks einfließen. Aktuell plant der Bezirk dafür einen Beteiligungsprozess, um die Transformation in dem vom Projektteam gestalteten Reallabor Mierendorff-Insel systematisch zu gestalten.

Damit geht die Verantwortung für die experimentelle Umsetzung in den Reallaboren mehr und mehr vom Projektteam auf die standardmäßigen Entscheidungsprozesse der Bezirksverwaltung und -politik über. Ein durch den Bezirk per Zufallsstichprobe rekrutierter „Inselrat“, der aus Bewohner*innen des betroffenen Kiezes besteht, wird jetzt über diese Vorschläge sowie über und ein professionell entwickeltes Verkehrsgutachten beraten und anschließend werden konkrete Maßnahmen im Kiez zur Umsetzung gebracht. Die Erfahrungen aus der Umsetzung dauerhafter Maßnahmen auf der Mierendorff-Insel (ca. 15.000 Einwohner*Innen) sollen dann auch auf andere Bereiche der Mobilitätsplanung des Bezirks (ca. 330.000 Einwohner*innen) angewendet werden.

Erfahrungen aus dem Forschungsprozess

Die Ausführlichkeit der Darstellung soll vor allem illustrieren, wie vielschichtig die notwendigen Schritte und Kompetenzen in einem solchen Reallabor sind. Insbesondere erfordert das Vorgehen einen ständigen Wechsel aus Kommunikation im Wissenschaftsbetrieb, mit Akteuren in der Bezirksverwaltung und Anwohner*innen und damit einen Wechsel zwischen Fachsprache und Alltagssprache zur Vermittlung von wissenschaftlichen Erkenntnissen. Über die sprachlichen Aspekte hinaus müssen die Rahmenbedingungen und die Handlungslogiken aller Akteure antizipiert und erkundet werden und zwischen den divergierenden Interessenlagen vermittelt werden.

Die wechselnden Aktionen basierten auf einer ständigen Anpassung der Aktivitäten in den Reallaboren aufgrund der jeweils gemachten Erfahrungen. Hierfür war es erforderlich, nicht einem starren Forschungsdesign folgen zu müssen, sondern flexibel auf Bedarfe und veränderte Rahmenbedingungen reagieren zu können. So resultierte die Idee zu „Deine Flotte“ aus den Erfahrungen mit den temporären Parklets und Mobilitätsangeboten.

Darüber hinaus war es hilfreich, Akteure aus unterschiedlichsten Bereichen im Projektteam zu haben. Der enge Austausch mit den jeweils zuständigen Stadträten wurde unter anderem durch die Mitwirkung des Klimabeauftragten des Bezirks, der Teil des Projektteams war, erleichtert. Dies führte letztlich dazu, dass der Bezirk bei den Wissenschaftler*innen des Projektteams ein Transformationskonzept in Auftrag gab und als weitergehende Maßnahme für die Mierendorff-Insel den Mobilitäts-Hub „mieri-mobil“ beauftragte.

In der Kommunikation mit den Anwohner*innen hat es sich häufig als hilfreich erwiesen, dass das Projektteam entweder selbst Information rund um Mobilität aufgearbeitet und in Diskussionen eingebracht hat oder durch die Beauftragung von Befragungen sowie Verkehrsanalysen und -simulationen für die Reallabore, mit spezifische Argumenten für oder gegen Veränderungen aufwarten konnte. Auch ergab die von den Wissenschaftler*innen des Teams durchgeführte Ergebnis- und Prozessevaluation des Experimentierraums „mieri-mobil“, dass die Anwesenheit des Stadtrats in verschiedenen Diskussionen und Workshops mit Anwohner*innen als sehr wertschätzend wahrgenommen wurde und für den Prozess sehr hilfreich war.

Dagegen erwies es sich immer wieder als schwierig, alle Betroffenen rechtzeitig zu informieren und Mitwirkungsmöglichkeiten zu kommunizieren. Plakate in verschiedenen Supermärkten, Aushänge in Hauseingängen, Info-Stände auf Märkten und Veranstaltungen, Artikel im Wochenblatt, Informationsbriefe des Stadtrats an betroffene Anwohner*innen sind nur einige Beispiele der genutzten Informationswege. Dennoch waren einige Anwohner*innen überrascht und mit den Aktionen nicht einverstanden. Auch die Tatsache, dass die Anwohner*innen von mieri-mobil nicht im Vorfeld über alle Komponenten informiert waren und in dieser frühen Phase nicht mitplanen konnten, führten zu Verärgerung. Diese ließ sich erst im weiteren Verlauf der Aktion einfangen, indem mehrfach erläutert wurde, dass die Erfahrungen der Anwohnerschaft in zukünftige Gestaltungen einfließen sollten und z.B. der „hässliche" Seecontainer in ihrer Straße dort keinesfalls dauerhaft stehen sollte. Mehrere Workshops und Diskussionsrunden haben dann auch zu Vorschlägen geführt, die in die künftige Planung des Bezirks einfließen werden.

Übertragung der Erfahrungen aus Reallaboren auf andere Kontexte

Reallabore dienen dazu, exemplarisch vom Wissen zum Handeln zu kommen. Ziel ist es einerseits, Transformation an einem Ort zu gestalten und andererseits dieses Wissen auf andere Kontexte zu übertragen. Der Vorteil des experimentellen Charakters ist es, dass Ermessensspielräume temporär genutzt werden können und je nach positiven oder negativen Erfahrungen eine Kurskorrektur vorgenommen werden kann – in Richtung Urzustand, Adaption oder Fortführung des eingeschlagenen Kurses.

Im konkreten Projekt wurden verschiedene oft sehr kurzzeitige Umnutzungen des Straßenraums durchgeführt. Für die halbjährige Umgestaltung eines Straßenabschnitts für einen Mobility-Hub nutzte der Stadtrat die Möglichkeit des § 45 StVO, der die Nutzung von Straßen u.a. zur „Erprobung von Verkehrsverhalten" (Abs. 6) erlaubt. Ein Großteil der temporären Angebote wurden anschließend auch wieder entfernt und für einige Elemente wird ein dauerhaftes Angebot an jeweils geeigneten Orten in künftige Planungen des Bezirks integriert.

Darüber hinaus sollen die errungenen Erkenntnisse aus Reallaboren in der Regel aber auch auf andere Orte übertragen werden. Die im Rahmen des Projekts erworbenen Erkenntnisse werden künftig auch im gesamten Bezirk Berücksichtigung finden. Außerdem hat das Projektteam bereits andere Bezirke, die die Aktion „Deine Flotte" ebenfalls durchführen wollten, beraten und die Vor- und Nach-Befragungen durchgeführt und ausgewertet. Auch wurde im Rathaus eines anderen Bezirks ein Mobilitätstag durch das Projektteam durchgeführt. Der konkrete Beitrag zur Mobilitätstransformation anderer Bezirke ist jedoch nicht erfassbar, u.a. da die Diskussion zu Mobilitätsfragen in der gesamten Stadt und darüber hinaus kontinuierlich fortschreitet.

Daher stellt sich die Frage: Inwieweit lassen sich die Erfahrungen aus solchen Projekten auf Projekte an anderen Orten übertragen?

Die Dessemination der Ergebnisse (z.B. 30 % der Teilnehmenden der „Flotte" schaffen ihr Auto ab) sowie Berichte über den Forschungsprozess und Lernprozesse mögen dabei hilfreiche aber nicht hinreichende Bedingungen sein, um andernorts Reallabore erfolgreich durchzuführen.

Pohl/Hirsch Hadorn (2006: 17 f.) schreiben dazu, dass die wissenschaftlichen Erkenntnisse zielgruppengerecht aufbereitet werden müssen. Außerdem müsse bei jedem Projekt der wirkungsbezogenen Einbettung des Projektes in seine Umwelt besondere Beachtung geschenkt werden. Dazu wird zusammenfassend als Arbeitsinstrument eine Tabelle mit Fragen für die Einbettung neuer Projekte in die Lebenswelt formuliert (ebd.: 62). Neben der Frage nach beabsichtigten und nicht-intendierten Auswirkungen werden hier auch Fragen nach Bedürfnissen, Interessen, Handlungspraktiken und Machtverhältnissen gestellt.

Die „Nachahmung" eines Prozesses ohne eine systematische Herangehensweise birgt die Gefahr, Spezifika der Akteure und des neuen Kontextes zu übersehen. Doch selbst mit der Unterstützung durch derartige Fragen ist eine erfolgreiche Übertragung der Reallaborergebnisse an andere Orte nicht garantiert. Die Übertragung auf einen neuen Kontext erfordert nicht nur die Erkenntnisse aus dem bereits durchgeführten Reallabor und die Antworten auf oben genannte Fragen für den neuen Kontext, sondern vielmehr auch ein geübtes Umgehen mit divergierenden Interessen und der hohen Komplexität eines Handlungs- und Akteursfeldes – bis hin zum Umgang mit manifesten Meinungsverschiedenheiten. Dies kann durch die Einbeziehung reallaborerfahrener Wissenschaftler*innen erleichtert werden. Das Verstehen von Handlungslogiken und Machtstrukturen sowie der Aufbau einer Vertrauensbasis zu verschiedenen Akteuren sind nicht zu unterschätzende Aspekte bei der Übertragung auf neue Kontexte.

Veränderte Anforderungen an Forschende und an Universitäten

2011 widmet der WBGU in seinem Gutachten „Welt im Wandel" das letzte Kapitel dem Thema „Die Wissenschaft im Transformationsprozess – Empfehlungen für Forschung und Bildung", in dem deutlich gemacht wird, dass die Wissenschaft in der Transformationsforschung aus vergangenen Prozessen lernt und in der transformativen Forschung „Umbauprozesse durch spezifische Innovationen in den relevanten Sektoren befördert" (WBGU 2011, insb.: 374 ff.). Analog wird die Transformationsbildung und transformative Bildung abgeleitet, die u.a. als Voraussetzung für die Teilhabe der Zivilgesellschaft am Erkenntnisgewinn beschrieben wird (ebd.: 378). Als Schlussfolgerung für die Forschung wird gefordert, diese sollte „verschiedenen strukturellen Anforderungen wie etwa systemischer, langfristiger sowie inter- und transdisziplinärer Ausrichtung genügen" (ebd.: 381).

Seither ist mehr als ein Jahrzehnt vergangen und der Diskurs über die Rolle der Wissenschaft und den Impact von Forschung hat sich ausdifferenziert, wenngleich er damit noch nicht abgeschlossen ist. Selbst bei der Fachzeitschrift Nature bildet sich diese Entwicklung ab. 2018 wurde mit „Nature Sustainability" eine neue Fachzeitschrift aufgelegt, die gemäß der auf ihrer Webseite dargestellten Ziele feststellt, dass jahrzehntelange akademische Arbeit zwar dazu beigetragen habe, Licht in das Thema nachhaltige Entwicklung zu bringen, aber erst seit kurzem in einer offeneren und vernetzteren Weise über verschiedene Forschungsbereiche hinweg (Nature Sustainability (o.J.)). Auch hier wird auf die von den Vereinten Nationen aufgestellten Ziele und die Forderung nach integriertem Wissen verwiesen. Forschende würden daher durch die neue Zeitschrift eine noch stärkere Unterstützung finden, um ein tiefes Verständnis für Wechselwirkungen zu entwickeln und Antworten auf Fragen zu finden, wie beispielsweise die Frage, welche Arten von Verhaltens- und institutionellen Barrieren die Transformationen behindern, welche erforderlich sind, um im weiteren Sinne nachhaltigere Lebensstile, Volkswirtschaften und Gesellschaften zu erreichen (ebd.).

Verschiedene Artikel in diesem Journal stellen daher auch einen Zusammenhang zwischen den für nachhaltige Entwicklung erforderlichen Kompetenzen und den Veränderungen in der akademischen Ausbildung und Arbeitsweise in entsprechenden Forschungsprojekten her. So stellt Palmer (2018) in einer der ersten Ausgaben der Zeitschrift in ihrem Artikel die Leadership-Herausforderungen anhand der Erfahrungen international erfolgreicher Führungskräfte dar, die mit interdisziplinären Teams an komplexen Forschungsthemen arbeiten. Insbesondere wird die Notwendigkeit betont, dass bei problemlösungsorientierten Forschungsansätzen und dem Anspruch, verschiedene Entscheidungsträger in Regierungen, Unternehmen und Gemeinden zu beraten, Führungskräfte jenseits disziplinärer Grenzen und mit vielfältigen Blickwinkeln und Kompetenzen arbeiten müssen. Hierauf muss sich auch die akademische Ausbildung verstärkt ausrichten. Gordon et al. (2019) stellen ebenfalls in Nature Sustainability dar, dass für die Ausbildung der notwendigen Führungskräfte entsprechende Konzepte und Programme erforderlich sind, um erforderliches Wissen und Fähigkeiten für inter- und transdisziplinäre

Wissenschaft entwickeln zu können (ebd.: 647). Die Ausbildung entsprechend kompetenter Personen sei dringend erforderlich, um die Transformation hin zu einer nachhaltigen Zukunft zu beschleunigen (ebd.: 648).

In Deutschland spiegelt sich die Forderung des WBGU nach systemischer langfristiger sowie inter- und transdisziplinärer Ausrichtung insbesondere im Förderschwerpunkt Sozial-ökologische Forschung (SÖF) im Rahmenprogramm FONA (Forschung für nachhaltige Entwicklung) des BMBF wider. So wurde für die Reflexion der transdisziplinären, handlungs- und nachhaltigkeitsorientierten Forschung das Forschungsprojekt TransImpact 2015 als Meta-Projekt initiiert, um den Impact transdisziplinärer Nachhaltigkeitsforschung systematisch zu analysieren. Für vier zentrale Themen (Problemkonstitution, Partizipation gesellschaftlicher Akteure, Wissensintegration und Übertragbarkeit der Ergebnisse) wurden Gestaltungsmöglichkeiten und Methoden analysiert und zusammengestellt, mit deren Hilfe transdisziplinär Forschende das Potenzial zur Wirksamkeit ihrer Projekte erhöhen können (vgl. Lux et al. 2020).

Die dort zusammengefassten Aspekte decken sich auch mit den Erfahrungen in den hier beschriebenen Reallaboren. Das Projektteam solle sich frühzeitig mit den angestrebten Wirkungen befassen. In der Prozessgestaltung sei Adaptivität wichtig und damit beobachten, bewerten und anpassen von hoher Bedeutung. Auch wird auf die Wichtigkeit eines Vertrauensaufbaus hingewiesen. Wirkung entfalte sich vor allem, wenn eine Vertrauensbasis in der Akteurskonstellation aufgebaut werden konnte (ebd.). In den von uns gestalteten Reallaboren waren daher einerseits die durch die Wissenschaftlerinnen in transdisziplinären Projekten gesammelten Erfahrungen und erworbenen Kompetenzen hilfreich und andererseits, die durch unterschiedliche Finanzierungen ermöglichte lange Projektlaufzeit.

Da das BMBF die Erkenntnisse zur Wirksamkeit transdisziplinärer Projekte für wichtig und deren weitere Verbreitung für zentral hielt, fördert es ebenfalls in FONA im Förderschwerpunkt SÖF den Aufbau der Plattform tdAcademy, auf der unter anderem auch der verstärkte Kompetenzaufbau für Anwender*innen in den Fokus genommen wird (www.td-academy.org). Über die Webseite sind auch Angebote zum Capacity Building dargestellt und abrufbar. Hier (tdAcademy (o.J.)) heißt es:

> Die tdAcademy unterstützt die Entwicklung und Bereitstellung von Capacity-Building-Angeboten. Angebote umfassen u.a. konzeptionelle und methodische Unterstützung für TD-Forscher*innen und Begleitforschende, Weiterbildung für Nachwuchsforscher*innen und Seminare. Online stellen wir zum Beispiel Text- und Videomaterialien zur Verfügung und verweisen auf verschiedene Weiterbildungsformate, die auf Anfrage gebucht werden können.

Damit reagiert das in der transdisziplinären Forschung ausgewiesene Projektteam der tdAcademy auf die Notwendigkeit der Ausbildung spezifischer Expertise für die erfolgreiche Durchführung transdisziplinärer Projekte.

Auch das als IASS bekannte Institut für transformative Nachhaltigkeitsforschung (engl. Institute for Advanced Sustainability Studies, IASS; ab 2023: Forschungsinstitut für Nachhaltigkeit, RIFS) widmet sich dem Thema der erforderlichen Kompetenzen von Wissenschaftler*innen im Feld der transformativen Forschung. So kommen Molinengo/Stasiak/Freeth (2021) zu dem Ergebnis, das Forschende nicht nur Fachwissen sondern auch Erfahrungswissen benötigen, um auch auf der Beziehungsebene in Projekten erfolgreich zu sein. Erst durch vielfältige Fähigkeiten und Erfahrungen könnte mit den unterschiedlichsten Akteuren ko-kreativ an der Lösung von Problemen gearbeitet werden. Die komplexen sozialen und umweltorientierten Herausforderungen würden Forschende dazu bringen, neue Rollen jenseits traditioneller Grenzen akademischer Expertise zu übernehmen. Auch diese Einschätzung wurde durch Arbeiten in verschiedenen Umsetzungsprojekten in Zusammenarbeit mit Politik und gesellschaftlichen Akteuren gewonnen.

So wird an verschiedenen Stellen in der Wissenschaftslandschaft deutlich, dass sich auch die akademische Ausbildung auf neue Erfordernisse, wie die Zusammenarbeit mit unterschiedlichen Disziplinen und außerwissenschaftlichen Akteuren, einstellen muss. Dies bedeutet beispielsweise, sich in andere Personen hineinzuversetzen und in einer für sie verständlichen Sprache zu kommunizieren. Am ehesten gelingt dies in der universitären Lehre in inter- und transdisziplinärer Projektlehre.

Dennoch können die erforderlichen Kompetenzen für transdisziplinäres Forschen selten auch nur ansatzweise innerhalb eines Studiums erworben werden. Auch gibt es bisher wenig Auseinandersetzung mit dem Thema Transdisziplinarität in der Hochschullehre. Ein Abbild des aktuellen Standes findet sich in dem unlängst veröffentlichten Handbuch Transdisziplinäre Didaktik (Schmohl/Philipp 2021).

Auch wenn der Bologna-Prozesses das Stichwort der Kompetenzorientierung in die Lehre gebracht hat, gehört selbst kompetenzorientiertes Lehren und Prüfen noch lange nicht zum Standard in allen Studiengängen – und selbst wenn es so wäre, ist das notwendige Kompetenzspektrum für transdisziplinäre Forschung und die damit verbundenen Rollen für Wissenschaftler*innen oft erst im komplexen Forschungsfeld erwerbbar.

Resümee

Transformationsprozesse zu gestalten erfordert von Wissenschaftler*innen vielfältige Kompetenzen, die jenseits disziplinärer Grenzen liegen. Insbesondere in der Zusammenarbeit mit Zivilgesellschaft, Politik, Verwaltung und Unternehmen ist neben der Fachkenntnis aus verschiedenen Bereichen auch eine Sensibilität gegenüber divergierenden Interessen, bestehenden Machtstrukturen, Erfahrungshintergründen und diversen technischen und administrativen Rahmenbedingungen erforderlich.

Insbesondere bei der experimentellen Transformation in Reallaboren treffen die unterschiedlichsten Akteure und Interessen zeitgleich aufeinander. Hier bedarf es neben der fachlichen Expertise auch der Fähigkeit, mit den verschiedenen Akteuren in einer jeweils angemessenen Sprache zu kommunizieren. Nicht zuletzt ist bei Veränderungen immer mit Ablehnung durch einige Akteure zu rechnen und zwischen den Interessenlagen zu vermitteln. Die hierzu erforderlichen Kompetenzen, z.B. auch als Mediator*in in schwierigen Prozessen werden nicht in der klassischen universitären Ausbildung erworben. Universität und universitäre Ausbildung muss sich daher auch mit der neuen Rolle der Wissenschaft in der Praxis auseinandersetzen, um einen wirkungsvollen Beitrag zur Lösung der Herausforderungen nachhaltiger Entwicklung zu leisten.

Literatur

Zur Einführung empfohlene Literatur:

Defila, Rico/Di Giulio, Antonietta (1999): Transdisziplinarität evaluieren – aber wie? Evaluationskriterien für inter- und transdisziplinäre Forschung. Panorama. Sondernummer.

Defila, Rico/Di Guilio, Antonietta (2018/2019): Transdisziplinär und transformativ Forschen. Eine Methodensammlung. Wiesbaden: Springer VS.

Schneidewind, Uwe/Singer-Brodowski, Mandy (2014): Transformative Wissenschaft. Klimawandel im deutschen Wissenschafts- und Hochschulsystem. 2. aktualisierte Auflage. Marburg: Metropolis.

Zitierte Literatur:

Behren, Sascha von/Chlond, Bastian (2017): Empirische Nachfragedaten für einen Urban Travel Monitor. Projektinterne Ergebnispräsentation.

Behren, Sascha von/Minster, Clotilde/Magdolen, Miriam/Chlond, Bastian/Hunecke, Marcel/Vortisch, Peter (2018). Bringing travel behavior and attitudes together: An integrated survey approach for clustering urban mobility types. In: Transportation Research Board 97th Annual Meeting Compendium of Papers, article number 18–04546.

Bischoff, Joschka/Nagel, Kai (2017a): Integrating explicit parking search into a transport simulation. In: Procedia Computer Science 109, 881–886. https://doi.org/10.1016/j.procs.2017.05.414.

Bischoff, Joschka/Nagel, Kai (2017b): Impact assessment of dedicated free-floating carsharing parking; presented at MT-ITS 2017. https://doi.org/10.14279/depositonce-7735.

Gordon, Iain/Bawa, Kamal/Bammer, Gabriele/Boone, Christopher/Dunne Jennifer/Hart, David/Hellmann, Jessica/Miller, Alison/New, Mark/Ometto, Jean/Pickett, Steward/Wendorf, Gabriele/Agrawal, Arun/Bertsch, Paul/Campbell, Colin/Dodd, Paul/Janetos, Anthony/Mallee, Hein/Taylor, Ken (2019): Forging future organizational leaders for sustainability science. In: Nature Sustainability 2(8), 647–649. https://doi.org/10.1038/s41893-019-0357-4.

Lux, Alexandra/Schäfer, Martina/Bergmann, Matthias/Jahn, Thomas/Marg, Oskar/Nagy, Emilia/Ransiek, Anna-Christin/Theiler, Lena (2020): Zusammenfassung der übergreifenden TransImpact-Ergebnisse. Stand: 12. Oktober 2020. https://td-academy.org/downloads/Ergebniszusammenfassung.pdf.

Molinengo, Giulia/Stasiak Dorota/Freeth, Rebecca (2021): Process expertise in policy advice: Designing collaboration in collaboration. In: Humanities and Social Sciences Communications 8, article number 310. https://doi.org/10.1057/s41599-021-00990-9.

Nature Sustainability (o.J.): Aims & Scope. https://www.nature.com/natsustain/aims.

Palmer, Lisa (2018): Meeting the leadership challenges for interdisciplinary environmental research. In: Nature Sustainability 1(7), 330–333. https://doi.org/10.1038/s41893-018-0103-3.

Pohl, Christian/Hirsch Hadorn, Gertrude (2006): Gestaltungsprinzipien für die transdisziplinäre Forschung. Ein Beitrag des td-net. München: oekom.

Schmol, Tobias/Philipp, Thorsten (Hg.) (2021): Handbuch Transdisziplinäre Didaktik. Bielefeld : transcript.

Strohschneider, Peter (2014): Zur Politik der Transformativen Wissenschaft. In: André Brodocz/Dietrich Herrmann/Rainer Schmidt/Daniel Schulz/Julia Schulze Wessel (Hg.). Die Verfassung des Politischen. Wiesbaden: Springer. 175–192.

tdAcademy (o.J.). Capacity Building: online verfügbar und auf Anfrage. https://td-academy.org/tdevents/capacity-building/weiterbildung.

WBGU/Wissenschaftlicher Beirat der Bundesregierung Globale Umweltveränderungen (2011): Welt im Wandel. Gesellschaftsvertrag für eine Große Transformation. Berlin: WBGU [Selbstverlag].

Wendorf, Gabriele/Schröder, Carolin (2018): The Challenging path to a redistribution of space – renegotiating urban mobility. REAL CORP 2018. Expanding cities – diminishing space. Are "smart cities" the solution or part of the problem of continuous urbanisation around the globe? Proceedings of 23rd International Conference on Urban Planning, Regional Development and Information, 453–459.

III. Zukunftswerkstatt Transdisziplinäre Lehre

Johannes Wildt

Hochschuldidaktik in einer Wissenschaft vom Wissenschaftstransfer

1. Wissenschaftstransfer im hochschuldidaktischen Diskurs

Mit den neueren Entwicklungen im Wissenschaftstransfer verschieben sich die Koordinaten zwischen Hochschulen und beruflicher bzw. gesellschaftlicher Praxis. Zuvor waren Hochschulen auf die Produktion von Wissenschaft und ihre Vermittlung durch Forschung und Lehre bzw. Studium spezialisiert, die ihre Leistungen innerhalb eines gesonderten institutionellen Rahmens getrennt von der gesellschaftlichen Praxis erbrachten. Zwar war diese Arbeitsteilung bereits herkömmlich in einem engen Geflecht funktionaler Bezüge angelegt, die durch Kommunikation und Kooperation aufrechterhalten wurden. Dabei beschränkten sich die Leistungen der Hochschulen aber primär auf ein Angebot, aus dem sich die Praxis nach ihren Zwecken und eigenem Ermessen bedienen konnte. Auch dies lässt sich als eine Art des Wissenschaftstransfers betrachten. Die Verschiebung der Koordinaten basiert darauf, dass diese Arbeitsteilung zwischen Hochschulen und Praxis den beruflichen und gesellschaftlichen Entwicklungen inzwischen nicht mehr gerecht wird. Im neueren Wissenschaftstransfer tritt zu der institutionalisierten Arbeitsteilung vermehrt eine direkte Form der wissenschaftlichen Zusammenarbeit zwischen Hochschulen einerseits und Wirtschaft, Politik, Zivilgesellschaft und Kultur andererseits.

Bislang wurde diese Zusammenarbeit in erster Linie mit Blick auf Forschungstransfer thematisiert. Eine solche Sichtweise übersieht allerdings das Leitungspotentials der Hochschulbildung für den Wissenschaftstransfer. Es liegt deshalb nahe, die Frage nach einer Wissenschaft vom Wissenschaftstransfer, die in dem vorliegenden Sammelband behandelt wird, auf die Hochschulbildung zu erweitern. Damit steht auch die Hochschuldidaktik im Hinblick auf ihr Potential für eine solche Wissenschaftskonzeption auf dem Prüfstand.

Auf diese Weise wird die Hochschulbildung im Wissenschaftstransfer in die Komplexität des didaktischen Diskurses hineingezogen. Lehren und Lernen an Hochschulen wird in Kategorien eines Diskurses behandelt, der über die Reflexion der Ziele von Lehre und Studium, die Auswahl und Strukturierung der Inhalte, die Lehrmethoden und Gestaltung von Lernsituationen, ihrem

Arrangement in Curricula und ihrer Institutionalisierung an Hochschulen als Lernumgebungen sowie ihrer anthropologischen und sozio-ökonomischen Rahmenbedingungen verläuft. Als Besonderheit des hochschuldidaktischen Diskurses gegenüber Didaktiken anderer Segmente des Bildungssystems ist zu beachten, dass dieser sich im Blick auf seinen Gegenstand von Beginn an als *Theorie der Bildung und Ausbildung* (Huber 1983) im Medium der Wissenschaft verstand. Diese wissenschaftliche Konstitution des Gegenstands der Hochschuldidaktik bleibt auch kennzeichnend für die neuerliche Diskussion zum Wissenschaftstransfer.

Bevor dazu einige Hinweise gegeben werden, zeigt ein Blick zurück auf den Hintergrund der Entwicklung von Konzeptionen des transformativen Lernens sowie die Entwicklung in der Untersuchung und Gestaltung von Praxisbezügen in der Hochschulbildung die Potentiale, aber auch Grenzen der heutigen Hochschuldidaktik im Kontext des Wissenschaftstransfers. Mit ihrer Hinwendung zu dieser Aufgabe begibt sie sich als transformatives Lernen auf den Weg der Beteiligung an sozialen, ökologischen, politischen und kulturellen Transformationsprozessen. Mit diesem *transformative turn* (Wildt 2022b) wird Hochschuldidaktik zu einer *Transformationswissenschaft* (Wildt 2023).

2. Transformatives Lernen in der Teilhabe an Transformationsprozessen

Impulse kamen zuerst aus der Erwachsenenbildung. Mezirow (1990) brach mit der herkömmlichen Vorstellung, dass das Lernen im Erwachsenenalter stets als graduelle Veränderung in biographisch vorgezeichneten Bahnen verläuft. Er ging von der Beobachtung aus, dass auch im fortgeschrittenen Lebensalter ein grundlegender Wandel in den Denk-, Wahrnehmungs- und Handlungsdispositionen möglich ist. Dass diese Sichtweise ist mittlerweile hierzulande breit rezipiert ist, zeigen Dörner u.a. (2020).

Auch die European University Association (EUA) sah sich im Zuge des Bologna Prozesses sich veranlasst, im Programm *TUNING* Transformatives Lernen zur Differenzierung eines restriktiven Verständnisses von *employability* als *learning outcome* und als Kompetenzziel der Studienreform zu konzipieren (vgl. Haug 2001). Employability zielte nicht allein auf *adaptable competences* zur Anpassung der Lernergebnisse an die Anforderungen des Beschäftigungssystems. Auch *adoptable competences*, die auf die Integration in Beschäftigung gemäß persönlicher Optionen der Studierenden dienten, bedurften einer Ergänzung. Im hier diskutierten Zusammenhang interessiert insbesondere die Erörterung von *transformative competences* und *citizenship*, die zur Teilhabe und Veränderungen in Beruf und Gesellschaft befähigen sollen. Die empirische Befragung an 100 europäischen Universitäten ergab eine überraschend breite Unterstützung aller Gruppen von Hochschulangehörigen und Anspruchsgruppen aus Beruf und Gesellschaft für diese Ausrichtung des Bologna-Prozesses. Wildt (2005) diskutierte die Konsequenzen, die sich daraus für die Bologna Reform an deutschen Hochschulen ergaben.

Die praktische Relevanz für die Hochschulbildung wurde aber erst dann konkret sichtbar, als sich die Einsicht durchsetzte, dass die Bezüge zwischen Wissenschaft und Beruf bzw. Gesellschaft in Veränderungen begriffen war, die eine reale Basis für eine Verwirklichung transformativen Lernens schufen. Den Ausgangspunkt bildete Polanyi (1944/1978): *The Great Transformation* setzte als Folge des Niedergangs des Weltwirtschaftssystems durch den 2. Weltkriegs ein und wurde mit den politischen Umbrüchen nach dem Zerfall der Sowjetunion und Umstürzen in vielen Entwicklungsländern in den 1990er Jahren (Meritt 1980, Merkel 2007, Kollmorgen/Merkel/Wagner 2020) ausgeweitet. Gegen Ende des 1. Jahrzehnts in diesem Jahrhundert erweiterte sich der Focus schließlich auf sozial-ökologische und kulturelle Aspekte der Transformation (Reißig 2009, WBGU, 2011, Schneidewind 2018, Singer/Brodowoski/Holst/Goller 2021). In diesem Kontext wurde bald die Verknüpfung transformativen Lernens mit Transformationsprozessen thematisiert (etwa WBGU, 2011, Singer-Brodowski 2016, Wildt 2013). Mittlerweile mehren sich Arbeiten, die dies mit Konzepten zur Gestaltung von Lehrformaten wie Wissenschaftswerkstätten oder Reallaboren, FabLabs, Service Learning, Projektstudien, Transit Towns etc. unterlegen (Schier/Schwinger 2014, Defila/DiGuilio 2018/2019, Schmohl/Philipp 2021, Rein/Wildt 2022).

Für die Hochschuldidaktik als Wissenschaft zur Untersuchung und Gestaltung des Lehrens und Lernens ergeben sich aus diesen Entwicklungen neue Herausforderungen, aber auch Chancen. Hochschuldidaktik kann zwar auf einen breiten Fundus hochschuldidaktischer Erkenntnisse und Gestaltungsoptionen zurückgreifen. Für ihre Teilhabe an Transformationsprozessen verlässt sie aber den tradierten institutionellen Rahmen der Hochschulen und begibt sich in berufliche und gesellschaftliche Handlungsfelder, die nicht auf Belange der Hochschulbildung eingestellt sind. Es stellt sich deshalb die Frage, ob ihr Fundus für die neuen Aufgaben unter diesen Konstellationen eine hinreichende Handlungsgrundlage bietet. Allerdings wäre es leichtfertig, Konzepte und Erfahrungen der Vergangenheit *ad acta* zu legen. Zwar betrifft dies die Hochschuldidaktik als Ganze; im Rahmen der vorliegenden Erörterung muss jedoch eine Eingrenzung auf diejenigen Aspekte des hochschuldidaktischen Diskurses erfolgen, die unmittelbar Anknüpfungspunkte für transformatives

Lernen bieten. Da diese in neuen Konstellationen der Bezüge zwischen Wissenschaft und beruflicher bzw. gesellschaftlicher Praxis entstehen, wird der Focus hier auf den hochschuldidaktischen Diskurs über Praxisbezug im Studium gerichtet.

3. Zum hochschuldidaktischen Diskurs über Praxisbezug im Studium

Die Tragweite der Konzeptualisierung des Praxisbezugs in der Hochschulbildung wird erst im Rückgang auf die neuhumanistische Hochschulreform sichtbar, von der aus das institutionelle Gefüge der Hochschulen bis in die jüngere Vergangenheit bestimmt war. Ausgangspunkt zu Beginn des 19. Jahrhunderts war die Integration der Forschung in die Universitäten, die eine Dynamik disziplinärer Ausdifferenzierung des hochschulischen Wissenschaftssystems auslöste (Nida-Rümlin 2014, Stichweh 1984) und die Grundlagen einer fachbezogenen Hochschulbildung schuf. Praktische Ausbildungsphasen wurden dem Studium nachgelagert. Die Idee einer „Bildung durch Wissenschaft" sah zwar von berufspraktischen Zwecken des Hochschulstudiums ab, erfüllte aber als eine Art *hidden curriculum* Funktionen zur Vorbereitung akademischer Eliten auf die Übernahme beruflicher und gesellschaftlicher Tätigkeiten (Webler 2021).

In den 1960er Jahren hatte sich das Bild grundlegend gewandelt. Es herrschte ein breiter Konsens, Praxisbezug ins Zentrum der Studienreform zu stellen. Über die Art und Weise allerdings schieden sich die Geister. Wer nicht auf die Eigendynamik der Wissenschaftsentwicklung vertraute, setzte auf gezielte Reformen. Einem kritischen Praxisbezug, der gesellschaftliche Entstehung, Funktion und Verwertung wissenschaftlicher Erkenntnisse thematisierte, standen funktionalistische Auffassungen gegenüber, nach denen das Studium an den Qualifikationsanforderungen der Arbeitswelt auszurichten sei. In Betracht gezogen wurden auch Lerngelegenheiten für Praxiserfahrungen außerhalb der Hochschulen. Dazu zählten Praktika zur Erkundung und Einübung beruflicher Tätigkeiten. Transformationswissenschaftlich anschlussfähig erscheinen heute besonders „Formen des Praxisbezuges" (Wildt 1975), die forschendes Lernen mit praktischen Handeln in beruflichen bzw. gesellschaftlichen Praxiskontexten im Format von Projektstudien zu verbinden suchten. Die unterschiedlichen hochschuldidaktischen Konzeptionen des Praxisbezuges unterscheiden sich allerdings durch ihre Reichweite in die berufliche bzw. gesellschaftliche Praxis (Wildt 2012).

Die Initiierung von Projektstudien an westdeutschen Hochschulen reicht in die Zeit vor der Institutionalisierung der Hochschuldidaktik zurück (Wildt 2021b). Getragen von engagierten studentischen Gruppen, auch mit Resonanz in der Hochschuldidaktik, verbreiteten sie sich während der 1970er Jahre in vielen Fächern und Hochschulen. Unter den oben skizzierten Umständen flaute der anfängliche Enthusiasmus in der zweiten Hälfte der 1970er Jahre ab und kam bis zum Ende der 1990er Jahre fast vollständig zum Erliegen.

In der Hochschuldidaktik spielte sich die Auseinandersetzung mit solchen konfligierenden Auffassungen über die Ausrichtung praxisbezogener Studienreformen vor dem Hintergrund einer Rezeption und Kritik der Arbeitsmarkt- und Berufsforschung (Faltin/Herz 1974a, Faltin/Herz 1974b) wie auch Sozialisationsforschung (Bargel et al. 1975) ab. Einen Höhepunkt bildete 1974 der bis dahin mit über 550 Teilnehmenden größte hochschuldidaktische Kongress im, der über die Vielfalt der Untersuchungen, Experimenten und Reformen von „Praxisbezug im Studium" diskutierte (vgl. Herz 1975); und auf dem sich die *populäre Reformforderung* nach einer *Berufsorientierung* als *brüchige Konsensformel* (Becker 1975) entpuppte.

Allerdings engten sich Mitte der 1970er Jahre die Handlungsspielräume für Reformen des Praxisbezuges zunehmend ein. Das Hochschulrahmengesetz von 1976 deklarierte den *Praxisbezug zum Kernstück* der Studienreform (Dallinger/Bode/Dellian 1978), verlagerte aber die Reforminitiative von den Hochschulen in ein Instrumentarium staatlicher Studienreformkommissionen. Zwar dokumentieren die zahlreichen Reformplänen der „blauen Bände" zur Studienreform mancherlei Vorschläge zur Gestaltung von Praktika und Praxisbezügen in Fachstudien; einer hochschulnahen Reform mit der Hochschuldidaktik wurde jedoch der Nährboden entzogen (vgl. Wildt 2021a). Daran änderte sich auch nichts, als die Studienreformkommissionen wegen offenkundiger Wirkungslosigkeit zehn Jahre später *ad acta* gelegt wurden. Betroffen war auch das Projektstudium. Aus dessen Niedergang allerdings ein Scheitern zu folgern (wie z.B. Huber 1983, anders Wildt 1983), sollte sich als voreilig erweisen. Seine Wiederbelebung seit Ende der 1990er spricht eine andere Sprache.

Impulse kamen dafür aus der Verbreitung projektförmiger Arbeitsorganisationen in der beruflichen (vgl. Wörner 2006) und vergleichbarer zivilgesellschaftlicher Aktionsmuster in der gesellschaftlichen Sphäre (Birkmann et al. 1997), in denen neue Methoden des Projektmanagments praktiziert wurden (vgl. Interdisziplinäre Projektgruppe UniDo 1999). Neue Generationen von Projektstudierenden lernten bei der didaktischen Gestaltung Methoden aus Organisationsentwicklung und Projektmanagement zu nutzen. Projektstudien kamen der Erwartung über den Erwerb von Schlüsselkompetenzen entgegen

(Moczadlo 1995). Trotz Vorbehalten gegen die marktwirtschaftlichen Implikationen eines New Public Managements vertrug es sich als Veranstaltungsformat auch mit einer veränderten Hochschulpolitik, die auf *Public-Private Partnership* (Stifterverband 1999) und *Entrepreneurial Universities* (Clark 1998) setzte. Neben die herkömmlichen Kernaufgaben der Forschung und der Lehre trat eine „Third Mission" (Henke/Pasternack/Schmid 2016), mit der das in den Hochschulen gewonnene wissenschaftliche Wissen in die Gesellschaft gelangen sollte. Die Zeichen der Zeit standen auf einer Verbindung von Wissenschaftstransfer und Hochschuldidaktik.

Einen zusätzlichen Schub ergab der Bologna Prozess. Nach anfänglich langen Grabenkämpfe (Schimank 2010) hatten sich die Hochschulen an einen pragmatischen Umgang mit den veränderten Rahmenvorgaben (Module, Workload, Credits, Kompetenten, Learning Outcomes, studienbegleitende Prüfungen) gewöhnt. Entgegen der verbreiteten Auffassung, dass der Bologna-Prozess unaufhaltsam in Bürokratisierung und Verschulung der Hochschulbildung münden müsse, wurde der Blick frei für Chancen einer flexiblen Gestaltung komplexer Lehrformate. Auf der Linie eines *Shift from Teaching and Learning* (Wildt 2003), der die Verantwortung der Studierenden für ihren Lernprozess zum Ziel hatte, drängte auch die organisierte Hochschuldidaktik auf eine „zweite Welle der Reform" (AHD 2005).

Heute offenbart der Blick ins Internet, dass von diesem Handlungsspielraum auch Gebrauch gemacht wurde. Das gilt nicht allein für die Verankerung von Projektstudien, die in Master-, zunehmend aber auch in Bachelorstudiengängen zum Kanon von Veranstaltungsformaten gehören und heute als Profilelementen in den Studienportfolios an vieler Hochschulen gelten. Auch forschendes, problembasiertes Lernen und Service Learning, die zu einer Konzeptualisierung von Praxisbezügen beitragen, haben einen bemerkenswerten Boom erlebt haben.

So fand forschendes Lernen in der hochschuldidaktischen Gründerzeit (BAK 1968) als Konzept einer „Bildung durch Wissenschaft" zwar hohe Aufmerksamkeit, doch kaum Verbreitung. Beachtung in Hochschulpolitik (vgl. Wildt 2002) und Breitenwirkung in der Hochschulbildung kam erst im Bologna-Prozess zu Stande (Huber/Reinmann 2019, international: Jenkins/Healey 2011). Nach Ansicht des Autors lässt sich dies nicht zuletzt auf Motive der Hochschulangehörigen zurückführen, der drohenden Reglementierung durch das Korsett von Vorgaben wissenschaftskonforme Studienreformkonzepte entgegenzusetzen. Forschendes Lernen ist zwar seiner Provenienz nach als Reform im Kontext der Hochschule lokalisiert, lässt sich – wie z.B. Schneider/Wildt (2002) am Modellprojekt des Berufspraktischen Halbjahres in der Lehrerbildung gezeigt haben – um Lernen in der Praxis erweitern und ist damit dem Projektstudium zuzurechnen.

In einigen Studiengängen wie der Medizin hat auch problemorientiertes Lernen (international auch *problem-based learning* bzw. *teaching*: vgl. Gibson 2005) als Veranstaltungsformat viel Beachtung erfahren. Aufgrund der übersichtlichen didaktischen Strukturierung, definierte Probleme mit wissenschaftlichen Methoden zu lösen, sehen Braßler/Dettmers (2017) Vorteile gegenüber Projektstudien, die sich in offeneren Praxiskontexten bewegen und den Studierenden komplexere Entscheidungen abverlangen, stärkere Autonomie und Verantwortung ermöglichen, aber auch Unsicherheiten hervorrufen können.

Nach längerem Vorlauf insbesondere im anglo-amerikanischen Hochschulraum (vgl. McIllrath 2022) fasste Service Learning im Zuge des Bologna-Prozesses auch an deutschen Hochschulen Fuß (Altenschmidt/Miller/Stark 2009). Mittlerweile haben sich mehr als fünfzig Hochschulen im Hochschulnetzwerk *Bildung in gesellschaftlicher Verantwortung* (HBdV 2021) zusammengeschlossen. Ursprünglich angestoßen durch selbstorganisierte studentische Aktionsprogramme, haben Hochschulen in den 2000er Jahren begonnen, diese Programme institutionell zu unterstützen und mit Lehrveranstaltungen zu verknüpfen. Je tiefer sich *civic engagement* mit forschendem Lernen verbindet, nimmt es das Format des Projektstudiums an.

4. Didaktische Probleme auf dem Weg zum transformativen Lernen

In dem Maße jedoch, indem sich der Wissenschaftsprozess im Transfergeschehen aus den Hochschulen in die berufliche bzw. gesellschaftliche Praxis verlagert, verliert auch das institutionelle Bedingungsgefüge der Hochschulbildung seine exklusive Funktion als Format für Lehre und Studium. In den Konstellationen der beruflichen bzw. gesellschaftlichen Praxis herrschen dagegen an den Hochschulen gänzlich verschiedene Bedingungen. Zwar können die Einrichtungen der Hochschule auch für Lehren und Lernen in den Kontexten von Beruf und Gesellschaft genutzt werden. Hochschulbildung in Transferprozessen bedarf jedoch besonderer Vorkehrungen, damit unter den dort bestehenden Konstellationen Lehren und Lernen möglich wird.

4.1. Wissenschafts- und Lernstruktur

Trotz der neuen Herausforderungen bleibt Transformatives Lernen im Anschluss an neuhumanistische Traditionen der Hochschulbildung der Idee einer *Bildung durch Wissenschaft* verpflichtet. In diesem Sinne bleibt auch die zentrale Ausgangsfrage des hochschuldidaktischen Diskurses nach der Verbindung von *Wissenschafts- und Lernstruktur* bestehen (Wildt 2022a). Es griffe infolgedessen zu kurz, im Diskurs über transformatives Lernen lediglich lernstrukturelle Veränderungen zu betrachten. Vielmehr basieren diese Veränderungen auf wissenschaftlichen Entwicklungen, die Transformationen in der beruflichen bzw. gesellschaftlichen Praxis erst ermöglichen. Diese Transformationen werden erst möglich, wenn die für die tradierte Hochschulbildung bestehende Bindung an die disziplinäre Wissenschaftsorganisation in den Hochschulen gelöst und durch inter- bzw. transdisziplinäre Wissenschaftsstrukturen erweitert werden. So lässt sich in den vergangenen Jahrzehnten eine allmählich Einwanderung inter- bzw. transdisziplinärer Wissenschaftsstrukturen in die Hochschulen beobachten (Rein/ Wildt 2022, Henke/Pasternack/ Schmid 2016).

Schon Kuhn (1972) hatte die Entstehung eines Paradigmenwechsels in den Wissenschaften zumeist am Rand bzw. zwischen den Fächern beobachtet. Stichweh (1984) hatte gezeigt, dass sich neue Wissenschaftsgebiete zwischen den Disziplinen entwickeln. Nach Gibbons et al. (1994) gliedert sich die Welt der Forschung in den Modus I disziplinär ausdifferenzierter Forschung, der vornehmlich in Hochschulen Platz gegriffen hat, und dem Modus II einer problemzentrierten, meist interdisziplinären Forschung außerhalb der Hochschulen. Seit einigen Jahrzehnten sind jedoch Veränderungen zu beobachten. Zu den Pionieren der Institutionalisierung von Interdisziplinarität an Hochschulen gehörte Schelsky (1967), der dafür bei der Planung der Universität Bielefeld ein Strukturmodell entwarf. Zunächst blieb Interdisziplinarität in der hiesigen Hochschullandschaft jedoch randständig, kam – wenn überhaupt – anlassbezogen zu Stande (Kocka 1987) und blieb episodenhaft.

Seit den 1990er Jahren wächst Interdisziplinarität in Sonderforschungsbereichen, Graduiertenzentren, Forschungsschwerpunkten bzw. Einrichtungen und Drittmitteprogrammen. Förderlinien des Bundesministeriums für Bildung und Wissenschaft wie *Innovative Hochschulen* (BMBF 2016) oder jüngst auch zum *Wissenschaftstransfer* (BMBF 2021) unterlegen die Strategien der erwähnten *Third Mission,* die neben die Lehre und Forschung als neue Aufgabe der Hochschulen hinzutritt und aus der heraus verstärkt Konsequenzen für die Hochschulbildung erwachsen (Paarman-Jung/Wildt 2020).

4.2. Epistemologische Probleme

Einerseits läuft die Wissenschaft durch die Grenzüberschreitung zwischen Hochschulen und Beruf bzw. Gesellschaft Gefahr, die Distanz, die sie für ihre Erkenntnisfunktion benötigt, zu verlieren. Praktische Handlungsinteressen können in normative Konflikte zwischen Handlungsoptionen und Wahrheitsinteressen zu geraten. Diskrepanzen zwischen unterschiedlichen Logiken des Handelns in Wissenschaft und Praxis werden offenkundig. Andererseits liegt gerade in diesen Differenzen das besondere Potential der Zusammenarbeit zwischen Hochschul- und Praxisakteur*innen. Für die Hochschulbildung besteht in der Erfahrung dieser Dissonanzen, eine Lernchance, indem die epistemologische Differenz zwischen auf Generalisierung gerichteten wissenschaftlichen Theorien und Methoden (im Wissenschaft) und der fallbezogenen Problemlösungsperspektiven (in der Praxis) reflektierbar wird.

4.3. Selbstregulation

Die Lehr-Lernkonzepte transformativen Lernens werfen zudem Fragen nach dem Ausmaß der Selbstregulation studentischer Lerngruppen auf. Schon aus früheren Erfahrungen mit projekt- und problemorientierten sind hier Stolpersteine bekannt (vgl. Wildt 2022b). Dies betrifft sowohl die autonome Zielbestimmung, die Selbstorganisation von Arbeitsprozessen wie auch die Selbststeuerung in der Kooperation. Die aus der Hochschuldidaktik studierendenzentrierten Lehrens und Lernens bekannten Fragen verstärken sich unter den Bedingungen der Kooperation mit hochschulexternen Lerngruppen. Sie verweisen auf die nicht hintergehbare paradoxalen Anlage von Bildungsprozessen, bei denen die Autonomie, die sie zum Ziel haben, bereits im Prozess vorausgesetzt wird. Die Bearbeitung dieses Problems verlangt von Lehrenden eine Erweiterung der Lehrkompetenz.

4.4. Instabile Handlungsbedingungen

Hochschulen bieten verlässliche Lernbedingungen (Räume, Ressourcen, Lehrpersonal, Curricula, Prüfungsvorgaben). Solche Bedingungen sind in der Praxis meist nicht gegeben. Einerseits erfordert dies von den Akteur*innen Improvisation. Das gilt auch im Hinblick auf die Abstimmung unterschiedlicher Arbeitszeiten und Zeitrhythmen. Anderseits stellt es die Hochschulen vor die Aufgabe, situationsbezogene Infrastrukturen unterschiedlicher Art bereitzustellen (z.B. Lehrmitteln, Anmietung von Räumen, Fahrtkosten, Freistellung von Lehrpersonal, Zeitressourcen für Form von Workloads, angemessene

Prüfungsformaten). Hinzu kommt, dass die Handlungsbedingungen der beteiligten Akteursgruppen raum-zeitlich koordiniert werden müssen. Damit steigen die Flexibilitätsanforderungen auch für die Hochschulangehörigen

4.5. Kommunikation und Interaktion

Lernchancen, aber zugleich Schwierigkeiten bereiten zudem die unterschiedlichen Denk-, Wahrnehmungs- und Handlungsmuster sowie Kommunikations- und Interaktionsgewohnheiten der beteiligten Akteur*innengrupppen. Die Hochschuldidaktik steht hier vor der Aufgabe, die vorhandenen Ansätze adressatengerechten wissenschaftlichen Schreibens und mündliches Kommunizieren weiterzuentwickeln und zur Verfügung zu stellen.

4.6. Digitalisierung

Besondere Aufmerksamkeit verdient die digitale Kommunikation. Die Hochschulen, die in der jüngeren Vergangenheit Anstrengungen auf die Entwicklung eigener digitaler Strategien gewendet haben, stehen nun vor der Herausforderung, diese Aufgabe auf Kooperation und Kommunikation abzustimmen. Für die Studierenden eröffnen sich neue Chancen, ihre digitalen Kompetenzen zu erweitern.

5. Hochschuldidaktik auf dem Weg zu einer Transformationswissenschaft

Hochschuldidaktik hatte ihren Ausgangspunkt in den Wendezeiten zu Beginn der 1970er Jahren, als die Reform der Hochschulbildung weit oben auf der gesellschaftspolitischen Agenda stand. Als Reform war sie darauf gerichtet die Krise, in die die Hochschulbildung aufgrund tiefgreifender Veränderungen in ihrer Umwelt geraten war, durch hochschulinterne Veränderungen zu erhalten und an veränderte externe Anforderungen anzupassen. Mit Transformativem Lernen begibt sie sich nun auf einen transformativen *turn*. Im Anschluss an die in den letzten Jahren dynamisierte Transformationsdebatte findet im Sinne von Kollmorgen/Merkel/Wagner (2020: 17) ein Wandel von einer Reform innerhalb des Systems der Hochschulbildung in eine Transformation des Systems der Hochschulbildung statt. Die Kontextualisierung der Hochschulbildung in die Entwicklung des Wissenschaftstransfers lässt sich als eine treibende Kraft betrachten. Der wissenschaftliche Diskurs der Hochschuldidaktik über transformatives Lernen steht vor der Aufgabe, die Bedingungen und Möglichkeiten, die sich aus diesen Entwicklungen ergeben, zum Gegenstand von Untersuchung und Gestaltung der Hochschulbildung zu machen.

Der Überblick zeigt, dass Hochschuldidaktik auf einen breiten Fundus hochschuldidaktischer Erkenntnisse und Erfahrungen zurückgreifen kann. Ihr Reichtum bietet Anschlussstellen für eine Didaktik transformativen Lernens. Die Entwicklung einer transformativen Didaktik steckt jedoch noch in den Anfängen. Schon jetzt zeichnet sich ab, dass Probleme, die sich unter herkömmlichen Bedingungen der Hochschulbildung stellen, in den veränderten Konstellationen neu auftun (vgl. dazu Jahnke/Wildt 2023).

Wieweit die Hochschulpolitik dem Rechnung trägt, wird zu beobachten sein. Die Empfehlungen des Wissenschaftsrats zum Verhältnis von „Hochschulbildung und Arbeitsmarkt“ (2015) enthalten ermutigende Anknüpfungspunkte zu einer neuen Verbindung zwischen Hochschulbildung und Praxis, die den Blick für die Situierung der Hochschulbildung in Transformationsprozesses öffnen. Allerdings lassen seine jüngsten „Empfehlungen für eine zukunftsfähige Ausgestaltung von Studium und Lehre“ (Wissenschaftsrat 2022), die in einer hochschulinternen Betrachtungsweise zurückbleiben, diese Perspektive vermissen (kritisch dazu: Banscherus 2022). Die oben erwähnten Experimente und Initiativen an Hochschulen die Zusammenarbeit mit hochschulexternen Akteuren bzw. Akteursgruppen, geben dagegen Hoffnung.

Die Zukunft wird zeigen, ob Erwartungen an neue Generation von Hochschulabsolvent*innen erfüllt werden, die die Fähigkeit erworben haben, in der Praxis wissenschaftlich zu handeln und sich insofern als kompetente Akteur*innen des Wissenschaftstransfers erweisen. Der *transformative turn* der Hochschuldidaktik würde damit zum integralen Teil einer interdisziplinären Wissenschaft vom Wissenschaftstransfer.

Literatur

AHD [Arbeitsgemeinschaft für Hochschuldidaktik] (2005): Eine zweite Welle der Reform – Hochschuldidaktik im Bologna-Prozess. Erklärung der Mitgliederversammlung vom 5.3.2007. In: AHD newsletter, Heft: Nr. 13, S. 2.

Altenschmidt, Karsten/Miller, Jörg/Stark, Wolfgang (2009): Raus aus dem Elfenbeinturm? Entwicklungen in Service Learning und bürgerschaftlichem Engagement an deutschen Hochschulen. Weinheim: Beltz.

BAK [Bundesassistentenkonferenz] (1968): Kreuznacher Hochschulkonzept. Schriften der BAK 1. Bonn: BAK.

Banscherus, Uwe (2022): Nicht ohne Praxisbezug! Hochschulbildung im 21. Jahrhundert. In: Forum Wissenschaft 3/22, 21–23.

Bargel, Tino/Framheim, Gerhild/Huber, Ludwig/Portele, Gerhard (1975): Sozialisation in der Hochschule. Beiträge zur Auseinandersetzung zwischen Hochschuldidaktik und Sozialisationsforschung. Blickpunkt Hochschuldidaktik 37. Hamburg: AHD.

Becker, Egon (1975): „Berufsorientierung". Zur Kritik einer populären Reformforderung. In: Otto Herz (Hg.): Praxisbezug im Studium. Dokumentation des Kongresses von 20. – 22. November. Congress Centrum Hamburg. Blickpunkt Hochschuldidaktik 35. Hamburg: AHD, 88–104.

Birkmann, Jörg/Bonhoff,Claudia/Daum, Wolfgang/Gleisenstein, Jörg (1997). Nachhaltigkeit und Hochschulentwicklung. Projekte auf dem Weg der Agenda 21. Dortmund: projekt Verlag.

BMBF [Bundesministerium für Bildung und Forschung] (2016): Innovative Hochschule. Förderlinie des Bundes und der Länder: GWK-Bonn.

BMBF [Bundesministerium für Bildung und Forschung] (2021): Richtlinie zur Förderung von Forschungsprojekten zum Thema „Wissenstransfer". https://www.bmbf.de/bmbf/shareddocs/bekanntmachungen/de/2021/01/3331_bekanntmachung.html.

Braßler, Marion/Dettmers, Jörn (2017): How to enhance interdisciplinary competence – interdisciplinary problem-based learning vs. interdisciplinary project-based learning. In: Interdisciplinary Journal of problem-based Learning 11(2).

Bretschneider, Falk/Wildt, Johannes (Hg). Handbuch Akkreditierung von Studiengängen. Eine Einführung für Hochschule, Politik und Berufspraxis. Bielefeld: wbv.

Clark, Burton, R. (1998): Creating Entrepreneurial Universities – Organisational Pathway of Transformation. New York: Emerald.

Dallinger Peter/Bode, Christian/Dellian, Fritz (1978): Hochschulrahmengesetz. Tübingen: Mohr Siebeck.

Defila, Rico/Di Giulio, Antonietta (2018): Interdisziplinär und transformativ Forschen. Eine Methodensammlung, Bd 1. Wiesbaden: Springer.

Defila, Rico/Di Giulio, Antonia (2019): Interdisziplinär und transformativ Forschen. Eine Methodensammlung, Bd 2. Wiesbaden: Springer.

Dörner, Olaf/Iller, Carola/Schüßler, Ingeborg/von Felden, Heide/Lerch, Sebastian (2020): Erwachsenenbildung und Lernen in Zeiten von Globalisierung, Transformation und Entgrenzung. Opladen: Budrich.

Faltin, Günter/Herz, Otto (1974a): Berufsforschung und Hochschuldidaktik I. Sondierung des Problems. Blickpunkt Hochschuldidaktik 32. Hamburg: AHD.

Faltin, Günter/Herz, Otto (1974b): Berufsforschung und Hochschuldidaktik II. Handlungsspielräume als Zielkategorie. Blickpunkt Hochschuldidaktik 33. Hamburg: AHD.

Gibbons, Michael/Nowotny, Helga/Limoges, Camille/Trow, Martin/Schwartzman, Simon/Scott, Peter (1994): The new production of knowledge – The dynamics of science and research in contemporary societies. München: Sage.

Gibson, Ivan (2005): Designing Projects for Learning. In: Barrett, Terry/Mac Labhreinn, Iain/Fallon, Helen (eds.): Handbook of Enquiry and Problem-based Learning. Galway: NUI, 27–36.

Haug, Guy (2001); The TUNING project in the context of remain trends in Higher Education in Europe. http://www.unizar.es/eees/tesie/Inicio_del_TUNING_2001/TUNING_Guy_Haugh.pdf.

HdBV [Hochschulnetzwerk Bildung durch Verantwortung] (2021). www.bildung-durch-verantwortung.de.

Henke, Justus/Pasternack, Peer/Schmid, Sahra (2016): Third Mission von Hochschulen – Eine Definition. In: Das Hochschulwesen 64, 35–41.

Herz, Otto. (1975): Praxisbezug im Studium. Dokumentation des Kongresses der AHD vom Nov. 1974. Blickpunkt Hochschuldidaktik 35. Hamburg: AHD.

Huber, Ludwig (1983): Hochschuldidaktik als Theorie der Bildung und Ausbildung an Hochschulen. In: Ludwig Huber (Hg.): Ausbildung und Sozialisation in der Hochschule. Enzyklopädie Erziehungswissenschaft Bd. X. Stuttgart: Klett-Cotta, 114 – 138.

Huber, Ludwig/Reinmann, Gaby. (2019). Vom forschungsnahen zum forschenden Lernen. Wege der Bildung durch Wissenschaft. Wiesbaden. Springer.

Jahnke, Isa/Wildt, Johannes (2023): Learning in Transformation. In: Thorsten Philipp/Tobias Schmohl: Handbook Transdisciplinary Learning. Bielefeld: transcript, 225–234.

Jenkins, Alan/Healey, Mick (2011): Research based learning – a collection of case studies in different disciplines. In: Isa Jahnke/Johannes Wildt (Hg.): Fachbezogene und fachübergreifende Hochschuldidaktik. Blickpunkt Hochschuldidaktik 121. Bielefeld: wbv, 37–46.

Jung-Paarmann, Helga/Wildt, Johannes (2020): Das „Forum Offene Wissenschaft“ an der Universität Bielefeld. In: Brigitte Berendt/Andreas Fleischmann/Niclas Schaper/Birgit Szczyrba/Matthias Wiemer/Johannes Wildt (Hg.). Berlin: DUZ-Medienhaus, 41–64.

Kollmorgen, Ray/Merkel, Wolfgang/Wagner, Hans-Jürgen. (2012): Handbuch Transformationsforschung. Wiesbaden: Springer.

Kocka, Jürgen (1987). Interdisziplinarität. Praxis – Herausforderung – Ideologie. Frankfurt am Main: Suhrkamp.

Kuhn, Thomas (1972): Die Struktur wissenschaftlicher Revolutionen. 2. Auflage. Frankfurt am Main: Suhrkamp.

McIllrath, Lorraine (2022). Exploring Service Learning as a Pedagogy to engage and Prepare Students as Citizens within Europe. In: Volker Rein/Johannes Wildt (eds.) Professional-Scientific Education. Discourses, Perspectives. Implications and Options for Science and Practice. Opladen, Berlin/Toronto: Budrich, 475–492.

Merkel, Wolfgang (2007): Gegen alle Theorie? Die Konsolidierung der Demokratie in Ostmitteleuropa. In: Politische Vierteljahreszeitschrift 48(3): 413–433.

Merritt, Richard, R. (1980): On the transformation of Systems. In: International Political Review 1 (1), 1322.

Mezirow, Jack (1990): Fostering critical reflection in adulthood. A guide to transformative and emancipatory learning. San Francisco: Jossey-Bass.

Moczaldo, Regina (1995): LiPS – Leitfaden integrierte Projektstudien. Schriftenreihe Report 35. Alsbach/Bergstraße: Leuchturmverlag.

Nida-Rümelin, Julian. (2014). Der Akademisierungswahn. Zur Krise beruflicher und akademischer Bildung. Hamburg: Körber-Stiftung.

Polanyi, Karl (1978) [1944], The Great Transformation. Politische und ökonomische Ursprünge von Gesellschaften und Wirtschaftssystemen. Frankfurt am Main: Suhrkamp.

Rein, Volker/Wildt, Johannes. (2022): Professional-Scientific Education. Discourses, Perspectives, Implications, and Options for Science and Practice Opladen/Berlin/ Toronto: Budrich.

Reißig, Rolf (2009): Gesellschaftliche Transformation im 21. Jahrhundert. Wiesbaden: Springer.

Schelsky, Helmut. (1967): Grundzüge einer neuen Universität. Eine Denkschrift. In: Paul Mikat/Helmut Schelsky (Hg.): Grundzüge einer neuen Universität. Gütersloh: Bertelsmann, 33–71.

Schier, Carmen/Schwinger, Elke (2014): Interdisziplinarität und Transdisziplinarität als Herausforderung akademischer Bildung. Innovative Konzepte für die Lehre an Hochschulen und Universitäten. Bielefeld: transcript.

Schimak, Uwe (2010): Humboldt in Bologna - falscher Mann zur falschen Zeit am falschen Ort? In: HIS GmbH.(Hg): Perspektive Studienqualität. Themen und forschungsergebnisse der HIS-Fachtagung Studienqualität. Bielefeld: HIS, S. 42–62.

Schmohl, Tobias (2021). Situiertes Lernen: Konzepte einer erfahrungsbasierten Hochschullehre. TeachingXchange, Bd. 5. Bielefeld: wbv, 9–19.

Schmohl, Tobias/Philipp, Thorsten (2021): Handbuch Transdisziplinäre Didaktik. Bielefeld: transcript.

Schneider, Ralf/Wildt, Johannes (2009): Forschendes Lernen in Praxisstudien – Wechsel eines Leitmotivs. In: Bianca Roters/ Ralf Schneider/Barbara Koch-Priewe/Jörg Thiele/Johannes Wildt (Hg.): Forschendes Lernen im Lehramtsstudium. Hochschuldidaktik, Professionalisierung, Kompetenzentwicklung. Klinkhardt: Bad Heilbrunn, 8–36.

Schneidewind, Uwe (2018): Die große Transformation. Eine Einführung in die Kunst gesellschaftlichen Wandels. Frankfurt am Main: Fischer.

Singer-Brodowski, Mandy (2016): Transformative Bildung durch transformatives Lernen. Zur Notwendigkeit der erziehungswissenschaftlichen Fundierung einer neuen Idee. In: Zeitschrift für internationale Bildungsforschung und Entwicklungspädagogik 39/1, 13–17.

Singer-Brodowski, Mandy/Holst, Jorrit/Gallert, Antje (2021): Transformative Wissenschaft. In: Schmohl, Tobias/Philipp, Thorsten (2021): Handbuch Transdisziplinäre Didaktik. Bielefeld: transcript, 347–356.

Stichweh, Rudolf (1984): Zur Entstehung des modernen Systems wissenschaftlicher Disziplinen. Physik in Deutschland 1740–1890. Frankfurt am Main: Suhrkamp.

Stichweh, Rudolf. (2021). Disziplinarität, Interdisziplinarität, Transdisziplinarität – Strukturwandel des Wissenschaftssystems (1750–2020). In: Tobias Schmohl/Thorsten Philipp (Hg.): Handbuch Transdisziplinäre Didaktik. Bielefeld: transcript, 433–448.

Stifterverband für die Deutsche Wissenschaft (1999): Public Private Partnership. (Dokumentation des Villa-Hügel-Gesprächs am 4. November 1999 in Essen). Essen: Stifterverband.

UniDo Interdisziplinäres Studienprojekt Nachhaltige. 1999. Fachkonferenz – Management von Studienprojekten in der Hochschullehre. Dortmund: Universität.

Webler, Wolf Dietrich (2021): Zur Entstehung der Humboldtschen Universitätskonzeption Statik und Dynamik der Hochschulentwicklung in Deutschland – ein historisches Beispiel. In: Sabine Behrenbeck /Krista Sager/Uwe Schmidt (Hg.): „Die ganze Hochschule soll es sein". Wolff-Dietrich Webler zum 80. Geburtstag. Bielefeld: UVW, 61–76.

Webler, Wolff-Dietrich/Wildt, Johannes (1979): Wissenschaft – Studium – Beruf. Zu den Bedingungs- Analyse- und Handlungsebenen der

Ausbildungsforschung und Studienreform. Blickpunkt Hochschuldidaktik 52. Hamburg: AHD.

Wildt, Johannes (1975): Formen des Praxisbezugs. In: Otto Herz (Hg.). Praxisbezug im Studium. Dokumentation des Kongresses von 20. – 22. November in Congress Centrum Hamburg. Blickpunkt Hochschuldidaktik 35. Hamburg: AHD, 105–121

Wildt, Johannes (1983). Projektstudium. In Huber, Ludwig Ausbildung und Sozialisation in der Hochschule. Enzyklopädie Erziehungswissenschaft Bd. 10. Stuttgart: Klett – Cotta, 671–674.

Wildt, Johannes (2002). „Forschende Lernen" – Renaissance eines „Leitgedankens" für die Studienreform? Oder der lange Weg des Wissenschaftsrats zur Hochschuldidaktik. In: Jupp Asdonk/Hans Kroeger/Gottfried Strobl/Klaus-Jürgen Tillmann/Johannes Wildt (Hg.) Bildung im Medium der Wissenschaft. Zugänge aus Wissenschaftspropädeutik, Schulreform und Hochschuldidaktik. Blickpunkt Hochschuldidaktik 109. Weinheim: Beltz, 167–174.

Wildt, Johannes (2003): „The Shift from Teaching to Learning" – Thesen zum Wandel in modularisierten Studienstrukturen. In: Bündnis 90/Die Grünen (Hg.). Unterwegs zu einem europäischen Bildungsraum. Düsseldorf: Landtag NRW, 14–18.

Wildt, Johannes (2005) Vom Lehren zum Lernen. In: Falk Brettschneider/Johannes Wildt (Hg.): Handbuch Akkreditierung von Studiengängen – Eine Einführung für Hochschule, Politik, und Berufspraxis. Bielefeld: wbv, 37–47.

Wildt, Johannes (2012): Praxisbezug in der Hochschulausbildung. Herausforderungen für Hochschulentwicklung und Hochschuldidaktik. In: Studium nach Bologna: Praxisbezüge stärken?! In: Wilfried Schubarth/Karsten Speck/Andreas Seidel/Corinna Gottmannn/Caroline Kamm/Maud Konrad (Hg). Wiesbaden: Springer VS, 259–278.

Wildt, Johannes (2013): Transformatives Lernen – Enkulturation in einem kontinuierlichen Reformprozess. In: Die Grünen (Hg.): Ideen und Handlungsoptionen für die Weiterentwicklung der NRW-Hochschullandschaft. Düsseldorf: Die Grünen NRW. 37–43.

Wildt, Johannes (2021b). Projektstudium. In: Tobias Schmohl/Thorsten Philipp (Hg.): Handbuch Transdisziplinäre Didaktik. Bielefeld: transcript, 243–254.

Wildt, Johannes. (2021a): Zu historischen Entwicklungslinien der Hochschuldidaktik in Deutschland. In: Robert Kordts-Freudinger/Niclas Schaper/Antonia Scholkmann/Birgit Szczyrba (Hg.): Handbuch Hochschuldidaktik. Trier: UTB, 27–45.

Wildt, Johannes. (2022a). Scientific and Learning Structure in Higher Education – from Research and Project Learning to Transformative Learning. In: Volker Rein/ Johannes Wildt (eds.). Professional-Scientific Education. Discourses, Perspectives. Implications and Options for Science and Practice. Opladen: Budrich, 493–522.

Wildt, Johannes (2022b). Entwicklungslinien der Hochschuldidaktik – ein Blick nach vorn auf einem „transformativen turn" in der Hochschulbildung. In: Gisela Schutti-Pfeil/Antonia Darilion/Barbara Ehrenstorfer (Hg.) Hochschuldidaktik gestern – heute – morgen. Linz: FH Oberösterreich, 196–207.

WBGU [Wissenschaftlicher Beirat der Bundesregierung für die globale Umwelt] (2011): Hauptgutachten: Welt im Wandel – Gesellschaftsvertrag für eine Große Transformation. Berlin: WBGU.

Wissenschaftsrat (2015): Empfehlungen zum Verhältnis von Hochschulbildung und Arbeitsmarkt – Zweiter Teil der Empfehlungen zur Qualifizierung von Fachkräften vor dem Hintergrund des demographischen Wandels. Köln: Wissenschaftsrat.

Wissenschaftsrat (2022): Empfehlungen für eine zukunftsfähige Ausgestaltung von Studium und Lehre. Köln: Wissenschaftsrat.

Wörner, Alexander (2006): Studienprojekte mit authentischem Auftrag. Lehre im Kooperationsverbund von Hochschule und Wirtschaft am Beispiel Theo-Prax. In: Brigitte Berendt/Hans-Peter Voss/Johannes Wildt (Hg.): Neues Handbuch Hochschullehre. Berlin: DUZ Medienhaus, Griffmarke 3.2.

Thies Johannsen

Transferdidaktik: Kompetenzorientierung in der transferwissenschaftlichen Ausbildung

Wenn es *Transferwissenschaften* als Disziplin wirklich gibt, dann fällt ihnen stärker als anderen Disziplinen die Aufgabe zu, eine Brücke in die Praxis zu schlagen, um Forscher*innen und Praktiker*innen zusammenzubringen. Sie sind auf Anwendungsorientierung ausgerichtet, unterscheiden sich darin aber insofern von anderen anwendungsorientierten Wissenschaften als sie den *Prozess* der Überführung in die Anwendung in den Fokus nehmen. Aus der Perspektive der Wissensgenese handelt es sich um transdisziplinäre Kollaborationen – jedenfalls dann, wenn ein weites Transferverständnis zugrunde gelegt wird. Die folgende Betrachtung geht von einem solchen Verständnis aus und skizziert die im Verbundprojekt *Transferwissenschaft* für die Lehrfeldentwicklung an Hochschulen ausgearbeiteten Anforderungen an eine auf das Handlungsfeld Transfer ausgerichtete Didaktik. Diese wird als Transferdidaktik gefasst. Ihr Ziel besteht darin, Transferhandelnde zu befähigen und Transfer als Teil der akademischen Ausbildung zu verankern.

Transferprozesse sind zuallererst von Menschen gemacht und stellen Anforderungen an die Handelnden. Im Auftrag des Bundesministeriums für Bildung und Forschung ist das Projekt *Transferwissenschaft* deshalb der Frage nachgegangen, wie zukünftige Transferhandelnde frühzeitig im Rahmen ihrer akademischen Ausbildung befähigt werden können. Die folgenden Ausführungen sind ein Vorschlag, wie eine solche Befähigung als integraler Teil des Studiums erfolgen kann, indem sie „auf der Basis von Wissenserwerb auf den Umgang mit neuem Wissen“ (Wissenschaftsrat 2022: 20) vorbereitet. Dazu werden (1) Anforderungen skizziert, die sich an eine kompetenzorientierte Transferdidaktik mit einem spezifischen Transferverständnis in einem Feld komplexer Fragestellungen und Problemzusammenhänge stellen. Im Anschluss an (2) lerntheoretische Überlegungen wird gezeigt, wie (3) Kompetenzorientierung und Persönlichkeitsentwicklung als Studienziel verschränkt werden können. Exemplarisch wird (4) die Adaption von Problemorientierung und Case Teaching für ein kompetenzorientiertes Lehr- und Lernverständnis vorgestellt.

1 Anforderungen an eine Transferdidaktik

Transferwissenschaften als Disziplin sind in einer vergleichbaren Entwicklungsphase wie die Nachhaltigkeitswissenschaften zur Jahrtausendwende (Kates et al. 2001; Michelsen 2014: VI). Fachzeitschriften bieten ein Forum für den Austausch zwischen Praktiker*innen und Forscher*innen; Förderlinien etablieren Transfer als wissenschaftspolitisches Handlungsfeld. Wissenschaftsorganisationen übernehmen Transfer als eigenständigen Auftrag in ihr Portfolio und Hochschulen beginnen, Studiengänge und Professuren einzurichten. *Transferwissenschaften* sind eine Disziplin im Entstehen. Spezifisch ist jedoch, dass sie für alle bestehenden Disziplinen bedeutsam sind – ebenso wie das Thema Nachhaltigkeit. In dieser Hinsicht lässt sich in Anlehnung an die Kommunikationswissenschaft von einer Integrationsdisziplin sprechen (Beiler/Bigl 2017: 15–16).

Als Disziplin konstituieren sich Transferwissenschaften durch einen Kanon von (spezialisiertem) Wissen, der Gegenstand akademischer Lehre ist, mit einer eigenen Methodologie beforscht wird und eine eigene *Community* ebenso stiftet wie eigene Institutionen begründet (Philipp/Schmohl 2021: 15; Feichtinger et al. 2004: 13). Ihr Gegenstand ist Transfer. Dieser bestimmt sich durch seine theoretischen und praktischen Sachbezüge in einem spezifischen Anwendungszusammenhang (Koselleck 1997: XXIII). Ein enges Verständnis des Begriffs Transfer bezeichnet institutionalisierte Pfade und entsprechende Methoden, um wissenschaftliches Wissen in die Anwendung zu überführen. Dazu gehören beispielsweise Patente und Lizenzen, Ausgründungen oder Personaltransfer (Hsieh et al. 2014: 3208). Ein weites Verständnis umfasst darüber hinaus solche Prozesse, in denen unterschiedliche Stakeholder zusammenwirken und dabei neues Modus-2-Wissen generieren (Gibbons et al. 1994: 7). Im Anschluss an ein weites Verständnis kann *Transfer* als innovationsorientierter, auf Missionen ausgerichteter, kollaborativ strukturierter Austauschprozess begriffen werden. Transfer umfasst dann auch die Genese von wissenschaftlichem Wissen in einer dynamischen, multi-direktionalen Interaktion von Akteur*innen aus unterschiedlichen gesellschaftlichen Subsystemen, in der durch Ko-Spezialisierung und Ko-Evolution in der Kollaboration ein transformativer Beitrag zur Lösung komplexer Herausforderungen entstehen kann (Johannsen 2022b). Dieses Transferverständnis ist das Pendant der Transferforschung zum Transdisziplinaritätsdiskurs. Weder fordert Transdisziplinarität ein Ende des Disziplinären, noch nimmt Transferforschung eine Wertung traditioneller Transferpfade – wie Patente oder Publikationen – vor. Vielmehr leistet sie einen Beitrag zu auf Innovationen ausgerichteten, wissensbasierten Kollaborationen.

Dieses weite Transferverständnis ist partizipativ, weil es nicht-akademische Akteur*innen einbezieht. Mit seinem transdisziplinären Charakter geht ein hohes Transformationspotential einher (Schneidewind 2015: 89). Wissenschaftstheoretische Bezugspunkte und Methoden sind – je nach Schwerpunktsetzung – etablierten Fachwissenschaften entlehnt. Es handelt sich eher um ein „Methodenspektrum" (Michelsen 2014: VI) als um eine feststehende Methodologie. Innerhalb des Spektrums stellen die sozialwissenschaftlichen Methoden den bedeutendsten Bezugspunkt dar. Das hat Folgen für eine Transferdidaktik.

Transferdidaktik wird hier verstanden als wissenschaftliches Handlungsfeld des Lehrens und Lernens mit Begriffen, unter Rekurs auf aktuelle Forschungsergebnisse, Praxisdiskurse und eine durch Ausbildungsziele begründete Auswahl repräsentativer und relevanter Fachinhalte. Forschungsschwerpunkte sind Lerngegenstände, Lehr- und Lernziele, Lernprozesse, Methoden, Entwicklung von Lernmaterialien sowie Evaluationen (Bayhuber et al. 1998: 13–14). Ferner hebt sie auf die Reflexion ihres Gegenstands, seine Genese, mögliche Erscheinungsformen, den sozialen Kontext sowie Potentiale zur individuellen und gesellschaftlichen Bildung ab (Lembens/Peschek 2009: 3). Es handelt sich um „fachspezifische Bildungs-, Erziehungs- sowie Lehr-Lernprozesse" (Abraham/Rothgangel 2017: 17). Wie es Philipp und Schmohl (2021: 14) für die transdisziplinäre Didaktik argumentieren, bilden komplexe Fragestellungen und Problemzusammenhänge auch für eine Transferdidaktik den Ausgangspunkt. Im Spannungsfeld zwischen Bezugs- und Fachwissenschaften, öffnet eine Transferdidaktik disziplinäre Räume und hochschuldidaktische Perspektiven auf der Suche nach gesellschaftlich relevanten Lösungsansätzen (Böhm/Weißköppel 2022: 80). Dabei vermittelt sie zwischen den Ansprüchen der Lernenden und den Anforderungen des Gegenstands. Ihre Didaktik steht vor der Aufgabe, bildungswissenschaftliche Konzepte wie *Kompetenzen* und *Lehr-Lernmethoden* auf der einen und fachwissenschaftliche Bezüge wie *Wissen*, *Gegenstände*, *Domänen*, *Diskurse*, *fachspezifische Kompetenzen* und *Fachkommunikation* auf der anderen Seite in eigenständigen Curricula auszuarbeiten und in Lehrkonzepte zu überführen, diese zu erproben und zu evaluieren (Abraham/Rothgangel 2017: 15, 20).

Im Einklang mit den Bildungszielen eines Studiums muss eine Transferdidaktik in diesem Verständnis auch zur Entwicklung der Persönlichkeit und dem Erwerb und Ausbau relevanter Kompetenzen beitragen (Kultusministerkonferenz 2017: 9; Hautz/Slepcevic-Zach 2022: 5). Der erziehungswissenschaftliche Anspruch besteht darin, Lernende zu befähigen, in einem einschlägigen Praxisfeld aufgeklärt und mündig zu handeln. Allerdings sind die Gestaltung von Transferprozessen und die zunehmende Professionalisierung voraussetzungsreich und erfordert von den Beteiligten spezifische Transferkompetenzen (Sylla et al. 2017: 37). Um fallspezifische Anforderungsprofile abzubilden, lässt sich der aktuelle Forschungsstand in vierzehn Kompetenzelemente überführen (Johannsen 2022b). Daraus lassen sich Profile mit unterschiedlichen Schwerpunkten bilden. Solche Profile können Dozent*innen bei der Konzeption ihrer Lehrveranstaltungen helfen, indem sie einerseits das Spektrum relevanter Kompetenzelemente aufzeigen und andererseits dabei unterstützen, praxisrelevante Kompetenzen in der eigenen Lehre zu berücksichtigen.

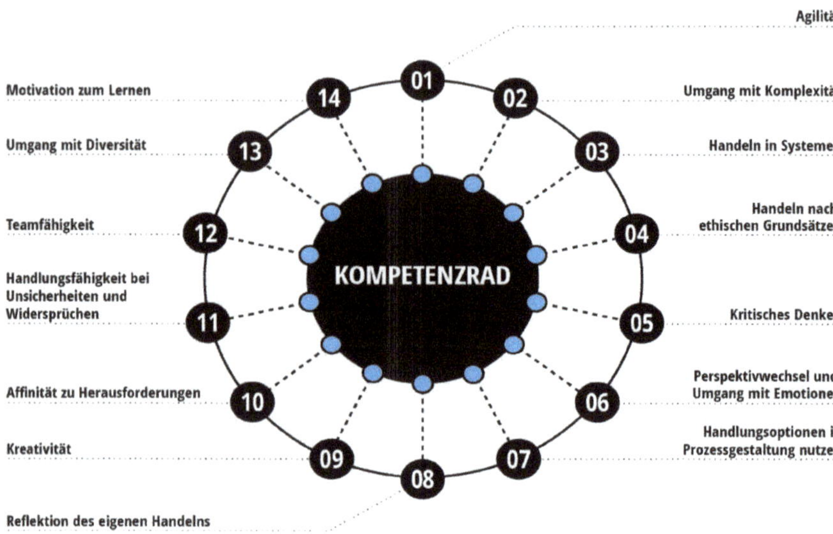

Abb. 1: Das Kompetenzrad mit den vierzehn Elementen der Transferkompetenz (eigene Darstellung in Anlehnung an Johannsen 2022b)

Weinert (2002: 27) versteht unter *Kompetenzen* „die bei Individuen verfügbaren oder durch sie erlernten kognitiven Fähigkeiten und Fertigkeiten, um bestimmte Probleme zu lösen, sowie die damit verbundenen motivationalen, volitionalen und sozialen Bereitschaften und Fähigkeiten, um die Problemlösungen in variablen Situationen erfolgreich und verantwortungsvoll nutzen zu können." Daraus folgt, dass traditionelle pädagogische Ansätze, die ihre Schwerpunkte auf monodirektionalen Unterricht und auf Prüfungen am Semesterende legen, nicht zielführend sind. Sie bleiben auf die unteren Bloom'schen Lernzieltaxonomien *Wissen* und *Verstehen* ausgerichtet (Christie/

Graaff 2017: 8; Bloom et al. 1956: 62, 89–90). Eine kompetenzorientierte Didaktik hingegen bemisst sich an der kognitiven Aktivierung der Lernenden. Wird die Kompetenzorientierung allerdings hypostasiert oder einseitig priorisiert, droht eine verengende Ausrichtung auf Verwertbarkeit im Sinne eines Praxisvorrangs. Wenn fachliches Wissen und fachliche Fähigkeiten zugunsten einer allgemeinen Methodenkompetenz in den Hintergrund rücken, droht das Bildungsniveau abzusinken und kritisches sowie ethisches Urteilsvermögen vernachlässigt zu werden (Krautz 2018: 13). Für die Entwicklung der Persönlichkeit hat dies Folgen. Statt der (intellektuellen) Selbstständigkeit wird dann die Selbststeuerung als Anpassung an äußerliche Vorgaben im Sinne des *unternehmerischen Selbst* (Bröckling 2007) zum Ausbildungsziel. Dieselbe Logik greift auch auf der konzeptionellen Ebene, weil die Kompetenz- mit einer Standardorientierung einhergeht. Der Kompetenzerwerb soll nachgewiesen und verglichen werden können. Das lässt sich nur durch eine Reduktion des Kompetenzbegriffs erreichen. Werden Kompetenzen zum Gegenstand von Messverfahren und Testkalkülen, dann geht damit die Anpassung an systemische Eigenlogiken einher (Rollfs 2018: 152). Für die im Zuge der PISA-Studien ohne demokratische Legitimierung von der OECD eingeführte Kompetenzmessung zeigt sich dies an der Ausrichtung auf die kognitive Leistungsfähigkeit, ohne zusätzliche Dimensionen zu berücksichtigen (Erpenbeck et al. 2017: XXII). Um diesem und weiteren berechtigen Kritikpunkten gerecht zu werden, bedarf es Lehr- und Lernmethoden, die auf eine vertiefte Auseinandersetzung mit ihrem auch fachlich begründeten Gegenstand auf eine solche Weise abheben, dass Studierende Wissen erschließen und Widersprüche oder Spannungsverhältnisse aktiv in eine begründete Position überführen (Hahn-Laudenberg 2022: 548).

2 Bildungs- und lerntheoretische Grundlagen einer Transferdidaktik

Das bildungs- und lerntheoretische Fundament der Überlegungen zu Lehr- und Lernmethoden wie zu einer Transferdidaktik insgesamt bildet die Einsicht, dass Lernen erfahrungsvermittelt ist. Erfahrung ist damit eine notwendige Bedingung eines umfänglichen Bildungsprozesses. Bildung beschränkt sich nicht darauf, Theorien, Werkzeuge und Methoden kennenzulernen und als Instrument (der Naturbeherrschung) anzuwenden, sondern bezeichnet ein Spannungsverhältnis. Als Prozess kann dieses Spannungsverhältnis als Dialektik von Zwang und Selbstbestimmung gefasst werden und verweist auf das Ziel, zum aufgeklärten und mündigen Handeln zu befähigen (Roth 1976: 180; Kant 1968: 453). Dieses Spannungsverhältnis ist jeder Erziehung immanent.

Als Ideal verweist Bildung auf die Dialektik von Subjekt und Objekt. Diese Dialektik bezeichnet eine *Tätigkeit*, nämlich die Auseinandersetzung mit einer außerpsychischen Realität, die über formales Erfassen hinausgeht. Denken ist nicht das Anwenden von Kategorien auf Sachverhalte, sondern ein Abarbeiten an den Sachverhalten selbst und das Erkennen der Sachverhalte in ihrer Vermitteltheit, um sie zu den eigenen Denkformen und -strukturen in Beziehung zu setzen (Adorno 1971: 116; Horkheimer 1985: 415). Denken in einem emphatischen Sinne bedeutet also immer auch, eine geistige Erfahrung zu machen. Diese Erfahrung befähigt zu einer Einsicht, die den didaktischen Widerspruch zwischen Heteronomie und Autonomie vermitteln kann.

Erfahrungsbasiertes Lernen erschöpft sich darum nicht in der Anwendung einer Methode auf einen Fall. Erfahrung wie Bildung gehen nicht in einer Vertrautheit mit dem Gegenstand auf. Weder hebt Bildung darauf ab, etwa durch das angeleitete Ausfüllen einer Arbeitsvorlage, eine Routine zu entwickeln, die das nächste Anwenden nach dem gleichen Schema umso leichter von der Hand gehen lässt. Noch geht Bildung in der kenntnisstiftenden Auseinandersetzung mit einem Themenfeld und ihren Theorien und Diskursen auf. Beide zusammen, das Methodische und das Informatorische, machen nur ein Moment von dem aus, was Bildung ist (Adorno 2003: 498). Verharrt Bildung bei diesem wesentlich auf Naturbeherrschung abhebenden Ansatz, kann sie nicht mehr leisten, als zu erfassen, zu katalogisieren, zu klassifizieren und damit zu administrieren. Solcherart zweckorientierte Rationalität ist entleert und formell; sie ist „instrumentell" (Horkheimer 1991: 19–186). Dagegen umfasst gelingende Bildung immer auch die Erfahrung der gesellschaftlichen Vermittlung des Gegenstands und damit ein normativ-soziales Moment (Kant 1968: 450). Nicht reine Sach- und Fachkompetenz, sondern darauf gründende Sozial- und Selbstkompetenz sind als Ziel des Studiums formuliert: akademische Bildung soll „zu verantwortlichem Handeln" (Bundestag/Bundesrat 1976: 188) befähigen.

Auf das demokratische Potenzial von Bildung weist bereits Dewey (1938: 33–34, 67) hin und betont die Einbindung Lernender in die Ausrichtung und Aktivitäten des Lernprozesses. Über ein halbes Jahrhundert vor dem *Shift from Teaching to Learning* (Barr/Tagg 1995) wurde damit die Grundlage einer „Ermöglichungsdidaktik" (Arnold 2007: 45–46) gelegt, die den Wissenserwerb mit der Wissensanwendung in der Kompetenzentwicklung zusammenbringt (Arnold 2020: 286). Kompetenzentwicklung und erfahrungsbasierte Lernprozesse lassen sich also miteinander verbinden. Zentral ist der *Prozess*charakter. In der Auseinandersetzung mit einem Phänomen werden das Wissen über es, die Fähigkeit, mit ihm umzugehen, sowie der affektive Bezug zum Phänomen modifiziert (Kolb 2015: 37). Allen Lernerfahrungen ist ein konstruktivistisches

Moment eigen, denn jede Erfahrung verändert die Bedingungen, unter der darauffolgende Erfahrungen gemacht werden (Dewey 1938: 39; Siebert 1998: 62). Weil dabei selbst grundlegende Prinzipien berührt sein können, wohnt allen Lernerfahrungen ein kritisches Potential inne. Der Bruch mit tradierten Wegen wird so überhaupt erst denkbar. In diesem Sinne kann „transformatives Lernen" (Mezirow 2000: 7) zu Mündigkeit und Urteilsfähigkeit führen und – da Kompetenzen immer auch Elemente der eigenen Identität sind – durch die „Ichwerdung und Ichbehauptung" (Arnold 2020: 285) in der Lernerfahrung zur Persönlichkeitsbildung beitragen (Roth 1976: 180).

Für eine Transferdidaktik folgt daraus, dass Lernziele auf den untersten Stufen der Bloom'schen Taxonomie (Wissen und Verstehen) unzureichend sind. Diese würden auf einen begrenzten Wissenskanon beschränkt bleiben. Das wäre angesichts der dynamischen Entwicklung in vielen Berufen und den damit einhergehenden, sich wandelnden Anforderungen unzureichend, um eines der Studienziele, die Berufsfähigkeit, zu erreichen. Stattdessen steht eine Transferdidaktik vor der Aufgabe, sich als Spezifikation einer handlungsorientierten Didaktik so zu positionieren, dass sie „das dominant organisierende Prinzip der Ermittlung und Anordnung von Lerninhalten […] in jeden Lebenssituationen und Handlungsfeldern [abdeckt], vor deren Bewältigung der zu unterrichtende Mensch jetzt und zukünftig (voraussichtlich) gestellt ist" (Euler/Hahn 2007: 526). So verstanden ist eine Transferdidaktik eine Begleiterin der Lernenden zu methodischer, reflektierter und prinzipiengeleiteter Handlungsfähigkeit, Verantwortung und Mündigkeit. Dies muss sich in den verwendeten Lehr- und Lernmethoden widerspiegeln.

Eine Lehr- und Lernmethode, die sowohl die Entwicklung der Persönlichkeit begünstigt als auch ein aktives Erschließen des Gegenstandsbereichs unter Verwendung geeigneter Methoden verspricht, ist die problemzentrierte oder fallbasierte Lehre, oder anders: *Case Teaching*. Es ist eine induktive Methode, die eine Brücke zwischen theoretisch-deklarativem und praktisch-funktionalem Wissen schlägt (Biggs/Tang 2011: 163). Studierende gewinnen in der theoriebasierten und angeleiteten Auseinandersetzung mit einem Fall anwendungsorientiertes Wissen und bauen praxisrelevante Kompetenzen aus.

3 Transferdidaktik und Formatentwicklung

Weil sich Didaktik als Wissenschaftsgebiet nicht nur auf Lehr- oder Lernprozesse bezieht, sondern auch curriculare und konzeptionelle Fragen betrachtet, stellt sich zunächst die Frage, welche Aspekte bei der Entwicklung von Lehrformaten zu berücksichtigen sind. Um sowohl die Persönlichkeitsentwicklung als auch die Anwendungsorientierung in einer kompetenzbasierten Didaktik zusammenzubringen, gilt es, die Lehr- und Lernziele so zu formulieren, dass Studierende befähigt werden, Transferprozesse praxistauglich, nachhaltig und verantwortungsvoll zu gestalten. Dazu wird ein Lernumfeld geschaffen, in dem die Lehr- und Lernziele, gewählte Methoden und Prüfungsformen Lernende dabei unterstützen, ihre transferrelevanten Kompetenzen zu entwickeln (Biggs/Tang 2011). Dabei ist dem Umstand Rechnung zu tragen, dass Kompetenzen selbst nicht vermittelbar sind (Weinert 2001: 63). Lehrformate zielen also nicht auf eine direkte Vermittlung, sondern sollen die Kompetenzentwicklung durch eine lösungsorientierte Anwendung anleiten (Erpenbeck et al. 2017: XIII). Auch die Erfolgskontrolle kann nur performativ erfolgen. Lernende zeigen in der Anwendung, dass sie über die in Frage stehenden Kompetenzen verfügen. Das schließt relevantes Fachwissen ein. Eine transferdidaktisch informierte Lehr- und Lernmethodenwahl sowie Prüfungskonzeption tragen diesem Umstand Rechnung.

Auf der Grundlage dieser Überlegungen können problemorientierte und fallbasierte Lehr- und Lernformen als prototypische transferdidaktische Methode adaptiert werden. Entscheidend ist, dass die Lehr- und Lernziele den Ausgangspunkt für die konzeptionelle Formatentwicklung bilden. So besteht das Ziel eines an der TU Berlin entwickelten und erprobten Lehrangebot darin, Studierende, die überwiegend in den MINT-Fächern studieren, im Handlungsfeld Transfer zu befähigen (Johannsen/Schraudner 2022). Um dieses Ziel zu erreichen, lernen sie die Auswirkungen von wissensbasierten und technologischen Lösungsansätzen verantwortungsvoll zu reflektieren und Prozesse für Stakeholder zu öffnen. Dazu setzen sie sich mit inter- und transdisziplinärer Prozessgestaltung zunächst theoretisch auseinander und wenden dies in einem weiteren Schritt praktisch auf einen Anwendungsfall an. Der Fall basiert auf einem lebensweltlichen Problem, das die Studierenden selbst wählen und mit Hilfe der*des Dozent*in wissenschaftlich erschließen. Ausgehend davon werden Lehr- und Lernmethoden sowie Prüfungsformen gewählt. Die Lehrperson übernimmt die Rolle einer „fachlichen und außerfachlichen Begleitung bei der Bearbeitung individueller Lernprojekte auf der Basis transparenter Kompetenzanliegen“ (Arnold 2020: 288). Als Modulprüfung hat sich eine Portfolioprüfung (die sich aus unterschiedlichen Komponenten zusammensetzt) bewährt. Dafür arbeiten Studierende in einem iterativen Prozess ein Anwendungskonzept aus, präsentieren ihre Ergebnisse und reflektieren ihren Arbeitsprozess formativ in einem begleitenden Lernjournal. Dadurch wird die Begutachtung der fachlich-methodischen Leistungen ebenso wie der aktivitätsbezogenen und sozialen Komponenten unter besonderer Berücksichtigung ethischer Aspekte ermöglicht (Stilgoe et al. 2013: 1570–1572). Evaluationen haben gezeigt, dass Studierende ihre Kompetenzen erfolgreich ausbauen konnten (Johannsen 2021: 944–946).

4 Synthese aus Problemorientierung und Case Teaching als prototypische Lehr- und Lernmethode

Problemorientierung beginnt damit, ein Problemfeld zu erkennen und zu strukturieren (Brassler/Dettmers 2017: 5; Vilsmaier/Lang 2014: 101). Dazu gehören die Auseinandersetzung mit entsprechenden Begriffen und Konzepten ebenso wie die kritische Quellenarbeit. Eine eigenständige Wahl des Problemfelds kann den Interessen der Studierenden entgegenkommen und (intrinsisch) motivationssteigernd wirken, indem Lernziele selbst bestimmt werden (Wood 2003: 330). Interdisziplinäre Gruppen erweitern die Perspektive und befähigen Studierende, Arbeits- und Lernprozesse zu reflektieren, auszuhandeln und zu steuern (Hmelo-Silver et al. 2007: 100). Indem Studierende ein neues Wissensfeld erschließen, bauen sie zugleich relevante Kompetenzen aus – etwa die Selbststeuerung im Lernprozess sowie kritische Quellenarbeit (Kolmos/Graaff 2013: 147). Dabei liegt der Fokus im Unterschied zum projektbasierten Lernen nicht auf einem konkreten Ergebnis, sondern auf dem Lernprozess selbst. Um den Lernprozess zu steuern, bietet es sich an, der Problemorientierung durch einen Anwendungsfall einen Rahmen zu setzen.

Bei der fallbasierten Lehre oder *Case Teaching* handelt es sich um eine Methode, die auf die Entwicklung von professionellen, intellektuellen und verhaltensbezogenen Fähigkeiten durch eine themenspezifische und problemorientierte Interpretation lebensweltlicher Erfahrungen zielt (Lynn 1999: 3). Allgemein handelt es sich um thematische Szenarien, die über eine Problemlage, getroffene Entscheidungen und eine Auswahl relevanter Informationen informieren. Lernende werden aufgefordert, Lösungswege auf Grundlage der zur Verfügung gestellten Informationen aufzuzeigen und abzuwägen (Lynn 1999: 16; Blätte 2011: 344).

Um Studierende für das Handlungsfeld Transfer zu befähigen, werden beide Methoden zusammengeführt. Die Synthese wird durch eine Eingrenzung der Problemorientierung auf eine konkrete Herausforderung einerseits sowie eine Öffnung des Szenarios andererseits erreicht. So gelingt es, „die handlungspraktische Bedeutung des Wissens [zu] berücksichtigen und diesem so Sinn [zu] verleihen“ (Blätte 2011: 348). Anwendungsorientierung bietet dazu einen Anknüpfungspunkt – jedoch nicht dadurch, dass die Fälle praxisnah ausgewählt werden, sondern indem Lernende selbst diese Brücke zur Praxis schlagen. Anstatt sich ausschließlich auf bereitgestellte Informationen zu stützen, erschließen sich Lernende einen lebensweltlichen Problemkomplex eigenständig und müssen dazu Informationen auf der Grundlage wissenschaftlicher Qualitätskriterien selbst einordnen und zur Grundlage ihrer weiteren Arbeiten machen.

In der praktischen Umsetzung wird durch die Aufgabenstellung kein inhaltlicher, sondern ein formaler Rahmen gesetzt. Dadurch sind Lernende frei in der Konkretion und Ausgestaltung ihres Falls. Das folgende Beispiel verdeutlicht diesen Ansatz. So standen Dugall et al. (2022) vor der Aufgabe, ein bionisches Radar konzeptionell weiterzuentwickeln, um damit eine bestehende Herausforderung zu bearbeiten. Als Problemfeld beschäftigten sich die Studierenden mit dem demographischen Wandel in Verbindung mit dem bestehenden Pflegekräftemangel und ermittelten die Sturzgefahr alleinlebender Senior*innen als Problem, das mithilfe der bionischen Radartechnologie gemindert werden kann. Dazu mussten die Studierenden zunächst den Forschungsstand aufbereiten, um ein umfassendes Problemverständnis zu entwickeln. In einem weiteren Schritt reduzierten sie das Problemfeld auf einen konkreten Anwendungsfall und legten einen Lösungsvorschlag unter Einbezug relevanter Stakeholder vor.

Für didaktische Überlegungen folgt daraus, dass eine intensive Betreuung der Lernenden als Gegengewicht zum hohen Maß an Selbstbestimmung im Lernprozess notwendig ist. Dies gilt auch für Workshops, in denen Studierende mit Methoden, Werkzeugen und Arbeitsvorlagen – etwa für die Analyse der Stakeholder – vertraut gemacht werden. Selbstgewählte Themen und ihre Vertiefung erhöhen die Motivation. Oftmals existiert Vorwissen, an das Lernende anknüpfen können. Auf einer individuellen Ebene trägt diese Weiterentwicklung der intimen und notwendigen Beziehung zwischen Erfahrung und Bildung Rechnung (Dewey 1938: 20). Auf einer institutionellen Ebene antwortet das erfahrungsbasierte Lernen in der Anwendungsorientierung auf die Forderungen des Arbeitsmarkts nach Praxisnähe (Kolb 2015: 6–7; Johannsen/Philipp 2021: 81–82). Dabei gilt es zu klären, in welchem Verhältnis die Freiheit von akademischer Lehre und die Anschlussfähigkeit an das Verwertungsimperativ der ökonomischen Sphäre zueinanderstehen (sollen). Nicht die Verwertung des Gelernten steht im Zentrum, sondern der Lernprozess selbst. Indem Lernen als Prozess begriffen wird, in dem individuelles Wissen durch die Transformation von Erfahrungen entsteht, gerät die persönliche Entwicklung der Lernenden in den Blick (Kolb 2015: 49). Eine gelingende Entwicklung schafft die Voraussetzungen, damit Lernende Inhalte nicht isoliert und abstrakt betrachten, sondern geistige Arbeit leisten, Inhalte denkend erschließen und sie in ihrer gesellschaftlichen Vermitteltheit erkennen. Die fallbasierte

Problemorientierung bietet einen Rahmen, um Studierende zu befähigen, Herausforderungen in variablen Zusammenhängen zu bewältigen und sie auf Aufgaben vorzubereiten, deren Anforderungsprofile heute noch nicht absehbar sind (Ehlers 2020: 252; Johannsen 2022a: 8; Wissenschaftsrat 2022: 18).

5 Ausblick: Transferdidaktik für das 21. Jahrhundert

Der Begriff Transferdidaktik führt verschiedene Ziele akademischer Ausbildung zusammen. Im dargestellten Verständnis lässt sich unter dem Dachbegriff Kompetenzorientierung der Erwerb von Wissen und Kenntnissen mit der Anwendungsdimension von Transfer verbinden. Studierende entwickeln ihre Transferkompetenz und werden sowohl theoretisch als auch praktisch auf das Handlungsfeld Transfer vorbereitet. Obgleich der Kompetenzbegriff selbst umstritten bleibt, bietet die Ausrichtung auf aktuelle Fragestellungen mit besonderer gesellschaftlicher Relevanz Anknüpfungspunkte für eine persönlichkeitsbildende Aktualisierung. Zudem wird Transfer bereits im Studium als Querschnittsthema verankert. Eine Transferdidaktik kann dabei helfen, Hochschulbildung auf die Anforderungen des 21. Jahrhunderts auszurichten, indem sie eine Brücke zwischen disziplinärem Erkenntnisgewinn und Wissenserwerb auf der einen Seite sowie Anwendungsorientierung und inklusiver Praxis auf der anderen Seite schlägt (Wissenschaftsrat 2020, 2015). Allerdings ist ein solcher Prozess, soll er gelingen, sehr betreuungsintensiv und daher unter den gegebenen Bedingungen schwer in der Breite umzusetzen. Leuchtturmprojekte wie die Herbstschule *Autumn Challenge* der Universität Twente in den Niederlanden beruhen zumeist auf individuellem Engagement oder einer spezifischen, in der Regel zeitlich begrenzten Förderung.

Ein Entwicklungsfeld für die transferdidaktischen Überlegungen und Erfahrungen besteht in der (akademischen) Weiterbildung. Anwendungs- und Problemorientierung sowie die Arbeit an spezifischen Fällen sind prädestiniert, um Studien- und Lehrkonzepte für die berufliche Weiterbildung zu adaptieren. Da unter den 25- bis 64-jährigen, akademisch qualifizierten Arbeitskräften die Weiterbildungsquote 2019 bei nur 5,0 Prozent lag, gibt es hier Entwicklungspotential (Expertenkommission Forschung und Innovation 2021: 92). Um es zu heben, können die Erfahrungen aus der Hochschullehre fruchtbar gemacht werden und transferorientierte Adaptionen informieren, die nicht nur Transfer zum Gegenstand haben, sondern in und durch die Bildungsformate selbst Transfer betreiben.

Literatur

Abraham, Ulf/Rothgangel, Martin (2017): Fachdidaktik im Spannungsfeld von ‚Bildungswissenschaft' und ‚Fachwissenschaft'. In: Horst Bayrhuber/Ulf Abraham/Volker Frederking/Werner Jank/Martin Rothgangel/Helmut Johannes Vollmer (Hg.): Auf dem Weg zu einer Allgemeinen Fachdidaktik. Allgemeine Fachdidaktik. Münster: Waxmann: 15–21.

Adorno, Theodor W. (1971): Erziehung zur Mündigkeit. Frankfurt am Main: Suhrkamp.

Adorno, Theodor W. (2003): Kulturkritik und Gesellschaft II. Frankfurt am Main: Suhrkamp.

Arnold, Rolf (2007): Ich lerne, also bin ich. Eine systemisch-konstruktivistische Didaktik. Heidelberg: Carl Auer.

Arnold, Rolf (2020): Berufsbildung und Persönlichkeitsentwicklung in Zeiten disruptiver Innovationen. In: Rolf Arnold/Antonius Lipsmeier/Matthias Rohs (Hg.): Handbuch Berufsbildung. Wiesbaden: Springer: 279–291.

Barr, Robert B./Tagg, John (1995): From Teaching to Learning — A New Paradigm. In: *Change: The Magazine of Higher Learning* 27 (6), 12–26.

Bayhuber, Horst/Blum, Werner/Boeck, Helmut/Böhn, Dieter/Bremerich-Vos, Albert/Cech, Diethard/Dahncke, Helmut/Denk, Rudolf/Duit, Reinders/Friedrich, Bodo/Hassenpflug, Wolfgang/Hemmer, Ingrid/Heumann, Jürgen/Hummel, Albrecht/Jansen, Walter/Johannsen, Friedrich/Köhnlein, Walter/Marquardt-Mau, Brunhilde/Mayer, Jürgen/Menzel, Birgit/Meyer, Meinert/Muszynski, Bernhard/Neubrand, Michael/Oberliesen, Rolf/Ralle, B./Samder, Wolfgang/Schlichting, Hans Joachim/Schmidt-Schönbein, Gisela/Schmidt, Helmut/Schön, Lutz/Schreier, Helmut/Schrettenbrunner, Helmut/Schröder, Konrad/Schwedes, Hannelore/Spinner, Kaspar H./Sumfleth, Elke/Thiele, G./Uffelmann, Uwe/Vollmer, Helmut/Zwergel, Herbert/Zydatiß, Wolfgang (1998): Fachdidaktik Forschung und Lehre. Kiel: Konferenz der Vorsitzenden Fachdidaktischer Fachgesellschaften.

Beiler, Markus/Bigl, Benjamin (2017): 100 Jahre Kommunikationswissenschaft in Deutschland. In: Markus Beiler/Benjamin Bigl (Hg.): 100 Jahre Kommunikationswissenschaft in Deutschland. Köln: Herbert von Halem: 11–32.

Biggs, John B./Tang, Catherine S. (2011): Teaching for quality learning at university. Maidenhead: McGraw-Hill/Society for Research into Higher Education/Open University Press.

Blätte, Andreas (2011): Fallbasierte Lehre in politikwissenschaftlichen Studiengängen. In: *Zeitschrift für Politikwissenschaft* 21 (2), 341–359.

Bloom, Benjamin S./Engelhart, Max D./Furst, Edward J./Hill, Walker H./Krathwohl, David R. (1956): Taxonomy of Educational Objectives. Ann Arbor: David McKay Company.

Böhm, Urte/Weißköppel, Angela (2022): Hacking Hochschuldidaktik. In: Nora Leben/Katja Reinecke/Ulrike Sonntag (Hg.): Hochschullehre als Gemeinschaftsaufgabe. Bielefeld: wbv: 79–88.

Brassler, Mirjam/Dettmers, Jan (2017): How to Enhance Interdisciplinary Competence—Interdisciplinary Problem-Based Learning versus Interdisciplinary Project-Based Learning. In: *Interdisciplinary Journal of Problem-Based Learning* 11 (2).

Bröckling, Ulrich (2007): Das unternehmerische Selbst. Frankfurt am Main: Suhrkamp.

Christie, Michael/Graaff, Erik de (2017): The philosophical and pedagogical underpinnings of Active Learning in Engineering Education. In: *European Journal of Engineering Education* 42 (1), 5–16.

Deutscher Bundestag/Bundesrat (1976): Hochschulrahmengesetz. In: *Bundesgesetzblatt* (10), 185–206.

Dewey, John (1938): Experience and Education. New York, London, Toronto, Sydney, New Delhi, New York: Free Press.

Dugall, Jacqueline/Nguyen, Sissy-Linh/Töreki, Kolos/Frings, Markus (2022): Ausarbeitung. In: Thies Johannsen/Martina Schraudner (Hg.): Ready for Transfer. Berlin, Stuttgart: Fraunhofer: 10–25.

Expertenkommission Forschung und Innovation (2021): Gutachten zu Forschung, Innovation und technologischer Leistungsfähigkeit Deutschlands 2021. Berlin: Expertenkommission Forschung und Innovation.

Ehlers, Ulf-Daniel (2020): Future Skills. Wiesbaden: Springer.

Erpenbeck, John/Rosenstiel, Lutz/Grote, Sven/Sauter, Werner (2017): Einführung. In: John Erpenbeck/Lutz Rosenstiel/Sven Grote/Werner Sauter (Hg.): Handbuch Kompetenzmessung: Schäffer-Poeschel: IX–XXXVIII.

Euler, Dieter/Hahn, Angela (2007): Wirtschaftsdidaktik. Bern, Stuttgart, Wien: UTB.

Feichtinger, Johannes/Mitterbauer, Helga/Scherke, Katharina (2004): Interdisziplinarität – Transdisziplinarität. In: *newsletter Moderne* 7 (2), 11–16.

Gibbons, Michael/Limoges, Camille/Nowotny, Helga/Schwartzman, Simon/Scott, Peter/Trow, Martin (1994): The new production of knowledge. London: Sage.

Hahn-Laudenberg, Katrin (2022): Kompetenzorientiert unterrichten. In: Wolfgang Sander/Kerstin Pohl (Hg.): Handbuch politische Bildung. Frankfurt am Main: Wochenschau: 543–552.

Hautz, Hannes/Slepcevic-Zach, Peter (2022): Irritationen als Anstoß für Lern- und Bildungsprozesse. In: Bettina Greimel-Fuhrmann (Hg.): Beiträge zum 15. Österreichischen Wirtschaftspädagogik-Kongress am 1. April 2022 in Wien. Berufs- und Wirtschaftspädagogik 21 (4), 1–20.

Hmelo-Silver, Cindy E./Duncan, Ravit Golan/Chinn, Clark A. (2007): Scaffolding and Achievement in Problem-Based and Inquiry Learning. In: *Educational Psychologist* 42 (2), 99–107.

Horkheimer, Max (1985): Begriff der Bildung. In: Max Horkheimer: Gesammelte Schriften 8. Frankfurt am Main: Fischer-Taschenbuch-Verlag: 409–419.

Horkheimer, Max (1991): Zur Kritik der instrumentellen Vernunft und Notizen 1949 – 1969. Frankfurt am Main: Fischer.

Hsieh, Chih-Hung/Lu, Louis Y. Y./Liu, John S./Kondrashov, Alexander (2014): A Literature Review with Citation Analysis of Technology Transfer. In: Dundar. F. Kocaoglu/Timothy R. Anderson/Tugrul U. Daim/Dilek C. Kozanoglu/Kiyoshi Niwa/Gary Perman (Hg.): 2014 Portland International Conference on Management of Engineering and Technology (PICMET), 3202–3209.

Johannsen, Thies (2021): Integrated Classroom Learning. In: Jan von der Veen/Natascha van Hattum-Janssen/Hannu-Matti Järvinen/Tinne de Laet/Ineke ten Dam (Hg.): Blended Learning in Engineering Education: challenging, enlightening – and lasting? SEFI 49th Annual Conference. Berlin: SEFI: 936–950.

Johannsen, Thies (2022a): Einleitung. In: Thies Johannsen/Martina Schraudner (Hg.): Ready for Transfer. Berlin, Stuttgart: Fraunhofer Verlag: 6–9.

Johannsen, Thies (2022b): Wheel of Competencies. In: SEFI (Hg.): Towards a New Future in Engineering Education. SEFI 50th Annual Conference. Barcelona: SEFI: 354–368.

Johannsen, Thies/Philipp, Thorsten (2021): Duales Studium. In: Thorsten Philipp/Tobias Schmohl (Hg.): Handbuch Transdisziplinäre Didaktik. Bielefeld: Transcript: 79–91.

Johannsen, Thies/Schraudner, Martina (Hg.) (2022): Ready for Transfer. Berlin, Stuttgart: Fraunhofer.

Kant, Immanuel (1968): Logik, Physische Geographie, Pädagogik. Berlin: De Gruyter.

Kates, Robert W./Clark, William C./Corell, Robert/Hall, J. Michael/Jaeger, Carlo C./Lowe, Ian/McCarthy, James J./Schellnhuber, Hans Joachim/Bolin, Bert/Dickson, Nancy M./Faucheux, Sylvie/Gallopin, Gilberto C./Grübler, Arnulf/Huntley, Brian/Jäger, Jill/Jodha, Naprat S./Kasperson, Roger E./Mabogunje, Akin/Matson, Pamela/Mooney, Harold/Moore III, Barrien/O'Riordan, Timothy/Svedlin, Uno (2001): Sustainability science. In: *Science* 292 (5517), 641–642.

Kultusministerkonferenz (2017): Musterrechtsverordnung gemäß Artikel 4 Absätze 1 – 4. Studienakkreditierungsstaatsvertrag. Berlin: Kultusministerkonferenz und Hochschulrektorenkonferenz.

Kolb, David A. (2015): Experiential Learning. Upper Saddle River, New Jersey: Pearson.

Kolmos, Anette/Graaff, Erik de (2013): Problem-Based and Project-Based Learning in Engineering Education. In: Aditya Johri/Barbara M. Olds (Hg.): Cambridge Handbook of Engineering Education Research. New York: Cambridge University Press: 141–160.

Koselleck, Reinhart (1997): Einleitung. In: Otto Brunner/Werner Conze/Reinhart Koselleck (Hg.): Geschichtliche Grundbegriffe. Historisches Lexikon zur politisch-sozialen Sprache in Deutschland. Stuttgart: Klett-Cotta: XIII-XXVII.

Krautz, Jochen (2018): Kompetenzen machen unmündig. Eine zusammenfassende Kritik zuhanden der demokratischen Öffentlichkeit. In: *Forum Wissenschaft* 35 (4), 12–15.

Lembens, Anja/Peschek, Werner (2009): Was Fachdidaktiken sind und was sie wollen. In: *IMST Newsletter* 8 (28), 2–3.

Lynn, Laurence E. (1999): Teaching and Learning with Cases. New York: Chatham House Publishers.

Mezirow, Jack (2000): Learning to Think Like an Adult. In: Jack Mezirow (Hg.): Learning as Transformation. San Francisco: Jossey-Bass: 3–33.

Michelsen, Gerd (2014): Einleitung. In: Harald Heinrichs/Gerd Michelsen (Hg.): Nachhaltigkeitswissenschaften. Berlin, Heidelberg: Springer: V–VII.

Philipp, Thorsten/Schmohl, Tobias (2021): Transdisziplinäre Didaktik – Eine Einführung. In: Tobias Schmohl/Thorsten Philipp (Hg.): Handbuch Transdisziplinäre Didaktik. Bielefeld: transcript: 13–23.

Rollfs, Elisabeth (2018): Zur Kritik am Kernlehrplan Erziehungswissenschaft und den Zentralabiturvorgaben – für einen konstruktiven Umgang mit dem Kernlehrplan. In: Jörn Schützenmeister/Elmar Wortmann (Hg.): Pädagogikunterricht zwischen Kompetenzorientierung, Bildungsstandards, schulinternen Lehrplänen und Zentralabitur. Münster, New York: Waxmann: 151–170.

Roth, Heinrich (1976): Pädagogische Anthropologie 2. Hannover, Dortmund, Darmstadt, Berlin: Schroedel.

Schneidewind, Uwe (2015): Transformative Wissenschaft – Motor für gute Wissenschaft und lebendige Demokratie. In: *GAIA – Ecological Perspectives for Science and Society* 24 (2), 88–91.

Siebert, Horst (1998): Konstruktivismus. Frankfurt am Main: DIE.

Stilgoe, Jack/Owen, Richard/Macnaghten, Phil (2013): Developing a framework for responsible innovation. In: *Research Policy* 42 (9), 1568–1580.

Sylla, Ulrike/Rahner, Eva/Werp, Rüdiger/Henn, Alexander (2017): Analyse des Weiterbildungsbedarfs im Wissens- und Technologietransfer. In: *Wissenschaftsmanagement* 23 (5/6), 36–39.

Vilsmaier, Ulli/Lang, Daniel J. (2014): Transdisziplinäre Forschung. In: Harald Heinrichs/Gerd Michelsen (Hg.): Nachhaltigkeitswissenschaften. Berlin, Heidelberg: Springer, 87–113.

Weinert, Franz Emanuel (2001): Concept of Competence: A Conceptual Clarification. In: Dominique Simone Rychen/Laura Hersh Salganik (Hg.): Defining and Selecting Key Competencies. Seattle, Toronta, Bern, Göttingen: Hogrefe & Huber: 45–65.

Weinert, Franz Emanuel (2002): Vergleichende Leistungsmessung in Schulen – eine umstrittene Selbstverständlichkeit. In: Franz Emanuel Weinert (Hg.): Leistungsmessungen in Schulen. Weinheim: Beltz: 17–31.

Wood, Diana F. (2003): Problem based learning. In: *British Medical Journal*, 326 (7384), 328–330.

Wissenschaftsrat (2015): Zum wissenschaftspolitischen Diskurs über Große gesellschaftliche Herausforderungen. Köln: Wissenschaftsrat.

Wissenschaftsrat (2020): Anwendungsorientierung in der Forschung. Köln: Wissenschaftsrat.

Wissenschaftsrat (2022): Empfehlungen für eine zukunftsfähige Ausgestaltung von Studium und Lehre. Köln: Wissenschaftsrat.

Matthias Ballod / Sercan Sever

Wissenstransfer und Wissenstransformation: Zukünfte didaktisch handelnd aufschließen

1. Einleitung

Für unsere Gesellschaft ist Wissen eine zentrale Ressource. Erkenntnisse aus Wissenschaft und Forschung prägen unsere Lebenswelt, sie sind treibende Kräfte des materiellen und intellektuellen Fortschritts, sind handlungsleitend für Entscheidungen in Politik und Gesellschaft und sichern die Demokratiefähigkeit moderner Gesellschaften. Das gilt insbesondere in Krisenzeiten, in denen die Informationssicherheit durch gezielte Desinformation gefährdet ist und für Themen wie den Klimawandel oder die Covid-19-Pandemie, in denen die Vermittlung von robustem wissenschaftlichem Wissen eine wesentliche Grundlage für gesellschaftliches und politisches Entscheiden darstellt (Bundesministerium für Bildung und Forschung 2022).

Mit diesem Passus beginnt eine Ausschreibung des Bundesministeriums für Bildung und Forschung (BMBF) vom 08.09.2022 mit dem Ziel, die veränderte Wissenschaftskommunikation selbst vertieft zu erforschen und zu begleiten. Zwar ist dieser Blick auf die Wissenschaftskommunikation kein neuer, aber offenbar ein dringlicher, denn in den letzten Jahren rückt mehr und mehr die Legitimation (öffentlich geförderter) Wissenschaft in den Blickpunkt, als Grundlage für politisch streitbare Entscheidungen. Schließlich hat sich die gesellschaftliche Anforderung an Transparenz und Teilhabe deutlich erhöht. Zuletzt findet Kommunikation über Wissenschaft aber zunehmend auch „ohne die Beteiligung von Akteuren des Wissenschaftssystems statt und ist Gegenstand der Kommunikation von Influencern, NGOs, Industrie oder Politik“ (Bundesministerium für Bildung und Forschung 2022).

Wissenschaftlich gewonnenes und legitimiertes Wissen wird in zunehmend heterogene Diskursräume eingebettet und kontrovers diskutiert, entlang vielfältiger Schnittstellen zu Politik, Wirtschaft, Medien und einer globalen Online-Öffentlichkeit. Viel gravierender noch: Das Internet ist Wissensquelle und Wissensqualle zugleich. Es bietet unüberschaubare Mengen an *vermeintlichem* Wissen an, das allerdings zugänglich gemacht werden bzw. gefunden werden muss. Als Gatekeeper fungieren klassische Medienverlage und moderne

Inhalteanbieter gleichermaßen und in erster Linie natürlich die Suchmaschinen. Algorithmen in Endgeräten, Suchmaschinen-Bots und -Crawler übernehmen das wichtige, aber zugleich fragwürdige Sortieren (Ranking) und Filtern (Filter-Bubble) nach nur teils bekannten Kriterien. Diese automatisch getroffene Gewichtung bzw. Bewertung von Relevanz betrifft dabei nicht nur (das oben benannte wissenschaftliche) Wissen, sondern alles an Daten und Informationen, als potenzielle Basis für zukünftiges Wissen. Entsprechend hat sich die Kommunikations-Landschaft geändert, nicht nur im Wissenschaftsbetrieb und aus ihm heraus, sondern die Formen und Formate von Wissenskommunikation insgesamt.

Die veränderte Wissen(schaft)skommunikation trifft unsere Gegenwart, die gekennzeichnet ist durch multiple, miteinander verwobene Krisen- und Konflikt-Szenarien, zu einer Unzeit, könnte man meinen: Gerade jetzt, wo Klimawandel, Corona, Krieg, Energieknappheit und Inflation den Alltag vieler Menschen direkt oder indirekt bestimmen. Die Auswirkungen sind nicht mehr lokal, personal oder temporal zu begrenzen. Dabei führt die Komplexität der modernen Welt (Globalisierung, Virtualisierung, Ausdifferenzierung) bei Menschen schon länger zu Unsicherheit oder Angst, da gegenwärtige wie zukünftige (Wirk-)Zusammenhänge in vielen Lebensbereichen verschlossen bleiben.

Zwei Nachrichten hält dieser Beitrag bereit. Die schlechte Nachricht: Es gibt keine einfachen Antworten oder eine universell anwendbare Formel. Vielmehr muss die Komplexität von Neuem unterstrichen werden. Die gute Nachricht: Unsere Ausführungen bleiben nicht bei der Analyse oder Diagnose gegenwärtiger Herausforderungen stehen, sondern beschreiben Ziele und offerieren Handlungsoptionen. Die hier vorgestellte didaktische Perspektive spielt in Krisendiskursen bislang keine Rolle, könnte aber eine gewichtigere einnehmen, wenn sie auf allgemeinere Wissensfragen umgemünzt wird und Herausforderungen als Wissenstransferproblematiken fasst. In dieser Perspektivierung geriert die Didaktik nicht zur Problemlöserin per se, sondern als Öffnerin brachliegender Räume des Wissenstransfers. Der Vorteil: Die didaktische Perspektive ist nicht erst neu zu entwickeln, sondern aus dem Bereich des Unterrichtens und Lehrens auf populär- wie fachwissenschaftliche Gegenwartsdiagnosen und Diskussionen zu Lösungsstrategien zu adaptieren. In diesem Beitrag geht es daher darum, eine übergreifende didaktische Perspektive aufzuzeigen, in der Didaktik konzeptuell als Handlungswissenschaft mit prospektivem Charakter aufgefasst und im Sinne der Transferwissenschaft perspektiviert wird (2.). Dabei werden Wissenstransfer und Wissenstransformation im Zusammenhang mit Transferwissenschaft gesehen. Sodann erfolgt die

Ausleuchtung der (informations)didaktischen Sicht im Prozess des Wissenstransfers (3.). Verankert man Didaktik im intentionalen Wissenstransfer, wird ersichtlich, worin ihr Potenzial zur Überwindung von Krisen liegt, nämlich im *Aufschließen* von Wissenstransferproblematiken, als Grundlage gestaltbarer Zukünfte (4.). Zuletzt wird die Anschlussfähigkeit zur gegenstandsbezogenen Debatte hergestellt (5.).

2. Didaktik proper

2.1 Aspekte einer didaktischen Perspektive

Als terminologischer Begriff gewann Didaktik durch Wolfgang Ratke (1571–1635) seine pädagogische Schärfung als Lehrkunst (vgl. Ratke 1614) und wurde dann maßgeblich durch Johann Amos Comenius (1592–1670) weiterentwickelt. Sein pädagogischer Leitgedanke aus seiner Didactica magna (1657) „omnes omnia omnino" hatte in der Nachfolge Einfluss auf die unterschiedlichsten Denker*innen der Neuzeit und wurde immer wieder mit Gewinn modifiziert und aktualisiert. Streit und Entwicklung betrafen weniger den emanzipatorischen, selbstbestimmten Anspruch des Leitgedanken Comenius' „omnes" als Adressat*innenkreis zu postulieren, als vielmehr normative Aspekte wie das Verhältnis zu seinem theologischen Begründungsrahmen und dem, was letztlich „omnia" und „omnino" (stattdessen) sein könnten einerseits, und den Grad der Formalisierbarkeit andererseits (vgl. Klafki 1969). Eine Eigentümlichkeit des Didaktischen zieht sich in der Folge Ratkes und Comenius wie ein roter Faden in Bestimmungsversuchen bis in die Gegenwart: Ganz gleich mit welchem pädagogischen bzw. bildungsphilosophischen Eifer, vor welchem gesellschaftspolitischen Hintergrund und von welchem fachdisziplinären Standpunkt aus auf Didaktik geblickt, sie definiert und gerahmt wird, scheint ihr doch eine wesentliche Perspektive durch die Zu- und Eigenbeschreibungen wie eingeschrieben zu sein, nämlich eine adressat*innenbezogen initiierte handlungs- wie zukunftsorientierte Perspektive. Ob dabei als Adressat*innen auszubildende Lehrende, beispielsweise Lehramtsanwärter*innen im Rahmen der universitären Hochschuldidaktik, oder Lernende, beispielsweise Schüler*innen im Rahmen des Schulunterrichts, bestimmt werden, ist für die Aufschlüsselung der didaktischen Perspektive zweitrangig. Dass diese spezifischen Kontexte der Didaktik (Hochschule, Schule) aus legitimen, systemisch-pragmatischen Gründen stark in den Vordergrund gerückt werden, mag zuweilen den Blick auf ihre allgemein-formalen Aspekte und ihre Übertragbarkeit auf andere Kontexte, wie in diesem Beitrag anvisiert, vernebeln.

Adressat*innenbezogenheit und Initiierung des didaktischen Prozesses sind wesentliche Aspekte der Didaktik, keine Frage. Doch sie sind gleichzeitig Elemente einer Didaktik neben *anderen*. Diese sollen zugunsten der anderen, unserer Auffassung nach unterbestimmten, Aspekte des didaktischen Blicks zurückgestellt werden, die da wären: Handlungs- und Zukunftsorientierung.

2.2 Handlungsorientierung

Wie sich die Allgemeine Didaktik oder die Fachdidaktiken definieren, dafür liegen unterschiedliche, mit der Zeit wechselnde Vorstellungen vor. Wohl kaum jedoch wird der Begründungsrahmen anders gesetzt sein, als dass es darum geht und zu gehen hat, dass die Handlungsfähigkeit der Adressat*innen durch Schaffung geeigneter und passender Lehr-Lernangebote zu erhöhen, zu erweitern, zu fördern ist. Kurz: Didaktische Prozesse zielen darauf, das individuelle und/oder kollektive Handlungsrepertoire qualitativ und quantitativ zu verbessern. Diesen (Mehr-)Wert zu stiften, ist die klare, unbestreitbare Stoßrichtung der Didaktik, wie für die Medizin die Erhaltung und Wiederherstellung von Gesundheit.

Auch wenn die Analogie zur Medizin etwas schief sein mag (vgl. Krelle 2016: 235), sie lässt sich nicht gänzlich in Abrede stellen: Etwas muss gelehrt oder erlernt bzw. kommuniziert und transferiert werden, sodass es einen signifikanten Unterschied zum Vorher gibt. Eine Progression, wie auch immer diese festgelegt ist, wird intendiert. Das bedeutet nun keineswegs nur eine Mehrung von Informationen in der Logik eines zu befüllenden Containers. Schon deswegen nicht, weil Subjekte didaktischer Prozesse keine Container sind, und auch keine werden. Anders als Subjekte bleiben Container – ob mit mehr oder weniger Inhalt ausgestattet – stets gleichermaßen handlungs(un)fähig. Die bis heute nachwirkende technische Überformung zentraler Begriffe – wie Kommunikation, Sprache und Information – verfestigt nicht nur reduzierte Vorstellungen eines Transfers im Sinne einer Eins-zu-Eins-Übertragung, sondern führt zu bekannten Simplifizierungen im Sinne eines Containers (vgl. Fiehler 1990: 108 f.)

Die Anreicherungen mit Information reichen freilich nicht für die als Subjekte bestimmten Lernenden zum Handeln. Da hilft auch kein Trichter aus Nürnberg. Es braucht die aktive Verarbeitung und Deutung der im didaktischen Prozess Involvierten, um Informationen als handlungsrelevantes Wissen zu verstehen und zu nutzen (vgl. North/Maier 2018). Das Subjekt der Didaktik kann auf unterschiedlichen Wegen (Methoden) dazu befähigt werden. Formen von Reflexion, Vertiefung und Produktion spielen ihre phasengerechte Rolle, wobei bei allen didaktisch bestreitbaren Wegen die Vermittlung von Wissen in Koppelung mit damit einhergehender bzw. zu erreichender Handlungsfähigkeit zum Kernbereich der Didaktiken gehört (vgl. Ballod 2014: 150). Der Zuwachs an Wissen bzw. Handlungsfähigkeit kann mit unterschiedlichen Mitteln (z.B. durch Prüfungen) gemessen und, wie noch gängige Praxis, bewertet werden (z.B. durch Prädikate). Inhalte der Befähigung (was), Verfahren zur Befähigung (wie), Mittel der Befähigung (womit), Personen der Befähigung (wer), Orte der Befähigung (wo), Abfolge der Befähigung (wann) und natürlich die Begründung aller erwähnten Aspekte (warum, wozu) wären obsolet, wenn nicht die *Handlungsorientierung* implizit oder explizit den Rahmen setzte.

Nicht zufällig wurden und werden daher einzelne Didaktiken oder die Didaktik als *Handlungswissenschaft*, als *gestaltende Wissenschaft* oder *praktische Wissenschaft* bezeichnet. Exemplarisch für die Deutschdidaktik, auf die später noch zurückgegriffen wird:

> Eine praktische Wissenschaft erfüllt sich nicht in der Episteme, der Erklärung des Seienden, ihre Gegenstände der Erkenntnis sind im Werden. [...] Es geht um die Bewältigung der Aufgabe, ein Können im Gegenstandsfeld Sprache auszubilden (Ossner 1993: 190 ff.).

Was hier für die Deutschdidaktik im Speziellen formuliert wird (vgl. Müller-Michaels 1972, Ossner 1993, 2001, Krelle 2016), lässt sich durchaus verallgemeinern: Es soll und kann im didaktischen Prozess einer praktisch ausgerichteten Handlungswissenschaft nicht nur um die (Er)Klärung des Seienden gehen, nicht darum, Dinge als Dinge zu benennen und Köpfe einer bestenfalls lernwilligen Lerner*innenschaft zu befüllen. Diese Logik wird auch dann nicht besser, wenn diese minutiös geplant, an abwechslungsreichen Orten appliziert oder in Begleitung neuester Technologien vollzogen wird. Der didaktische Prozess ist zeitlich: Er setzt irgendwann ein, hört irgendwann auf. Er hat einen initiierten Startpunkt, durchläuft Phasen und endet bestenfalls dann, wenn der intendierte Zuwachs an Befähigung als Bewältigungsfähigkeit von Aufgaben durch Wissen erreicht wird. Streng genommen endet der Zuwachs an Wissen und Befähigung nie, denn wir lernen glücklicherweise Zeit unseres Lebens. Doch der didaktische Prozess setzt einen Rahmen, um qualitativen Wissenszuwachs zu sichern.

2.3 Zukunftsorientierung

Dabei kann der didaktische Prozess als geplanter Prozess gar nicht anders durchgeführt werden, als dass er sich antizipatorischen Momenten stellt und sie bedient. Als ein initiierter Prozess der Handlung mit dem Ziel adressat*innenbezogene Erhöhung der Handlungsfähigkeit zu erreichen ist der didaktische Prozess gleich mehrfach zukunftsorientiert. Dies gilt es als Element der didaktischen Perspektive herauszustellen. Einerseits muss der didaktische Prozess als Handlungsabfolge entworfen werden. Es muss entschieden werden, was die Inhalte, Verfahren, Mittel, Personen usw. der Befähigung sein sollen. Diese Entscheidungen werden sich nach Parametern des Kontextes richten und der Erwartung an ihre zukünftige Ausprägung, damit die einzusetzenden Inhalte, Verfahren, Mittel, Personen usw. tatsächlich zu der intendierten Befähigung führen. Die Zukunft hat allerdings ontologisch bemessen nicht nur einen äußerst umstrittenen Status, sondern ist, wenn sie denn *ist*, überaus offen. Gesetzt den Fall, dass es ein Morgen (als unbestimmte zukünftige Zeit) gibt, gilt, dass das, was gestern war und heute ist, morgen schon gänzlich anders sein *kann*. Der epistemische Gehalt einer solchen Feststellung ist allerdings ziemlich gering. Sie reicht nicht aus, um eine Entscheidung im Heute zu treffen. Welche Ausprägungen werden/können/sollen die Parameter des Kontextes, die ein*e Initiator*in des anvisierten didaktischen Prozesses identifiziert, morgen noch haben? Das *muss* einerseits gewusst werden, um adäquat Entscheidungen für den in Planung begriffenen didaktischen Prozess treffen zu können. Andererseits *kann* das nicht gewusst werden im Sinne eines gewussten Nicht-Wissens, da Zukunft notwendig offen ist und mehrere Zukünfte denkbar sind: Welche Mittel werden morgen zur Verfügung stehen, welche Personen sind morgen noch dabei? Zwar ist das Eintreffen der kalendarischen Zukunft als zeitliche Form ziemlich gewiss (*die nächste Woche wird eintreffen und mit einem Montag beginnen*), der mögliche Weltzustand als Inhalt der zukünftigen Zeit jedoch ungewiss (vgl. Steinmüller 2009: 2), insbesondere wenn mit Zukunft eine zukünftige Zeit bezeichnet wird, die in großer Distanz zum Heute steht (*wie der Februar 2025 für mich persönlich wird, weiß ich nicht*). Und doch muss mit Rekurs auf Form *und* Inhalt der zukünftigen Zeit entschieden werden. Eine absolut offene Zukunft zur Entscheidungsgrundlage zu machen, entspräche dem ontischen Status von Zukunft am ehesten, ist aber handlungstechnisch unmöglich. Es kann nicht nach allen erdenklichen Ausprägungen der kontextuellen Parameter gleichermaßen entschieden werden. Daher muss nach *einem* als wahrscheinlich angenommenen, gewünschten und/oder plausibel gemachten, festgelegten Bündel von Zukünften mit *gewiss gemachten* Ausprägungen der Parameter entschieden werden, wohlwissend, dass dies nicht *die* Zukunft *sein muss*. Was zwischen Handlungsentwurf und Handlungsrealisierung des didaktischen Prozesses steht, kann nur geplant, nicht garantiert werden. Handlungsentwürfe sind jedoch wesentlich, um die Offenheit der Zukunft so weit zu reduzieren, dass auf Grundlage einer so entstehenden „fiktionalen Erwartung“

entschieden werden kann, „als ob sich die Zukunft in der angenommenen Weise entfalten würde“ (Beckert 2015: 31). Durch diesen Reduktionsprozess – Einhegung der Zukunft durch Auswahl einer realisierbaren Zukunft bzw. eines Bündels an Zukünften – werden Entscheidungen ermöglicht, auch solche im Rahmen didaktischer Prozesse. Wenn sich allerdings Handeln lediglich unter Bezugnahme auf künstlich reduzierte und damit gewiss *gemachte* Zukunft vollzieht, dann ist „grundsätzlich die Unsicherheit des Handelns anzuerkennen“ (Grunwald 2009: 4). Dennoch werden so durch Inanspruchnahme der im Grunde unsicheren Zukunft „Begründungen für Entscheidungen unter Bedingungen von Ungewissheit geschaffen [...], damit Entscheidungen nicht beliebig erscheinen“ (Beckert 2015: 33).

Wenn Didaktik als Handlungswissenschaft zur Befähigung zum Handeln ernst genommen wird, dann kommt eine weitere Ebene der Zukunftsorientierung hinzu, denn nicht nur Initiator*innen didaktischer Prozesse als Handelnde müssen zutiefst zukunftsorientierte Entscheidungen treffen, sondern auch ihre entscheidungsbasierte, bezweckte Befähigung im didaktischen Prozess selbst ist durch und durch zukunftsgerichtet. Wozu soll befähigt werden, in welchem Kontext soll der Zuwachs an Handlungsfähigkeit zur Geltung kommen? Ganz gleich, wie unterschiedlich die Beantwortung dieser Frage ausfallen mag, fest steht wohl, dass es um eine Befähigung zum Handeln *nach* dem Erfahren des didaktischen Prozesses geht. Der Befähigungszuwachs erfolgt zwar *im* didaktischen Prozess und wird in diesem erfasst und gemessen, allerdings geht es ganz wesentlich um die Befähigung zum Handeln *im Anschluss* an den didaktischen Prozess, möchte dieser kein Selbstzweck sein.

Daher muss im didaktischen Prozess eine mindestens doppelte Antizipation – die fiktionale Vorwegnahme einer „zukünftig abgeschlossenen Handlung“ (Ayaß 2021: 64) – zwingend anvisiert werden: Es muss einerseits der didaktische Prozess im Handlungsentwurf antizipiert werden, damit der *Zuwachs an Handlungsfähigkeit* glückt; andererseits muss der außer-didaktische Kontext im Nachgang an den didaktischen Prozess ebenfalls im Handlungsentwurf antizipiert werden, damit die *Anwendung der gesteigerten Handlungsfähigkeit* glückt. In diesem Sinne ist und kann die Didaktik als Handlungswissenschaft verstanden nichts anderes bedeuten als auch zukunftsorientierte, prospektive Wissenschaft zu sein.

Eine so verstandene Didaktik ermöglicht begründete Entscheidungen und bereitet deren methodische Realisation (optionale Handlungsvollzüge) vor.

2.4 Transferwissenschaften

Nicht aus der Didaktik heraus, sondern eher im Bereich der Angewandten Linguistik angesiedelt, wurden bereits 1999 die *Transferwissenschaften* initiiert. Zwischen 1999 und 2009 fanden in Göttingen und Halle insgesamt zehn Kolloquien statt (Wichter/Antos 2001). Drei zentrale Problembereiche waren von Anbeginn im Zentrum, passgenau zur Einleitung dieses Beitrags: a) Wie lässt sich trotz wachsender Wissensspezialisierung und -akkumulierung der Zugang zu Wissen sicherstellen (Opazität von Wissen)? b) Wie lässt sich Metawissen über Sonderwissen herstellen und verbreiten? c) Wie können Ungleichverteilungen von Wissen durch veränderte Zugangsvoraussetzungen auf individueller und globaler Ebene verbessert werden (vgl. Antos 2001: 13)?

Die Weiterführung der Kolloquien zum Thema *Information und Wissen* (Berlin) stellt 2016 eine Zäsur und zugleich eine Neuausrichtung dar. In der mittlerweile 15 Bände umfassenden Reihe *Transferwissenschaften* finden sich Monographien und Sammelbände im Zusammenspiel verschiedener Disziplinen, die sich aus ganz unterschiedlichen Perspektiven mit Fragen zur Transformation von Wissen durch Kommunikation befassen. Die Prinzipien von Wissensproduktion und -rezeption sind dabei ebenso relevant wie strukturelle, kulturelle, kognitive, sprachlich-mediale und emotionale Bedingungen. Die bisherigen transferwissenschaftlichen Arbeiten und Ansätze sind schwerpunktmäßig auf den *horizontalen Wissenstransfer* zwischen gesellschaftlichen Subsystemen bzw. ihren Akteuren oder den *vertikalen Wissenstransfer*, z.B. Experten-Laien-Kommunikation, gerichtet, meist mit fachsprachlichen und fachkommunikativen Strategien (vgl. Busch/Stenschke 2004).

Als Zukunftsprojekt steht die Entwicklung gemeinsamer, alternativer und verbindender Wissens-Konzepte auf der Agenda. Übergreifende und konsensuale Wissens-Konzeptionierungen sind dann ihrerseits die Voraussetzung und Basis zur Identifikation von Wissens-Problemlagen, Wissens-Domänen, Wissens-Medien und Wissens-Aktivitäten. In größeren Forschungsverbünden und Forschungslinien könnten konkrete Projekte transdisziplinär erforscht, Lösungen entwickelt und gestaltet werden. Die Herausforderungen der Gegenwart und viel mehr noch der Zukunft erfordern einen auf Vermittlung ausgerichteten Wissenstransfer, der nicht bei Studien ex post anfängt, sondern sich auf die Erweiterung ex ante des Handlungsrepertoires beteiligter und betroffener Akteursgruppen hin orientiert. Im Selbstverständnis von Wissenschaft ist dieses Bewusstsein bislang recht unterschiedlich ausgeprägt.

Peters benennt hinsichtlich der Wissenschaftskommunikation fünf spezifische Kommunikationsanlässe mit jeweiliger Zielsetzung: 1) Popularisierung von Forschung; 2) Wissenschaftliche Erklärung der Welt; 3) Aufklärung der Öffentlichkeit; 4) Öffentliche Politikberatung und 5) Wissenschaftlich-technische Kontroversen (vgl. Peters 2004: 32). Übertragen auf die didaktische Perspektive eines gesellschaftlichen Wissenstransfers ließen sich die Zieldimensionen wie folgt erweitern: Einer klassischen Wissenskommunikation sollte eine didaktische Wissensvermittlung an die Seite gestellt werden, einer etablierten Wissenschaftskommunikation eine didaktisierte Wissenschaftsvermittlung, einer Kommunikation von und über Krisen eine, die auf Vermittlung und gemeinsame (Auf-)Klärung ausgerichtet ist.

Zukünftige Forschungskontinuen könnten systematisch transferwissenschaftliche Felder identifizieren und erschließen, die einen Wissenstransfer oder spezifische Wissenstransformation erfordern; exemplarisch seien folgende benannt:

- Fächer (Transdisziplinarität),
- Sprecher*innen (Translation),
- Kulturen (Transkulturalität),
- Zeiten und Generationen (Diachronizität),
- Medien (Divergenzen und Konvergenzen),
- Regionen („Transit"),
- Fähigkeiten („Barrierefreiheit"),
- Theorie und Praxis,
- Hermeneutik und Empirie,
- Labor- und Feldforschung,
- Mensch-Maschine-Schnittstellen,
- Experten-Laien-Kommunikation,
- Realität-Virtualität,
- Menschliche – Künstliche Intelligenz.

Im Kontext einer transferwissenschaftlich fokussierten, angepassten Forschung werden nicht nur begriffliche und konzeptuelle Aushandlungen nötig, sondern transdisziplinäre Forschungsansätze und Untersuchungsdesigns.

Der Startschuss für die Transferwissenschaft und ihre Weiterentwicklung mag zwar nicht genuin didaktisch motiviert und ausgerichtet gewesen sein, doch lässt sich retrospektiv feststellen, dass die Transferwissenschaft von Anfang an als ein allgemein auf Wissenstransfer fokussierter Ansatz und Blickwinkel eine Weiterentwicklung didaktischer Gegenstände und Diskurse umfasst, et vice versa.

3. Vom Umgang mit Wissen zum intentionalen Vermitteln von Wissen

3.1 Umgang mit Wissen aus informationsdidaktischer Sicht

Der *Umgang mit Wissen* ist eine der zentralen Herausforderungen der Zeit, und zwar auf allen Ebenen: auf personal-individueller, medial-technischer und gesellschaftlicher. Das zeigen Gegenwartsdiagnosen wie u.a. in der zitierten Ausschreibung in der Einleitung. Bei einer transferwissenschaftlich perspektivierten Didaktik, die Wissensfragen ins Zentrum stellt, ist zunächst zu fragen, was Wissen eigentlich ist. In den Mittelpunkt institutionellen Lernens wird zumeist das Faktenwissen (Deklaratives Wissen) gerückt. Dabei ist dies nur eine Wissensform, die gelernt oder vermittelt werden kann. Je nach herangezogenem Konzept werden eher kompetenzorientierte Formen von Wissen hinzugezogen bzw. vom deklarativen Wissen abgegrenzt: das prozedurale Wissen (Handlungswissen, Verfügungswissen), das Problemlösewissen (Transferwissen) und das metakognitive Wissen (Selbstreflexion des eigenen Wissens bzw. Nicht-Wissen) (vgl. Reinmann 2015). Entscheidend ist, dass Wissen in seinem Wesen keine Entität, sondern *emergent*, etwas sprunghaft Veränderliches ist. Wissen unterliegt einem *Lebenszyklus*, der sich auf allen Ebenen beobachten lässt:

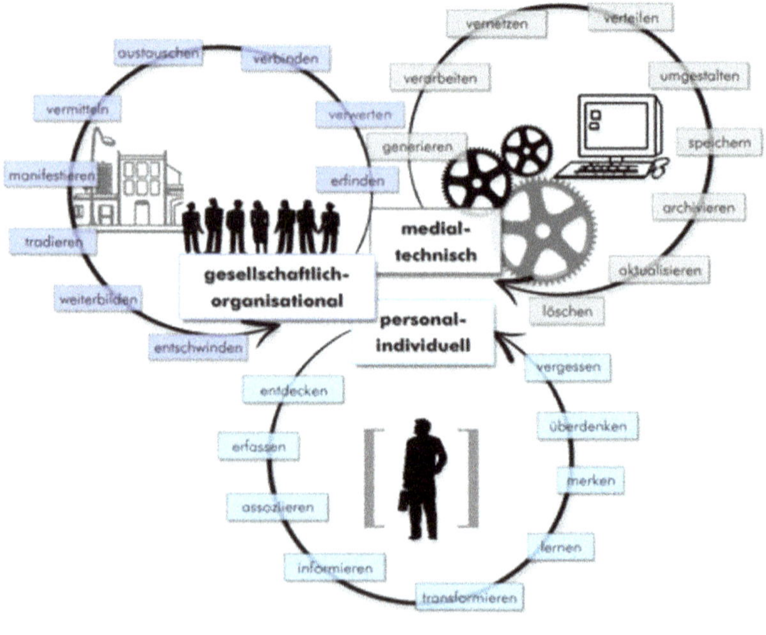

Abb. 1: Kreisläufe des Wissens (Ballod 2007: 183)

Alle Prozesse greifen ineinander und bedingen sich wechselseitig. Sie markieren keine klar abgrenzbaren, konsekutiven Phasen, sondern eben nur mehr oder minder lange Zeitsprünge. Diese Aufschlüsselung dient lediglich zur Analyse möglicher Handlungsoptionen beim *Umgang mit Wissen*, da sie Ebenen benennt und dadurch fokussieren kann. Genau genommen ist aus *informationsdidaktischer* Sicht zu beobachten, dass sich auf all diesen Ebenen Informationen aufdrängen. Wissensvermittlung ermöglicht im zirkulär vertiefenden Sinn (hermeneutischer Zirkel), dass diese Informationen einerseits auch als solche wahrgenommen, selektiert, bewertet, eingebettet und dadurch zu handlungsleitendem Wissen transformiert werden. Wissensvermittlung befähigt andererseits zum Umgang mit weiterem, potentiell transformativen Wissen.

Daraus folgt: Auf persönlichen, sozialen und strukturellen Ebenen ist ein gezieltes *Wissensmanagement* nötig. In dem hier beleuchteten Kontext von Wissenstransfer und Wissenstransformation vor allem die zielgerichtete Aufbereitung und Vermittlung von Wissen. Einen möglichen Ausgangspunkt stellt die Informationsdidaktik deshalb dar, weil sie als holistisches Forschungskonzept zum gesellschaftlichen, organisationalen und individuellen Umgang mit Information sowie zu allen Arten formaler, nicht-formaler und informeller Vermittlung von Wissen dienlich ist (vgl. Ballod 2007: 253). Dies sei über den Umweg einer klassisch-sprachdidaktischen Perspektive verdeutlicht.

3.2 Die klassisch-sprachdidaktische Perspektive

Die Deutschdidaktik kann also, wie andere Wissenschaften auch, nicht aus sich heraus die richtigen Handlungen erzeugen, aber sie kann als Wissenschaft helfen, dass die einschlägigen Handlungen rational und nachvollziehbar getroffen werden. Der Handelnde kann mit Hilfe der Wissenschaft sein Handeln begründen und gegenüber anderem Handeln abgrenzen […]. Als Handlungswissenschaft hilft die Deutschdidaktik, rationale Entscheidungen zu treffen (Ossner 2007: 14 f.).

Das postuliert Ossner für die Fachdidaktik Deutsch. Schaut man sich den curricularen Auftrag exemplarisch für das Land Sachsen-Anhalt (Gymnasium) an (vgl. Ministerium für Bildung des Landes Sachsen-Anhalt 2022), dann wird sofort ersichtlich, dass in vielfacher Hinsicht die aktuelle Lebenswelt der Schüler*innen, vor allem deren zukünftiges Handlungsrepertoire, im Fokus stehen. Unter dem Stichwort „Teilhabe und Teilnahme am gesellschaftlichen Leben" heißt es:

> Die Schülerinnen und Schüler erfahren Sprache als Mittel zwischenmenschlicher Verständigung und als wichtigstes Medium für die Teilhabe am kulturellen,

> gesellschaftlichen und politischen Leben. Dazu gehören sowohl die Fähigkeit, aus Texten unterschiedlicher medialer Form Informationen zu gewinnen, zu bewerten und angemessen zu präsentieren, als auch die Fähigkeit des sach-, intentions- und adressatengerechten Sprechens und Schreibens. Die Schülerinnen und Schüler bauen ihre Gesprächs- und Argumentationsfähigkeit aus und nutzen diese zum Dialog und zur Konfliktbewältigung. Zugleich entwickeln sie in der Auseinandersetzung mit eigenen und fremden Auffassungen ihre Diskursfähigkeit und schaffen somit die Grundlage für die Mitgestaltung demokratischer Prozesse und eine erfolgreiche Interaktion in verschiedenen sozialen Gruppen (Ministerium für Bildung des Landes Sachsen-Anhalt 2022: 4).

Nimmt man diesen umfassenden Anspruch ernst und denkt ihn zu Ende, drängt sich die Frage auf, ob dieser emanzipatorische, kritische, aufklärerische Aspekt auf eine Deutschdidaktik und den Schulunterricht beschränkt bleiben kann. Wir finden, kann er nicht und setzen damit ein Verständnis von Bildung voraus, das weit über Schule und Bildungseinrichtungen hinauswirkt. Bildung bedeutet dann nicht weniger als der Erwerb von Selbstbewusstsein (Emanzipation), Urteilskraft (Kritik) und Anteilnahme an der Überzeugung anderer (Toleranz) (vgl. Messelken 1995). Aus der Perspektive der Informationsdidaktik, die den Umgang und die Vermittlung von auch deutschunterrichtlich relevanten Informationen nicht auf den Deutschunterricht begrenzt sieht, heißt das, dass die Wissensvermittlung, beispielsweise im Deutschunterricht, zum Zwecke einer erfolgreichen Handlungsbefähigung der Adressat*innen auch immer andere Wissenskontexte, als Transferkontexte, im Allgemeinen wie im Konkreten im Blick behalten muss.

3.3 Wissenstransfer als Wissenskommunikation

Didaktische Prozesse wie im Fach Deutsch legen den Grundstein für eine demokratische, pluralistische, weltoffene Gesellschaft. Aber jede*r Einzelne ist Zeit seines*ihres Lebens weiter dafür verantwortlich. Freilich gelingt das nicht immer. Wohl kaum wäre der Umgang mit Wissen sonst eine Herausforderung und die Krisen von existentieller Natur. Warum also sollten didaktische Prämissen und Prozesse im Klassenraum enden? Ließen sich Wissenstransfer-Prozesse nicht auf eine gezielte Vermittlung hin weiter fundieren?

Einerseits geht es also um eine klassische didaktische Perspektive, nämlich den Umgang mit sowie die Gestaltung von Informationen. Da Informationen immer in kommunikative Prozesse eingebunden sind, sind sprachliche und soziale Aspekte bei der Beschaffung, der Weitergabe und Bewältigung von

Informationen wesentlich. Andererseits ist die Informationsdidaktik unter den veränderten gesellschaftlichen und medialen Bedingungen nicht länger bloß schul- u. unterrichtsbezogen, sondern institutions- und medienübergreifend ein eigenes Forschungs- u. Anwendungsfeld (Ballod/Antos 2019: 42 ff.).

Jede*r, der*die sich im didaktischen Feld der Schule bewegt, weiß, dass Wissen weder *rein mental* noch *eins zu eins* übertragen wird, sondern sich die Vermittlung von Wissen über versprachlichte, gestaltete Informationen vollzieht.

Der Belehrungscharakter der Sprache wie der Sprachcharakter der Belehrung sind unbestrittene Theoreme sowohl der wissenschaftlichen als auch der philosophischen Beschäftigung mit Sprache wie auch der wissenschaftlichen und praxisgeleiteten Beschäftigung mit Didaktik. Geht der Terminus *Sprache* heute größtenteils ungebrochen in einem weiten semiotischen Medien- und Informationsbegriff auf, so tritt in das Feld didaktischer Reflexionen anscheinend ebenso selbstverständlich die Frage nach dem internen didaktischen Charakter der diversen Medien (Burckhart/Fink 2003: 7).

Schlussfolgernd ist das Momentum der *Gestaltung* sowohl dem Sprachgebrauch, die Linguistik würde sagen *Pragmatik*, als auch der Didaktik inhärent. So wie die Didaktik Handlungswissenschaft und auf Handlungspraxis ausgelegte Disziplin ist, so ist es die Sprache (im funktionalen Gebrauch) gleichfalls. Mithin sollte die prospektive Gestaltung über ein Fach, über eine Disziplin und über eine (bildungs)institutionelle Rahmung hinausweisen.

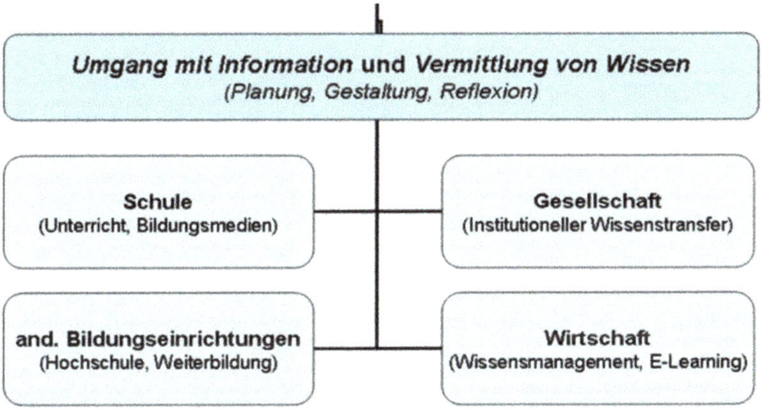

Abb. 2: Zielperspektiven beim Umgang mit Wissen (Ballod 2007: 322)

Eine zentrale Zielsetzung bildet dabei die Beschreibung, Gestaltung, Kontrolle und Optimierung von Wissenstransferprozessen auf Seiten der Produktion, der Rezeption sowie der verwendeten Medien. Ohne Kommunikation also kein Transfer. Auf der Ebene der Gesellschaft geht es der Informationsdidaktik um institutionellen und kulturellen Wissenstransfer, auf der Ebene der Wirtschaft und von Organisationen um Wissensmanagement und auf der Ebene der Individuen um Informationskompetenz.

3.4 Wissenstransfer-Prozesse

Eine Didaktik ohne Informationsverständnis und -nutzung kann es nicht geben. Umgekehrt sind Informationen vermitteltes Wissen oder, wie es der Informationswissenschaftler Rainer Kuhlen (1995) ausdrückt: „Information ist Wissen in Aktion." Informationen sind also nur als Informationen erkennbar, weil vorhandenes Wissen sie für uns als solche Einheiten perspektiviert und somit zugleich als Voraussetzung den *Aufbau von Wissen* erst ermöglicht.

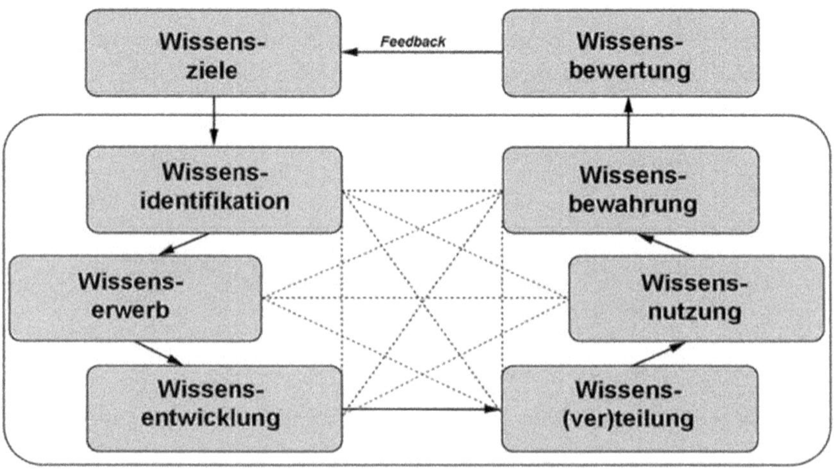

Abb. 3: Bausteine des Wissensmanagements (Probst/Raum/Romhardt 2013: 58)

Denn tatsächlich sind sehr unterschiedliche Wissensaktivitäten (Umgang mit Wissen) möglich, wobei *Informationsdidaktik* als Meta-Perspektive auf die Prozesse zur Wissensvermittlung fungiert:

- Erfinden,
- Erwerben/(Re)Konstruieren/Lernen,

- Ordnen/Strukturieren,
- Nutzen/Anwenden/Vernetzen,
- Weitergeben/Austauschen oder
- Vergessen/Verlernen von Wissen.

Beim Wissenstransfer sind zumindest zwei Perspektiven unterscheidbar: Zum einen der horizontale Transfer als Austausch zwischen gesellschaftlichen Subsystemen bzw. ihren Akteuren und zum anderen der vertikale Transfer im Sinne einer Experten-Laien-Kommunikation.

Der Transfer von Wissen impliziert eine einfache Eins-zu-Eins-Übertragung, die die Kontextbedingungen ausblendet. Denn erfolgreicher Wissenstransfer setzt eine doppelte Transformation voraus: Erstens muss das Wissen im Hinblick auf den*die Nutzer*in, seine*ihre situativen und kognitiven Bedingungen transformiert (Informationsaufbereitung) und zweitens von dem*der Nutzer*in wiederum in einen individuellen Wissensbestand bzw. in handlungsrelevantes Wissen (Informationsverarbeitung) überführt werden (vgl. Harms/Luckhardt 2002: 10).

Das heißt: Den einzelnen Didaktiken kommt die Aufgabe zu, den Wissenstransfer als Transfer- bzw. Transformationsprozesse zu initiieren und zu gestalten, ganz im Sinne eines didaktischen Designs, wie dies im größeren Zusammenhang Reinmann (2015) schlüssig darlegt. Dabei fungiert die Informationsdidaktik als orientierende Meta-Perspektive mit der die Zusammenhänge der didaktischen Elemente und den didaktisch Involvierten im Blick behalten werden kann, von denen der Wissensaufbau und Befähigungszuwachs letztlich abhängt.

4. Didaktisierte Zukunftsgestaltung

Die Gegenwart multipler Krisen wurde bereits angeführt. Nun gilt es das Versprechen einzuhalten und nicht bei einer erneuten Auflistung stehenzubleiben, sondern die didaktische Perspektive damit zu verbinden. Angesichts der hiesigen Konzeption der Didaktik als Handlungswissenschaft und prospektive Wissenschaft und ihrem Zusammenhang zur Transferwissenschaft und einer informationsdidaktischen Meta-Sicht mag bereits angedeutet worden sein, inwiefern eine solche Perspektive des Didaktischen das Potenzial birgt eine gewichtigere Rolle in der Diskussion um Krisendiagnose und -bewältigung zu spielen. Aus didaktischer Perspektive verstehen wir Krisendiagnose und -bewältigung als aufschließbare Wissenstransferproblematiken. Daher kann sich die Didaktik in ihrer Diskussion gewinnbringend für alle Teilnehmer*innen und Gestalter*innen mühelos eine Diskursposition verschaffen.

Krisen gab es bereits im antiken Griechenland. Allerdings bezeichnete der griechische Begriff der krísis ehemals die „entscheidende Wendung von Krankheiten", bis über mehrere Umwege der Begriff Crise im 18. Jahrhundert im Deutschen ankommt und neben medizinischen Zuständen auch auf wirtschaftliche und politische Umstände übertragen wird: Krise bedeutet fortan allgemein „Entscheidungs-, Wendepunkt, schwierige, gefährliche Lage" (Pfeifer 1993). Vor diesem Hintergrund medizinischen Ursprungs verwundert es nicht, dass gegenwärtige Krisen *diagnostiziert* werden. Und tatsächlich hat der diagnostische Term seit seiner Einführung ins Deutsche seiner Häufigkeitsfrequenzkurve nach größtenteils eine exponentielle Steigung erfahren, insbesondere im 20. Jahrhundert (DWDS 2022a). Seit 2016 ist, folgt man der Wortverlaufskurve des DWDS-Zeitungskorpus, ein neuer Aufwärtstrend zu beobachten und im Jahr 2022 ist diese so hoch wie nie zuvor (DWDS 2022b). Diese Grafiken sind selbstredend nicht im Geringsten ausreichend, um Gesellschaftsdiagnosen abzuleiten. Sie sind aber auch nicht selbstreferentiell und decken sich unserer Einschätzung nach mit den sich überschlagenden Weltereignissen und ihrer globalen Wahrnehmung vor allem seit Pandemiebeginn (Engelschalt et al. 2023). Die Grafiken, wichtiger noch die Krisen, schreien förmlich nach *Bewältigung*. Eine Bewältigung (seit dem 14. Jahrhundert) wäre nämlich als der Akt zu verstehen etwas „in seine Gewalt [zu] bekommen, mit etw. fertig [zu] werden, [zu] meistern" und bezeichnet (heute) eine auch geistige, wissensgestützte Tätigkeit: etwas „geistig verarbeiten, verstehend überwinden" heißt etwas bewältigen (Pfeifer 1993). Und mit diesem epistemischen Anspruch lässt sich eine Linie von Krisendiagnose und -bewältigung zu didaktischen Prozessen ziehen, denn wozu sonst dienen Transfer und Verarbeitung von Informationen im didaktischen Prozess als zum Aufbau handlungsrelevanten Wissens zwecks Steigerung der Handlungsfähigkeit und der Anwendung gestiegener Handlungsfähigkeit im Nachgang? Wir wüssten keine allgemeinere, weitestgehend alle didaktischen Ansätze umfassende Antwort darauf als zur *Lebensbewältigung*. Gerade in Krisen, verstanden als kritische Situationen, die ein Entscheiden erfordern und trotz ungewisser Zukunft und somit eines unsicheren Ausgangs einen Wendepunkt markieren, kann das Repertoire, die Kompetenz und die Erfahrung zum Wissenstransfer der didaktischen Disziplinen einen informationsdidaktisch kontrollierten, fundierten Transfer konstellieren, der eine Alternative im Umgang mit drängendem, wissensgestütztem Handlungsbedarf aufzeigen könnte. Denn: Diese didaktische Perspektive auf gegenwärtige Herausforderungen, die ihre Bewältigung als Wissenstransferfrage konzipiert, bietet nicht gleich Lösungen an, sondern transformiert zuallererst Herausforderungen zu informationsdidaktisch verstehbaren, dann bearbeitbaren Problemen, für die bereits bewährte Ansätze, Perspektiven und Methoden existieren. Eine *Didaktisierung gesellschaftlicher Krisen* mag ein ungewohnter Vorschlag und noch lange keine Garantie für ihre Bewältigung sein, allerdings scheint uns die damit einhergehende Transformation und Rekonstellation von Problemen vielversprechend zu sein für ihre weitere Bearbeitung: Die didaktische Perspektive nahm und nimmt immer schon Herausforderungen als künftig zu bewältigende, wissensgestützte Handlungsaufgaben in den Blick. In Ulrich Becks nach wie vor aktueller Gegenwartsdiagnose „Risikogesellschaft" bestimmt der Soziologe die Bewältigung von Unsicherheit als eine „zivilisatorische [] Schlüsselqualifikation" (Beck 1986: 102).

Didaktische Prozesse, die in zweifacher Hinsicht zukunftsorientiert sind, müssen fortlaufend mit Antizipationen arbeiten und damit Unsicherheiten reduzieren: Es muss einerseits der didaktische Prozess im Handlungsentwurf antizipiert werden, damit der Zuwachs an Handlungsfähigkeit glückt; andererseits muss der außer-didaktische Kontext im Nachgang an den didaktischen Prozess ebenfalls im Handlungsentwurf antizipiert werden, damit die Anwendung der gestiegenen Handlungsfähigkeit glückt. Es scheint, als ließen sich die hier verhandelten Elemente einer Konzeption der Didaktik als Handlungswissenschaft und prospektive Wissenschaft bewältigungsdienlich auf aktuelle Herausforderungen übertragen, damit diese zu didaktisch bearbeitbaren Wissenstransfer-Problemen transformieren, zu denen man sich dann verhalten kann wie zu herkömmlichen Aufgaben didaktischer Prozesse. Führt die Reduktion von Unsicherheit, aber auch von Komplexität, häufig zu Verkürzungen, die nicht selten populistisch genutzt werden, stehen didaktische Analyse und didaktische Reduktion nicht im Verdacht der Manipulation, dienen durch Aufschließen von Wissenstransferproblematiken einem öffnenden Diskurs und ermöglichen sachbezogene Debatten.

5. Ausblick

Dieser Beitrag skizziert die didaktische Perspektive auf den Wissenstransfer und die Wissenstransformation. Denn: Didaktik ist in ihrem Wesen schon immer die Wissenschaft der *Wissensvermittlung* gewesen; dabei ist sie gestaltungs-, handlungs- und zukunftsorientiert.

Didaktik verspricht nicht, impliziert aber ein Verständnis zur Ermöglichung einer bestmöglichen Entwicklung. Mithin öffnet diese Sicht auf den Wissenstransfer eine prospektive und pragmatische Komponente. Mag dies im ersten Moment naiv oder vermessen klingen, als Gedankenspiel öffnen sich brachliegende Potenziale des Wissenstransfers. Dafür gilt es die Grenzen schulischer und hochschulischer Kontexte, in denen die Didaktik noch vor allem beheimatet ist, zu überschreiten; dabei allerdings ihre bewährten Ansätze, Prinzipien und Methoden nicht zurückzulassen, sondern sie als zukunftsfähiges, gestaltbares Potenzial im gesamtgesellschaftlichen Interesse aufzufassen.

Ferner ist dafür sicherlich auch die Weiterung des *Denkrahmens* der einzelnen Didaktiken von Nöten, indem die Eigenbeschreibung als gestaltende Wissenschaft in dieser Breite disziplininhärent tatsächlich thematisiert wird (vgl. Bräuer 2016). Die Orientierung an einer transdisziplinären Didaktik (vgl. Schmohl/Philipp 2021) könnte wegweisend sein, wenn neben der Öffnung disziplinärer Kontexte disziplinäre Gewohnheiten der Didaktik auch kontrolliert *vergessen* werden: „professionelle Ignoranz" macht Platz für Neues (Antos/Ballod 2014). Didaktik träte so nicht nur als Vermittlerin von Vermittlung und moderierende, transformative Wissenschaft auf, sondern auch als Lernende und sich selbst transformierende Wissenschaft im Vermittlungsprozess (vgl. Singer-Brodowski/Holst/Goller 2021), um nicht bei einer bereits allseits bekannten und geforderten Pädagogisierung gesellschaftlicher Themen stehen zu bleiben (vgl. Dinkelaker/Stimm 2022: 34). Es geht um mehr, wenn der zukunftsorientierte Zweck reflexiv gewendet wird: „Vergessen und Verlernen versuchen, das Vergangene aus der Vormachtstellung zu vertreiben und auf ein Prospektives hin zu öffnen" (Ette 2013: 27).

Zum anderen lädt der Beitrag Diskursteilnehmer*innen ein, sich gesellschaftlichen Themen abseits von Schule und Hochschule und damit von Unterricht und Lehre zuzuwenden. Didaktiker*innen mögen ihre Perspektive(n) in die Debatten aktiv einbinden, nicht *trotz* ihrer disziplinären Verortung im Sinne einer multidisziplinären Sicht und Entwicklung eines Gegenstands, sondern gerade *wegen* ihrer disziplinären Verortung im Sinne einer inter- und transdisziplinären Verschmelzung, als eine angemessene Reaktion auf die komplexen gegenwärtigen und zukünftigen Herausforderungen, die nicht länger monodisziplinär angegangen werden dürfen (vgl. Pelikan/Roelcke/Weber 2020: 30 ff.). Eine sich auf diese Weise öffnende Didaktik leistet dann ihren Beitrag, Zukunftsräume gestaltend aufzuschließen.

Literatur

Antos, Gerd (2001): Transferwissenschaft. Chancen und Barrieren des Zugangs zu Wissen in Zeiten der Informationsflut und der Wissensexplosion. In: Sigurd Wichter/Gerd Antos (Hg.): Wissenstransfer zwischen Experten und Laien: Umriss einer Transferwissenschaft. Berlin et al.: Peter Lang, 3–33.

Antos, Gerd/Ballod, Matthias (2014): Professionelle Ignoranz: Fünf Thesen zum konstruktiven Umgang mit Nichtwissen. In: Martin Schwarz/Wilfried Ferchoff/Ralf Vollbrecht (Hg.): Professionalität. Wissen – Kontext. Sozialwissenschaftliche Analysen und pädagogische Reflexionen zur Struktur bildenden und beratenden Handelns. Festschrift für Prof. Dr. Bernd Dewe. Bad Heilbrunn: Klinkhardt, 262–282.

Ayaß, Ruth (2021): Projektive Gattungen. Die kommunikative Verfertigung von Zukunft. In: Beate Weidner/Katharina König/Wolfgang Imo/Lars Wegner (Hg.): Verfestigungen in der Interaktion. Berlin: de Gruyter, 57–82.

Ballod, Matthias (2014): Informationsdidaktische Aspekte der Wissenskommunikation. In: Zentrum für multimediales Lehren und Lernen (Hg.): Moderne Lehre Gestalten. Halle: Martin-Luther-Universität Halle-Wittenberg, 142–156. https://media.llz.uni-halle.de/mlg14/Final/LLZ2014_moderne-lehre-gestalten.pdf.

Ballod, Matthias (2007): Informationsökonomie – Informationsdidaktik: Strategien zur gesellschaftlichen, organisationalen und individuellen Informationsbewältigung und Wissensvermittlung. Bielefeld: Bertelsmann.

Ballod, Matthias/Antos, Gerd (2019): Web und Wahrheit. Vorbemerkungen zu einer Didaktik informationeller Verlässlichkeit. In: Michael Beißwenger/Matthias Knopp (Hg.):Soziale Medien als didaktische Instrumente und Reflexionsgegenstand in Schule, Hochschule und beruflicher Bildung. Berlin: Peter Lang, 23–57.

Beck, Ulrich (1986): Risikogesellschaft. Auf dem Weg in eine andere Moderne. Frankfurt am Main: Suhrkamp.

Beckert, Jens (2015): Imaginierte Zukunft. Wie fiktionale Erwartungen wirtschaftliche Dynamik vorantreiben. In: Max-Planck-Institut für Gesellschaftsforschung (Hg.): Jahrbuch 2015–2016. Köln: MPI, 29–36.

Bräuer, Christoph (2016): Denkrahmen der Deutschdidaktik. Die Identität der Disziplin in der Diskussion. Berlin et al.: Peter Lang.

Bundesministerium für Bildung und Forschung (BMBF): Bekanntmachung. https://www.bmbf.de/bmbf/shareddocs/bekanntmachungen/de/2022/09/2022-09-14-Bekanntmachung-WiKo.html.

Burckhart, Holger/Fink, Oliver (2003): Sprache der Didaktik – Didaktik der Sprache. Versuch einer interdisziplinären Annäherung. In: Holger Burckhart/Oliver Fink(Hg.): Sprache der Didaktik. Didaktik der Sprache. Würzburg: Königshausen & Neumann.

Busch, Albert/Stenschke, Oliver (2004): Wissenstransfer und gesellschaftliche Kommunikation. Berlin et al.: Peter Lang.

Comenius, Johann Amos (1657/1913): Didacta magna oder Große Unterrichtslehre. 5. Auflage. Paderborn: Ferdinand Schöningh.

Dinkelaker, Jörg/Stimm, Maria (2022): Die Klimakrise als Lernanlass. In: Zeitschrift für Weiterbildungsforschung: 45, 33–50.

DWDS (2022a): Krise. Wortverlaufskurve auf Basis von DTA-Gesamt+DWDS-Kernkorpus. https://www.dwds.de/r/plot/?view=1&corpus=dta%2Bdwds&norm=date%2Bclass&smooth=spline&genres=0&grand=1&slice=10&prune=0&window=3&wbase=0&logavg=0&logscale=0&xrange=1600%3A1999&q1=Krise.

DWDS (2022b): Krise. Wortverlaufskurve auf Basis von DWDS-Zeitungskorpus. https://www.dwds.de/r/plot/?view=1&corpus=zeitungenxl&norm=date%2Bclass&smooth=spline&genres=0&grand=1&slice=1&prune=0&window=3&wbase=0&logavg=0&logscale=0&xrange=1946%3A2022&q1=Krise.

Engelschalt, Julia/Lemberg, Jason/Maibaum, Arne/Rothenhäusler, Andie/Wiegand, Meike (2023): Wissenskrisen – Krisenwissen. Zum Umgang mit Krisenzuständen in und durch Wissenschaft und Technik. Bielefeld: transcript.

Ette, Ottmar (2013): LebensZeichen. Roland Barthes zur Einführung. 2. Auflage. Hamburg:Junius.

Fiehler, Reinhard (1990): Kommunikation, Information und Sprache. In: Rüdiger Weingarten (Hg.): Information ohne Kommunikation? Frankfurt am Main: Fischer, 99–128.

Grunwald, Armin (2009): Zum Handlungsbegriff in Technikphilosophie und Technikethik. In: widerstreit-sachunterricht: Handeln, 1–7. https://www.itas.kit.edu/pub/v/2009/grun09a.pdf.

Harms, Ilse/Luckhardt, Heinz-Dirk (2002): Einführung in die Informationswissenschaft. https://scidok.sulb.uni-saarland.de/bitstream/20.500.11880/25589/1/03039a1.pdf.

Klafki, Wolfgang (1969): Didaktik. In: Historisches Wörterbuch der Philosophie: Band 2. Stuttgart: Schwabe, 233–235.

Krelle, Michael (2016): Deutschdidaktik als (zu) gestaltende Wissenschaft. In: Christoph Bräuer(Hg.): Denkrahmen der Deutschdidaktik. Die Identität der Disziplin in der Diskussion. Berlin et al.: Peter Lang, 229–240.

Kuhlen, Rainer (1995): Informationsmarkt. Konstanz: Universitätsverlag Konstanz.

Messelken, Hans (1995): Computer in der Grundschule. In: Hans Rudolf Becher/Jürgen Bennack (Hg.): Taschenbuch Grundschule. Baltmannsweiler: Schneider Verlag Hohengehren, 429–452.

Ministerium für Bildung des Landes Sachsen-Anhalt (2022): Deutsch. Fachlehrplan Gymnasium. Überarbeitet am 01.08.2022. https://www.bildung-lsa.de/files/bdbdd8f65609015e0fac5985942d66a2/FLP_Deutsch_Gym_swd.pdf.

Müller-Michaels, Harro (1972): Literaturdidaktik als normsetzende Handlungswissenschaft. In: Jochen Vogt (Hg.): Literaturdidaktik. Düsseldorf: Bertelsmann-Universitätsverlag,17–21.

North, Klaus/Maier, Ronald (2018): Wissen 4.0 – Wissensmanagement im digitalen Wandel. In: HMD Praxis der Wirtschaftsinformatik: 55, 665–681.

Ossner, Jakob (1993): Praktische Wissenschaft. In: Albert Bremerich-Vos (Hg.): Handlungsfeld Deutschunterricht im Kontext. Frankfurt am Main: Diesterweg, 186–199.

Ossner, Jakob (2001): Elemente eines Denkstils für didaktische Entscheidungen. In: Cornelia Rosebrock/Martin Fix (Hg.): Tumulte. Deutschdidaktik zwischen den Stühlen. Baltmannsweiler: Schneider Verlag Hohengehren, 17–32.

Ossner, Jakob (2007). Sprachdidaktik Deutsch. Paderborn: Ferdinand Schöningh.

Pelikan, Kristina/Roelcke, Thorsten/Weber, Tilo (2020): Wissen – Information Transformation. Umrisse der Transferwissenschaften. In: Kristina Pelikan/Thorsten Roelcke (Hg.): Information und Wissen. Beiträge zum transdisziplinären Diskurs. Berlin et al.: Peter Lang, 17–46.

Peters, Hans Peter (2004): Bildung durch Nutzen stiftende Wissenschaftskommunikation. In: Ekkehard Nuissl (Hg.): Wenn Wissenschaft mehr als Wissen schafft. Bonn: Deutsches Institut für Erwachsenenbildung, 27–34.

Pfeifer, Wolfgang (1993): Etymologisches Wörterbuch des Deutschen. Digitalisiert und überarbeitet von Wolfgang Pfeifer im DWDS. https://www.dwds.de/d/wb-etymwb.

Probst, Gilbert/Raum, Steffen/Romhardt, Kai (2013): Wissen managen: Wie Unternehmen ihre wertvollste Ressource optimal nutzen. Wiesbaden: Gabler.

Ratke, Wolfgang (1614): Kurzer Bericht von der Didactica oder Lehrkunst. Jena: Heinrich Rauchmaul.

Reinmann, Gabi (2015): Studientext Didaktisches Design. https://gabi-reinmann.de/wp-content/uploads/2013/05/Studientext_DD_Sept2015.pdf.

Schmohl, Tobias/Philipp, Thorsten (2021): Handbuch Transdisziplinäre Didaktik. Bielefeld: transcript.

Singer-Brodowski, Mandy/Holst, Jorrit/Goller, Antje (2021): Transformative Wissenschaft. In: Tobias Schmohl/Thorsten Philipp (Hg.): Handbuch Transdisziplinäre Didaktik. Bielefeld: transcript, 347–356.

Steinmüller, Karlheinz (2009): Zukünfte oder Zukunft? In: Futurologische Betrachtungen: 1, 1–3. https://steinmuller.de/de/zukunftsforschung/FutBetr-1.pdf.

Wichter, Sigurd/Antos, Gerd (2001): Wissenstransfer zwischen Experten und Laien. Berlin et al.: Peter Lang.

Hugo Caviola

Vom bunten Vogel zum Zugpferd? Das Projekt *Sprachkompass* als Beispiel angewandter Diskurslinguistik

Welche Ausdrucksformen leiten Menschen dazu an, mit Landschaft schonend oder zerstörerisch umzugehen? Welche sprachlichen Mittel behindern, welche stärken eine ressourcenschonende Mobilität? Welche Rolle spielt die Sprache im menschlichen Umgang mit Lebensmitteln? Fragen dieser Art untersucht der *Sprachkompass*, ein Forschungsprojekt, das seit 2014 am Zentrum für Entwicklung und Umwelt (CDE) der Universität Bern durchgeführt wird. Im Projekt werden gleichzeitig zwei Transfervorgänge aktiv: Es bringt Linguistik mit anderen Fächern ins Gespräch und will über die Universität hinauswirken. Seine Themen sind Landschaft, Mobilität und Ernährung, jüngst auch Energie und Klima, seine Methoden diskurslinguistisch. Diskurslinguistik folgt der Annahme, dass die Sprache die Wahrnehmung der Welt formt und dazu dient, in der Welt zu handeln und diese zu gestalten. Diskurse repräsentieren und konstruieren die Welt zugleich (Warnke 2013:103). Angewandte Diskurslinguistik will aufklären und Menschen die Augen öffnen für die diskursiven Verstrickungen, in denen sie leben. Sie will zudem aufzeigen, dass sich vermeintliche Wahrheiten oft als ungesichert erweisen (Del Percio et al. 2014; Bendel Larcher 2015: 222). Der *Sprachkompass* will in Fragen der Nachhaltigkeit sprachliche Orientierung anbieten und gesellschaftliche Veränderungen anstoßen. Dies kann gelingen, wenn Forschung und ihre Zielgruppen miteinander ins Gespräch gelangen. Man kann diesen Austausch als didaktisches Geschehen erschließen, das für beide Seiten Lernchancen birgt. Der folgende Erfahrungsbericht stellt (1) das diskurslinguistische Interesse und seine Methoden vor, zeigt (2–3) Chancen und (4–5) Herausforderungen einer transdisziplinären Sprachreflexion auf und fragt (6), was Diskurslinguistik in Zukunft für die Förderung von Nachhaltigkeit leisten kann.

1. Diskurslinguistik und Forschungskontext

Für den ökologischen Umgang mit Landschaft, Ernährung, Verkehr, Klima und Energie gelten hauptsächlich die Natur- und technischen Wissenschaften als zuständig. Kommt Linguistik überhaupt in den Blick, erwartet man von ihr meist Beiträge zu Fragen der Kommunikation. Die epistemische Funktion der Sprache, ihre Rolle als Erkenntnismittel, wird leicht übersehen (Kleinberger/Rosenberger 2017: 12).

Dennoch steht die Linguistik im Umgang mit Umweltfragen heute nicht bei null. Im deutschsprachigen Raum haben etwa Trampe 1991 und Fill 1993 und 1996, im englischsprachigen Stibbe 2001 bis 2017 untersucht, wie sprachliche, gesellschaftliche und ökologische Faktoren zusammenhängen. Der Sprachkompass verfolgt dieses ökologische Erkenntnisinteresse mit Methoden der Diskurslinguistik, die heute breit etabliert sind (Spitzmüller/Warnke 2011, Reisigl/Wodak 2016, Reisigl/Ziem 2014, Bendel Larcher 2015, Stibbe 2015). Forschungsleitend für den Sprachkompass ist das Mensch-Natur-Verhältnis, näherhin sind es Fragen wie die eingangs genannten: Welche diskursiven Formen vermitteln Interessen und Haltungen, die einen nachhaltigen Umgang mit Natur und Umwelt fördern oder behindern? Den Untersuchungsgegenstand bilden in Korpora gefasste Texte, welche das Wissen und Denken einer bestimmten Zeit repräsentieren. Dazu gehören etwa Zeitungen, Gesetzes- oder Lehrbücher, Werbung, ja selbst Kochrezepte und Speisekarten kommen in Betracht. Der Sprachkompass untersucht solche Korpora auf Schlüsselwörter, Metaphern, Topoi, formale und inhaltliche Argumentations- und Vertextungsmuster, Frames (Deutungsrahmen), auch Frequenzen von Komposita gelangen in den Blick, begleitend auch Bilder und das Zusammenwirken von Sprache und Bild (z.B. Kress/Van Leeuven 2006). Mit seinem Fokus auf die Themen Landschaft, Mobilität und Ernährung will der Sprachkompass die angewandte Diskurslinguistik mit neuen Fragestellungen bereichern.

2. Lernziele des Sprachkompasses

Als angewandte Linguistik ist das Projekt *Sprachkompass* aber auch ein didaktisches Vorhaben. Es vermittelt seine Erkenntnisse über bestimmte Medien an ausgewählte Personengruppen und will damit gesellschaftlichen Wandel anregen (Schlutz 2006: 76). Neben den klassischen Schauplätzen der Didaktik, den Bildungsstätten, gehören auch Forschungsstätten, NGOs, staatliche Ämter, Medien und Politik zu seinen Zielgruppen. Welches sind seine Aufklärungs- und Bildungsziele? Und: Inwieweit kann er zu Fragen der nachhaltigen Entwicklung beitragen?

Der Sprachkompass will mit dem Mittel der Sprachreflexion ein *kritisches Sprachbewusstsein* fördern (*critical language awareness*, vgl. Fairclough 1992 und 2010). Sprache eröffnet Perspektiven auf die Welt, und diese führen Haltungen und Interessen mit sich. Es ist entscheidend, ob wir eine bestimmte

Frucht als *Apfel* oder *Agrarprodukt* bezeichnen, eine Pflanze als *Kraut* oder *Unkraut*, eine Wiese als *Bauland* oder *Biodiversitätsförderfläche* verstehen. Der Sprachkompass macht die Sprache als Erkenntnis*brille*, als Denkwerkzeug, bewusst. Er zeigt auf, welche Wertungen und Handlungsinteressen sich in den sprachlichen Mitteln verbergen.

Wer über Sprache nachdenkt, nimmt eine Metaposition außerhalb der Objektsprache ein. Aus dieser beweglichen Außensicht werden Reichweite, aber auch Grenzen und blinde Flecken sprachlicher Perspektiven erkennbar (Warnke 2013: 79). Die so gewonnene *Umsicht* ermöglicht eine mehrperspektivische einkreisende Annäherung an den behandelten Gegenstand (Abb.1).

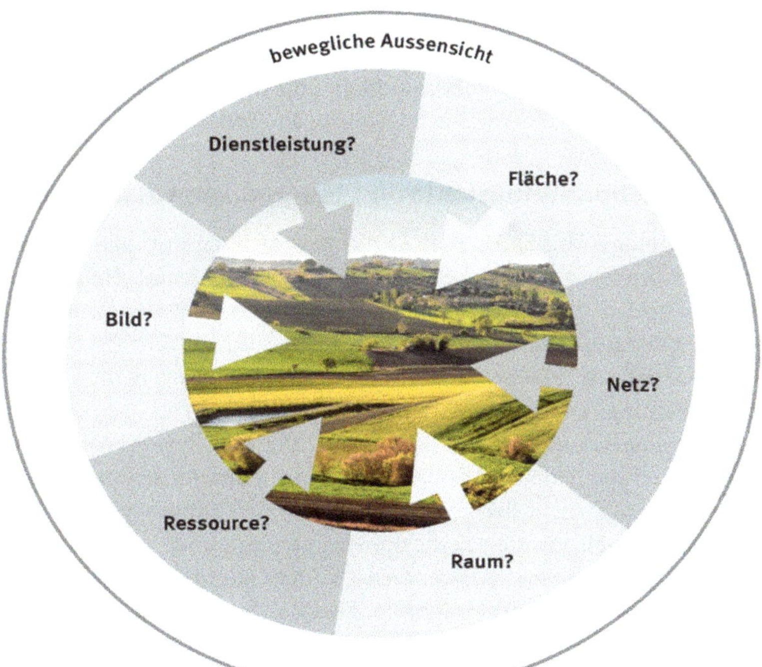

Abb. 1: Die bewegliche Sicht auf sprachliche Perspektivierungen schafft einen Zugang zur Landschaft mit *Umsicht* (Caviola et al. 2018: 16)

Die aus der Metaposition gewonnen Distanz zur eigenen Disziplin bildet die Voraussetzung zu den didaktischen Zielen des Sprachkompasses.

- Nutzer*innen des Sprachkompasses sollen erkennen, dass sie einer Wahrnehmungs- und Wertegemeinschaft angehören, die durch Sprache mitkonstituiert ist.
- Der Blick auf ihre eigene Sprache soll erkennbar machen, was Nutzer*innen im Lichte ihrer sprachlichen „Erkenntnisbrille" wissen und wahrnehmen, und was sie eher übersehen.
- Nutzer*innen sollen prüfen können, inwieweit ein bestimmter Sprachgebrauch mit Werten und Handlungszielen nachhaltiger Entwicklung übereinstimmt. Wie werden etwa Lebewesen, wie werden der Verbrauch natürlicher Ressourcen oder das Mensch-Tier-Verhältnis sprachlich vermittelt?
- Der Sprachkompass will seine Nutzer*innen darin unterstützen, neue Framings zu finden, die die gesellschaftliche Transformation zu einer nachhaltigen Entwicklung unterstützen (Caviola et al. 2018: 15 ff; Kläy et al. 2016).

3. Dialog im Spannungsfeld von Plan und Improvisation

Nach der Typologie von Shirk et al. (2012) lässt sich die mit dem Sprachkompass angestrebte Zusammenarbeit zwischen Forschung und Zielgruppen als *kollaborativ* und *ko-kreativ* bezeichnen: ein Prozess, der teils planmäßig, teils improvisiert verläuft. Diese iterative Offenheit ist für das Projekt *Sprachkompass* charakteristisch, da seine didaktische Vision, Sprachsensibilität zu fördern und neue Framings zu finden, weit gefasst ist.

Auch die Förderkonzepte der Stiftungen, die den Sprachkompass unterstützen, stärken die genannte Kollaboration. So wünscht die Stiftung Mercator, dass die Bedürfnisse der Zielgruppen bei Forschungsbeginn belegt und die Zusammenarbeit mit den Zielgruppen festgelegt sind. Voraussetzung der Finanzierung bildet ein systemischer Ansatz, der *Outputs* (Produkte) und *Outcomes* (fassbare Wirkungen) einfordert. Diese Vorgaben stützen den dialogischen Ansatz, ja setzen ihn voraus: Das Projektteam lernt von der Gesellschaft, die Gesellschaft lernt vom Forschungsteam.

Beim Sprachkompass ist die Tuchfühlung zwischen den universitären Fächern und der gesellschaftlichen Akteur*innen bereits in der Zusammensetzung des Kernteams angelegt. Neben drei Linguist*innen bilden (zum Thema Landschaft) ein Landschaftsschützer, ein ehemaliger Forstingenieur und Transformationsforscher den engeren Kreis. Als Zielgruppen kommen NGOs (etwa die Stiftung für Landschaftsschutz, PUSCH Praktischer Umweltschutz, der Verkehrs-Club der Schweiz VCS etc.) hinzu, weiter Bildungs- und

Forschungsinstitutionen (etwa die Eidgenössische Forschungsanstalt für Wald, Schnee und Landschaft WSL, die Eidgenössisch-Technische Hochschule ETH etc.) und Amtsstellen der Städte, Kantone und des Bundes (Stadtgrün Bern, Bundesamt für Umwelt etc.).

Im Forschungsprozess werden diese Zielgruppen zuerst im ko-kreativen Festlegen der Forschungsfragen tätig. Dieses stellt sicher, dass die linguistischen Fragenstellungen tatsächliche gesellschaftliche Probleme aufnehmen. Liegen erste Forschungsrohergebnisse vor, werden sie zuerst im Kernteam gesichtet und bewertet. Sie werden dann in Alltagssprache gefasst, von den Zielgruppen auf ihre sachliche Plausibilität geprüft und durch Beobachtungen aus der Praxis angereichert. Diese Texte gehen auf die Projekt-Website, können aber – angepasst – auch in Publikationen der Zielgruppen einfließen. In gemeinsamen Workshops wird vereinbart, welche Verbreitungsaktivitäten die NGOs leisten können. In der Zusammenarbeit mit den Zielgruppen gewinnen die Linguist*nnen Zugang zu Sachwissen in einem Gebiet, das sie anfänglich nur äußerlich kennen.

4. Herausforderungen des Sprachkompassprojekts

Angewandte Diskurslinguistik ist eine junge Disziplin. Ihre Erkenntnisinteressen und ihr Wirkungspotential sind in Wissenschaft und Gesellschaft noch wenig bekannt (Bendel Larcher 2015: 33 f). Anders als arrivierte Wissenschaften wie etwa Psychologie und Ökonomie trifft die angewandte Diskurslinguistik auf eine institutionelle Wissens- und Zuständigkeitsordnung, in der viele Menschen nicht mit ihr rechnen, weil sie sie kaum kennen. Didaktisch ausgedrückt ist die Passung, die Abstimmung zwischen den Sprachkompass-Zielen, den Vermittlungskanälen und den Vertreter*innen der Gesellschaft noch zu schwach. Untersucht Linguistik bestimmte Wissensdomänen – zum Beispiel zu Lebensmitteln oder Verkehr – mischt sie sich inter- und transdisziplinär in die Denk- und Kommunikationsmittel anderer Disziplinen und ihrer Berufskulturen ein. Linguistisches Wissen über ihren vertrauten Sprachgebrauch kann für die sprachlich Analysierten erhellend, anfänglich aber auch irritierend wirken, weil ihre Sprache gewöhnlich nicht sprachanalytisch untersucht wird. Ein solcher „Besuch" aus der Linguistik mag zunächst als exotisch, als *bunter Vogel* erscheinen. Aus der Wissenschaftsgeschichte wissen wir aber, dass es vielen solcher Fächerkreuzungen über die Zeit gelingt, sich im Forschungs- und Wissenskanon zu institutionalisieren. Die schwierige Passung zwischen Gesellschaft und diskurslinguistischen Ergebnissen lässt sich besser verstehen, wenn sie aus dem Aufeinandertreffen unterschiedlicher Wissenskulturen heraus betrachtet wird.

Auffällig ist, dass uns viele Nutzer*nnen des Sprachkompasses von Aha-Erlebnissen, von „Horizonterweiterung“ berichten. Wie ist dies zu verstehen? Diskurslinguistische Analysen beziehen sich nicht selten auf Sachverhalte, wie sie die empirisch-experimentellen Wissenschaften hervorbringen. Beispiele aus dem Sprachkompass sind *Verkehrsflüsse* und *Anbauflächen*, über die Menschen etwa messend und planend verfügen. In der Sprachanalyse werden diese (natur- und ingenieurwissenschaftlichen) Sachverhalte als sprachlich gebundene hermeneutisch erschlossen und so um ein geisteswissenschaftliches Metawissen bereichert. In der Sprachanalyse zeigt sich zum Beispiel, dass die Flussmetapher den Verkehr in eine Naturkraft („Verkehrsfluss“) verwandelt, die Menschen im *Fluss* oder *Stau* anonymisiert und damit von ihrer Verantwortung entlastet. Wenn Verkehr ein *Fluss* ist, scheint es logisch, dass die Verkehrspolitik den Verkehr am Fließen hält und die Verkehrsinfrastruktur weiter ausbaut. Die Flächenmetapher (etwa in „Anbauflächen“) macht Landschaft geometrisch und damit technisch verfügbar und blendet das Leben in ihr aus. Die hier stark verkürzte Metaphernanalyse kann überraschen, weil dabei ein regulatives *Orientierungswissen* auf ein praktisches *Verfügungswissen* trifft (Frühwald et al. 1991: 37) und darin (oft unbewusste) ethische Wertungen freilegt. Die Verbindung der beiden kann – ganz im Sinne des Sprachkompasses – ein breit abgestütztes Wissen schaffen, auf das nachhaltiges Handeln aufbaut (Kläy et al. 2016; Felder 2013: 16).

Der *bunte Vogel* erwächst aus der ungleichen Wertung der beiden Wissenskulturen. Werden die experimentellen Naturwissenschaften als jene gesehen, die die wirklich zentralen gesellschaftlichen Aufgaben angehen, so fällt den Geisteswissenschaften eine bloß kompensatorische Aufgabe zu; sie erfüllen gleichsam einen lebensweltlichen „Farbigkeitsbedarf“ (die Farbigkeit des bunten Vogels) und unterliegen tendenziell einem „Luxusverdacht“ (Frühwald et al. 1991: 32–33). Diese Wertung ist für den Sprachkompass zweischneidig: Er kann seine Forschungsgegenstände einerseits frei wählen, wird in bedeutenden gesellschaftlichen Fragen aber als zweitrangig wahrgenommen. Ein Abschlussvortrag aus dem Sprachkompass an einer naturwissenschaftlichen Konferenz zur Klimaforschung wird beispielsweise von den Organisatoren als „speziell“ und zugleich als „Schlusstempel“ gesehen.

Die fehlende Passung zwischen Forschungsergebnissen und Gesellschaft tritt auch in der Wahl geeigneter Publikationsorgane und -formate zutage. Zwei eher unbefriedigende Optionen ergeben sich für den Sprachkompass. Erstens: Der Sprachkompass publiziert seine Analyse in einer sachorientierten Fachzeitschrift (etwa zu Biolandbau) auf die Gefahr hin, dass deren Leser*innen den Beitrag als Kuriosum, als bunten Vogel, werten. Zweitens: Er platziert den

Beitrag in einem germanistischen Fachorgan, das eher die linguistische Community als die Fachpersonen des Sachgebiets erreicht. Dieselbe Inkompatibilität zwischen Botschaft und Vermittlungskanälen wiederholt sich auf der Ebene wissenschaftlicher Konferenzen und der großen Tageszeitungen: Die *Neue Zürcher Zeitung (NZZ),* der *Bund* und die *Berner Zeitung* nehmen selten Beiträge aus der Linguistik auf, das *NZZ*-Ressort „Forschung und Technik" hauptsächlich Technisches und Empirisches. „Sprachliches" wird im Feuilleton meist auf Literarisches oder Essayistisches, etwa zum Thema Gendern, beschränkt. Es bleiben Rubriken wie der Meinungsbeitrag, die Kolumne oder das Interview. Diese Textformen verpflichten ihre Autor*innen, ihre Inhalte personenbezogen und meinungshaltig darzustellen.

Die personalisierte Vermittlung hat didaktische Vorteile. Sie leuchtet das persönliche Interesse hinter der Forschung aus und situiert deren Ergebnisse in einem breiten Anwendungskontext. Ohne wissenschaftliche Herleitung fällt die Aussage allerdings schnell in die Kategorie des Meinungs- und Diskussionsbeitrags. Eine Folge dieser Didaktik lässt sich in den Kommentarforen der Online-Zeitungen ablesen. Die Kommentare zum NZZ-Artikel von H.C. vom 9. 4. 21 zu den omnipräsenten Fleischmetaphern in der deutschen Alltagssprache gewährt direkten Einblick in die «Volksmeinung» (Caviola 2021). Kommentare reichen von „interessanter Kommentar, der zum Nachdenken anregt" über „jetzt bitte Folgeartikel zu den vegetarischen Metaphern" bis zum Luxusvorwurf „überflüssiges Forschungsprojekt", und „nach dem Genderkult nun auch noch dies?" Die Resonanz aus der NZZ-Leser*innenschaft zeigt neben einem erkennbaren Interesse an Sprachreflexion und dem Einsatz des Luxustopos auch ein Phänomen, das in der Psychologie *Reaktanz* genannt wird. Gemeint ist die Reaktion auf eine Erfahrung, von der sich Menschen in ihrer persönlichen Freiheit eingeschränkt fühlen. In den Online-Reaktionen zu den Sprachkompass-Veröffentlichungen in den Social Media oder den großen Publikumszeitungen wie *NZZ* und *Berner Zeitung* verschafft sich eine kleine Gruppe von Menschen Gehör, die Sprachreflexion emotional ablehnt, sie mit dem als Sprachpolizei empfundenen „Genderkult" vermengt und mit ruppigen Anwürfen eindeckt.

Welche Schlüsse lassen sich aus diesen Erfahrungen für eine erfolgreiche Didaktik ziehen? Der Reaktanz lässt sich teilweise der Boden entziehen, indem Empfehlungen für den Sprachgebrauch als *Optionen* darstellt und in ihren Implikationen leicht verständlich erklärt werden. Umgekehrt muss im Vermitteln von Forschungsergebnissen zu gesellschaftlich umstrittenen Themen wie Mobilität und Fleischessen klar sein, dass jede Reflexion von Normen und „eingefleischten" Gewohnheiten auf Verunsicherung oder Ablehnung stößt.

Die Erfahrungen aus dem Sprachkompass bestätigen eine sozialpsychologische Binsenwahrheit: Menschen neigen dazu, sich mit ihrer Fach- bzw. Gruppensprache zu identifizieren (Van Dijk 2011: 395). Wird diese relativiert, so läuft die Kritik Gefahr, persönlich genommen und abgelehnt zu werden. Sprachaufklärung wird dann als „Sprachpolizei“ empfunden.

Sprachreflexion wird hingegen leichter aufgenommen, wenn sie *konstruktive Alternativen* zum Kritisierten aufzeigt (was indes nicht immer möglich ist). So bietet sich im ökologischen Siedlungsbau statt des technizistischen Ausdrucks *bauliche Verdichtung* der Ausdruck *Entwicklung nach Innen* an, ein Frame, der mehr Raum für Soziales und Organisches gewährt. *Verkehrsstau* lässt sich je nach Kontext durch *Warteschlange* ersetzen, eine Metapher, welche Menschen im Stau stärker individualisiert. Aus der kognitiven Linguistik ist bekannt, dass das Negieren eines Frames dazu führt, dass der unerwünschte Frame im Gehirn aktiviert und damit unterschwellig bestärkt wird (Lakoff/Wehling 2014: 77). Für eine Didaktik, die Bestehendes relativieren und Neues anregen will, bedeutet dies, dass sie Alternativen zum Kritisierten aufführen sollte. Die sog. *positive discourse analysis* (Stibbe 2017) macht sich diese Erkenntnis zum Programm. Sie sucht *stories*, die Alternativen zu ökologischen Problemen aufzeigen. Der Sprachkompass vermittelt bisher keine *stories*, versucht aber, in seinen „Folgerungen für den Sprachgebrauch“ auf seiner Website Alternativen aufzuzeigen.

5. Unterschiedliche Resonanzräume

(1) *Wissenschaft*. Trotz schwieriger Passung mit seinen Vermittlungskanälen stieß der „bunte Vogel“ *Sprachkompass* in einem Fall auf ein publizistisches ‚Nest‘, das wie für ihn geschaffen erschien: Die Zeitschrift *GAIA*, „das Transdisziplinäre Journal zu ökologischen Perspektiven für Wissenschaft und Gesellschaft“ nahm 2016 und 2020 zwei größere wissenschaftliche Arbeiten aus dem Projekt auf – mit hoher Resonanz (Caviola et al. 2016 und 2020). Der Artikel zum verdichteten Bauen löste im Folgeheft einen Diskussionsbeitrag aus, derjenige zu den Frames der Ausdrücke *Mobilität* und *Verkehr* wurde 2021 auf die Shortlist der besten *GAIA*-Artikel des Jahres 2020 gesetzt. Beide Publikationen werden in der wissenschaftlichen Gemeinschaft wahrgenommen, z.B. in der Umweltpsychologie (Kruse und Funke 2022) und in den Environmental Humanities (Soentgen 2021). Sie zogen Einladungen zu Fachtagungen in Feldern der Mobilität und des Siedlungsbaus nach sich.

(2) *Websites.* Die Website *sprachkompass.ch* bildet das zentrale Kommunikationsorgan des Projektes nach außen. Als „Fachleute, Entscheidungsträger, aber auch Laien“ sind seine Adressat*innen weit gefasst. Ein signifikanter didaktischer Schlüssel, der zu ihnen führt, ist die alltagsnahe Sprache. Die Website vermeidet linguistische Fachwörter (oder erklärt sie), unnötige Nominalisierung und Schachtelsätze und versucht, Neues an Bekanntes anzuknüpfen (Göpferich 2008:108). Auch Gestaltungselemente wie Gliederung, Schriftart und Schriftgröße sowie Hervorhebungen unterstützen die Lesbarkeit. Hinzu kommt eine multimodale Darbietung, die Texte mit Bildern kombiniert. Für kurz Angebundene werden die zentralen Ergebnisse jedem Kapitel vorangestellt und mit den Folgerungen für den Sprachgebrauch verbunden. Die Folgerungen zeigen auf, welche Haltungen und Interessen ein bestimmter Sprachgebrauch mit sich führt und welche Alternativen sich bieten. Sprachkompass-Texte münden nicht in direktive Aussagen, sondern sollen eine *Wahl* bewusst machen und als sprachliche Orientierungshilfe, als Sprachkompass, dienen.
Die Rückmeldefunktion „Kommentieren Sie den Sprachkompass“, die sich beim Aufrufen einblendet, trägt hingegen geringe Früchte. Etwa zweimal jährlich erreichen uns Kommentare, die für Beiträge danken, auf Druckfehler hinweisen oder weiterführende Ideen anbieten. Das reichweitenstärkste Kapitel der Website ist „Metaphern erkennen und ihre gedankenleitende Wirkung durchschauen“. Es verzeichnet seit über zwei Jahren durchschnittlich 45 BesucherInnen pro Tag mit einer durchschnittlichen Verweildauer von vier Minuten.

(3) *NGOs, staatliche Ämter und politische Parteien.* Die Veröffentlichungen in *GAIA* verleihen dem Projekt und seinen Ergebnissen wissenschaftliche Statur. Sie tragen Einladunge*n* zu Vorträgen ein, an denen Entscheidungsträger aus Politik, Behörden und Verwaltungen etc. teilnahmen. Exemplarisch sei dazu eine Multiplikationswirkung erwähnt, die sich aus der Zusammenarbeit mit dem Zürcher Amt für Verkehr ergab, welches gerade im Begriff war, einen Namenswechsel zum *Amt für Mobilität* vorzunehmen. Es wurde vereinbart, gemeinsam einen *Sprache-Guide* zur erkenntnisleitenden Wirkung der beiden Begriffe herausgeben. Dieser Guide findet große Resonanz im Amt und darüber hinaus bis in die Regierung des Kantons Zürich (Caviola/Frei 2020). Er liegt 2022 in zweiter Auflage vor (Abb. 2).

Abb. 2: Sprach-Guide des Zürcher Amtes für Mobilität

Das partizipative Erarbeiten des Sprache-Guides ergab noch eine weitere Lehrerfahrung, im Austausch zwischen Forschung und Gesellschaft. Ein staatliches Amt darf nur politisch ausgewogene Botschaften verbreiten. Eine im *GAIA*-Artikel erhobene politische Forderung – man müsste beim Festlegen der Mobilitätspreise auf Mengenrabatte wie Verkehrssteuer, General-Abo oder Autobahn-Vignette verzichten und dafür den realen Ressourcenverbrauch verrechnen – musste in der amtlichen Broschüre als „Denkanregung" abgeschwächt werden. An einem Workshop der Grünliberalen Partei von Basel-Stadt stellte sich in der Diskussion von Verkehrsfragen heraus, dass hier eher liberale als staatsinterventionistische Lösungen favorisiert wurden. Diese Erfahrungen zeigen, dass diskurslinguistische Erkenntnisse weiterführenden politischen Auslegungen offenstehen.

NGOs gehören zu den wirkungsvollsten Sprachrohren der Sprachkompass-Botschaften. So nahmen NGOs wie *fairunterwegs, swissveg.ch, foodwaste.ch* u.a. Beiträge auf ihre Websites oder in ihre Verbandsmagazine auf. Sie publizieren über diese Kanäle auch Hinweise auf Tagungen, die der Sprachkompass plant, oder machen die Sprachkompass-Website bei ihren Zielgruppen bekannt.

(4) *Schule und Universität.* An Schulen und Universitäten regeln Studienordnungen, Curricula und Disziplinen Einsatz und Wirkung der Sprachreflexion. Dass der gesellschaftliche Sprachgebrauch darauf Einfluss nimmt, wie Menschen über Natur und Ressourcen denken und mit ihnen umgehen, begründet den Einbezug der Sprachreflexion in Bildung für nachhaltige

Entwicklung (BNE). In den Lehrplänen der Sekundarstufe II wird Bildung für nachhaltige Entwicklung heute meist dem Bereich Natur-Mensch-Gesellschaft zugeordnet, Sprache eher als Ausdrucks- und Verständigungsmittel denn als Mittel der Wissenskonstitution gesehen. Auch hier passen allgemeine Bildungsziele und die institutionellen Vermittlungskanäle der Sprachreflexion schwer zusammen. Sabatino und Caviola haben daher bereits in den ersten Jahren des Sprachkompass-Projekts einen Lehrgang für den gymnasialen Deutschunterricht verfasst, der Sprachreflexion auf den Gegenstandsbereich *Landschaft und Natur* anwendet und ökologische Probleme als sprachlich geprägte verständlich macht (Sabatino/Caviola 2018, vgl. dazu auch Caviola 2003). Aus der Sprachkompass-Forschungsarbeit sind zudem didaktisierte Materialien entstanden, die auf der Schweizer Lernplattform (LerNetz AG 2022) zum selbstgesteuerten Lernen genutzt bereitstehen.

Seit 2021 mehren sich im Schweizer Bildungswesen Anzeichen, dass Bildung für nachhaltige Entwicklung auch von der sprachlichen Seite her erschlossen wird. So wurde das Sprachkompass-Team aus dem Kanton Thurgau angefragt, einen Weiterbildungskurs für Deutsch-Lehrpersonen der Gymnasialstufe anzubieten. Auch bietet die Stiftung PUSCH einen Kurs für Lehrpersonen an, welcher die Rolle der Sprache in Umweltfragen behandelt.

Mit dem Wintersemester 22/23 fasst Sprachreflexion auch an der Universität Bern im Bildung-für-nachhaltige-Entwicklung-Lehrgang Bachelor Minor Fuß und erreicht damit rund 100 Studierende pro Jahr. Der Lehrgang erschließt Themen wie Fachsprache, Framing und Narrative an nachhaltigkeitsrelevanten Gegenständen und kann so eine wissenschaftspropädeutische Wirkung entfalten. An der Universität Bern wird die Sprachkompass-Website heute auch von Dozierenden aus der Kulturgeographie und den Ernährungswissenschaften herbeigezogen. Im Bildungswesen reift offenbar die Einsicht, dass Antworten auf ökologische Fragen nicht ohne Beiträge der Geisteswissenschaften (und damit der Linguistik) auskommen.

6. Ausblick

Was kann Angewandte Diskurslinguistik in Fragen der Nachhaltigkeit leisten, und was ist ihr in didaktischer Hinsicht zu wünschen?

Erstens, als vielversprechende Untersuchungsfelder einer auf Nachhaltigkeit gerichteten Diskuslinguistik bieten sich folgende Themen an, zu denen teils schon wertvolle Vorarbeiten bestehen: das Mensch-Tier-Verhältnis (z.B. Stibbe

2015, 145–160), der Umgang mit Energie (Kleinberger/Rosenberger 2017), Klima (Reisigl 2020), Mobilität und Verkehr, Ernährung, Sicherheit, Gesundheit, Greenwashing etc.

Zweitens, in Forschungskollaborationen kann Sprachreflexion unterschiedliche Rollen einnehmen:

a) Sie kann, wie im Modell des Sprachkompasses, kollaborative Forschungsprozesse *initiieren*, die bei den Zielgruppen bewusstseinsbildend wirken können. Weiter kann sie in transdisziplinären Forschungsprozessen *begleitend und beratend* vorgehen. Ihre Aufgabe besteht dann darin, die sprachliche Verfasstheit des Wissens in den beteiligten Domänen zu untersuchen und dessen Implikationen für das Denken und Handeln wachzuhalten (Atayan et al. 2015: 431).
b) Ein weiterer Weg eröffnet sich, wenn Diskurslinguistik und Sozialwissenschaften gleichrangig interdisziplinär zusammenarbeiten. Vor allem im Erforschen politischer Haltungen und Präferenzen lassen sich quantitative sozialwissenschaftliche Untersuchungen leicht mit qualitativen diskurslinguistischen Analysen verbinden. Dies ist in einem Folgeprojekt des Sprachkompasses zum Verkehrsdiskurs vorgesehen.

Drittens, sollen Ergebnisse aus der diskurslinguistischen Forschung erfolgreich an außerlinguistische Zielgruppen vermittelt werden, so ist entscheidend, dass

- diese in den Untersuchungsprozess involviert werden,
- diskurslinguistische Erkenntnisse in einer alltagsnahen Sprache vermittelt werden,
- Zielpersonen die Analyse ihrer Fach- oder Gruppensprache als Anregung verstehen, ihre sprachlichen Ausdruckformen mit ihren Interessen in Einklang zu bringen,
- Kritik positiv gewendet wird und sprachliche Formen aufzeigt, die konstruktive Alternativen zu den kritisierten Formulierungen anbieten.

Viertens, der Sprachanalyse bleibt zu wünschen, dass ihre Wirkung bei den Adressat*innen nicht nur momenthaft augenöffnend wirkt, sondern als Grundlagenreflexion in Forschungs- und Vermittlungsprozesse eingebunden wird. Zielgruppen sollten befähigt werden, in Ansätzen selbst sprachreflexiv tätig zu werden und sich ihrer sprachlichen Denkwerkzeuge zu vergewissern. Der angewandten Diskurslinguistik ist weiter zu wünschen, dass sie – ähnlich wie heute etwa die Psychologie oder Soziologie – als wissenschaftliche Reflexionsleistung gesellschaftlich breiter bekannt wird. Damit dies geschieht, braucht es einen Aufbau von unten, beginnend in den Bildungsinstitutionen, aber auch weitere transdisziplinäre Forschung, die ihre Erkenntnisse bekannt macht und zum Wirken bringt. Geschieht all dies, so stehen die Chancen gut, dass aus dem bunten Vogel der angewandten Diskurslinguistik alsbald ein Zugpferd im Gespann der angewandten Nachhaltigkeitsforschung und -lehre wird.

Literatur

Angermuller, Johannes/Nonhoff, Martin/Herschinger, Eva/Macgilchrist, Felicitas/Reisigl, Martin/Wedl, Juliette/Wrana, Daniel/Ziem, Alexander (Hg.) (2014): Diskursforschung. Ein interdisziplinäres Handbuch. Band 1: Felder, Theorien, Methodologien. Bielefeld: transcript.

Atayan, Vahram/Metten, Thomas/Schmidt, Vasco Alexander (2015): Sprache in Mathematik, Naturwissenschaften und Technik, In: Ekkehard Felder/Andreas Gardt (Hg.): Handbuch Sprache und Wissen. Berlin/Boston: De Gruyter

Bendel Larcher, Sylvia (2015): Linguistische Diskursanalyse. Ein Lehr- und Arbeitsbuch. Tübingen: Narr.

Caviola, Hugo (2003): In Bildern sprechen. Wie Metaphern unser Denken leiten. Bern: hep.

Caviola, Hugo (2021): Vom fetten Braten zur Extrawurst: Wie sich das Fleischessen in unserer Sprache bemerkbar macht. In: Neue Züricher Zeitung (09.04.2021), https://www.nzz.ch/meinung/vom-fetten-braten-zur-extrawurst-wie-sich-das-fleischessen-in-unserer-sprache-bemerkbar-macht-ld.1607412.

Caviola, Hugo/Frei, Lucia (2020). *Sprach-Guide 'Mobilität' versus 'Verkehr'*. Kanton Zürich Volkswirtschaftsdirektion; Amt für Mobilität https://www.zh.ch/de/volkswirtschaftsdirektion/amt-fuer-mobilitaet.html#main_aboutus_195770543_co.

Caviola, Hugo/Kläy, Andreas/Weiss, Hans. (2016): Im physikalischen Verdichtungslabor. Wie die Sprache Denken und Handeln im Siedlungsbau beeinflusst. In: GAIA 25 (1), 49–56.

Caviola, Hugo/Kläy, Andreas/Weiss, Hans (2016): Land(wirt)schaft im 'Krallengriff' des Akkusativs: Wie der Sprachgebrauch unseren Umgang mit der Natur prägt. In: Kultur und Politik. Zeitschrift für ökologische, soziale und wirtschaftliche Zusammenhänge, 3 (16), 10–11.

Caviola, Hugo/Kläy, Andreas/ Weiss, Hans (2018): Sprachkompass Landschaft und Umwelt. Wie Sprache unseren Umgang mit der Natur prägt. Bern: Haupt.

Caviola, Hugo/Sedlaczek, Andrea (2020): Grenzenlose Mobilität und fließender Verkehr. Eine kritische Sprachreflexion. GAIA 29 (3), 161–169.

Del Percio, Alfonso/Reisigl, Martin (2014): Angewandte Diskursforschung. In: Johannes Angermuller/Martin Nonhoff/Eva Herschinger/Felicitas Macgilchrist/Martin Reisigl/Juliette Wedl/Daniel Wrana/Alexander Ziem (Hg.), 317–339.

Fairclough, Norman (1992): Critical Language Awareness. London: Longman.

Fairclough, Norman (2010): Critical Discourse Analysis. 2., erweiterte Auflage. London: Longman.

Felder, Ekkehard/Gardt, Andreas (Hg.) (2015): Handbuch Sprache und Wissen. Berlin/Boston: De Gruyter.

Felder, Ekkehard (2013): Faktizitätsherstellung mittels handlungsleitender Konzepte und agonaler Zentren. In: ders. (Hg.) Faktizitätsherstellung in Diskursen. Die Macht des Deklarativen. Berlin/Boston: de Gruyter. 13–28.

Fill, Alwin (1993): Einführung in die Ökolinguistik. Tübingen: Narr.

Fill, Alwin (1996): Sprachökologie und Ökolinguistik. Tübingen: Stauffenburg.

Frühwald, Wolfgang/Jauss, Hans Robert/Koselleck, Reinhart/Mittelstrass, Jürgen/Steinwachs, Burkart (1991): Geisteswissenschaften heute. Frankfurt am Main: Suhrkamp.

Göpferich, Susanne (2008). Textproduktion im Zeitalter der Globalisierung. Entwicklung einer Didaktik des Wissenstransfers. Tübingen: Stauffenburg.

Kläy, Andreas/Zimmermann, Anne/Schneider, Flurina (2016). Statt Eingreifen wider Willen- reflexive transformative Wissenschaft. VSH Bulletin Nr. 3/4, November, 46–52.

Kleinberger, Ulla/Rosenberger, Nicole (2017): Energiediskurs – Einführende Überlegungen zu einem aktuellen Thema aus linguistischer Sicht. In: Ulla Kleinberger/Nicole Rosenberger (Hg.): Energiediskurs. Perspektiven auf Sprache und Kommunikation im Kontext der Energiewende. Bern: Peter Lang, 11–17.

Kress, Gunter/Van Leeuwen, Theo (2006): Reading images: the grammar of visual design. 2nd edition. London: Routledge.

Kruse, Lenelis/Funke, Joachim (2022): Umweltpsychologie. In: Thomas Meier/Frank Keppler/Ute Mager/Ulrich Platt/Friederike Rennst (Hg.): Umwelt interdisziplinär. Grundlagen - Konzepte - Handlungsfelder. Heidelberg: Heidelberg Universität Publishing.

Lakoff, George/Wehling, Elisabeth (2014): Auf leisen Sohlen ins Gehirn. Politische Sprache und ihre heimliche Macht. Dritte Auflage. Heidelberg: Carl Auer.

LerNetz AG (Hg.) (2022): https://www.brennpunkt-nachhaltigkeit.ch/suffi.

Reisigl, Martin/Ziem, Alexander (2014): Diskursforschung in der Linguistik. In: Angermuller et al.: 70–110.

Reisigl, Martin (Hg.) (2020): Klima in der Krise. Kontroversen, Widersprüche und Herausforderungen in Diskursen über Klimawandel. Duisburg: Rhein-Ruhr.

Reisigl, Martin/Wodak, Ruth (2016): The discourse-historical approach. In: Ruth Wodak/Michael Meyer (eds.): Methods of critical discourse studies. 3rd revised edition. London, Thousand Oaks, New Delhi: Sage, 23–61.

Sabatino, Mario/Caviola, Hugo (2018). Ein Lehrgang zur Sensibilisierung für die Themen Mensch, Landschaft und Natur durch Sprachreflexion. https://sprachkompass.ch/theorie/didaktisches.

Schlutz, Erhard (2006): Bildungsdienstleistung und Angebotsentwicklung. München: Waxmann.

Shirk, Jennifer L./Ballard, Heidi L./Wilderman, Candie/Phillips, Tina/Wiggins, Andrea/Jordan, Rebecca (2012). Public participation in scientific research: a framework for deliberate design. *Ecology and Society* 17(2): 29.

Soentgen, Jens (2021): Beschleunigte Stoffbewegungen im Anthropozän. In: Matthias Schmidt/Hubert Zapf (Hg.): Environmental Humanities: Beiträge zur geistes- und sozialwissenschaftlichen Umweltforschung. V&R: Göttingen. S. 57–74.

Spitzmüller, Jürgen/Warnke, Ingo (2011): Diskurslinguistik: ene Einführung in Theorien und Methoden der transtextuellen Sprachanalyse. Berlin/New York: de Gruyter.

Stibbe, Aran (2017): Positive Discourse Analysis: Re-thinking human ecological relationships. In: Alwin Fill/Hermine Penz (eds.): The Routledge Handbook of Ecolinguistics. London: Routledge.

Stibbe, Aran (2015): Ecolinguistics: Language, ecology, and the stories we live by. Abingdon: Routledge.

Stibbe, Aran (2003): As charming as a pig: The discursive construction of the relationship between pigs and humans. In: Society and Animals 11 (4), 375–392.

Stibbe, Aran (2001): Language, power, and the social construction of animals. In: Society and Animals 9 (2), 145–162.

Trampe, Wilhelm (1990): Ökologische Linguistik. Grundlagen einer ökologischen Wissenschafts- und Sprachtheorie. Opladen: Westdeutscher Verlag.

Trampe, Wilhelm (1991): Sprache und ökologische Krise. Aus dem Wörterbuch der industriellen Landwirtschaft. In: Elisabeth Feldbusch (Hg.). Neue Fragen der Linguistik. Tübingen: Niemeyer, 143–149.

Van Dijk, Teun A. (2011): Discourse and Ideology. In: Teun Van Dijk (ed.) Discourse Studies, 2. Auflage, London: Sage, 79–407.

Warnke, Ingo (2013): Diskurs als Praxis und Arrangement. – Zum Status von Konstruktion und Repräsentation in der Diskurslinguistik. In: Willi Viehöver/Reiner Keller/Werner Schneider (Hg.): Diskurs, Sprache, Wissen. Interdisziplinäre Beiträge zum Verständnis von Sprache und Wissen in der Diskursforschung. Wiesbaden: Springer VS, 97–117.

Ich danke Martin Reisigl, Wien, Andreas Kläy, Bern, und einer anonymen Gutachterin für ihre wertvollen Hinweise zu früheren Fassungen dieses Texts.

Sinah Gürtler / Anina Mischau / Christoph Lieben / Joshua Wiebe / Sarah Wolf

Das Decision Theatre Lab: transdisziplinäre Lehr- und Lernformate in der Mathematik

Das weit verbreitete „unscharfe, oft reduzierte und einseitige Bild der Mathematik" (Hefendehl-Hebeker 2018: 173) lässt ihre gesellschaftliche Bedeutung nahezu außer Acht. Eine Veränderung dieses Bildes gelingt nur, wenn deutlich gemacht werden kann, dass die Mathematik auch ein entscheidendes Werkzeug zum Verständnis der Welt ist (Loos/Sinn/Ziegler 2022: 4), dass sie wesentlich zur Gestaltung des (täglichen) Lebens und zugleich zur Lösung gesellschaftsrelevanter Probleme beiträgt. Auch im Diskurs über Transdisziplinarität steht die Mathematik meist nicht im Mittelpunkt der beteiligten Disziplinen. Im transdisziplinären Format *Decision Theatre* spielt jedoch die mathematische Modellierung eine zentrale Rolle. Hier knüpft dieser Beitrag an, um den wechselseitigen Mehrwert einer transdisziplinären Einbindung mathematischer Modellierung auszuloten – für das Verständnis von Mathematik einerseits und andererseits für die Weiterentwicklung des Decision Theatre selbst.

Ein Decision Theatre ist ein IT-gestütztes, partizipatives Kommunikationsformat, um unterschiedliche Stakeholder – zum Beispiel Wissenschaftler*innen, Akteur*innen aus Politik, Wirtschaft, Verwaltung und Gesellschaft, sowie Bürger*innen – vor allem in Diskurse über gesellschaftliche Herausforderungen, aber auch in die damit verbundenen Entscheidungs- oder Forschungsprozesse einzubinden. Im Rahmen von Decision-Theatre-Veranstaltungen werden Visualisierungen von empirischen Informationen, mathematischen Modellen und deren Simulationsergebnissen auf Großbildschirmen genutzt, um mögliche Zukunftsszenarien zu erkunden, zu diskutieren und zu bewerten. Wesentlich ist, dass die Teilnehmer*innen einer solchen Veranstaltung in Kleingruppen Entscheidungsprozesse simulieren, dabei selbst interaktiv mit Modellen experimentieren, Szenarien zusammenstellen und deren Visualisierung und vergleichende Betrachtung ihrer möglichen Auswirkungen fortlaufend für den Dialogprozess nutzen können.

Als interaktive und kollaborative Methode, die Teilnehmer*innen inner- und außerhalb der Wissenschaft zusammenführt, kann das Decision Theatre in einem transdisziplinären Kontext verortet werden. Gerade die neuere Literatur betont zunehmend den Aspekt der Ko-Kreation von Wissen durch das Decision Theatre (John et al. 2020: 6, Wolf et al. 2023: 9). Bezüge zwischen Decision Theatre und transdisziplinärer Lehre wurden jedoch noch nicht hergestellt.

Der vorliegende Beitrag basiert auf laufenden Arbeiten im Projekt *Schule@DecisionTheatreLab* (MATH+ 2022), das erstmals auch diesen Aspekt akzentuiert. Als „Experimentallabor für Wissenschaftskommunikation" (ebd.) verfolgt es zwei miteinander verknüpfte Ziele:

a) Bisherige Erfahrungsberichte zum Decision Theatre zeigen, dass zwar unterschiedliche Akteur*innen integriert werden, es sich hierbei aber – soweit nachvollziehbar – stets um erwachsene Stakeholder handelt. Bei gesellschaftlichen Herausforderungen geht es jedoch immer auch um Zukunftsperspektiven sowie um notwendige Veränderungen existierender, zum Beispiel nicht nachhaltiger Strukturen. Die von Schüler*innen initiierte Fridays-for-Future-Bewegung hat gezeigt, wie junge Menschen gesellschaftliche Diskurse zu ihren eigenen machen. Um Jugendlichen und jungen Erwachsenen Forschung zu Themen der Nachhaltigkeit zugänglich zu machen und sie als Ideengeber*innen in einen Diskussionsprozess einzubinden, von dem auch die Forschung selbst profitiert, besteht ein zentrales Ziel des Projekts darin, das Decision Theatre als Kommunikationsformat für junge Zielgruppen (und hier vor allem Schüler*innen) zu adaptieren. Dieser Artikel beleuchtet, (1) wie ein bestehendes Decision Theatre zum Thema nachhaltige Mobilität durch (2) Neuakzentuierungen interaktiver gestaltet und (3) durch Ergänzung um einen mathematischen Workshop zu einem Decision Theatre Lab weiterentwickelt wurde.
b) In der bisherigen Nutzung und Ausrichtung des Decision Theatre stehen dessen mathematische Elemente wie Daten, Modelle und Simulationen normalerweise nicht im Fokus, sondern dienen als Hilfsmittel zur Unterstützung des Dialogs der Teilnehmer*innen (Hinrichs/Johnston 2020). Ein Perspektivwechsel hin zu einem präzisen Fokus auf die Anwendung mathematischer Modellierung verdeutlicht deren Rolle auch im Bereich gesellschaftlicher Phänomene und Fragestellungen – nicht im Sinne der Vorhersage, sondern zur Unterstützung von Diskussion und Entscheidungsprozessen durch explizites Darstellen von Voraussetzungen, Annahmen und deren möglichen Konsequenzen sowie von Bewertungskriterien für diese Konsequenzen. So kann gerade jungen (und ggf. weniger mathematikaffinen) Menschen ein umfassendes Bild der gesellschaftlichen Bedeutung von Mathematik vermittelt werden. Möglichkeiten einer Integration des Decision Theatre in den Mathematikunterricht sollen nicht nur durch

die Teilnahme von Schulklassen oder Kursen am Decision Theatre Lab, sondern auch durch Einbringen des Formats in das Lehramtsstudium untersucht werden. Der Artikel berichtet weiterhin darüber, wie (4) das Decision Theatre Lab im Sommersemester 2022 für die Lehrveranstaltung *Mathematische Modellierung im Diskurs gesellschaftlicher Herausforderungen* am Institut für Mathematik der Freien Universität Berlin als Ausgangs- und Bezugspunkt in der Gestaltung eines transdisziplinären Moduls in der universitären Lehre genutzt wurde.

1. Hintergrund und Ausgangspunkt: Ein Decision Theatre zu nachhaltiger Mobilität

Erste Erwähnung findet das Decision Theatre in den 1970er und 1980er Jahren, zunächst als praktisches Training für Studierende in der Management-Ausbildung, das deren Entwicklung von Entscheidungs-, Kommunikations- und interpersonellen Fähigkeiten stärken sollte. Dabei simulierten einige Studierende eine Entscheidungssituation, während andere, gemeinsam mit den Lehrkräften, aus einem abgesonderten Beobachtungsraum diese Studierenden in ihren Fähigkeiten und ihrem Verhalten analysierten (Roach 1986). Ein zentraler Bezugspunkt des heutigen Decision Theatre, seiner technischen Grundlagen und Ausgestaltung sowie seiner Einsatzfelder als Methode transdisziplinärer Forschung und Kommunikation sind seit 2005 wegbereitende Entwicklungen an der Arizona State University, USA (Miller et al. 2019). Seither wird der Einsatz des Decision Theatre mit unterschiedlichen gesellschaftsrelevanten Fragestellungen und Herausforderungen verbunden, etwa Planungsprozessen im Forstsektor, Wasserpolitik, Notfallplänen für Krankheitsausbrüche und vielen mehr (Boukherroub/D'Amours/Rönnqvist 2016). Es wird in diesen Zusammenhängen dazu genutzt, sowohl die Rolle von quantitativen Daten und Modellierung in komplexen Entscheidungsfindungen zu stärken (Bush et al. 2017: 140), als auch um Entscheidungsprozesse selbst zu erforschen (White/Wutich/Larson/Lant 2015). In Deutschland wurde die Idee vom *Global Climate Forum* aufgegriffen und 2018 in einem Decision Theatre zu nachhaltiger Mobilität umgesetzt (Wolf et al. 2023).

Dieses Decision Theatre zu nachhaltiger Mobilität basiert auf dem Mobility Transition Model, das zur Erstellung möglicher Zukunftsszenarien genutzt wird. Es ist ein *agentenbasiertes Modell*: Das betrachtete System wird auf der Mikroebene der Akteur*innen und deren Interaktionen (untereinander und mit einer gemeinsamen Umwelt) dargestellt (vgl. Epstein/Axtell 1996). Das Objekt auf dem Computer, das eine*n Akteur*in darstellt, wird als *Agent* bezeichnet. Im Mobility Transition Model sind dies Personen, die Mobilitätsentscheidungen treffen. Dabei stehen fünf Verkehrsmittel bzw. Mobilitätsarten zur Wahl: Verbrenner, Elektroauto, ÖPNV, Carsharing, unmotorisierte Mobilität (Abb. 1a). Das Modell berechnet auch die daraus resultierenden jährlichen CO_2-Emissionen des Verkehrs bis 2035. Die Agenten im Modell entscheiden sich auf Basis von Informationen aus ihrem sozialen Netzwerk; Ziel ist die Nutzenmaximierung. In die verwendete Nutzenfunktion gehen u.a. die Kosten und der Komfort des jeweiligen Verkehrsmittels ein, wobei angenommen wird, dass der Komfort eines Verkehrsmittels von der Bevölkerungsdichte abhängt (Abb. 1b).

Das Modell kann Auswirkungen von Politikmaßnahmen, Investitionsentscheidungen und zukünftigen externen Einflüssen simulieren. Jede dieser Optionen beeinflusst die Mobilitätsentscheidungen der Agenten, etwa wenn ein Fahrverbot in Innenstädten den Komfort von Verbrennern in Gebieten mit hoher Bevölkerungsdichte verringert, oder eine Subvention des ÖPNV dessen Preise halbiert (vgl. Wolf et al. 2021). Eine Auswahl von Optionen bestimmt ein Szenario, dessen simulierte Auswirkungen visualisiert und diskutiert werden können.

Der Ablauf dieses Decision Theatre besteht aus drei Phasen:

(a) *Einführung*: Zunächst wird die derzeitige Mobilitätssituation in Deutschland und in der Region, in der das Decision Theatre stattfindet, erörtert. Dazu werden empirische Informationen wie Daten zur Nutzung verschiedener Verkehrsmittel oder zur Entwicklung der Emissionen des Transportsektors visualisiert. Mit und zwischen den Teilnehmer*innen findet ein erster Austausch über ihre Erwartungen und Wünsche zur Mobilität der Zukunft statt.

Anschließend stellen die Wissenschaftler*innen das Mobility Transition Model anhand seiner wichtigsten Elemente vor. Dabei zeigen sie auch, welche Modellergebnisse visualisiert werden können, zum Beispiel die zeitliche Entwicklung des sog. *Modal Split*, der abbildet, wie viele Akteur*innen welches Verkehrsmittel wählen. Auch die daraus entstehenden CO2-Emissionen werden dargestellt. Dies geschieht anhand eines *Business-as-usual*-Szenarios, das keine zusätzliche Veränderung in laufenden Entwicklungen annimmt. Durch den hohen Detailgrad des agentenbasierten Modells ist es möglich, Informationen auf verschiedenen Ebenen zu visualisieren, etwa für eine Region oder für bestimmte Agentengruppen. Auch das Wechselverhalten der Agenten in der Wahl der

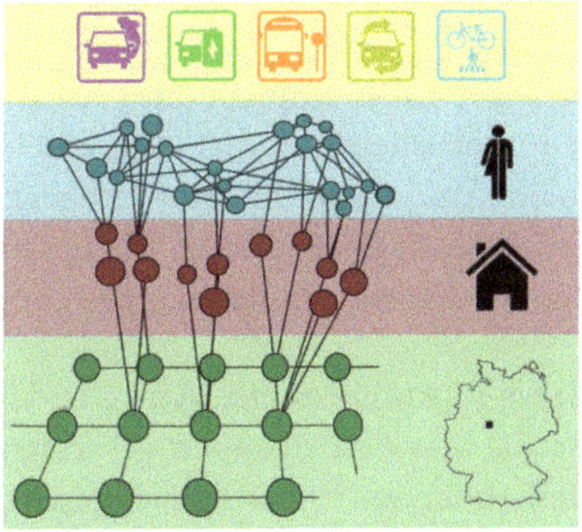

(a) Struktur des Mobility Transition Model (eigene Darstellung)

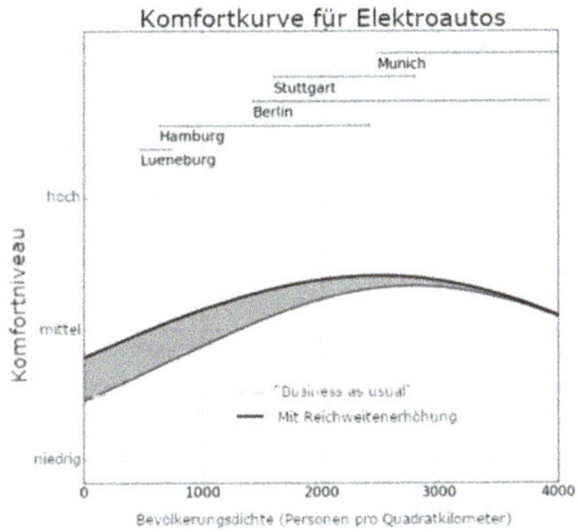

(b) Beispiel einer Komfortkurve (eigene Darstellung)

(c) Beobachtung einer Gruppendiskussion (Bild: X. Guo)

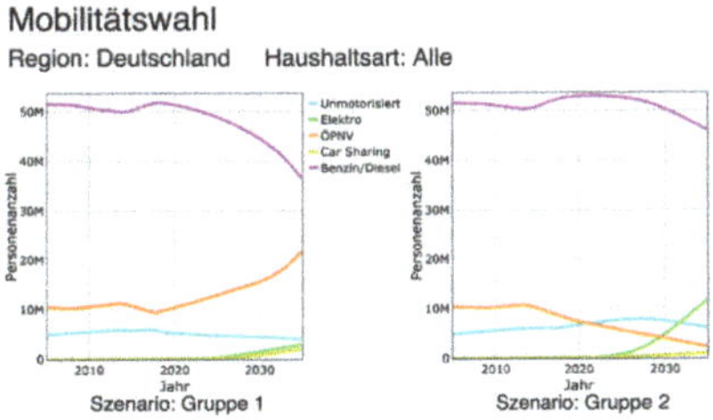

(d) Beispiel: Modal Split für zwei Szenarien (eigene Darstellung)

Abb. 1: Illustrationen: Mobility Transition Model und Decision Theatre

Verkehrsmittel kann dargestellt werden. Schließlich werden die zur Verfügung stehenden Optionen zur Auswahl eines konkreten Szenarios vorgestellt.

(b) Entscheidungssituation: In Kleingruppen einigen sich die Teilnehmer*innen im Rahmen einer Zeitvorgabe kollektiv auf eine Teilmenge der zur Auswahl stehenden Politikmaßnahmen, Investitionsentscheidungen und alternativen externen Einflüsse (Abb. 1c). Ziel dieses diskursiven Entscheidungsprozesses ist zunächst die Reduktion von Mobilitätsemissionen. Die

Auswahl wird dabei so eingeschränkt, dass es nicht möglich ist, sämtliche Optionen zu wählen. Diese Einschränkung provoziert Diskussionen in den Gruppen, denn sie fordert die Teilnehmer*innen implizit dazu auf, die Notwendigkeit der für ihre Interessen förderlichen Entscheidung gegenüber anderen herauszustellen. Die gemeinsame Auswahl erfordert nicht zwingend eine Einigung über die jeweiligen Begründungen. In diesem Schritt können die Teilnehmer*innen weitere Ziele formulieren – zum Beispiel eine autofreie, lebenswerte Stadt.

(c) *Erkundung und Reflexion:* Anschließend diskutieren alle Anwesenden anhand visualisierter Modellergebnisse die von den Gruppen gewählten Szenarien und vergleichen diese untereinander sowie mit dem Business-as-usual-Szenario (Abb. 1d). Dabei begründen die Gruppen ihre Auswahl kurz; so können andere Gruppen argumentative Schnittmengen mit dem eigenen Entscheidungsprozess identifizieren oder bislang nicht eingenommene Perspektiven nachvollziehen. Teilnehmer*innen können zudem mitbestimmen, welche Modellergebnisse interaktiv visualisiert werden. Sie sind aufgefordert, Mutmaßungen über das Entstehen von Effekten und Wechselwirkungen anzustellen, um potenzielle Kausalitäten, (unerwünschte) Seiteneffekte und Konsequenzen zu beleuchten. Hier dienen die Ergebnisse des Modells, dessen Implementierungsdetails den Teilnehmer*innen nur rudimentär bekannt sind, als Grundlage, um Mechanismen in der Realität zu diskutieren. Die Plausibilität der Modellergebnisse wird zu diesem Zweck explizit kritisch hinterfragt. Der Übergang zur Reflexion des Modells ist also fließend. Die Rückmeldungen der Teilnehmer*innen dienen den Modellierer*innen als Ansatzpunkte zur Verbesserung des Modells.

Ziel des Decision Theatre ist nicht das Finden einer optimalen Entscheidungsteilmenge, die laut Modell das vorliegende Problem bestmöglich löst. Auch geht es nicht um eine Art Wettbewerb unter den Kleingruppen. Vielmehr soll der Rahmen für einen fruchtbaren Austausch von problembezogenen Argumenten entstehen, bei dem heterogene Personengruppen mit individuellen politischen und wirtschaftlichen Interessen miteinander ins Gespräch kommen und interaktiv Entscheidungen treffen. Anschließend reflektieren sie mögliche Auswirkungen dieser Entscheidungen, um gemeinsam das Wissen über das Problem und die zugrundeliegenden gesellschaftlichen Zusammenhänge zu erweitern.

Jahn, Bergmann und Keil sehen drei Phasen für einen idealtypischen transdisziplinären Forschungsprozess (Jahn/Bergmann/Keil 2012: 5): das Zusammenstellen eines gemeinsamen Forschungsgegenstands, die Produktion neuen

Wissens und schließlich die transdisziplinäre Integration als Auswertung dieses Wissens im wissenschaftlichen und im gesellschaftlichen Kontext. Diese Phasen finden sich auch im Decision Theatre: Die Einführungsphase entwickelt den Forschungsgegenstand. Mit der Entscheidungsphase und der Erkundung der Modellergebnisse entsteht neues Wissen, und die Bewertung der Modellergebnisse im Hinblick auf die gesellschaftliche Herausforderung sowie die Modellkritik leisten die transdisziplinäre Integration. Dafür stellt das Decision Theatre das verwendete Modell und seine Annahmen selbst zur Diskussion. Teilnehmer*innen können Annahmen zur Darstellung der Akteur*innen als Agenten im Modell kritisieren oder weitere Optionen vorschlagen, die sie mithilfe des Modells untersuchen wollen.

Das Decision Theatre ermöglicht also einen transdisziplinären Forschungsprozess, in dem Perspektiven und Erfahrungen der Teilnehmer*innen die Modellierung zu einem gesellschaftlich relevanten Themenbereich unterstützen. Im Idealfall geschieht dies iterativ, indem Weiterentwicklungen eines Modells mit mehreren Decision Theatres mit der gleichen Zielgruppe verschränkt werden. Das Modell ist dann nicht mehr nur Hilfsmittel, sondern wird selbst zum Inhalt des Diskurses. Dieser Perspektivwechsel geschieht im Rahmen des in der Einleitung skizzierten Projekts durch die Verknüpfung mit schulischer und universitärer Lehre, wie sie im Folgenden thematisiert wird.

2. Weiterentwicklung zum *Decision Theatre Lab*

Die kollaborativen Entscheidungssituationen, die anschließende Untersuchung und die Bewertung der Szenarien im Decision Theatre verstehen sich als „partizipative und diskursive Formen der Wissenschaftskommunikation" (Raupp 2017: 148) und sollen als solche zu einer gleichberechtigten Verständigung über Wissenschaft und ihre Ergebnisse beitragen. Das mathematische Modell selbst birgt in sich aber insofern ein hierarchisches Moment, als es vonseiten der Wissenschaft als diskursives Vehikel dieser Verständigung vorgegeben wird, während sich seine Details den Teilnehmer*innen als ‚Black Box' darstellen. Um das Decision Theatre auch als Lehr- und Lernmethode für Schüler*innen (der 10.–13. Klasse) nutzen zu können und somit die Chance zu ergreifen, mathematisches Modellieren in einem inter- und transdisziplinären Kontext mit gesellschaftlich relevantem Themenbezug zu vermitteln, wurden die mathematischen Inhalte des Decision Theatre didaktisch aufbereitet. Zum einen wurde das Decision Theatre um einen vorgelagerten Workshop ergänzt, der dem induzierten Ungleichgewicht zwischen inner- und außerwissenschaftlicher

Perspektive entgegenwirken kann, indem er einen Einblick in die Funktionsweise des Mobility Transition Model ermöglicht. Zum anderen wird auch der im vorherigen Abschnitt beschriebene Ablauf des Decision Theatre durch didaktische Elemente ergänzt, welche die Veranstaltung interaktiver gestalten und Schüler*innen die Möglichkeit geben, sich in die Rolle der Modellierer*innen zu versetzen.

Im Workshop haben Schüler*innen die Gelegenheit, eine stark reduzierte Version des Mobility Transition Model – also ein vereinfachtes ‚Modell des Modells' – selbst zu konzipieren, zu nutzen und zu überarbeiten. Dafür erhalten sie zu Beginn des Workshops einen fiktiven Datensatz, der Mobilitätsdaten von fünf prototypischen Einwohner*innen einer an Berlin angelehnten Modellstadt, Angaben zu ihrer individuellen Gewichtung von Fahrzeit und Fahrpreis bei der Mobilitätsentscheidung sowie Informationen zu den sozialen Verbindungen zwischen den Personen enthält. In einem ersten Schritt werden auf Grundlage dieser Daten zunächst die durch die Mobilität dieser Personen verursachten Treibhausgasemissionen geschätzt. Die Recherche der durchschnittlichen Emissionswerte für einen Personenkilometer im motorisierten Individualverkehr und im öffentlichen Nahverkehr – den einzigen beiden hier betrachteten Mobilitätsformen – obliegt den Schüler*innen selbst. Das führt zu einer ersten Diskussion über die Abhängigkeit mathematischer Modellierung von den genutzten statistischen Daten.

Die Betrachtung von Daten als Basis für Modellierung im Decision Theatre wird im Decision Theatre Lab durch eine lebendige Statistik aufgegriffen: Die Schüler*innen werden gebeten, sich je nach Wahl des Verkehrsmittels für ihren Schulweg im Raum aufzustellen. Für jedes Verkehrsmittel berichten einzelne von ihnen, warum sie diese Wahl treffen. Daran anknüpfend werden Mobilitätsumfragen wie Mobilität in Deutschland (vgl. Nobis/Kuhnimhof 2018) und deren Repräsentativität – die in der Schüler*innengruppe nicht gegeben ist – sowie Beweggründe von Mobilitätsentscheidungen thematisiert.

Der Hauptteil des Workshops besteht in der Entwicklung und Nutzung eines einfachen mathematischen Modells, mit dem die Mobilitätswahl der fiktiven Personen bei verschiedenen Zeit-Kosten-Verhältnissen der beiden Verkehrsmittel Auto und Bahn simuliert werden kann. Dabei wird die agentenbasierte Struktur dieses Modells durch das gegebene Material zwar motiviert, die konkrete Ausgestaltung seiner zentralen Elemente aber von den Schüler*innen selbst begründet. So vergleichen die Schüler*innen verschiedene potenzielle Nutzenfunktionen und beschreiben dabei zentrale Eigenschaften derjenigen Funktion, die auch im Mobility Transition Model genutzt wird. Auf diese Weise gewinnen sie ein erstes Verständnis für die dort implementierten Prozesse.

Auch die Erfahrung, Modellelemente selbst zu definieren, wird im erweiterten Decision Theatre wieder aufgegriffen: In Gruppenarbeit entwerfen die Schüler*innen eine sog. Komfortkurve (s. Abb. 1b) für ein Verkehrsmittel und lernen dabei die Situation kennen, dass viele quantitativ nur schwierig zu fassende Aspekte (Zugang, Verfügbarkeit, Sauberkeit, Sicherheit, etc.) in eine mathematisch nutzbare Form gebracht werden müssen.

Im Workshop sind die Schüler*innen nach der Erstellung ihres vereinfachten Modells aufgefordert, mit dessen Hilfe eine Empfehlung für die Tarifgestaltung der öffentlichen Verkehrsmittel in der Modellstadt zu entwickeln, mit dem Ziel, die Treibhausgasemissionen durch den Verkehr zu reduzieren. Hier initiieren die Schüler*innen also selbst einen didaktisch eingerahmten Wissenstransfer. So zeigt der Workshop die Notwendigkeit auf, politische Ideen zu mathematisieren und umgekehrt aus mathematischen Erkenntnissen politische Handlungsempfehlungen abzuleiten, wenn Mathematik über die Wissenschaft hinaus gesellschaftlich nutzbar gemacht werden soll. Dieser Aspekt wird im Decision Theatre mit der Entscheidungssituation ebenfalls aufgegriffen.

Abschließend erfolgt eine Modellkritik: Im Workshop beurteilen die Schüler*innen, inwiefern ihr Modell zur Beschreibung der Mobilität in der fiktiven Modellstadt geeignet ist. Dabei lernen sie, dass die Ergebnisse ihres Modells nicht nur von den statistischen Eingaben, sondern auch von ihren persönlichen Modellierungsentscheidungen abhängen. Mit Blick auf das Decision Theatre diskutieren die Schüler*innen mögliche und notwendige Erweiterungen ihres Modells zur Beschreibung einer real existierenden Stadt wie Berlin.

Neben den rudimentären Einsichten in die Funktionsweise des im Decision Theatre genutzten Modells eröffnet sich den Schüler*innen ein methodischer Einblick in das wissenschaftliche (mathematische) Modellieren und dessen gesamtgesellschaftliche Bedingungen. Die zentralen Stationen des Workshops lassen sich daher auch als Schritte eines Modellierungskreislaufs interpretieren, der im Kern dem Modellierungskreislauf nach Blum und Leiß (Blum/Leiß 2005: 19) entspricht:

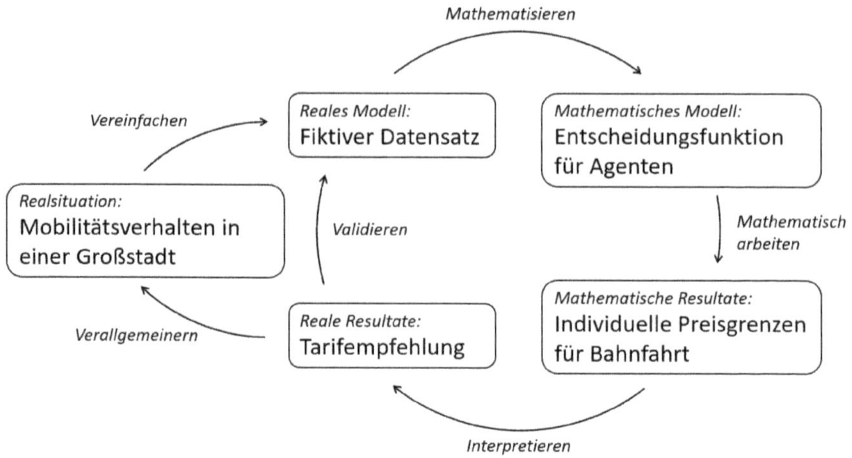

Abb. 2: Die Stationen des Workshops als Schritte eines Modellierungskreislaufs, angelehnt an Blum/Leiß (2005)

Im Workshop soll die Kompetenz gestärkt werden, den Nutzen mathematischer Modellierung und Simulation für das Treffen politischer Entscheidungen differenziert zu bewerten. Insbesondere sollen die Ergebnisse nicht als Zukunftsprognosen fehlinterpretiert und ausschließlich hinsichtlich der eigenen Entscheidungen beurteilt werden. Vielmehr geht es darum, sie zugleich als Ergebnisse eines mathematischen Modells mit spezifischen Annahmen auf Plausibilität zu prüfen.

Das Decision Theatre Lab versucht also, dem Anspruch einer transdisziplinären Didaktik gerecht zu werden, indem auf einer weiteren Ebene „Wissen für Entscheidungsfindungen effizient zugänglich" (Vilsmaier 2021: 336) wird: Nicht nur werden die für eine fruchtbare Diskussion notwendigen Daten und Simulationsergebnisse mithilfe des innovativen Raum- und Visualisierungskonzeptes auf *medialer* Ebene übersichtlich bereitgestellt. Die mathematikdidaktischen Elemente des Formates ermöglichen den Teilnehmer*innen darüber hinaus einen produktiven *inhaltlich-methodischen* Zugang zu diesen Informationen.

Allerdings sind die mathematischen Inhalte und Methoden auch im Kontext dieser Veranstaltung keineswegs bloße Mittel zum Zweck einer effektiven politischen Entscheidungsfindung. Vielmehr profitiert auch umgekehrt die Vermittlung der Mathematik von ihrer außermathematischen Verankerung im Decision Theatre. Denn die Relevanz der Modellierung überträgt sich auf die mathematischen Inhalte selbst (Hernandez-Martinez/Vos 2018). So kann die Aussicht auf eine lebensweltliche Anwendung auch weniger mathematikaffinen Schüler*innen einen motivationalen Zugang zum Workshop und zum Decision Theatre eröffnen.

3. Verknüpfung des Decision Theatre Lab mit der universitären Lehre

Wie aus der vorangegangenen Darstellung deutlich wurde, erfüllt die Methode des Decision Theatre in vielfältiger Hinsicht Anforderungen und Ziele eines transdisziplinären Forschungsansatzes (z.B. Jahn/Bergmann/Keil 2012, Mittelstraß 2018). Damit das Decision Theatre – in seiner durch das Decision Theatre Lab erweiterten Form – auch innerhalb der universitären Ausbildung als Ausgangs- und Bezugspunkt einer Lehrveranstaltung im Fach Mathematik genutzt werden kann, sind sowohl für die inhaltliche Ausrichtung eines solchen Lehr- und Lernformats als auch für dessen methodisch-didaktische Gestaltung Innovationen vonnöten. In beiden Fällen erfordert dies, fachkulturell geprägte Vorstellungen und Traditionen zur Generierung, Vermittlung, Aneignung und Kommunikation von mathematischem Wissen zu durchbrechen und zu erweitern.

Hinsichtlich der inhaltlichen Ausrichtung bedeutet dies, dass ein solches Lehr- und Lernformat nicht nur Kompetenzen fördern muss, die das Fachwissen und seine Anwendung betreffen, sondern darüber hinaus in gleichem Maße einige für die Mathematik charakteristische Denk- und Arbeitsweisen: *„Thinking mathematically (mastering mathematical modes of thought)“*, *„Modelling mathematically (i.e. analysing and building models)“*, *„Representing mathematical entities (objects and situations)“*, *„Communicating in, with, and about mathematics“*, *„Making use of aids and tools (IT included)“* (Niss 2003: 7 ff.). Zudem muss sich die inhaltliche Ausgestaltung an einem Bild der Mathematik orientieren, das ihre Bedeutung *für* die Gesellschaft und ihre Anwendung *in* der Gesellschaft adressiert. Und letztlich muss sie die integrierte Aneignung von fachlichen und überfachlichen Kompetenzen (Jorzik 2013: 14) ermöglichen.

Die methodisch-didaktische Gestaltung eines solchen Lehr- und Lernformats muss sich an zentralen Aspekten von „guter Lehre“ (z.B. Jorzik 2013) orientieren und kann zudem die Chance eröffnen, grundlegende Perspektiven und Elemente einer transdisziplinären Didaktik (z.B. Mittelstraß 2018, Philipp/Schmohl 2021) zu integrieren. Ausdruck einer solchen Gestaltung ist, neben dem

Einsatz von Methodenvarianz im Sinne des „pädagogischen Doppeldeckers" (Wahl 2002: 234), die bewusste Entscheidung, Lehr- und Lernarrangements so zu gestalten, dass sie ein aktives, selbstorganisiertes, eigenverantwortliches, projektorientiertes, problembasiertes sowie forschendes, aber auch ein soziales Lernen der Studierenden fördern und fordern. Wissensgenerierung muss – auch mit Blick auf die Generierung transferfähigen Wissens und Könnens – als „interaktives, partizipatives Konzept" (Mittelstraß 2018: 5) erfahren und gelebt werden können. Unserer Erfahrung nach ist es für Studierende zudem sinnstiftend, wenn sie Möglichkeiten erhalten, unterschiedliche Rollen einzunehmen – etwa als Forschungssubjekte und -objekte, als Lernende und Lehrende – und wenn sie sich „wechselseitig in Beziehung zueinander und einer konkreten lebensweltlichen Praxis" (Schmohl 2021: 302) setzen können.

Das Anliegen, ein solches Angebot in die universitäre Lehre zu integrieren, führte zum Sommersemester 2022 zur Konzeption und Umsetzung des Projektseminars *Mathematische Modellierung im Diskurs gesellschaftlicher Herausforderungen* am Institut für Mathematik der Freien Universität Berlin. Ausgangs- und Bezugspunkt dieses Projektseminars war das hier vorgestellte Decision Theatre Lab. Damit löste sich diese Veranstaltung curricular deutlich von den herkömmlicherweise in diesem Modul angebotenen Projektseminaren, die gemeinhin auf eine forschende Auseinandersetzung mit innermathematischen Problemen oder Fragen der angewandten Mathematik zielen. Das angebotene Projektseminar legte stattdessen den Fokus auf die Sichtbarmachung der Bedeutung der Mathematik für und innerhalb außermathematischer Diskurse unterschiedlicher Akteur*innen über gesellschaftliche Herausforderungen. Ein weiterer Schwerpunkt bestand in ihren Gestaltungs- und Anwendungsmöglichkeiten zur partizipativen und interaktiven Generierung neuer Denk-, Entscheidungs- und ggf. Lösungsansätze, in denen Interdependenzen zwischen Wissenschaft (in diesem Fall der Mathematik) und Erfahrungs- bzw. Kontextwissen (vgl. Renn 2019: VI) zu einem wesentlichen konstitutiven Element werden.

Das Projektseminar inkludierte sowohl Studierende im Masterstudiengang für das Lehramt Mathematik als auch aus den Monobachelorstudiengängen Mathematik und Informatik. Es wurde von einem interdisziplinären Lehrteam durchgeführt. Strukturierendes methodisches Element für das gesamte Semester war die durchgehende Zusammenarbeit in festen Kleingruppen von drei bis vier Studierenden. Die Gruppenarbeit fand teilweise in den Präsenzveranstaltungen selbst, überwiegend jedoch in selbstorganisierten

Arbeitszusammenhängen außerhalb der Präsenzzeit statt. Rückblickend ist hervorzuheben, dass diese fortlaufende Gruppenarbeit – wie intendiert – nicht nur die Interaktion und Kommunikation zwischen den Studierenden stärkte. Sie förderte zudem die eigenständige Erarbeitung von Seminarinhalten und die Auseinandersetzung mit ihnen. Auch stärkte sie die Reflexion über deren mögliche Anwendung in der schulischen Praxis und eine transferorientierte Wissenschaftskommunikation.

Neben individuellen Leseaufträgen erhielten die Studierendengruppen während des gesamten Semesters unterschiedliche Aufgaben entlang der thematischen Schwerpunkte des Seminars (s. Abb. 3). Die Ergebnisse wurden fortlaufend präsentiert und auf Grundlage des diskursiven Feedbacks von Lehrenden und Mitstudierenden im Seminar teilweise weiterentwickelt oder überarbeitet. Die Aufgabenstellungen fokussierten einerseits die Entwicklung und Anwendung fachwissenschaftlicher Kompetenzen im Bereich der mathematischen und agentenbasierten Modellierung. Andererseits zielten die Aufgabenstellungen auf die Förderung, Entwicklung und Umsetzung fächerübergreifender Kompetenzen. Dies betraf sowohl das Erstellen eines eigenen mathematischen Modells, dazugehöriger, datenbasierter Politikszenarien und deren Visualisierung, als auch sozialwissenschaftliche Komponenten des Projekts (z.B. Beobachtung und Analyse von Interaktions- und Argumentationsmustern von Schüler*innen im Rahmen des Decision Theatre Lab).

Eine besonders hervorzuhebende Aufgabe war die Entwicklung und Erprobung neuer interaktiver Elemente für das Decision Theatre Lab. Als Voraussetzung nahmen die Studierenden zunächst selbst an einem Decision Theatre teil, bei dem ihre Aktivitäten im Rahmen des Forschungsprojekts sozialwissenschaftlich untersucht, d.h. sie selbst zu Forschungsobjekten wurden. Anschließend erhielten sie die Aufgabe, die Veranstaltung zu reflektieren und erste Ideen für mögliche Veränderungen des Decision Theatre für Schüler*innen zu skizzieren. Der gemeinsame Austausch über das Feedback der Studierenden diente nicht nur als kritisch-konstruktive Rückmeldung für die im Forschungsprojekt involvierten Wissenschaftler*innen, sondern setzte auch den Ausgangspunkt für die Transformation der Studierendenrolle hin zu Forschungssubjekten. So entwickelte jede Studierendengruppe über mehrere Arbeits- und Reflexionsschritte hinweg ein neues Element für das Decision Theatre Lab, während sie weitere Perspektiven auf das Forschungsprojekt kennenlernte.

Die so entstandenen neuen Elemente, die primär den Ausbau von Interaktionsmöglichkeiten und die Vertiefung der fachmathematischen Hintergründe betrafen, wurden am Ende des Semesters in zwei mit Schüler*innen durchgeführte Decision Theatre Labs integriert und von den Studierenden selbst umgesetzt. Damit fand für die Studierenden nicht nur ein erneuter Rollenwechsel hin zur lehrenden Person statt, sondern zugleich eine Erweiterung ihrer Rolle als Forschungssubjekt. Dies geschah einerseits, indem sie die Gruppenarbeitsphasen der Schüler*innen aus soziologischer Perspektive durch eine teilnehmende Beobachtung begleiteten und untersuchten. Andererseits führten die von den Studierenden entwickelten Elemente zu Veränderungen des Decision Theatre Lab selbst, die vom Projektteam aufgenommen und teilweise für zukünftige Veranstaltungen implementiert wurden – ein unserer Ansicht nach gelungenes Beispiel für die Einbindung verschiedener Akteur*innen in die Wissensproduktion, durch die ein Wissenstransfer bezüglich Forschungsinhalten und Methoden in verschiedene Richtungen möglich wird.

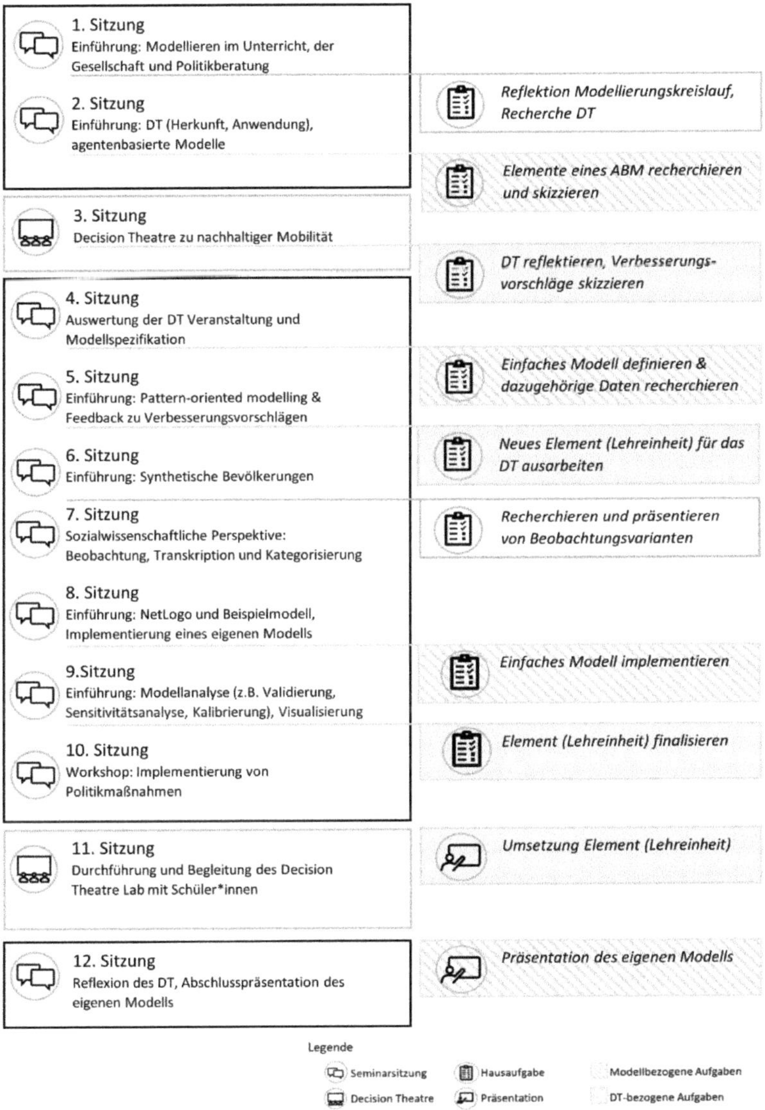

Abb. 3: Seminarplan (eigene Darstellung)

4. Wechselseitige Bereicherung: Mathematik und Gesellschaft

Der Anspruch des Projekts *Schule@DecisionTheatreLab* und dieses Artikels ist es, das Decision Theatre über seine ursprüngliche Funktion als partizipatives Kommunikationsformat hinaus transdisziplinär weiterzuentwickeln und seine Potenziale für Lehr- und Lernkontexte darzustellen. Zum einen wird das Format für den schulischen Mathematikunterricht nutzbar gemacht, indem die ihm zugrundeliegende Mathematik für Schüler*innen aufbereitet wird, während das Decision Theatre selbst das mathematische Modellieren gesellschaftlich kontextualisiert. Zum anderen hält es als Bezugspunkt eines innovativen Projektseminars auch Einzug in die universitäre Lehre. Und zwar sowohl als fachübergreifendes Leitmotiv einer mathematischen, informatischen und sozialwissenschaftlichen Kompetenzentwicklung der Studierenden, als auch als Forschungsgegenstand selbst. Dabei profitiert das Projektteam für die Weiterentwicklung der Decision Theatre Labs nicht nur von den Rückmeldungen der beteiligten Schüler*innen, sondern auch von der Kreativität der Studierenden. Das kann als performativer Beleg für die Relevanz einer dedizierten Transferwissenschaft gewertet werden, die eine solche wechselseitige Bereicherung überhaupt erst postuliert.

Literatur

Blum, Werner/Leiß, Dominik (2005): Modellieren im Unterricht mit der „Tanken"-Aufgabe. In: Mathematik lehren: Erfolgreich unterrichten: Konzepte und Materialien 128, 18–21.

Boukherroub, Tasseda/D'Amours, Sophie/Rönnqvist, Mikael (2016): Decision theaters: a creative approach for participatory planning in the forest sector. 6th International Conference on Information Systems, Logistics and Supply Chain (ILS 2016). Kedge Business School, Université de Bordeaux, Bordeaux. https://web.archive.org/web/20181009012517/http://ils2016conference.com/wp-content/uploads/2015/03/ILS2016_TD02_2.pdf.

Bush, Ruth/Bale, Catherine/Powell, Mark/Gouldson, Andy/Taylor, Peter G./Gale, William F. (2017): The role of intermediaries in low carbon transitions – Empowering innovations to unlock district heating in the UK. In: Journal of Cleaner Production 148, 137–147.

Epstein, Joshua M./Axtell, Robert L. (1996): Growing Artificial Societies. Social Science from the Bottom Up. Washington/Cambridge: Brookings Institution Press, The MIT Press.

Hefendehl-Hebeker, Lisa (2018): Einwirkungen von Mathematik(unterricht) auf Individuen und ihre Auswirkungen in der Gesellschaft. In: Gregor

Nickel/Markus Alexander Helmerich/Ralf Krömer/Katja Lengnink/Martin Rathgeb (Hg.): Mathematik und Gesellschaft. Historische, philosophische und didaktische Perspektiven. Wiesbaden: Springer Spektrum, 173–191.

Hernandez-Martinez, Paul/Vos, Pauline. (2018): "Why do I have to learn this?" A case study on students' experiences of the relevance of mathematical modelling activities. In: ZDM Mathematics Education 50, 245–257.

Hinrichs, Margaret M./Johnston, Erik W. (2020): The creation of inclusive governance infrastructures through participatory agenda-setting. In: European Journal of Futures Research 8(1), [10].

Jahn, Thomas/Bergmann, Matthias/Keil, Florian (2012): Transdisciplinarity: Between mainstreaming and marginalization. In: Ecological Economics 79, 1–10.

John, Beatrice/Lang, Daniel J./Wehrden, Henrik von/John, Ruediger/Wiek, Arnim (2020): Advancing Decision-Visualization Environments – Empirically informed Design Recommendations. In: Futures 123, 102614.

Jorzik, Bettina (Hg.) (2013): Charta guter Lehre. Grundsätze und Leitlinien für eine bessere Lehrkultur. Stifterverband für die Deutsche Wissenschaft. Essen: Edition Stifterverband.

Loos, Andreas/Sinn, Rainer/Ziegler, Günter M. (2022): Was ist Mathematik?. In: Panorama der Mathematik. Berlin, Heidelberg: Springer, 3–42.

Miller, Jon/Salla, Rahul/Amresh, Ashish/Smith, Holly/Kandala, Srinivasa/Hinrichs, Margaret/Gorantla, Ramesh/Sokteva, Erzhena/Wei, Fangwu/Hirsch, Karen u.a. (2019): The Decision Theater: Collaborative Research Methodology. Tempe, AZ: Arizona State University. https://dt.asu.edu/publications.

Mittelstraß, Jürgen (2018): Geleitwort. In: Rico Defila/Antonietta Di Giulio (Hg.): Transdisziplinär und transformativ forschen: Eine Methodensammlung. Wiesbaden: Springer VS, 5.

Niss, Mogens (2003): Mathematical competencies and the learning of mathematics: the Danish KOM project. In: Athanasios Gagatsis/Stavros Papastavridis (Hg.): Proceedings of the 3rd Mediterranean Conference on Mathematical Education, Athen: Hellenic Mathematical Society, 116–124. https://forskning.ruc.dk/en/publications/mathematical-competencies-and-the-learning-of-mathematics-the-dan.

Nobis, Claudia/Kuhnimhof, Tobias (2018): Mobilität in Deutschland – MiD Ergebnisbericht. Studie von infas, DLR, IVT und infas 360 im Auftrag des Bundesministers für Verkehr und digitale Infrastruktur (FE-Nr. 70.904/15). Bonn, Berlin. www.mobilitaet-in-deutschland.de/publikationen2017.html.

Philipp, Thorsten/Schmohl, Tobias (2021): Transdisziplinäre Didaktik. Eine Einführung. In: Tobias Schmohl/Thorsten Philipp (Hg.): Handbuch Transdisziplinäre Didaktik. Bielefeld: transcript, 13–23.

Raupp, Juliana (2017): Strategische Wissenschaftskommunikation. In: Heinz Bonfadelli/ Birte Fähnrich/Corinna Lüthje/Jutta Milde (Hg). Forschungsfeld Wissenschaftskommunikation. Wiesbaden: Springer Fachmedien Wiesbaden, 143–163.

Renn, Ortwin (2019): Geleitwort. In: Rico Defila/Antonietta Di Giulio (Hg.): Transdisziplinär und transformativ forschen, Band 2: Eine Methodensammlung. Wiesbaden: Springer VS, V–VII.

Roach, Ben (1986): Decision Theatre: Curtain going up on an innovative approach to management education. In: Business Horizons 29(4), 70–77.

Schmohl, Tobias (2021): Situiertes Lernen. In: Tobias Schmohl/Thorsten Philipp (Hg.): Handbuch Transdisziplinäre Didaktik. Bielefeld: transcript, 301–311.

MATH + (Hg.) (2022): Schule @ Decision Lab. In: Mathplus.de, https://mathplus.de/de/schuledecisiontheatrelab.

Vilsmaier, Ulli (2021): Transdisziplinarität. In: Tobias Schmohl/Thorsten Philipp (Hg.): Handbuch Transdisziplinäre Didaktik. Bielefeld: transcript, 333–346.

Wahl, Diethelm (2002): Mit Training vom trägen Wissen zum kompetenten Handeln? In: Zeitschrift für Pädagogik 48(2), 227–241.

White, Dave D./Wutich, Amber Y./Larson, Kelli L./Lant, Tim (2015): Water management decision makers' evaluations of uncertainty in a decision support system: the case of WaterSim in the Decision Theater. In: Journal of Environmental Planning and Management 58(4), 616–630.

Wolf, Sarah/Fürst, Steffen/Geiges, Andreas/Laublicher, Manfred/Mielke, Jahel/Steudle, Gesine/Winter, Konstantin/Jaeger, Carlo C. (2023): The Decision Theatre Triangle for societal challenges - An example case and research needs. In: Journal of Cleaner Production 394, 136–299.

Andrea Heilrath / Clara Rodríguez Roca-Sastre

Wissenschaft (be)greifbar machen. Projektlabor Wissenschaftskommunikation – ein disziplinübergreifendes Kurskonzept

Nach einem breiten Transferverständnis, wie es beispielsweise der Wissenschaftsrat vertritt, gilt Wissenschaftskommunikation als Teilbereich von Transferaktivitäten (Wissenschaftsrat 2016: 7, 22). Wissenschaftskommunikation kann definiert werden als Oberbegriff für „alle Formen von auf wissenschaftliches Wissen oder wissenschaftliche Arbeit fokussierter Kommunikation, sowohl innerhalb als auch außerhalb der institutionalisierten Wissenschaft, inklusive ihrer Produktion, Inhalte, Nutzung und Wirkungen" (Schäfer/Kristiansen/Bonfadelli 2015: 13). Die Akteur*innen in diesem Feld sind vielfältig; zu ihnen gehören etwa wissenschaftliche Institutionen, Unternehmen, Journalist*innen und individuelle Wissenschaftler*innen. Für das im Folgenden vorgestellte Seminarkonzept ist die *externe* Wissenschaftskommunikation von zentraler Bedeutung: Sie umfasst die vielfältigen kommunikativen Aktivitäten, die in Politik, Wirtschaft, Zivilgesellschaft und Kultur erbracht werden. Die weiteren Überlegungen greifen daher auf ein Begriffsverständnis zurück, das Wissenschaftskommunikation als „organisierte, explizite und beabsichtigte Aktionen [versteht], die darauf abzielen, wissenschaftliches Wissen, Methodik, Prozesse oder Praktiken in einem Umfeld zu vermitteln, in dem Nicht-Wissenschaftler ein anerkannter Teil des Publikums sind" definieren (Maja/Davies/Irwin 2017: 883).

Dieser Artikel beleuchtet anhand einer konkreten didaktischen Erfahrung seiner Autorinnen, welche Rolle die Wissenschaftskommunikation in der Hochschullehre spielen kann und wie Studierende in Transferaktivitäten aktiv eingebunden werden können. Dazu behandelt der Artikel ein Seminarformat, das von Wissenschaftler*innen und Studierenden entwickelt wurde, die sich seit 2016 in der Wissenschaftskommunikation engagieren, meist fernab klassischer Presse- und Medienarbeit. Nach einem (1) Überblick über Genese und Hintergründe des Kursformats werden (2) der Kursablauf, die Studienleistungen und seine zugrundeliegenden (3) Lehr- und Lern-Konzepte beleuchtet: erfahrungsbasiertes und situiertes Lernen. Im Anschluss wird (4) die Übertragbarkeit des Kurses an andere Hochschulen diskutiert. Zur Verdeutlichung der Studierendenaktivitäten werden (5) drei Beispielprojekte vorgestellt, um auf dieser

Grundlage, im (6) Fazit, auf die Chancen und Risiken von praktischer Wissenschaftskommunikation im Studium einzugehen.

1. Module für praktische Wissenschaftskommunikation

Die Hauptmotivation zur Einrichtung der hier besprochenen Module bestand darin, Studierenden die Möglichkeit zu geben, im Rahmen ihres Studiums praktische Erfahrungen in der Wissenschaftskommunikation zu erwerben. Die Praxiserfahrung der Initiator*innen zeigte, dass Wissenschaftskommunikation für die beteiligten Wissenschaftler*innen positive Effekte birgt, etwa die Vertiefung des eigenen Fachverständnisses, die Steigerung der Selbstwirksamkeit oder auch die Kreativität im Umgang mit wissenschaftlichen Inhalten. Das erklärte Ziel der Kurse besteht darin, den Kompetenzaufbau im Bereich der Wissenschaftskommunikation zu fördern und langfristig die Qualität der Wissenschaftskommunikation zu erhöhen. Der Fokus liegt auf der Ausbildung von Medien- und Kommunikationskompetenzen der Studierenden. Dabei wird ein diskursiver Ansatz verfolgt, in dessen Rahmen Studierende befähigt werden, zuzuhören und sich in die Position der Zielgruppen zu versetzen, um deren Perspektiven zu verstehen (FactoryWissKomm 2022: 13). Inhalte zur Propädeutik werden nur am Rande thematisiert, beispielsweise im Rahmen der Literaturrecherche.

Zum Sommersemester 2017 wurde das erste Modul für Wissenschaftskommunikation an der Technischen Universität Berlin angeboten: *lab:present*. Die Studierenden erhielten für die öffentliche Präsentation eines eigenen Projekts Leistungspunkte (3 ECTS). Dieses Modul war nicht an den Semesterzyklus gebunden, wodurch sich die systematische Unterstützung von Studierenden schwierig gestaltete. Das Lehrpersonal setzte voraus, dass die Studierenden ein Projekt in Eigeninitiative entwickeln. In der darauffolgenden Förderphase konzipierten die Initiator*innen des Projekts ein weiteres, darauf aufbauendes Modul mit zwei Semesterwochenstunden, das sie seit 2019 unter dem Titel *lab:prepare* (3 ECTS) anboten. Studierende konnten im Semesterverlauf gruppenweise ein Projekt erarbeiten. Inhalte zur Wissenschaftskommunikation und zum Projektmanagement waren Teil des Curriculums. Zudem bestand die Möglichkeit, in Werkstätten Fähigkeiten aus dem Bereich der Maker-Kultur zu erwerben und in den Projekten anzuwenden. Viele Studierende nutzten diese Angebote, und so entstanden Objekte, die der Vermittlung eines wissenschaftlichen Themas dienten, darunter interaktive Installationen oder Show-Experimente. Bei *lab:prepare* ließ sich beobachten, dass die Studierenden viel Zeit in die Projekte investierten und eine hohe Bereitschaft hatten, diese abzuschließen (Heilrath et al. 2021). Nach der Fertigstellung, konnten sie die Projekte im Rahmen von *lab:present* öffentlich präsentieren.

2022 wurde dieses Kursangebot abgelöst durch die Lehrveranstaltung *Projektlabor Wissenschaftskommunikation* (6 ECTS), in der die Erfahrungen der Vorgängermodule zusammengeführt wurden. Hier erarbeiten die Studierenden ein Projekt, um mit einer bestimmten Zielgruppe über ein wissenschaftliches Thema in Dialog zu treten. Die öffentliche Präsentation und Auseinandersetzung mit der Zielgruppe ist in das Modul eingeschlossen. Neben den Inhalten und Formaten von *lab:prepare* und *lab:present* legt der Kurs *Projektlabor Wissenschaftskommunikation* einen zusätzlichen Fokus auf die Zusammenarbeit mit Forscher*innen und ein stärkeres Gewicht auf die Reflexion der Studierenden.

2. Kursablauf und Studienleistungen Projektlabor Wissenschaftskommunikation

Um die Themen und Prozesse im Verlauf des Semesters miteinander zu verweben, ist die Lehrveranstaltung einerseits zeitlich, andererseits methodisch-thematisch strukturiert (Tabelle 1). In der ersten Phase erhalten die Studierenden einen Überblick über Grundbegriffe der Wissenschaftskommunikation und werden für dialogische Vermittlungsformen sensibilisiert. In der Werkstatt lernen sie die iterative Arbeitsweise mittels verschiedener Verfahren zur schnellen Herstellung von Prototypen kennen (*Rapid Prototyping*). In Brainstormings und Projekt-Pitches tauschen sie sich über ihre Projektideen aus. Zudem finden Exkursionen zu kooperierenden wissenschaftlichen Arbeitsgruppen statt, mit denen sie zusammenarbeiten können. Die erste Phase endet mit der Projektfindung, in der sich die Studierenden in Gruppen von bis zu sechs Personen zusammenschließen. Wissenschaftliches Thema und Vermittlungsformat sind für die Studierenden frei wählbar, sollten aber spätestens zu diesem Zeitpunkt feststehen.

Tab. 1: Semesterablauf Projektlabor Wissenschaftskommunikation: Der Kurs wird sowohl zeitlich (Phasen I-III) wie auch methodisch-thematisch (Inhalte, Making und Medien, Community Building und Projektarbeit in Gruppen) gegliedert. Meilensteine des Kurses sind Projektfindung und der Projektabschluss. Der Kurs schließt mit der öffentlichen Projektpräsentation. Quelle: Eigene Darstellung.

Projektfindung / Projektabschluss

	Phase I	Phase II		Phase III
Inhalte	Wissenschafts-kommunikation Grundbegriffe	Projektplanung, wiss. Arbeiten	Wissenschafts-kommunikation fortgeschritten	
Making Medien	Rapid Prototyping	Praxisworkshops	Werkstattarbeit	
Community Building	Exkursionen, Brainstorming	Austausch, Feedback, interdisziplinäre Zusammenarbeit		Präsentation, Dokumentation, Reflexionsbericht
Projektarbeit in Gruppen	Projekt-Pitches	Experimentieren, Realisieren		

Die erste Aufgabe der zweiten Phase besteht darin, in der Gruppe einen Projektplan zu erstellen. Dazu erhalten den Studierenden einen Überblick über Grundlagen des Projektmanagements, etwa Arbeitspakete, Meilensteine und Ressourcenplanung. Das Lehrpersonal gewährt den Studierenden zu diesen Projektplänen Feedback über Form, Inhalt und Realisierbarkeit. Um die inhaltliche Qualität der Projekte zu gewährleisten, sprechen die Dozent*innen mit den Studierenden über Grundlagen des wissenschaftlichen Arbeitens. Während der Ausarbeitung der Projekte werden Inhalte zu fortgeschrittenen Themen der Wissenschaftskommunikation behandelt, darunter Zielgruppen und Kommunikationsstrategie. Zusätzliche Praxisworkshops gewähren Einblicke in 3D-Druck, Programmierung von Mikrocontrollern, Medienbearbeitung (z. B. Videoschnitt und Webseiten) und andere Themen, die sich nach dem Bedarf der Studierenden richten. Die Studierenden experimentieren in dieser Phase mit der Umsetzung ihres Wissenschaftskommunikationsformats: Sie erhalten Zugang zu Werkstätten und werden bei der Erstellung von Videos oder Webseiten unterstützt. In regelmäßigen Abständen stellen sie ihren Projektfortschritt im Seminar vor und geben sich gegenseitig Feedback. Hier üben die Studierenden auch, ihr Projekt in verständlicher Weise darzustellen und lernen Herausforderungen und Vorteile des interdisziplinären Arbeitens kennen. Zum Ende der Vorlesungszeit präsentieren die Gruppen ihr Projekt intern und legen die wissenschaftlichen Inhalte dar. Die zweite Phase endet mit der Fertigstellung des Projekts.

Die dritte Phase, in der die öffentliche Präsentation erfolgt, liegt in der vorlesungsfreien Zeit. Diese findet außerhalb der Universität statt – ob an einer Schule, während einer Konferenz oder einer öffentlichen Veranstaltung, ist den Studierenden freigestellt. Die Präsentationsformate haben einen dialogischen Charakter, etwa offene Gesprächsrunden, Exponate in intensiver Betreuung oder Videopremieren mit anschließender Fragerunde. Im Rahmen des Kurses organisieren die Dozent*innen selbst eine Ausstellung, bei der die Projektgruppen die Möglichkeit haben, ihr Projekt einzubringen. Abschließend verfassen die Studierenden individuell einen Reflexionsbericht und erstellen als Gruppe einen Eintrag im Projekt-Wiki (Project-Sci.Com 2022). Der Reflexionsbericht beinhaltet die kritische Auseinandersetzung der Studierenden mit der Gruppenarbeit und der Präsentation des Projektes. Im Wiki-Eintrag werden Projektverlauf, wissenschaftliche Hintergründe, Bauanleitung, Programmcodes oder andere Ergebnisse festgehalten.

Das Seminar ist im freien Wahlbereich angesiedelt und kann von Studierenden aller Fächer und Fachsemester belegt werden. Die erforderlichen Studienleistungen für den Abschluss des Seminars sind drei schriftliche Arbeiten (Projektplan, Projektdokumentation und Reflexionsbericht) und eine Praxiseinheit (Projektpräsentation in der Öffentlichkeit). Regelmäßige Seminarteilnahme ist ebenfalls erforderlich. Aufgrund der Verschiedenheit der Projekte und dem subjektiven Charakter der Lernerfahrungen werden weder die Abgaben noch das gesamte Modul benotet.

3. Lehr- und Lernkonzepte

Die Dozent*innen entwickelten den Kurs *Projektlabor Wissenschaftskommunikation* iterativ und auf der Basis eigener Erfahrung. Das resultierende Kurskonzept enthält Schnittstellen zum erfahrungsbasierten Lernen und zum situierten Lernen und bedient ein konstruktivistisches Lernverständnis, bei dem Lernende Wissen und neue Erkenntnisse durch Erfahrung und sozialen Diskurs generieren.

3.1 Erfahrungsbasiertes Lernen

Unter Bezugnahme auf John Dewey und Kurt Lewin entwickelte David Kolb einen Zyklus des erfahrungsbasierten Lernens, der vier Schritte umfasst: die Bildung abstrakter Begriffe, aktives Experimentieren, eine konkrete Erfahrung und deren Beobachtung und Reflexion (Kolb 2015: 32). Dieser Zyklus findet im Kurs in unterschiedlichen Zeitskalen Anwendung. Beim (a) Service Learning erstreckt sich der Prozess über das komplette Semester, bei der (b) Projektarbeitmethode dauert er einige Wochen und in der (c) makerzentrierten Lehre oft nur einen Tag.

(a) *Service Learning* bildet ein Lehr- und Lernkonzept, bei dem Studierende auf Grundlage von akademischem Wissen praktische Erfahrung in der Zivilgesellschaft erwerben und dieses Praxiswissen in den akademischen Diskurs einbringen (Backhaus-Maul/Jahr 2021: 290). Seminarteilnehmer*innen werden zunächst im akademischen Kontext an das Themenfeld der Wissenschaftskommunikation herangeführt. Mit den gewonnenen Erkenntnissen und Konzepten experimentieren sie im Verlauf der Projektarbeit. Die zentrale Erfahrung erwerben sie außerhalb des universitären Kontexts bei der Projektpräsentation. Zum Abschluss des Kurses verfassen sie einen Bericht, in dem sie sich mit dem Erlebten reflexiv auseinandersetzen (Abbildung 1). Der transdisziplinäre Prozess im Service-Learning-Format

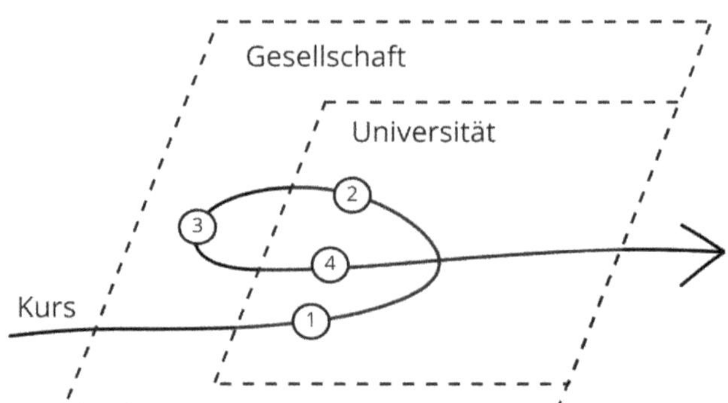

Abb. 1: Die Studierenden durchlaufen verschiedene Stationen. Zu Kursbeginn erlernen sie (1) Grundlagen der Wissenschaftskommunikation, im Rahmen der (2) Projektarbeit experimentieren sie mit dem gewählten Format der Wissenschaftskommunikation, durch die (3) Präsentation außerhalb des universitären Kontextes erwerben die Studierenden Praxiserfahrung, die sie zum Abschluss (4) reflexiv bearbeiten. Quelle: Eigene Darstellung.

erhöht die Selbstwirksamkeit der Studierenden und stärkt die Identifikation mit ihrer fachlichen Disziplin (Mullins 2003: 88).

(b) *Die Projektarbeitmethode* wird als ein Mittel angesehen, mit dem die Studierenden einerseits Selbstständigkeit und Verantwortung entwickeln und zum anderen soziale und demokratische Verhaltensweisen einüben (Knoll 1997). Im *Projektlabor Wissenschaftskommunikation* lernen sie zusätzlich, ihr Projekt als Gruppe zu planen. Dabei strukturieren sie ihre Arbeit zeitlich und organisieren ihr Vorhaben in verschiedenen Aufgabenbereiche. Durch die Definition von Arbeitspaketen und Schnittstellen lernen sie Verantwortung für die eigene Arbeit und für andere zu übernehmen. Ngereja, Hussein und Andersen (2020) zeigen zudem, dass sich Projektarbeitmethode positiv auf den Lernprozess, die Motivation und die Leistung der Studierenden auswirkt.

(c) *Die Maker-Bewegung* umfasst eine wachsende Zahl von Menschen, die sich im Alltag mit der kreativen Herstellung von Artefakten befassen und dabei physische und digitale Foren finden, um Prozesse und Produkte mit anderen zu teilen (Rosenfeld Halverson/Sheridan 2014: 496). Ein Treffpunkt der Bewegung sind offene Werkstätten oder FabLabs, die neben Handwerkzeugen über technische Spezialgeräte wie 3D-Drucker oder Laser-Cutter verfügen. Unsere Studierenden erlernen im Rahmen der Praxisworkshops die Nutzung von Werkzeugen, die sie in Werkstätten anwenden können. Der transdisziplinäre Lernprozess ist durch Iteration, Teamarbeit, positive Fehlerkultur und Selbstbestimmung geprägt (Brandenburger/Voigt 2021: 112). Das makerzentrierte Lernen an Hochschulen ist allerdings wissenschaftlich kaum untersucht, obwohl Institutionen wie das Massachusetts Institute of Technology (MIT) sein Bildungspotential längst anerkannt haben (Brandenburger/Voigt 2021: 112).

3.2 Situiertes Lernen

Der Begriff des Situierten Lernens wurde 1991 von Lave und Wenger geprägt. In dieser Strömung der pädagogischen Psychologie wird Lernen als wechselseitiger Konstruktionsprozess aufgefasst, in dem die Lernenden in Beziehung zueinander und zu einer lebensweltlichen Praxis stehen (Lave/Wenger 1991: 35). Ein entscheidender Aspekt des situierten Lernens besteht darin, dass Lernende Mitglieder einer *Community of Practice* werden. Sind die Lernenden zunächst Beobachter*innen am Rand der Community (*Legitimate Peripheral Participation*), werden sie durch das Lernen und die Beteiligung in der Community zu ihren Mitgliedern (Lave/Wenger 1991: 29). Herrington und Oliver

(2000) legen neun Gestaltungskriterien für situierte Lernumgebungen dar, bei denen (a) der Anwendungsbezug, (b) die Rolle des Lehrpersonals und (c) das Lernen als sozialer Prozess von Bedeutung sind.

(a) *Anwendungsbezug.* Die Teilnehmer*innen erlernen die Inhalte des Kurses nicht losgelöst von der Praxis, sondern im anwendungsbezogenen Rahmen ihrer Projekte arbeiten die Studierenden beispielsweise in Werkstätten, Filmstudios oder Laboren, auch in Kooperation mit Forschungsgruppen. Bei der Abschlusspräsentation praktizieren die Projektgruppen Wissenschaftskommunikation, dabei treten sie mit ihrer Zielgruppe in Dialog und werden auf die Umgebung, in der sie präsentieren, sensibilisiert.

(b) *Die Rolle des Lehrpersonals.* Die Dozent*innen im Kurs nehmen die Rolle von Expert*innen ein und stehen im Zentrum der *Community of Practice.* Sie unterstützen den Lernprozess der Studierenden durch Hilfestellungen bei Wissenschaftskommunikation, Projektmanagement und wissenschaftlichem Arbeiten (Tabelle 1). In Praxisworkshops erhalten die Studierenden ein Grundgerüst, mit dem sie selbstständig arbeiten können. Die Lehrenden helfen den Studierenden bei herausfordernden Situationen und laden bei Bedarf externe Expert*innen ein.

(c) *Lernen als sozialer Prozess.* Die Studierenden lernen im Austausch die Grundlagen der interdisziplinären Zusammenarbeit. Im Rahmen der Gruppenarbeit und in den Feedbackrunden nehmen sie verschiedene Rollen ein, tauschen Perspektiven aus und reflektieren gemeinsam. Viele Studierende haben im Laufe des Studiums kaum Berührungspunkte mit anderen Disziplinen und müssen lernen, wie sie außerhalb des eigenen Fachbereichs kommunizieren. Dies führt zu Situationen, die für viele Studierende zunächst ungewohnt sind und in denen Missverständnisse vorkommen. Die Aushandlungsprozesse der Zusammenarbeit können aber auch zur Förderung von Kreativität, Kollaboration und Kommunikationsfähigkeit der Studierenden beitragen, was sie auch auf die Arbeitswelt des 21. Jahrhunderts besser vorbereitet als eine rein disziplinäre Ausbildung (Styron 2013).

4. Übertragbarkeit des Kurskonzepts

Eine der zentralen Voraussetzungen dieses Kurses besteht darin, dass das Lehrpersonal über Praxiserfahrung in der Wissenschaftskommunikation verfügt, um die Projektgruppen angemessen zu betreuen. Dieses Praxiswissen der Wissenschaftskommunikation lässt sich beispielsweise durch

Weiterbildungsangebote erwerben. Für den Aspekt der makerzentrierten Lehre sind Kenntnisse über 3D-Druck und Einsatz von Mikrocontrollern erforderlich sowie Zugang zu Werkstätten oder FabLabs. Studienleistungen wie Präsentationen außerhalb des eigenen Fachbereichs lassen sich auch auf andere Kontexte übertragen. Lehrveranstaltungen innerhalb der Universität können gemeinsame Abschlusspräsentationen abhalten, bei denen Studierende unterschiedlicher Fächer (Projekt-)Ergebnisse zeigen, um im interdisziplinären Kontext Feedback aus ungewohnten Perspektiven zu gewinnen. Eine Präsentation außerhalb der Universität stellt jedoch einen hohen organisatorischen Aufwand dar. Hier können transdisziplinäre Netzwerke der Hochschulen Innovationsprozesse in der Lehre fördern und etablieren.

5. Beispielprojekte

Die folgenden Beispiele veranschaulichen das Kurskonzept und zielen darauf hin, die Bandbreite der Themen und Formate abzubilden. Die hier besprochenen Projekte sind nicht repräsentativ, es handelt sich um eine subjektive Auswahl der Autorinnen.

5.1 MuShell – Die Musik der Meeresschnecken

Die Projektgruppe MuShell hat sich zum Ziel gesetzt, Oberflächenstrukturen verschiedener Meeresschnecken hörbar zu machen. Die Grundidee besteht darin, Schnecken als Herzstück einer Walzenspieldose zu betrachten: So wie die Oberfläche der Walze die Melodie der Spieldose bestimmt, geben die Muster der Schnecken Rhythmus und Töne vor. Die Oberflächenstrukturen der Meeresschnecken (Abbildung 2 rechts) lassen sich evolutionstheoretisch nicht erklären, aber algorithmisch beschreiben. Im Berliner Museum für Naturkunde erstellte die Projektgruppe mit einem eigenen photogrammetrischen Aufbau digitale Abbilder geeigneter Exemplare der Gattung *Conus*, welche sie in mehreren Teilschritten in Musikstücke übersetzt haben (Herrmannsdoerfer et al. 2021). Für die Präsentation erstellten sie kleine Kisten, in denen eine Meeresschnecke im Zentrum rotiert und gleichzeitig das korrespondierende Musikstück abgespielt wird (Abbildung 2 links). Ausgestellt wurde das Projekt zum ersten Mal im Oktober 2022 bei einer Ausstellung des Art/Science Kollektivs *PARALLAX*. Im Anschluss wurde es unter anderem bei der Abschlussausstellung der Lehrveranstaltung und der Langen Nacht der Wissenschaften in Berlin gezeigt.

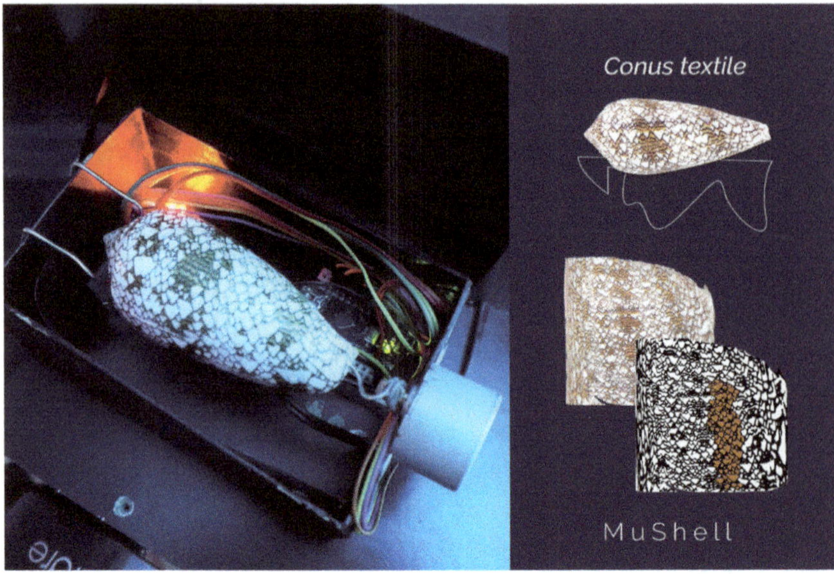

Abb. 2: MuShell, ein Projekt von Daniel Viladrich Herrmannsdoerfer, Charlotte Roschka, Julia Stein, Daniel El-Assal, Anton Michel und Enver Felix Loayza Mora. Links: Die finale Installation: Die Meeresschnecke in der Walzenspieldose. Copyright: Andrea Heilrath. Rechts: Die mit Photogrammetrie digitalisierte Meeresschnecke „Conus textile" und ihre ausgerollte Oberfläche. Copyright: Daniel Viladrich Herrmannsdoerfer.

5.2 Krimidinner

In diesem Projekt entwickelten Studierende ein Rollenspiel, dessen Teilnehmer*innen während des gemeinsamen Abendessens einen Kriminalfall lösen und sich dabei mit wissenschaftlichen Themen auseinandersetzen. Die Projektgruppe (Flora Grellmann und Monique van Wanrooy) erstellte eine detaillierte Spielanleitung, mit der sich das Krimidinner selbstständig durchführen lässt; in dieser werden die Rollen skizziert, Informationen für den Spielablauf und Fachwissen für die Lösung des Kriminalfalls bereitgestellt. Die Teilnehmer*innen lernen spielerisch Inhalte zu Themenfeldern wie etwa Giftpflanzen: deren Aussehen, die relevanten chemischen Substanzen und die entsprechenden Vergiftungssymptome. Eine Herausforderung bestand darin, das Wissen so zu formulieren, dass das Spiel für eine möglichst breite Zielgruppe durchführbar ist.

Flora Grellmann hat daraus *Enter Science: Escape Game*, ihre eigene Lehrveranstaltung für Wissenschaftskommunikation entwickelt.

5.3 Named after Men

Anstatt bei der Benennung einer neuen biologischen Art morphologische, kontextuelle oder lokale kulturelle Aspekte zu berücksichtigen, benennen viele (männliche) Wissenschaftler ihre „Entdeckungen" oftmals nach Verwandten, Geldgebern oder sich selbst. Diese persönliche, sogar emotionale Praxis steht im Widerspruch zu den Ansprüchen an Objektivität, Unparteilichkeit und Neutralität der Wissenschaft. Wenn die Beschreibung einer neuen Art erst akzeptiert ist, lässt sich dieser Name nur selten noch ändern. *Named after Men* behandelte daher koloniale Strukturen in der Biologie. Im Rahmen des Projekts erstellte eine Studentin einen Datensatz, in dem Pflanzennamen mit Botanikern, also potentiellen Namensgebern, in Verbindung gebracht werden. Die Datenbank umfasst 1026 Einträge. Täglich wird automatisiert ein Online-Beitrag über eine der Pflanzen aus der Datenbank erstellt. Diese Beiträge enthalten ein Bild der Pflanze, den botanischen Namen und die möglichen Namensgeber (Abbildung 3 links). Neben den einzelnen Beiträgen wird auf der Webseite dargestellt, wie der Datensatz generiert wurde, wie Arten in der Biologie benannt werden und warum die Benennung kritisch betrachtet werden sollte (Linhares 2021). Die Studentin entwickelte darüber hinaus einen Workshop, bei dem sie über die Thematik aufklärte und die Möglichkeit bot gemeinsam zu reflektieren (Abbildung 3 rechts).

Abb. 3: Named after Men, ein Projekt von Tai Linhares. Links: Beitrag Nr. 336, die dargestellte Pflanze trägt den Namen *Canaria tortuosa* oder auch *Seseli webbii* und könnte nach den Botanikern Colin James Webb oder Philip Barker Webb benannt sein. Neben der Abbildung wird angeführt, wann die Pflanze zuerst katalogisiert wurde und an welchen Orten sie heimisch ist (Linhares 2021). Rechts: Workshop zum Thema „Koloniale Strukturen in der Biologie", Oktober 2021, Berlin. Copyright: Clara Rodríguez Roca-Sastre.

6. Chancen und Risiken der Wissenschaftskommunikationspraxis im Studium

Neben Forschung und Lehre, gewinnt die Leistungsdimension Transfer an Hochschulen zunehmend an Bedeutung (Wissenschaftsrat 2016: 5). Um Verbindungen zur Zivilgesellschaft zu stärken, spielt Wissenschaftskommunikation eine zentrale Rolle. So fordert beispielsweise das Bundesministerium für Bildung und Forschung im 2019 erschienenen Grundsatzpapier zur Wissenschaftskommunikation einen „Kulturwandel hin zu einer kommunizierenden Wissenschaft" (BMBF 2019). Dialogische Formate können nicht nur den Übertrag von Wissen, sondern auch die Co-Kreation fördern, indem die Perspektive der Gesellschaft in die Forschung einfließen kann. Insbesondere dort, wo eine allein fachliche oder disziplinäre Definition von Problemlagen und Problemlösungen nicht möglich ist, wird Transdisziplinarität als Forschungs- und Wissenschaftsprinzip nötig (Mittelstraß 2005: 21).

Universitäten und Zivilgesellschaft zusammenzuführen kann unter anderem dadurch gelingen, Transfer in die Lehre einzubinden. Daraus ergeben sich zugleich Möglichkeiten für die „zukunftsfähige Ausgestaltung von Studium und Lehre“, wie sie vom Wissenschaftsrat (2022) beschrieben wird. Dazu gehören reflexive und kooperative Lernwelten, in denen die Zusammenarbeit in heterogenen Teams eine zentrale Rolle spielt (ebd.: 30) sowie Verantwortung stärkende Studienumgebungen (ebd.: 31). Im Kurs *Projektlabor Wissenschaftskommunikation* werden diese Aspekte durch situiertes und erfahrungsbasiertes Lernen aufgegriffen. Dieses Konzept begegnet allerdings verschiedenen Hürden, wie die Erfahrung zeigt. Einige Studierende sind von dem hohen Maß an Eigenverantwortlichkeit und der inter- und transdisziplinären Zusammenarbeit zunächst überfordert. Zudem birgt die Organisation der Lehrveranstaltung einen hohen personellen Aufwand, da Verstrebungen zwischen Universität und Zivilgesellschaft teils langwierig aufgebaut werden müssen und das Lehrpersonal eine hohe Verantwortung für die Qualität der Projekte trägt.

Wissenschaft verständlich zu vermitteln ist eine Herausforderung und erfordert Übung. Studierenden fällt dies teilweise leichter als Expert*innen, da letztere oftmals den Unterschied zwischen Fachjargon und Alltagssprache nicht erkennen (Brownell/Prince/Steinman 2013). Die Integration von Wissenschaftskommunikation in das Studium fördert nicht nur Kommunikationsfähigkeit, sondern auch Medienkompetenz. Im Rahmen des Kurses *Projektlabor Wissenschaftskommunikation* lernen sie reflexiv, projektorientiert und transdisziplinär zu arbeiten, was insbesondere Transformationskompetenzen der Urteilsfähigkeit, Missionsorientierung und Dialog- und Konfliktfähigkeit stärkt (Stifterverband/McKinsey 2021). Disziplinenübergreifende Kurse an der Universität können dazu beitragen, Wissenstransfer und Vernetzung innerhalb der Universität zu stärken. Darüber hinaus birgt Interdisziplinarität in der Hochschullehre das Potential, die Ausbildung von Transferkompetenzen zu fördern, da so schon innerhalb der Universität Aushandlungsprozesse thematisiert werden. Studierende – und damit Wissenschaftler*innen der nächsten Generation – benötigen Gestaltungsspielräume, die die Zusammenarbeit mit Vertreter*innen aus Politik, Zivilgesellschaft, Wirtschaft und Kultur ermöglichen und ihnen die Fähigkeit vermitteln, disziplinäre Grenzen zu gestalten und zu überwinden.

Literatur

Backhaus-Maul, Holger/Jahr, David (2021): Service learning. In: Tobias Schmohl/Thorsten Philipp (Hg.): Handbuch Transdisziplinäre Didaktik. Bielefeld: transcript, 289–299.

Bundesministerium für Bildung und Forschung (Hg.) (2019): Grundsatzpapier des Bundesministeriums für Bildung und Forschung zur Wissenschaftskommunikation. Berlin. In: bmbf.de (1. November 2019). https://www.bmbf.de/SharedDocs/Publikationen/de/bmbf/1/24784_Grundsatzpapier_zur_Wissenschaftskommunikation.pdf?__blob=publicationFile&v=4.

Brandenburger, Bonny/Voigt, Maximilian (2021): FabLab. In: Tobias Schmohl/Thorsten Philipp (Hg.): Handbuch Transdisziplinäre Didaktik. Bielefeld: transcript, 107–117.

Brownell, Sara/Price, Jordan/Steinman, Lawrence (2013): Science communication to the general public: why we need to teach undergraduate and graduate Students this skill as part of their formal scientific training. The Journal of Undergraduate Neuroscience Education 12(1), E6–E10.

FactoryWissKomm (Hg.) (2022): Handlungsperspektiven für die Wissenschaftskommunikation. Berlin. In: bmbf.de (01. Juni 2022). https://www.bmbf.de/bmbf/shareddocs/downloads/files/factory_wisskomm_publikation.pdf?__blob=publicationFile&v=5.

Heilrath, Andrea/Richter, Robert/Kruse, Fabian/Maaß, Benjamin/Schubert, Tobias/Blohm-Sievers, Enya/Friedrich, Thomas(2021): Sustaining student motivation through self-directed engagement in science communication projects – a case study. In SEFI 49th Annual Conference. 11.

Herrington, Jan/Oliver, Ron (2000): An instructional design framework for authentic learningenvironments. Educational Technology Research and Development 48, 3, 23–48.

Herrmannsdoerfer, Daniel Viladrich/Roschka, Charlotte/Stein, Julia/El-Assal, Daniel/Michel,Anton/ Loayza Mora, Enver Felix (2021): Mediasphere For Nature – MuShell: DieMusik der Meeresschnecken (10. Dezember 2021). In: mediasphere.museumfuernaturkunde.berlin. https://mediasphere.museumfuernaturkunde.berlin/de/blog/2021/12/10/mushell-die-musik-der-meeresschnecken/.

Horst, Maja/Davies, Sarah R./Irwin, Alan (2017): Reframing science communication. In: Ulrike Felt/Rayvon Fouché/ Clark A. Miller/Laurel Smith-Doerr (eds.): The Handbook of Science and Technology Studies. Cambridge, Mass.: The MIT Press. 881–907.

Knoll, Michael (1997): The project method: Its vocational education origin and international development. Journal of Industrial Teacher Education 34, 3.

Kolb, David A. (2015): Experiential learning: experience as the source of learning and development. Second edition. Upper Saddle River, New Jersey: Pearson Education, Inc.

Lave, Jean/Wenger, Etienne (1991): Situated learning: legitimate peripheral participation. 1. Auflage. Cambridge, United Kingdom: Cambridge University Press.

Linhares, Tai (2021): Named after men. Plants – rethinking the act of naming. In: namedaftermen.com. https://namedaftermen.com/category/plants/.

Mittelstraß, Jürgen (2005): Methodische Transdisziplinarität. TATuP – Zeitschrift für Technikfolgenabschätzung in Theorie und Praxis 14, 2, 18–23.

Mullins, Monalisa McCurry (2003): The impact of service learning on perceptions of self-efficacy. University of Nebraska, Omaha.

Ngereja, Bertha/Hussein, Bassam/Andersen, Bjørn (2020): Does project-based learning (PBL) promote student learning? A performance evaluation. Education Sciences 10, 11, 330.

Project-Sci.Com (2022). Project-Sci.Com Wiki. In: labprepare.tu-berlin.de (01. Oktober 2017). https://www.labprepare.tu-berlin.de/wiki/doku.php?id=projekte.

Rosenfeld Halverson, Erica/Sheridan, Kimberly M. (2014): The maker movement in education. Harvard Educational Review 84, 4, 495–504.

S. Schäfer, Mike/Kristiansen, Silje/Bonfadelli, Heinz (2015): Wissenschaftskommunikation im Wandel. In: Mike S. Schäfer/Silje Kristiansen/Heinz Bonfadelli (Hg.): Wissenschaftskommunikation im Wandel. Köln: Herbert von Halem Verlag.

Stifterverband für die Deutsche Wissenschaft e.V. (Hg.) (2021): FUTURE SKILLS 2021. 21 Kompetenzen für eine Welt im Wandel. Essen. In: stifterverband.org. https://www.stifterverband.org/medien/future-skills-2021.

Styron, Ronald (2013): Interdisciplinary education: a reflection of the real world. Systemics, cybernetics and informatics 11, 9, 47–52.

Wissenschaftsrat (Hg.) (2022): Empfehlungen für eine zukunftsfähige Ausgestaltung von Studium und Lehre. Köln. https://doi.org/10.57674/q1f4-g978.

Wissenschaftsrat (Hg.) (2016). Wissenschaftsrat: Wissens- und Technologietransfer als Gegenstand institutioneller Strategien | Positionspapier. Weimar. In: wissenschaftsrat.de (01. Oktober 2016). https://www.wissenschaftsrat.de/download/archiv/5665-16.html.

Danksagung und Förderhinweise

Die Kurse *lab:prepare* und *lab:present* und das *Projektlabor Wissenschaftskommunikation* entstanden in Zusammenarbeit zwischen den Dozent*innen und Organisator*innen Robert Richter, Andrea Heilrath, Fabian Kruse, Clara Rodríguez Roca-Sastre, Tobias Schubert, sowie den Tutor*innen Enya Blohm-Sievers, Lena Kocutar, Benjamin Maaß, Victoria Martínez, Lysanne Passek, Niklas Schneider und Emma Sokoll. Die Vorläuferprojekte *lab:prepare* und *lab:present* wurden maßgeblich von Thomas Friedrich und Christian Schröder als Vorsitzenden der Kommission für Studium und Lehre an der Technischen Universität Berlin gefördert. Das aktuelle Projekt Project-Sci.Com, das den Kurs *Projektlabor Wissenschaftskommunikation* durchführt und weiterentwickelt, wird von Birgit Kanngießer, Liudger Dienel, Saskia Fischer, Ralf Romeike und Jan Lüning geleitet. Das Projekt wird durch die Berlin University Alliance im Rahmen der Exzellenzstrategie von Bund und Ländern gefördert.

Thorsten Philipp / Katarina Marej / Leo Fenster

Didaktische Experimente im Spielfeld zwischen Universität und Gesellschaft: Ein transdisziplinäres Lernlabor im Einkaufszentrum

Die Aufgabe des Transfers von Wissen zwischen unterschiedlichen Bereichen und Akteur*innen umfasst nicht nur ontologische, epistemische, normative und strukturelle Herausforderungen, sondern auch ganz praktische wie die nach der Gestaltung konkreter Orte. Insbesondere transdisziplinäre Transferformate stellen spezifische infrastrukturelle Anforderungen, da sie nicht der Wissens*vermittlung* dienen, sondern partizipative und kollaborative Wege der Wissens*produktion* bereitstellen müssen. Unser Beitrag stellt Erfahrungen eines Praxisprojekts dar, in dem ein solcher Lernort experimentell geschaffen wurde. Er will dazu beitragen, die praktische Umsetzung transdisziplinärer didaktischer Interventionen zu erleichtern und aus den Erfahrungswerten neue Impulse für die transdisziplinäre didaktische Praxis zu entwickeln. Der Artikel orientiert sich dabei normativ an etablierten Positionen im Diskurs zu Transdisziplinarität (grundlegend: Funtowicz/Ravetz 1993; Gibbons et al. 1994; Nowotny et al. 2001; Carayannis/Campbell 2009). Diese betonen insbesondere die Anerkennung pluraler Wissensformen und -ressourcen sowie horizontale und dialogische Prozesse und verfolgen mit wissenschaftlich-gesellschaftlichen Kooperationen das Ziel, Lösungen zu zentralen gesellschaftlichen Problemlagen zu entwickeln und zu erproben. Für das Projekt standen inhaltlich vorrangig ökologische, ökonomische und soziale Nachhaltigkeitsfelder im Fokus sowie methodisch die Erprobung didaktischer Ansätze und kommunikativer Strukturen.

Lernen und Raum stehen in einem engen Verhältnis zueinander und sind Gegenstand verschiedentlicher Aushandlungen. Dies zeigt sich nicht nur in den Diskursen um die Gestaltung etablierter Bildungsinstitutionen wie Schule oder Universität (z.B. Rittelmeyer 2015), sondern auch in den Diskursen, die sich mit der Pluralisierung von Lernräumen befassen (für einen Überblick über die Lernortdiskussion: etwa Faulstich 2013, zum Kontext des Lebenslangen Lernens: Egger et al. 2008). Konzeptuell ist hervorzuheben, dass Lerngegenstand und Lernziele auf einander abgestimmt werden müssen (Sander

2005: 25). Bei transdisziplinären Projekten erscheint dieser Anspruch mehrfach herausfordernd: Im Gegensatz zu fachbezogenen Konzepten geschieht die Auseinandersetzung hier *jenseits* und *quer* zu disziplinären Perspektiven (Vilsmaier 2021: 333). Transdisziplinäre Lernräume haben dann die Aufgabe, Kooperation, Organisation und Dissemination zu garantieren, eine multidirektional gestaltete, reziproke Didaktik zu ermöglichen und eine dialogische Kommunikationsstruktur zu sichern, in der rekursive Feedbackpraktiken (vgl. Carless/Boud 2018: 1320 f.) etabliert und anerkannt sind.

Zur Konkretisierung dieser Ansprüche an hybride Orte, Zwischenräume und *Thirdspaces* (Soja 2007) lenken wir den Blick auf einen konkreten Fall in Berlin: *Mall Anders – Offenes Lernlabor für Universität und Gesellschaft*, ein 2021/22 über sieben Monate hinweg betriebener transdisziplinärer Lehr- und Lernort in der Mitte eines Einkaufszentrums. Wir stellen unser Projekt in *(1) Genese und Gestalt* vor, diskutieren die darin erprobten *(2) didaktischen Methoden und Techniken*, unterscheiden die erlebten *(3) Modi der Interaktion und des Wissens* jenseits der Campusgrenzen und unternehmen schließlich den Versuch, *(4) zentrale Lernerfahrungen* an der Schnittstelle zwischen Universität und Gesellschaft zusammenzufassen und *(5) Fragen der Übertragbarkeit und Weiterentwicklung* zu diskutieren.

1 Mall Anders: Genese und Gestalt eines Lernlabors

Mall Anders – Offenes Lernlabor für Wissenschaft und Gesellschaft wurde im Herbst 2021 in den Räumen des Einkaufszentrums *WILMA Shoppen* in Berlin-Charlottenburg eingerichtet. Schon der Titel war ein gewagtes Unterfangen, denn eine genaue Definition über Gestalt, Programm, Ziele und Methoden eines transdisziplinären Lernlabors fehlte – wie auch in der Forschung kein einheitliches Begriffsverständnis vorliegt. Die Genese unserer Einrichtung war das Ergebnis der Transferpolitik der Berliner Universitäten: Freie Universität, Humboldt-Universität zu Berlin, TU Berlin und Charité-Universitätsmedizin hatten im Rahmen ihres Exzellenzverbunds Berlin University Alliance die Zusammenarbeit mit Vertreter*innen aus Wirtschaft, Politik, Zivilgesellschaft, Kultur und Medien durch eine gemeinsame Förderlinie gestärkt. Unter Vermittlung des Stadtbezirks Charlottenburg-Wilmersdorf und des Transferbüros der TU Berlin gelangten die Berliner Universitäten an eine 380 Quadratmeter große Ladenfläche, deren vorheriger Nutzer, ein auf Geschenkartikel spezialisierter Einzelhändler, Insolvenz erlitten und die gesamte Innenausstattung (Regale, Beleuchtung, Kassensysteme usw.) samt aller angebotenen Waren auf der Fläche zurückgelassen hatte.

Die Umgestaltung der Fläche aus den vorgefundenen Materialien, die durch die Marktsituation von einem Tag auf den anderen als Abfälle deklariert waren, obwohl sie ihre Gestalt oder Funktion nicht verändert hatten, wurde im Wintersemester 2021/22 zur zentralen Aufgabe einer Service-Learning-Lehrveranstaltung der TU Berlin: Das Natural Building Lab der Fakultät für Architektur, das auf Praktiken kreislaufgerechten Bauens spezialisiert ist, stellte Studierende im Rahmen eines interdisziplinär ausgerichteten Entwurfseminars vor die kreative Aufgabe, den Raum, seinen Kontext, die angestrebte Zielsetzung und das zurückgelassene Materialangebot zu erschließen und für einen transdisziplinären Lernort aufzubereiten. Die Studierenden entschieden sich für eine flexible, unkompliziert veränderbare Innenausstattung, die fast vollständig aus dem Upcycling vorgefundener Materialien bestand: Aus Regalkombinationen wurden Raumteiler und Projektionsflächen für Videoinstallationen, Schubladen verwandelten sich in Sitzgelegenheiten, zusammengebundene Stofftiere dienten zur Sitzpolsterung – aus Zivilisationsmüll wurde Innenarchitektur. Mall Anders bediente den Diskurs nachhaltiger Entwicklung materiell wie didaktisch (vgl. Philipp 2023).

Raumgestaltung und Raumaneignung durch die Studierenden waren von Anfang an mit vielfältigen Fragen verbunden: Was sollte *Mall Anders* sein und leisten? Inwieweit positionierte sich das Projekt kooperativ, inwieweit disruptiv oder störend im Konsumkontext? Trotz des kollegialen Verhältnisses zwischen Shoppingcenter-Management und Universitätsmitgliedern war die Divergenz der Interessen nicht zu übersehen. Die offene Praxis von Upcycling, Maker Education und „Kultur der Reparatur" (Heckl 2015) in einem Einkaufszentrum und der ihm eigenen kapitalistischen Verwertungslogik (Kroes 1996: XIV) ließ den schrittweise entstehenden Lernraum Mall Anders bald als Irritationspunkt erscheinen. Der Bautyp Shopping Mall, seit jeher intendiert als Ort der Massen und nach raffinierter Innengestaltung ganz auf Konsumlust ausgerichtet (Coleman 2006: 145–167), galt seinen Befürworter*innen einst als Ort wirtschaftlicher Revitalisierung, als Kulminationspunkt urbaner Innovation und Forum städtischer Öffentlichkeit (McMorrough 2001: 376). Heute, nach Jahrzehnten der Erfahrung im Umgang mit Einkaufsarchitektur, bestimmen kritische Themen den Diskurs: die Verdrängung kleinteiliger Stadtstruktur, die Zerstörung gewachsener Einzelhandelsvielfalt, die Beseitigung identitätsstiftender Räume usw. (Dörhöfer 2008: 153–161; Bader 2016: 11 f.). In dieser Spannung stand auch unser Gebäude: Als Stadtteilcenter primär ein Ort der Nahversorgung, an dem auch Gastronomie, kommunale Services und Sporteinrichtungen ihren Platz hatten, unterlag es unverkennbar dem Trend der Akkumulation von Funktionen (Wehrheim 2007: 9) und war nach der Idee seiner Betreiber längst nicht mehr nur dem Einkauf verschrieben, sondern ein Ort der Freizeitgestaltung und des städtischen Lebens. Dass es sich auch als Ort universitären Arbeitens etablieren könnte, erschien daher als anschlussfähige Erweiterung.

Die Studierenden sahen im Austausch mit Passant*innen und im Kennenlernen der Mitarbeiter*innen der anderen Ladenflächen schon in der Entstehungsphase des Projekts eine zentrale Aufgabe und wählten ungewöhnliche Begegnungsformen: ein Tischtennisturnier, einen Verschenkemarkt, eine Modenschau, ein Speeddating. Die Begegnungsarbeit sollte die Voraussetzung dafür schaffen, die Frage nach Bewertung und Potenzialen von Einkaufszentren im städtischen Raum analytisch und reflexiv zu bearbeiten. Dazu nutzten die Studierenden die Fläche sogar als temporäre Wohngemeinschaft: als Ort gemeinsamer Mahlzeiten, als Arbeitsraum und Nachtquartier. Der partizipative Netzwerkcharakter führte bereits in der Entstehungsphase Menschen, Ideen und methodische Ansätze auf der Fläche zusammen. Am 1. Dezember 2021 – unter den besonderen Bedingungen des Pandemiegeschehens – öffnete Mall Anders die Glasfassade.

2 Themen, Techniken und Akteur*innen

Mit der Eröffnung des Raums begann seine eigentliche Programmphase. Mitglieder der Berliner Universitäten und weitere öffentliche Akteure*innen aus Kunst und Zivilgesellschaft wurden im Rahmen offener Calls zur Nutzung der Fläche eingeladen: Sie konnten ein Veranstaltungskonzept vorschlagen, in dem sie die kommunikativen Methoden und Transferleistungen erläutern mussten, die sie mit ihrem Projekt anstrebten. Thematische Vorgaben bestanden nicht. Die Nutzung der Fläche war für alle Gruppen kostenfrei und wurde im Tagesbetrieb durch ein Team von Studierenden und Nachwuchswissenschaftler*innen betreut.

In ihrer siebenmonatigen Laufzeit bis Ende Juni 2022 war Mall Anders Gastgeberin und konzeptueller Rahmen für über 250 Veranstaltungen. Das inhaltliche Panorama war breit und erstreckte sich über Nachhaltigkeit (etwa Praxiswissen für den Alltag, Kreislaufwirtschaft, Mobilität), urbane Entwicklung, Digitalisierung, Popmusikforschung und Linguistik bis hin zu antiken Kulturen und zahlreichen anderen Themen und Disziplinen. Divers wie die Inhalte waren auch die methodischen Zugänge, die von Workshops, (interaktiven) Ausstellungen, Science Slams und Kurzvorträgen über Quizveranstaltungen, Infofilme, Kreativworkshops für Kinder bis zu künstlerischen Performances und individueller Beratung reichten (weiterführend: TU Berlin 2023).

Unter den Nutzergruppen befanden sich vor allem *(1) Studierende*, die die Fläche etwa im Rahmen von Projektwerkstätten oder studentischer Forschung nutzten: zur Gruppenarbeit, zur Präsentation eigener Forschung, zur Erhebung von Daten im Gespräch mit Besucher*innen. *(2) Vertreter*innen der Spitzenforschung*, insbesondere der sieben Berliner Exzellenzcluster, präsentierten in Ausstellungen, Podien, Storytelling-Events und Science-Slams aktuelle Fragen etwa zur Zukunft liberaler Demokratien, zum aktuellen Stand der Gehirnforschung oder zur Wirkungsweise von Katalyse. *(3) Vertreter*innen der Zivilgesellschaft* behandelten überwiegend lokale Dissensthemen wie Flächengerechtigkeit und urbane Mobilität, aber auch Wege der konstruktiven Konfliktbearbeitung. Mall Anders war darüber hinaus ein Schauplatz *(4) künstlerischer Intervention:* Die Koproduktion von Wissen am Kreuzpunkt von Kunst, Technik und Wissenschaft, die seit langem wissenschaftliche Aufarbeitung und Anerkennung erfährt (grundlegend: Tröndle/Warmers 2012, Chemi/Du 2018, zusammenfassend: Horstmann 2021), sollte den Zugang zu Wissen nicht primär über das künstlerische Endresultat, sondern über die Beziehungen entfalten, die die Teilnehmer*innen zu den Exponaten, den Mitwirkenden und zur Lernumgebung entwickelten. Und schließlich war Mall Anders immer wieder auch ein Display seiner selbst: eine Einladung zur Reflexion über Aufgaben und Bedeutung von Wissenschaft, die *(5) wir selbst* als Initiator*innen und Kurator*innen fortwährend anregten, um mit Passant*innen und neuem Publikum ins Gespräch zu kommen. Hierzu gehörten sowohl strukturierte Reflexionsworkshops und Feedbackgespräche als auch die kommunikative Daueraufgabe, eine einladende Atmosphäre zu schaffen (z.B. in der Kombination aus Dialog, Getränken und Livemusik), um den Lernort und sein Programm zu erläutern.

3 Wissen, Raum und Interaktion

Mall Anders diente dem Ziel, dem Wechselspiel pluraler *Wissensressourcen* Raum zu geben, heterogene Wissensformen aufeinandertreffen zu lassen und Interaktion zu ermöglichen. Wissenschaftliches, künstlerisches und zivilgesellschaftliches Erfahrungs-, Praxis- und Körperwissen sollten im Hinblick auf die drängenden Fragen der Gesellschaft zusammengebracht werden und ineinandergreifen. Der Anspruch vieler Nutzer*innen, verschiedene Wege der Wissenskommunikation und -produktion zu erproben, setzte allerdings eine reflexive Öffnung akademischer Wissenskultur voraus, um Wirksamkeit zu entfalten (Marej 2020). Mall Anders verzichtete daher auf traditionelle Transferlogiken der unidirektionalen Wissensvermittlung und zielte auf den multidirektionalen Wissensfluss zwischen pluralen Gesellschaftsmitgliedern. Wissenschaftliches Wissen wurde überwiegend disziplinär, teils mit interdisziplinärer Perspektive, in das Lernlabor eingebracht. Entlang der transdisziplinären Zielsetzung ging es darum, wissenschaftliches Wissen in den produktiven Austausch mit anderen Wissensformen zu bringen: Lokales Alltags- und Erfahrungswissen waren als gleichwertig anerkannt. Indem er fachliche wie subjektive Reflexionsprozesse initiierte, öffnete der Experimentierraum Mall Anders die wissenschaftliche Wissensproduktion für implizite Wissensformen (Polanyi 1985) wie Erfahrungswissen und situiertes Wissen (Haraway 1988). Die daraus erwachsende Perspektivenpluralität ging zwar in vielen Fällen mit Verunsicherung einher; sie eröffnete allerdings die Chance, zu einer polyphon fundierte Theorie- und Methodenbildung beizutragen, um so in die wissenschaftliche Wissensproduktion zurückzuwirken (Marej 2022).

Der aus Upcycling-Methoden entwickelte *Raum* befand sich an disziplinären, sektoralen und institutionellen Schnittstellen zwischen Bildung (Schule, Universität, Bibliothek), Kultur (Museum, Galerie, Theater), Politik (Versammlung, Podium, Planungsbüro) und Forschung (Institut, Labor, Feld). Das Lernlabor war keinen Kategorien, Disziplinen oder Institutionen zuzuordnen; es war angebunden an klassische Wissenschaftsorte, aber von Dekanonisierung und Dehierarchisierung geprägt. Dies zeigte sich nicht nur in dem dargestellten Umgang mit Wissensressourcen, sondern spiegelte sich auch in der konzeptuellen Freiheit der Nutzer*innen sowie in der materiellen Gestaltung: Stets war der Raum anders arrangiert und an geänderte Bedürfnisse angepasst. Die Möbelkonstruktionen der mobilen Innenarchitektur wurden unterschiedlich positioniert und konnten den Raum in seiner Wirkung verändern, verkleinern, intimer und vertrauter wirken lassen, ihn zu einer großen Bühne oder in einen Laufsteg verwandeln. Die technischen Installationen (z.B. Licht- und Klangeffekte), die Sprech- und Sitzanordnungen (z.B. Stühle randomisiert oder in Reihen) bewirkten wandelbare Begegnungsmodi. Hinzu kamen Interaktionsobjekte wie im Raum platzierte Exponate, Whiteboards, Videoprojektionen, Post-its und Filzstifte. Schon der Umgang mit dem Grenzbereich zwischen Mall Anders und Einkaufzentrum wurde essentiell: Die Glasfassade zur Ladenstraße konnte ganz oder nur zu Hälfte geöffnet sein, Offenheit signalisieren oder verweigern. Programmeinladungen auf Aufstellern funktionierten als Neugierde-Trigger und Partizipationsangebote.

Verschiedene *Lern- und Interaktionsformen* bestimmten Mall Anders: Im *(1) Alltagsbetrieb* während der wenigen Zeitfenster, an denen kein angekündigtes Programm stattfand, stand ein Teammitglied an der Rezeption des Eingangsbereichs, um Besucher*innen zu betreuen und Fragen zu beantworten.

Der Raum war in diesem Modus öffentlich zugänglich, und die visuelle Identität von Mall Anders aus Farbkodierungen, Palmen, Liegestühlen und modular-mobilen Möblierungen diente als Einladung zum Verweilen und Austauschen. Die vorherrschende Interaktionsform war die des persönlichen Gesprächs. Eine weitere freie Interaktionsform war das, was wir *(2) Offenes Haus* oder *Projekt-Display* nannten. Mall Anders wurde zu einem öffentlich zugänglichem Co-Working-Space, in dem Studierende, Wissenschaftler*innen oder Künstler*innen ihre Arbeit in die Mall verlegten und so Einblicke in ihre Arbeitsprozesse und Forschungspraxis gewährten. Darüber hinaus diente Mall Anders als *(3) Austausch- und Reflexionsforum* für Workshops und Tagungen mit Expert*innen zu Transdisziplinarität und Wissenschaftskommunikation. Diese Interaktion fand größtenteils zwischen Akteur*innen aus dem Wissenschafts- und Kulturbetrieb statt. Besucher*innen beteiligen sich, indem sie sich zur Tagungsrunde hinzusetzten, Gedanken und Themen teilten. Stark frequentiert waren die explizit auf Interaktion ausgerichteten Formate: die von Kooperationspartner*innen *(4) kuratierten Veranstaltungen*, die unser Programm maßgeblich bestimmten. Die Kooperationspartner*innen kündigten die Veranstaltung über unsere Online-Präsenz an, planten und gestalteten ihre Lernarrangements eigenständig im Raum und bereiteten die Ansprache von Passant*innen und Besucher*innen vor. Die Veranstaltungen reichten von einstündigen bis mehrtägigen Ausstellungs-, Dialog- und Workshop-Formaten.

4 Leben im Labor: Unsere Lernerfahrungen in vier Perspektiven

Der Rückblick auf sieben ungewöhnliche Monate universitären Lebens im Einkaufszentrum zieht die Frage nach sich, auf welche Lernerfahrungen Nutzer*innen, Besucher*innen und Initiator*innen am Ende zurückblicken. Die Bewertung von Wirkung, Wirksamkeit, Erfolg oder Misserfolg transdisziplinärer Projekte birgt allerdings besondere Herausforderungen in der Anwendung und Kombination qualitativer Techniken (Nagy/Schäfer 2021: 373). In unserem Fall war sie schon durch die Kurzfristigkeit der Projektplanung erschwert und von vornherein dadurch belastet, dass eine Verständigung über Erwartung, Erfolgsbewertung und angestrebte Wirkung im gesetzten Rahmen *ex ante* nicht möglich war und zur Auswertung *ex post* nicht zur Verfügung stand. Zahlreiche Ad-hoc-Entscheidungen und -maßnahmen drängten längerfristige Planungen, Zwischenevaluationen und konzeptionelle Reflexionen in den Hintergrund. Bereits die Klärung der Verantwortungsrollen für den

Prozess und seine Ergebnisse – eigentlich Grundvoraussetzung für erfolgreiche transdisziplinäre Arbeit (Lüdtke 2018) – verwirklichte sich nur in Ansätzen.

Die folgenden Lernerfahrungen basieren daher nicht auf empirischen Daten, sondern auf prozessorientiert aufbereiteten Praxiserfahrungen. Um das Fehlen *ex ante* festgelegter Evaluationskriterien auszugleichen, sprachen die Teammitglieder mit Passant*innen und Besucher*innen, fertigten ethnographische Notizen, werteten Veranstaltungen zusammen mit den Durchführenden aus und führten Reflexionsworkshops im Team sowie in Kooperation mit Nutzer*innen durch. Dies ersetzt keine strukturierte Auswertung, doch konnten wir auch auf diesem Wege induktiv Beobachtungen und Lerneffekte verzeichnen, die für weitere Projekte, Forschungen und Evaluationsbestrebungen relevant sein können und daher mit der gebotenen Bescheidenheit berichtet und zur Diskussion gestellt werden.

(1) *Besucher*innen und Passant*innen* berichteten häufig, dass Mall Anders in vielfältiger Hinsicht eine Irritation im Konsumstrom war, ein Aufbrechen eingeübter Raumerwartungen, ein überraschendes Lern- und Begegnungsangebot an Orten, an denen dies nicht zu erwarten war. Erstbesuche wurden oft durch das Interesse an einzelnen Themen, durch die Neugier an der ungewöhnlichen Ladenfläche und ihrer Ästhetik und durch persönliche Ansprache angeregt. Manche Besucher*innen erkannten im Gespräch mit Vertreter*innen der Wissenschaft nicht nur eine Informationsquelle, sondern auch die Gelegenheit zur Betrachtung der eigenen Wissensressourcen und der eigenen Bildungsgraphie in ihren Bedingungen, Hindernissen und Chancen. Mall Anders war immer auch ein Ort der Bildungsreflexion.

(2) *Nutzer*innen und Veranstalter*innen* offenbarten uns, dass der Kommunikationsrahmen des Einkaufszentrums vor allem vielen Wissenschaftler*innen die Grenzen ihrer Sprachfähigkeit aufzeigte, wenn es darum ging, Forschungsfragen und deren Relevanz voraussetzungsfrei einem neuen, fremden Publikum zu eröffnen. Wie erzähle ich über meine Forschungsarbeit, wenn ich nicht vor Wissenschaftler*innen stehe? Wie erschließe ich meine Zuhörerschaft, wenn ich nicht weiß, welche Hintergründe sie mitbringt? Extravertiertheit gegenüber fremden Menschen, Freude an reibungsvoller Kommunikation und die Bereitschaft nicht nur zum Sprechen, sondern auch zum Zuhören – Grundpfeiler transdisziplinärer Wissenschaftskommunikation – konnten helfen. Auch konzeptionell-strukturelle Aspekte waren bestimmend: Gerade die Erfahrungen mit Ausstellungen zeigte, dass der Faktor Zeit einen Schlüssel bildet. Ausstellungen können nicht auf innovative Designs beschränkt werden, sondern bedürfen aktiver

Präsenz, um wechselseitige Kommunikations- und Verständigungsprozesse zu ermöglichen. Insofern war Mall Anders auch eine Reflexion über Grenzen und Herausforderungen von Wissenschaftskommunikation im Zeitalter pluraler Gesellschaften, in denen sich Publikumsformationen ständig wandeln und die medial ausgetragenen Legitimitätskrisen von Wissenschaft (Görke/Rhomber 2017: 51; Weingart 2001: 15) nicht einfach überspielt werden können.

Auch auf der Seite des *(3) Shoppingcenter-Managements* gab es Lernerfahrungen. Die ungewöhnliche nicht-kommerzielle Nutzung der Ladenfläche durch die Berliner Universitäten verhalf über die Verlegenheit ungenutzter Areale hinweg, konnte zumindest temporär ein neues Publikum erschließen und mediale Aufmerksamkeit entfalten. Andererseits führte die Arbeit von Studierenden im Einkaufszentrum und die unkonventionelle Art mancher Interventionen unweigerlich zu Konflikten mit anderen Ladenbetreiber*innen. Mall Anders initiierte eher ungewollt die Auseinandersetzung mit der Frage, inwieweit Shoppingcenter bereit sind, die aus der Zeit gefallene Doktrin einer „Architektur der Verführung" (Venturi/Brown/Izenour 1979: 20) hinter sich lassen und stattdessen die soziale Interaktion mit ihren Besucher*innen als Prozess „kollektive[r] Kreativität" anzunehmen (Bareis 2005: 172). Dies setzt allerdings voraus, dass Besucher*innen nicht als Kaufkraft, sondern als Mitgestalter*innen der Einrichtung anerkannt werden (Bareis 2007: 164).

Die größten und kontinuierlichsten Lernerfahrungen durften wohl wir selbst im Kreis unseres eigenen *(4) Teams* verzeichnen: die Kolleg*innen, die Mall Anders im täglichen Betrieb steuerten, die Glastüren öffneten und schlossen, das Programm kuratierten, die Veranstalter*innen berieten, den Besucher*innen Rede und Antwort standen u.v.m. Eine zentrale Lernerfahrung bestand für uns in der Bearbeitung der räumlichen wie sozialen Schwelle zwischen innen und außen. Vielen Passant*innen war die Herausforderung, sich dem anderen, riskanten, unbekannten Raum auszusetzen, anzusehen – aber wie reagieren? Wir lernten täglich, die Unbekanntheitsdimensionen zu bearbeiten, um die Schwelle durchlässig zu halten: Ständige Aufmerksamkeit und unaufdringliche persönliche Ansprache waren die Schlüssel, um Zugänglichkeit zu signalisieren, Neugier zu wecken und Sorgen vor Vereinnahmung auszuräumen. Der tägliche Spagat zwischen „Willkommenskultur" und Zurückhaltung war permanent überfordernd, der Aufbau von Vertrauen und die Etablierung längerfristiger Beziehungen durch wiederholte Besuche waren der größte Erfolg. Kinder hatten indes die geringste Scheu, unsere Fläche zu betreten: Technisch-naturwissenschaftliche

Installationen und Experimente und andere spielerische Interaktionsangebote im Eingangsbereich wirkten in der Aufmerksamkeitsökonomie des Einkaufsbetriebs wahre Wunder.

5 Was bleibt? Überlegungen zur Zukunft transdisziplinärer Räume

Wie lassen sich die Lernerfahrungen aus dem Alltag unseres Lernlabors an den transdisziplinären Diskurs rückbinden? Welche Grundfragen stellen sich – und wie müsste der transdisziplinäre Lernraum der Zukunft auf der Basis unserer Erfahrungen aussehen?

Blicken wir zunächst auf das Postulat der *Teilhabe*, das für transdisziplinäre Arbeit als Erfolgsbedingung schlechthin gilt (Pohl/Hirsch Hadorn 2006: 23 f.). Auch wenn Mall Anders als Ort der Partizipation ausgewiesen war, haben wir täglich spüren müssen, wie voraussetzungsreich partizipative Kultur ist – und wie zahlreich die Hürden bleiben. Neben den unmittelbar raumbezogenen Zugangsfragen war das Sprachenproblem, das die Diskussion um Inter- und Transdisziplinarität seit jeher prägt (Balsiger 2005: 252 f.; Böhm 2006: 134; Philipp 2021: 167), eine enorme Alltagsaufgabe. Alle Veranstaltungen fanden auf Deutsch statt – wodurch zahlreiche Bürger*innen des postmigrantischen Berlins von der Teilnahme ausgeschlossen waren. Was wäre passiert, wenn wir unsere Kommunikation auf Türkisch, Ukrainisch oder Farsi angeboten hätten? Die Sprachgrenzen, die es zu überwinden gilt, betreffen keineswegs nur Ländersprachen, sondern gleichermaßen Alltags- und Fachsprachen, Soziolekte und Berufsidiome. Unentschlossen standen wir ganz grundsätzlich der Frage nach den Kriterien von Teilhabe gegenüber: Ist der Blick durch die Glasfassade schon ein erster Schritt der Mitwirkung? Was ist mit Passant*innen, die ihren Einkauf unterbrechen, um an einer Umfrage von Studierenden, an einer Verkostung, an einem Kurzvortrag, einer Videoperformance teilzunehmen? Was war mit den Kund*innen des gegenüberliegenden Friseurbetriebs, die unserem Treiben durch den Spiegel, aus sicherer Distanz, zuschauten? Als erfolgreich in der Frage partizipativer Praxis war Mall Anders im Hinblick auf die räumlicher Ästhetik und ihre Anziehungskraft zu werten: Vor allem die Lichtgestaltung, das lässige Design in einem konsistenten Farbschema und originelle Möbel aus upgecycleten Materialien waren echte Blickfänge und erfuhren positives Feedback.

Ist unser Projekt *übertragbar* oder wiederholbar? Die Komplexität der vielen Voraussetzungen, die sich in unserem Fall glücklich ineinanderfügten, rät uns zu Zurückhaltung. Eine Fülle von verzweigten Hintergrundproblemen, die nach außen hin nicht sichtbar waren, zeigten eingängig, dass die administrativen Kulturen weder der Universitäten noch des Einzelhandels auf solche Kooperationen vorbereitet sind. Wer unterzeichnet den Mietvertrag – und was steht darin? Wer trägt Verantwortung – wofür und unter welchen Bedingungen? Wie lassen sich versicherungstechnische Fragen lösen? Wer moderiert im Fall der Interessendivergenz? In allen diesen Fragen kam uns zur Hilfe, dass auf allen Seiten kollegiale Wertschätzung, Veränderungswille, Risikobereitschaft, Freundschaften und Spaß an der Sache die Kontexte prägten, aus denen Mall Anders Gestalt gewann. Übertragbarkeit kann daraus allerdings nicht abgeleitet werden.

Im Hinblick auf den Erfolg der *Wissenschaftskommunikation* erscheint es uns notwendig, dass Universitäten ihren Auftrag zu Veränderungskultur ernstnehmen und bereit sind, dem entsprechenden Fortbildungsbedarf über Marketingkonzepte hinaus zu begegnen: Wie entwickeln wir eine barrierefreie, dialogische Gesprächssituation, die nicht durch Hierarchien des Wissens vorkonditioniert ist? Wie erschließen und nutzen wir das Erfahrungs- und Praxiswissen unserer Gesprächspartner? Es geht längst nicht nur um physische, sondern vor allem um milieuspezifische Grenzen und um den Anspruch, Erfahrungsräume soziostrukturell aufzubrechen (Bohnsack 2018: 23–29). Voraussetzung einer solchen didaktischen Kultur ist nach unserer Erfahrung die Bejahung von Experiment und rekursiver Lerndynamik (vgl. Groß/Hoffmann-Riem/Krohn 2005: 210 ff.) sowie die Bereitschaft zur Neuaushandlung von Kontrolle und Macht (Herriger 2014: 16): Indem unser Experiment eingeübte disziplinäre Kategorien und institutionelle Zuordnungen überwand, war es zwangsläufig ein Spielfeld der Neuaushandlung von Pfadabhängigkeiten und Wissenshegemonien (vgl. Thompson Klein/Philipp 2023).

Transdisziplinäres Lernen wird, sofern und soweit Teilhabe erreicht werden kann, zu einem Prozess der Umverteilung von Gestaltungsvermögen: Es fördert selbstbestimmtes Lernen und kommunikative Aushandlungsprozesse mit anderen Wissensbeständen. Gleichzeitig werden etablierte Gestaltungen und Praktiken in Frage gestellt und Reflexionsprozesse angeregt. Diese werden jedoch, wie jede Irritation, nicht immer bereitwillig aufgenommen, sondern ggf. sogar abgewehrt, weshalb es einer kontinuierlichen didaktischen Begleitung bedarf. Das sprachliche, sozioökonomische und normative Erleben von Differenz und Differenzspannungen eröffnet Erfahrungen des Übergangs, der Hybridität, der non-binären Realität.

Als *transdisziplinärer Lernraum*, als konflikthaftes Forum der Auseinandersetzung ermöglichte Mall Anders die Arbeit an zahlreichen Schnittschnellen von Problemzusammenhängen und verzichtete dabei auf hierarchische Strukturen. Was ursprünglich als eine Art Serviceleistung von Universitätsmitgliedern für die Gesellschaft intendiert war und mit dem primären Ziel der Wissenschaftskommunikation antrat, erwies sich zusehends als Lernerfahrung für die Universitäten selbst. Am Kreuzpunkt von Wissenschaft und Gesellschaft war es nicht nur ein Risiko- und Probenraum, sondern auch ein Ort der Kompetenzüberprüfung für Wissenschaftler*innen aller Disziplinen und Qualifikationsstufen. Insofern war Mall Anders auch eine Arbeit am universitären Bildungsversprechen – und speiste sich dabei nicht zuletzt aus der Verbindung von Neugier, Reflexion, Freundschaft, Spaß und Freude an der Performanz, um die Anziehungs- und Strahlkraft integraler Bildung in allen ihren Farben – und selbst in Einkaufswelten – erfahrbar werden zu lassen.

Literatur

Bader, Vera Simone (2016): Die Architektur der Shopping Mall. In: Andreas Lepik/Vera Simone Bader (Hg.): World of malls. Architekturen des Konsums, 11–21. Berlin: Hatje Cantz.

Balsiger, Philipp (2005): Transdisziplinarität. Systematisch-vergleichende Untersuchung disziplinenübergreifender Wissenschaftspraxis. München: Fink.

Bareis, Ellen (2005): Nutzerinnen und die Shoppingmall. Der dritte Raum im Visier. In: Kai-Uwe Hellmann: Das Management der Kunden: Studien zur Soziologie des Shopping, 153–174. Wiesbaden: VS Verlag für Sozialwissenschaften.

Bareis, Ellen (2007): Urbane Shoppingmalls und Subjektivitäten. In: Jan Wehrheim (Hg.): Shopping Malls. Interdisziplinäre Betrachtungen eines neuen Raumtyps, 153–174. Wiesbaden: VS Verlag für Sozialwissenschaften.

Böhm, Birgit (2006): Vertrauensvolle Verständigung. Basis interdisziplinärer Projektarbeit. Stuttgart: Steiner.

Bohnsack, Ralf (2018): Milieu als Erfahrungsraum. In: Stella Müller/Jens Zimmermann (Hg.), Milieu – Revisited, 19–52. Wiesbaden: Springer.

Carayannis, Elias G./Campbell, David F.J. (2009): 'Mode 3' and 'Quadruple Helix': Toward a 21st century fractal innovation ecosystem. In: International Journal of Technology Management 46 (3–4), 201–234.

Carless, David/Boud, David (2018): The development of student feedback literacy. Enabling uptake of feedback. In: Assessment & Evaluation in Higher Education 43 (8): 1315–1325.

Chemi, Tatiana/Du, Xiangyun (2018) (Hg.): Arts-Based Methods in Education – A Global Perspective. Gistrup: River Publisher.

Coleman, Peter (2006): Shopping Environments. Evolution, Planning and Design. Amsterdam/Boston: Elsevier.

Dörhöfer, Kerstin (2008): Shopping Malls und neue Einkaufszentren. Urbaner Wandel in Berlin. Berlin: Reimer.

Egger, Rudolf/Mikula, Regina/Haring, Sol/Felbinger, Andrea/Pilch-Ortega, Angela (Hg.) (2008): Orte des Lernens: Lernwelten und ihre biographische Aneignung. Wiesbaden: Springer.

Faulstich, Peter (2013): Orte intentionalen Lernens. In: Hessische Blätter für Volksbildung 3: 203–211.

Funtowicz, Silvio O. / Ravetz, Jerome R. (1993): Science for the post-normal age. In: Futures 25 (7), 739–755.

Gibbons, Michael/Trow, Martin/Scott, Peter/Schwartzmann, Simon (1994): The New Production of Knowledge: The Dynamics of Science and Research in Contemporary Societies. London: Sage.

Görke, Alexander/Rhomberg, Markus (2017): Gesellschaftstheorien in der Wissenschaftskommunikation. In: Heinz Bonfadelli/Birte Fähnrich/Corinna Lüthje/Jutta Milde/Markus Rhomberg/Mike S. Schäfer (Hg.): Forschungsfeld Wissenschaftskommunikation. 41–62. Wiesbaden: Springer VS.

Groß, Matthias/Hoffmann-Riem, Holger/Krohn, Wolfgang (2005): Realexperimente. Ökologische Gestaltungsprozesse in der Wissensgesellschaft. Bielefeld: transcript.

Haraway, Donna (1988): Situated Knowledges: The Science Question in Feminism and the Priviledge of Partial Perspective. In: Feminist Studies 14, 575–599.

Heckl, Wolfgang M. (2015): Die Kultur der Reparatur. 3. Auflage. München: Goldmann.

Herriger, Norbert (2014): Empowerment in der Sozialen Arbeit. Eine Einführung. 5. Auflage. Stuttgart: Kohlhammer.

Horstmann, Nina (2021): Kunst und Wissenschaft. In: Tobias Schmohl/Thorsten Philipp (Hg.), Handbuch Transdisziplinäre Didaktik, 175–184. Bielefeld: transcript.

Kroes, Robert (1996): If you've seen one, you've seen the mall. Europeans and American mass culture. Urbana u.a.: University of Illinois Press.

Lüdtke, Nico (2018): Transdisziplinarität und Verantwortung: Wissenschaftssoziologische Perspektiven auf projektförmig organisierte Forschung. In: Anna Henkel/Nico Lüdtke/Nikolaus Buschmann/Lars Hochmann (Hg.): Reflexive Responsibilisierung: Verantwortung für nachhaltige Entwicklung, 105–121. Bielefeld: transcript.

Marej, Katarina (2020): Creating impact in civic education by transformative research. Indications for professionalisation. In: JSSE 19(2): 24–46.

Marej, Katarina (2022): Kritisch-Kontrastive Wissenslinguistik. Ein Vorschlag für eine empirisch fundierte Theoriebildung durch den transdisziplinären Dialog zwischen Wissen(schaft)skulturen. In: Gesellschaft für Politikdidaktik und politische Jugend- und Erwachsenenbildung (Hg.): Methoden der politikdidaktischen Theoriebildung und empirischen Forschung, 73–95. Frankfurt am Main: Wochenschau.

McMorrough, John (2001): Good Intentions. In: Chuihua Judy Chung/ Jeffrey Inaba /Rem Koolhaas/Sze Tsung Leong (eds.): Project On The City 2. Harvard Design School Guide to Shopping. 371–379. Köln: Taschen.

Nagy, Emilia/Schäfer, Martina (2021). Wirkung und gesellschaftliche Wirksamkeit. In: Tobias Schmohl/Thorsten Philipp (Hg.): Handbuch Transdisziplinäre Didaktik. Bielefeld: transcript, 369–381.

Nowotny, Helga/Scott, Peter/Gibbons, Michael (2001): Re-thinking science: Knowledge and the public in an age of uncertainty. Cambridge: Polity Press.

Philipp, Thorsten (2021): Interdisziplinarität. In: Tobias Schmohl/Thorsten Philipp (Hg.), Handbuch Transdisziplinäre Didaktik. Bielefeld: transcript, 163–173.

Philipp, Thorsten (2023). Nachhaltigkeit durch Pluralität der Wissensressourcen. Prämissen und Praktiken Transdisziplinären Lernens. In: Walter Leal Filho (Hg.): Lernziele und Kompetenzen im Bereich Nachhaltigkeit. Wiesbaden: Springer VS (im Erscheinen).

Pohl, Christian/Hirsch Hadorn, Gertrude (2006): Gestaltungsprinzipien für die transdisziplinäre Forschung. München: oekom.

Polanyi, Michael (1985): Implizites Wissen. Frankfurt am Main: Suhrkamp.

Rittelmeyer, Christian (2015): Schule als gestalteter Raum: Schularchitektur. In: Gerhard Mertens/Winfried Böhm/Ursula Frost/Volker Ladenthin. (Hg.): Handbuch der Erziehungswissenschaft. Paderborn, München: Brill/ Schöningh, 505–511.

Sander, Wolfgang (Hg.) (2005): Handbuch politischer Bildung. Frankfurt am Main: Wochenschau-Verlag.

Soja, Edward W. (2007): Thirdspace. Journeys to Los Angeles and other real-and-imagined places. Malden, Mass.: Blackwell.

Thompson Klein, Julie/Philipp, Thorsten (2023): Interdisciplinarity. In: Thorsten Philipp/Tobias Schmohl (Hg.): Handbook Transdisciplinary Learning. Bielefeld: transcript, 195–203.

Tröndle, Martin/Warmers, Julia (Hg.) (2012): Kunstforschung als ästhetische Wissenschaft. Beiträge zur transdisziplinären Hybridisierung von Wissenschaft und Kunst. Bielefeld: transcript.

TU Berlin (Hg.) (2023): Mall Anders – Offenes Lernlabor für Wissenschaft und Gesellschaft, http://mall-anders.berlin.

Venturi, Robert/Scott Brown, Denise/Izenour, Steven (1979): Lernen von Las Vegas. Zur Ikonographie und Architektursymbolik der Geschäftsstadt. Basel u.a.: Birkhäuser.

Vilsmaier, Ulli (2021): Transdisziplinarität. In: Tobias Schmohl/Thorsten Philipp (Hg.): Handbuch Transdisziplinäre Didaktik. Bielefeld: transcript, 163–173.

Weingart, Peter (2001). Die Stunde der Wahrheit? Weilerswist: Velbrück.

Werheim, Jan (2007): Shopping Malls, eine Hinführung. In: Jan Wehrheim (Hg.): Shopping Malls. Interdisziplinäre Betrachtungen eines neuen Raumtyps. Wiesbaden: VS Verlag.

Beitragendenprofile

Matthias Ballod ist Professor für Sprach-, Literatur- und Informationsdidaktik an der Martin-Luther-Universität Halle-Wittenberg. Er wurde in der Linguistik zu automatisierten Verfahren der Textanalyse promoviert und hat in der Didaktik zu „Wissenstransfer und Wissenstransformation" habilitiert. Seine Forschungsinteressen umfassen die funktionale Integration digitaler Medien in Lehr-Lernkontexte von Schule und Universität ebenso wie organisationales und individuelles Wissensmanagement.

Hugo Caviola studierte Germanistik und Anglistik in Basel und den USA und verfasste eine Dissertation zur Raumwahrnehmung. Er war als Gymnasiallehrer tätig und leitete transdisziplinäre Vorhaben zur Metaphorik in der Wissenschaft und zur Didaktik des interdisziplinären Unterrichts. Seit 2014 leitet er das diskurslinguistische Forschungsprojekt *Sprachkompass* am Zentrum für Nachhaltige Entwicklung und Umwelt (CDE) der Universität Bern. Thematische Schwerpunkte sind Landschaft, Ernährung und Mobilität.

Leo Fenster studierte Soziologie, Wirtschaft und Politik an der Zeppelin Universität Friedrichshafen und Soziologie mit Schwerpunkt Organisationssoziologie an der Universität Bielefeld. Im Lehr-Lern-Projekt *Mall Anders* des Berliner Exzellenzverbundes war er für Programmentwicklung und Dokumentation zuständig. Seit 2023 ist er als Referent bei der Friedrich-Ebert-Stiftung tätig.

Armin Grunwald studierte Physik, Mathematik und Philosophie. An seine Promotion zum Dr. rer. nat. schloss sich die Habilitation mit Venia Legendi in der Philosophie an. Seit 1999 leitet Grundwald das Institut für Technikfolgenabschätzung und Systemanalyse (ITAS) am Karlsruher Institut für Technologie (KIT). Seit 2002 ist er zudem Leiter des Büros für Technikfolgen-Abschätzung beim Deutschen Bundestag (TAB). Seit 2007 ist Grundwald Professor für Technikethik und Technikphilosophie am KIT, seit 2021 Mitglied des Deutschen Ethikrates.

Sinah Gürtler ist wissenschaftliche Mitarbeiterin in der Arbeitsgruppe *Gender Studies in der Mathematik* im Fachbereich Mathematik und Informatik an der Freien Universität Berlin. Nach ihrem Studium der Mathematik und Informatik beschäftigt sie sich nun in ihrer Promotion mit dem Gendergap im Studiengang Mathematik.

Andrea Heilrath ist Physikerin und treibt seit 2017 Lehrveranstaltungen für Wissenschaftskommunikation an der Technischen Universität Berlin voran. Sie forscht zur Wissensproduktion und den dabei entstehenden Unsicherheiten im Spannungsfeld von Röntgenphysik, Wissenschafts- und Technikforschung. Als Mitglied des Steering Committees der #FactoryWissKomm und Vorstandsmitglied des Experimental Stage Project e.V. legt sie besonderen Wert auf die Teilhabe von Studierenden an Transferprozessen.

Lars Hochmann ist inter- und transdisziplinär arbeitender Wirtschaftswissenschaftler. Er lehrt und forscht als Professor für Transformation und Unternehmung an der Hochschule für Gesellschaftsgestaltung zu einer reflexiven Theorie der Unternehmung und nachhaltigen Unternehmensstrategien im Kontext großer Herausforderungen der Gesellschaft.

Thies Johannsen lehrt und forscht an der Technischen Universität Berlin an der Schnittstelle zwischen Geistes- und Sozialwissenschaften sowie MINT-Fächern. Ausgehend von großen gesellschaftlichen Herausforderungen beschäftigt er sich in seiner Forschung mit Kompetenzen für Transferaktivitäten sowie Innovationshandeln. Auf dieser Grundlage konzipiert er Lehr- und Weiterbildungsangebote, die eine Brücke zwischen den Wissenschaften und Gesellschaft, Wirtschaft und Politik schlagen.

Konstantin S. Kiprijanov arbeitet als Strategieberater der Geschäftsführung sowie Projektkoordinator und Postdoc im Projekt „Public Engagement with Planetary Health“ am Museum für Naturkunde Berlin. Er erforscht und testet neue Ansätze und Möglichkeitsräume für Partizipation und Wissenskoproduktion zum Thema Planetare Gesundheit. Konstantin studierte Wissenschaftsforschung in Berlin und promovierte an der University of Leeds zu Theorie und Geschichte der Wissenschaftskommunikation. Danach war er dort als Dozent und Supervisor tätig.

Katarina Marej studierte empirische Kulturwissenschaften, Soziologie, Osteuropäische Geschichte und Verwaltungswissenschaften in Köln und Münster und forscht zu den vielfältigen Verbindungen zwischen Kultur, Politik und Bildung in hyperdiversen Gesellschaften. In ihrer Dissertation an der Universität Kristiansand untersucht sie Wissenskulturen im Hinblick auf Bildungsdesiderate für die Förderung sozialer Nachhaltigkeit. Auf der theoretischen Grundlage von (De-)Konstruktion, (Inter-)Textualität und (post-)kolonialen Analysen nutzt sie transformative Forschung, um Epistemik und Theoriebildung zu dekolonisieren.

Anina Mischau ist Soziologin und leitet seit 2016 die Arbeitsstelle *Gender Studies in der Mathematik* am Fachbereich Mathematik und Informatik der Freien Universität Berlin. Ihr Tätigkeitsfeld umfasst, neben eigener Forschung zum Genderbias in Mathematik, vor allem die Entwicklung und Umsetzung innovativer Lehrkonzepte zur gender- und diversitysensiblen Gestaltung des schulischen Mathematikunterrichts und der Integration von Gender und Diversity in die Hochschullehre.

Koray Parlar studierte Sprache und Kommunikation an der Technischen Universität Berlin und ist dort als wissenschaftlicher Mitarbeiter mit Forschungs- und Lehraufgaben am Fachgebiet „Deutsch als Fremdsprache“ tätig. Zu seinen Forschungs- und Interessenschwerpunkten gehören Fach-, Alltags- und Werbekommunikation, Angewandte Linguistik, Korpuslinguistik sowie Webwissenschaften.

Thorsten Philipp ist Politologe, Romanist und Kunsthistoriker. Als Mitglied im Präsidialstab der Technischen Universität Berlin verantwortet er die Förderung transdisziplinärer Lehrprojekte. Er lehrt disziplinen- und institutionenübergreifend an der Leuphana Universität Lüneburg, an der Universität Freiburg, an der Münchner Universität der Bundeswehr und an der Dualen Hochschule Baden-Württemberg. In seiner Forschung untersucht er Popmusik als Resonanzraum von Nachhaltigkeitstheorien und politischer Ökologie.

Anna Malena Pichler ist wissenschaftliche Mitarbeiterin am Fachgebiet „Deutsch als Fremdsprache“ der Technischen Universität Berlin. Aktuell beschäftigt sie sich in ihrer Dissertation mit der Entwicklung eines Modells zur Wortschatzdidaktik im Kontext kognitiver Semantik. Nach einem Bachelorabschluss in Spanisch und Geschichte an der Leibniz Universität Hannover absolvierte sie ein Masterstudium in theoretischer und angewandter Linguistik an der Universitat Pompeu Fabra Barcelona sowie ein weiteres Masterstudium in Deutsch als Fremd- und Fachsprache an der Technischen Universität Berlin.

Thorsten Roelcke studierte Germanistik, Geschichte und Philosophie an der Universität Heidelberg, wo er 1988 promoviert und 1993 habilitiert wurde. Nach verschiedenen Tätigkeiten an den Universitäten Heidelberg und Freiburg, an denen er jeweils zum außerplanmäßigen Professor ernannt wurde, sowie am Kolleg St. Blasien folgte er 2008 dem Ruf auf eine Professur für deutsche Sprache und ihre Didaktik an der Pädagogischen Hochschule Freiburg. Seit 2014 ist er Professor für Deutsch als Fremdsprache mit den Schwerpunkten Linguistik und Didaktik von Fachsprachen und interkulturelle Kommunikation an der Technischen Universität Berlin. Hier ist er Leiter des Fachgebiets „Deutsch als Fremdsprache“, Verantwortlicher für den Masterstudiengang „Deutsch als Fremd- und Fachsprache“ und Wissenschaftlicher Leiter der „Zentraleinrichtung Moderne Sprachen“ (ZEMS). Seine Forschungsschwerpunkte liegen in den Bereichen Fachkommunikation, Deutsch als Fremdsprache sowie Sprachwandel und Sprachgeschichte des Deutschen.

Henriette Canino ist Doktorandin am University College London (Department of Science, Technology, Engineering, and Public Policy). Sie erforscht, wie ein zukunftsgerechter Austausch zwischen Wissenschaft und Politik im Kontext des sich beschleunigenden technologischen Fortschritts aussehen kann. Henriette hat ihren Master in Public Policy mit einem Forschungsschwerpunkt im Bereich Wissenschafts-, Innovations- und Technologiepolitik an der University of California, Berkeley, absolviert.

Clara Rodríguez Roca-Sastre schloss ihren Master in Theoretischer Physik an der Technischen Universität Berlin ab. Während ihres Studiums trat sie dem Experimental Stage Project e.V bei, um Wissenschaft an unerwartete Orte zu bringen. Nun arbeitet sie an der Humboldt-Universität zu Berlin als Co-Leiterin des Projektlabors Wissenschaftskommunikation. Ein Schwerpunkt ihrer Arbeit liegt auf transdisziplinären und kollektiven Arbeitsmethoden, was sie 2017 zur Gründung des art:science Kollektivs PARALLAX veranlasste.

Sercan Sever studierte China Studies an der Zhejiang Universität sowie Politische Bildung und Deutsch an der Freien Universität Berlin. Seit 2020 ist er Doktorand im interdisziplinären Promotionskolleg *Vermittlung und Übersetzung im Wandel* an der Martin-Luther-Universität Halle-Wittenberg.

Ulli Vilsmaier ist assoziierte apl. Professorin an der Leuphana Universität Lüneburg und Initiatorin des Responsive Research Collective. Sie lehrt und forscht zu Inter- und Transdisziplinarität an zahlreichen Universitäten weltweit und begleitet Institutionen und Teams in der Stärkung inter- und transdisziplinärer Forschung und Lehre. Vilsmaier ist Vorsitzende des Wissenschaftlichen Beirates des Paulo Freire Zentrums Wien sowie Gründungsmitglied der Global Alliance for Inter- and Transdisciplinarity.

Tilo Weber ist Associate Professor (Docent) für Deutsche Sprache an der Technická Univerzita v Liberci (Tschechische Republik) und apl. Professor für Germanistische Sprachwissenschaft an der Martin-Luther-Universität

Halle-Wittenberg. Seine Hauptinteressen in Forschung und Lehre liegen in den Bereichen kognitiv-funktionale Grammatik, linguistische Pragmatik und Gesprächsanalyse, interkulturelle Kommunikation und Mehrsprachigkeitsforschung.

Gabriele Wendorf ist Wissenschaftliche Geschäftsführerin des Zentrums Technik und Gesellschaft der Technischen Universität Berlin. Ihr Interesse an Themen jenseits disziplinärer Grenzen entwickelte sich bereist im Wirtschaftsingenieur-Studium (Fachrichtung Bauingenieur). Nach der Promotion leitete sie ein volkswirtschaftliches Fachgebiet und eine transdisziplinäre BMBF-Nachwuchsgruppe. In ihrer Zeit als Vizepräsidentin der Technischen Universität Berlin war sie vor allem für wissenschaftlichen Nachwuchs und Weiterbildung zuständig.

Christoph Lieben ist wissenschaftlicher Mitarbeiter am Lehrstuhl für Mathematik und ihre Didaktik der Humboldt-Universität zu Berlin. Nach seinem Lehramtsstudium in Mathematik und Philosophie promoviert er aktuell über die Förderung der mathematischen Modellierungskompetenz und das Modellverständnis von Schülerinnen und Schülern. Versuchskaninchen für neue Unterrichtsmaterialien und Erhebungsinstrumente rekrutiert er aus seinem eigenen Schülerzirkel.

Lale Altinalana beschäftigt sich als Wissenschaftsforscherin mit sozialwissenschaftlichem Fokus mit den drei Forschungsthemen: Aufbau und Strategie missionsorientierter Innovationsökosysteme, innovative Formate und Methoden des Wissenstransfers zwischen den Akteuren Wissenschaft und Zivilgesellschaft und dem Impact von Forschungsprojekten hinsichtlich ihrer sozialen, ökonomischen und ökologischen Nachhaltigkeit.

Joshua Wiebe ist wissenschaftlicher Mitarbeiter an der Freien Universität Berlin und beschäftigt sich mit der Neu- und Weiterentwicklung von Decision Theaters, um komplexe mathematische Modelle aus der Wissenschaft auch außerwissenschaftlich zugänglich zu machen. Zudem konzipiert er ergänzende Workshop-Formate, die einen verstärkten informatischen Fokus auf die Nutzbarmachung computergestützter Modelle haben. Zuvor studierte er Cognitive Science sowie Informatik und Mathematik für das Lehramt.

Johannes Wildt war nach Studien der Psychologie, Erziehungswissenschaft und Soziologie seit 1970 als Hochschullehrer, Hochschuldidaktiker und Hochschulplaner in Hannover, Hamburg, Bielefeld und Dortmund, zuletzt als Leiter des hochschuldidaktischen Zentrums der TU Dortmund, in hochschuldidaktischer Forschung, Entwicklung, Weiterbildung und Beratung tätig. Neben der Entwicklung innovativer Lehrkonzepte und Curricula befasste er sich mit Grundlagen der Hochschuldidaktik.

Sarah Wolf ist Mathematikerin und arbeitet seit ihrer Promotion in interdisziplinären Teams am Potsdam-Institut für Klimafolgenforschung, beim Global Climate Forum und nun als Leiterin der Nachwuchsforschungsgruppe *Mathematik für Nachhaltigkeit* des Exzellenzclusters MATH+ am Institut für Mathematik der Freien Universität Berlin. Mit dieser Gruppe entwickelt und analysiert sie agentenbasierte Modelle zu Themen wie Green Growth und nachhaltige Mobilität und nutzt diese Modelle in Stakeholderdialogen.

Gutachterinnen und Gutachter

Für die kritische Begutachtung im Zuge des Double-Blind-Reviewverfahrens haben wesentlich zur Sicherstellung der wissenschaftlichen Qualität dieser Publikation beigetragen:

Christine Ahrend, Berlin

Jan Engberg, Aarhus

Justus Henke, Halle-Wittenberg

Hans-Hennig von Grünberg, Potsdam

Lars Hochmann, Koblenz

Jonas Kellermeyer, Berlin

Anke van Kempen, München

Katarina Marej, Berlin

Ortwin Renn, Potsdam

Pia Sander, Duisburg-Essen

Tobias Schmohl, Lemgo

Nina Schmulius, Berlin

Transferwissenschaften

Herausgegeben von Matthias Ballod, Thorsten Roelcke und Tilo Weber
Begründet von Gerd Antos und Sigurd Wichter

Band 1 Sigurd Wichter / Gerd Antos (Hrsg.). In Zusammenarbeit mit Daniela Schütte und Oliver Stenschke: Wissenstransfer zwischen Experten und Laien. Umriss einer Transferwissenschaft. 2001.

Band 2 Sigurd Wichter / Oliver Stenschke (Hrsg.). In Zusammenarbeit mit Manuel Tants: Theorie, Steuerung und Medien des Wissenstransfers. 2004.

Band 3 Gerd Antos / Sigurd Wichter (Hrsg.). In Zusammenarbeit mit Jörg Palm: Wissenstransfer durch Sprache als gesellschaftliches Problem. 2005.

Band 4 Gerd Antos / Tilo Weber (Hrsg.): Transferqualität. Bedingungen und Voraussetzungen für Effektivität, Effizienz, Erfolg des Wissenstransfers. 2005.

Band 5 Sigurd Wichter / Albert Busch (Hrsg.): Wissenstransfer – Erfolgskontrolle und Rückmeldungen aus der Praxis. 2006.

Band 6 Oliver Stenschke / Sigurd Wichter (Hrsg.): Wissenstransfer und Diskurs. 2009.

Band 7 Tilo Weber / Gerd Antos (Hrsg.): Typen von Wissen. Begriffliche Unterscheidung und Ausprägungen in der Praxis des Wissenstransfers. 2009.

Band 8 Alaa Mohamed Moustafa: Verlässlicher Grammatik-Transfer. Am Beispiel von subordinierenden Konjunktionen. 2011.

Band 9 Matthias Ballod / Tilo Weber (Hrsg.): Autarke Kommunikation. Wissenstransfer in Zeiten von Fundamentalismen. 2013.

Band 10 Anna Lewandowska / Matthias Ballod (Hrsg.): Wissenstransfer durch Deutsch als Fremdsprache. Eine internationale Perspektive. 2013.

Band 11 Katrin Beckers / Marvin Wassermann (Hrsg.): Wissenskommunikation im Web. Sprachwissenschaftliche Perspektiven und Analysen. 2020.

Band 12 Kristina Pelikan / Thorsten Roelcke (Hrsg.): Information und Wissen – Beiträge zum transdisziplinären Diskurs. 2020.

Band 13 Matthias Ballod (Hrsg.) in Zusammenarbeit mit Stefanie Klein: Transfer und Transformation von Wissen. 2020.

Band 14 Yuriy Kiyko: Medientexte aus fraktaltheoretischer Perspektive. Deutsch-ukrainische Kontraste. 2020.

Band 15 Tilo Weber / Hynek Böhm (Hrsg.): Wissenskommunikation unter Bedingungen von Mehrsprachigkeit. 2022.

Band 16 Konstantin S. Kiprijanov / Thorsten Philipp / Thorsten Roelcke (Hrsg., unter gleicher Beteiligung): Transferwissenschaften: Mode oder Mehrwert? Unter Mitarbeit von Koray Parlar und Anna Malena Pichler. 2023.

www.peterlang.com

www.ingramcontent.com/pod-product-compliance
Ingram Content Group UK Ltd.
Pitfield, Milton Keynes, MK11 3LW, UK
UKHW022221051026
15624UKWH00002B/289

9 783631 883860